马克思主义理论与社会工程系列丛书

主编／王宏波

社会工程学导论

王宏波 等／著

科学出版社
北京

内 容 简 介

本书以社会工程活动为对象，首先阐述社会工程的本质特点、基本功能、社会工程思维的地位和特征、社会工程规律的特点，在此基础上，论述和分析社会工程研究的方法论问题，分别从社会工程问题的界定、社会工程理念的建构、社会工程的模式设计、社会过程的分析与设计等方面进行阐述。同时，本书对社会工程领域内的一些社会技术问题，如社会政策分析方法、社会系统工程方法、社会协调分析方法、社会计算及其应用等问题做了重点介绍。

本书适合作为高校哲学、管理、公共政策研究专业的教师与学生的参考书，也适合党政机关干部、政策研究与分析人员阅读，还适合从事马克思主义理论与实践研究的教师和研究生阅读，特别是对于从事社会规划和社会管理实践的工作者来说是一本必要的参考读物。

图书在版编目（CIP）数据

社会工程学导论/王宏波等著. —北京：科学出版社，2021.3
（马克思主义理论与社会工程系列丛书/王宏波主编）
ISBN 978-7-03-067220-9
Ⅰ. ①社… Ⅱ. ①王… Ⅲ. ①社会学-研究 Ⅳ. ①C91
中国版本图书馆 CIP 数据核字（2020）第 263732 号

责任编辑：刘英红/ 责任校对：王晓茜
责任印制：张 伟 / 封面设计：黄华斌

科学出版社 出版
北京东黄城根北街 16 号
邮政编码：100717
http://www.sciencep.com
北京虎彩文化传播有限公司 印刷
科学出版社发行 各地新华书店经销
*
2021 年 3 月第 一 版 开本：720×1000 1/16
2022 年 5 月第二次印刷 印张：18 1/2
字数：370 000
定价：148.00 元

总　序

社会工程是当代马克思主义理论实践转化的新形态

从20世纪90年代以来，我的一个重要的学术方向就是开展社会工程研究，并且有一个自觉的思想取向，就是把马克思主义理论研究、社会学理论研究与社会工程研究紧密地结合起来。我所指导的硕士生、博士生有相当一部分论文选题都与这个主题有关。随着研究的深入，我越来越体会到社会工程研究应当是马克思主义理论在当今时代进一步发展的一个理论增长点。因此，也就引导学生把马克思主义理论研究与社会工程研究密切结合，既形成了一些比较好的成果，也引起了学术界的关注。为了进一步总结这种研究，推广这种研究的学术思路，我们组织编写了这套丛书，奉献给读者，求得批评指正。

谈论社会工程，首先要从工程与科学的区别说起。我们知道工程师并不同于科学家，他们的主要任务是设计并创造出自然世界中原本并不存在的事物。工程设计过程的突出特征是人根据自己的目的和意图形成操作意见施加于客观事物，并借助于对事物自身规律的利用,使事物发生有利于人的目的或意图实现的变化，从而形成一个新的事物，最终实现人的目的或意图。

那么从社会演进的方式看，工程活动的上述基本特征也存在于社会管理过程中，并通过社会管理的环节作用于社会发展的进程之中。马克思主义认为，社会是以生产力发展为基础的各种生产关系的总和及其建立其上的上层建筑体系。从实际的角度看，它表现为一系列制度、法律、政策和各种规范。这些事物是社会的人建立的，又是社会的人打破并由新的形式所替换的。每建立一种新的形式，都是一种创新。设计新的社会蓝图，也就是制定新的社会制度模式、法律、政策和各种规范，建立一种新的社会结构和社会秩序，也是一种社会工程。简言之，社会工程就是通过设计社会模式来改造社会的人类实践活动。社会工程活动的特点是通过设计和建构制度、体制、政策、规则体系等社会模式来解决社会矛盾、推动社会发展。中国的改革开放是由一系列的社会工程活动构成的。从最初在农村实行联产承包制改革，到企业实行奖金制度的改革；从教育改革到经济改革；从沿海开放的改革到内陆开放的改革；从经济领域的改革到社会领域的改革，再到文化领域、政治领域的改革；等等，都表现为一个又一个的社会工程活动。所以，中国经验从根本上说，就是搞社会工程的经验。改革需要谋划和设计，这正是社会工程活动的核心特征。当我们把邓小平拥戴为总设计师时，就已经从核心特征上承认改革就是社会工程活动。

人们常说的社会建设，或者说社会建设工程，实际上是常指民生工程。在我们的普通语境下，社会建设概念是与经济建设、文化建设、政治建设及生态建设等概念相对应的，是社会主义建设“五位一体”结构中的一个子结构，但它不代表“五位一体”的总结构。社会工程中的社会，是指“五位一体”的总结构。它们不是一个概念。简单的区分，也可以叫“大社会”和“小社会”。我们常说的社会建设一般指称的对象是“小社会”。社会工程术语中的社会概念是指反映“五位一体”的“大社会”。这就是两者的基本区别。

首先，社会工程活动与社会工程学是相互联系又相互区别的概念。社会工程活动是一种客观的活动。社会工程学是关于社会工程活动规律与研究方法的知识体系。所以，研究这种知识就是为了提高社会工程活动的效率和效益及成功的概率。其次是所谓的“小社会”能否运用针对“大社会”所形成的社会工程方法论。回答是肯定的。因为社会结构的复杂性在于一个整体社会具有“大社会”的“五位一体”的结构。其实，所谓的一个“小社会”，也具有“五位一体”的结构，不过是层次低了一级，而且主导性质不同而已。例如，当我们研究经济建设这个子系统时，也会遇到经济系统中的社会因素、文化因素、政治因素和生态因素，不过这里的主导性质是经济属性。再如，社会保障体系建设就是社会建设中的一项社会工程，是典型的民生工程，这项工程中的基础因素还是经济因素，还有文化传统因素和政治因素等，不过起主导作用的是民生保障。所以，从根本上讲，总体社会的结构是一个“套箱”结构，如它具有“五位一体”的结构特征，但任何一个子结构，如经济结构本身也可以按照五个方面去分解，这正是社会的复杂性所在。所以，社会工程的理论和方法也可以应用到社会的子结构的分析过程中去。

如果说社会工程活动发生在社会结构的各个层面和不同的方面，既有宏观的社会工程，也有微观的社会工程。那么，社会工程研究的核心环节是什么？我认为是模式设计。所谓模式是指客观事物的结构特点和过程特点相统一的存在形态。所谓社会事物模式是指制度模式、政策模式、体制模式、机制模式、法治模式、经济模式、文化模式、政治模式及生态文明模式等。社会上存在各种社会模式，既不是完全自然发生的，也不是从天上掉下来的，更不是个别人物的头脑主观产生的，而是人们根据社会发展的规律和人们的社会需求设计出来，再根据社会实践的选择和淘汰而沉淀为社会文明成果的。所以，模式设计是社会工程活动的核心环节，也是社会工程研究的核心环节。

毋庸讳言，有不少人认为“设计”这个概念，是自然科学、工程技术领域的方法和概念，不适用于社会领域。他们认为，社会是由人组成的，人是有自由意志的，所以人的活动是不能设计的。如果由一些人设计另一些人的活动，就会违背自由原理，就会走向专制主义，这其实是一种误解。我认为这种看法是不能成立的，并且这种看法本身掺杂着多种因素，甚至有一些学术情感和意识形态因素。

这可以分几个层次来说明。首先从哲学的实践认识论上说，模式设计处于“实践—认识—实践”过程中的两个相互衔接阶段的第二个阶段，即从认识到实践阶段的思维方式。第一个阶段是形成科学认识、发现真理的阶段，第二个阶段是将理论认识转变为实践方案，并展开实践过程的阶段。第二个阶段实现的前提性条件就是形成实践方案。需要注意的是，实践方案虽然也是一种认识和思维的结果，但它不是理论认识的结果。要形成实践方案需要经过模式设计这个思维的环节。因此，模式设计不是理论思维，它们是两种不同的思维方式，不能混为一谈。如果否认了模式设计，就等于取消了认识向实践的转化。

其次，社会工程的设计不是面对“个体”去设计个人的活动，而是设计社会关系实现形式、生产关系形式、经济关系形式、政治关系形式等。通过对这些社会关系实现形式的设计去影响和引导人们的社会活动。所以，社会工程的设计是面向社会关系的，不是面向个体的。如果把“设计”对象理解为社会成员个体，这确实是一种误解。

最后，如果社会关系形式要设计，就有一个所设计的社会关系形式和社会所要求的社会关系形式的矛盾，这个矛盾的展开过程和解决过程就是社会工程过程。这个过程有成功的设计，也有失败的设计，可能还有恶意的设计。不少人用失败的设计和恶意的设计来否定社会工程中的设计，我认为这种观点是片面的。正因为存在着这些不同效果的设计，我们才要研究社会工程规律，研究社会工程的理论和方法，提高人们的设计自觉性与价值合理性，提升成功设计的概率，降低失败设计的概率，反对恶意设计。正因为社会设计过程中存在着成功设计、失败设计、恶意设计，才形成了一门学问去专门研究它的规律性和正当性。

有一种观点认为，人类社会的秩序是自发形成的，无须社会设计，一旦设计就会违背人的本性，肯定会出错，人们称其为自发秩序论。这是新自由主义的代表人物哈耶克的论点，但是他只说对了一半。人类经济秩序的形成，特别是在资本主义的早期，商品经济关系及后来的市场经济关系，有自然形成的特点。例如，河流的交叉地点，由于航运市场会逐渐形成；再如，民间的借贷关系的发展会出现钱庄等。但是，这种自发的发展过程会受到一种限制，就是无数个自发过程互相冲突的时候，当这种相互的冲突危及各自的发展秩序和发展前景的时候，就需要从社会的角度进行干预和调节，西方资本主义发展到现当代时出现的政府干预，就是这种形势的反映。

另外，对于后发展国家来说，利用社会工程设计思维推动社会发展就显得更有必要了。后发展国家的发展过程有一个重要的机制就是学习机制，就是学习先发展国家的发展经验，汲取先发展国家的发展经验，还要根据人类文明进步趋势和科学技术发展新特点和新趋势，自觉地设计自己国家和地区的发展模式。人们不愿意、也不可能按照发达国家已经走过的路，亦步亦趋地、不采取任何措施地自然发展，这样只会成为已经发展的发达国家的附庸，根本不可能赶上和超过它们。例如，中国的生态文明建设模式，就必须超越西方的环境保护模式。西方的某些国家实现环境保护的方式之一是转移生态成本，而中国要想向国外转移环境成本的条件和空间就受到很大限制。所以，我们只能创新发展模式，这里是需要创新性设计的。

社会的发展是社会各个方面的发展过程的“过程集合体”，我们不能够只根据某一个过程的某些特点，就得出一个绝对主义的结论，这种做法是不科学的。

社会工程的思想与马克思主义的研究有密切的关系，可以说，社会工程研究是21世纪马克思主义理论创新与发展的一个新的理论增长点。我认为，可以从社会工程活动与社会工程研究两方面来回答这个问题。

一方面，社会工程活动是马克思主义理论的一种实践形态。马克思主义理论从产生起就是观照社会现实的，马克思主义理论的发展过程同时也是马克思主义理论不断作用于现实社会，形成马克思主义的社会实践过程。马克思主义理论的社会实践形态大体上包括社会运动、社会革命、社会工程三种形态。三者都是适应不同时代主题和社会发展不同阶段需求的不同形态。在和平与建设的年代，随着社会生产力的发展，社会结构进一步复杂化，社会分工与分化加速，社会主体的价值需求多样化，对不同社会主体的利益诉求需要通过综合协调、系统集成、整体思维的思维方式加以系统考量和综合权衡，经过多重政策的相互配合，制度模式的相互协调，规则、标准的相互补充设计与建构来实现多元主体的价值需求。这种思维方式就是社会工程思维的基本特征。它超越了社会运动思维的整齐划一性与社会革命思维的非此即彼性。实事求是地说，中华人民共和国成立之始，我们就进入了社会工程时代，社会工程思维已经客观上居于建设思维的主体地位，但是我们的建设思维仍没有自觉地摆脱社会运动思维与战争时期的革命思维，所以在我们取得很多重大成就的同时，也出现了一些失误，走了一些弯路。今天我们推动马克思主义中国化、时代化、大众化，就要求马克思主义与改革开放这一中国正在进行的、具有时代特征的、现实的社会工程活动相结合。

改革是典型的社会工程活动，改革思维就是典型的社会工程思维。

改革开放以来，邓小平反思社会主义建设的经验和教训，提出社会主义再认识的时代课题。明确区分社会主义本质和规律与社会主义模式，提出了社会主义可以有多种模式的思想，开辟了改革开放的新时期，标志着马克思主义进入社会工程的实践形态。然而，这个历史阶段虽然在实践上具有社会工程的特点，但是并未从思想理念上明确社会工程的思想地位和基本要求。中国的改革开放进入新时代，改革开放的模式也进入自觉的社会工程的历史时期。

习近平新时代中国特色社会主义思想的一个重要特点，就是突出了、强调了社会工程思维的特点，他强调全面深化改革的系统性、整体性与协同性，强调社会系统工程的思想和改革的顶层设计，提出构建人类命运共同体的思想等，充分展示了从社会工程层面推进马克思主义理论的时代性创新，是马克思主义中国化的第三次历史性飞跃。可以说，在当今社会，离开社会工程活动理解马克思主义理论，就难以深刻彰显马克思主义新的生命力。马克思曾经指出，以往的哲学家们只是用不同的方式解释世界，而问题在于改变世界。社会工程活动就是在和平与发展时代“改变世界”的活动，是这个时代马克思主义者的实践活动方式。

另一方面，社会工程研究是马克思主义理论与社会实践活动相互作用的转化环节。马克思主义理论要指导实践也必须经历一个由抽象命题到具体命题，由一般理论范式到具体实践模式的转化环节，这个环节就是社会工程研究。社会工程研究是社会模式的蓝图设计与论证工程，也是具体的社会工程过程的理论反思与总结过程，在马克思主义与社会工程活动间起到中介作用。我认为，社会工程研究是马克思主义理论研究从社会发展的基本理论与规律性的层次向社会发展的模式设计与实践层次的深入和扩展，是丰富和发展马克思主义理论的新的学术领域和学科发展新的增长点。例如，社会发展模式研究是马克思主义中国化提出的社会工程问题，社会工程规律问题是从社会工程角度提出的马克思主义时代化的一个理论论域，理论命题的操作化则是从社会工程角度提出的马克思主义大众化的问题等。

习近平新时代中国特色社会主义思想充分体现了中国改革的社会工程思维特点，集中体现为自觉总结改革规律的思维特色，是解释中国改革和发展成就的中国学问，是哲学社会科学发展的中国贡献。习近平的改革思维包含了战略思维、创新思维、辩证思维、法治思维、底线思维相统一的思想，包含了目标思维、结构化思维、过程性思维相结合的思想，包含了顶层设计与基层创新相结合的思想、整体推进和重点突破结合的思想等内容，涉及新理念、新思想、新战略等不同层次。研究习近平新时代全面深化改革的社会工程思维，揭示全面深化改革中的制度需求与制度供给的内在规律，有利于深刻理解习近平新时代中国特色社会主义思想的思维特征和实践方式，有利于深刻理解在新时代坚持和发展什么样的中国特色社会主义，怎样坚持和发展中国特色社会主义的时代课题，为夺取新时代全面深化改革的新胜利提供学理支撑。

习近平有关治国理政、全面从严治党、高标准治军、全球治理等方面的论述也都蕴涵着丰富的社会工程的思想，要学懂、悟透、践行习近平新时代中国特色社会主义思想应当引入社会工程思维方式。治国理政与全面深化改革及处理重大世界事务，从本质上说是社会工程活动。所以，理解习近平新时代中国特色社会主义新思想不能纯粹用理论思维的方式，不能纯粹用科学思维的方式，尤其是不能使用学科思维的方式把某一种学科的思维范式作为唯一的准则，而应当运用社会工程的思维方式，体现其综合性、系统性、辩证性与集成性，只有这样才能学懂、悟透习近平新时代中国特色社会主义思想的精髓和实质，自觉践行习近平新时代中国特色社会主义思想。

西安交通大学长期以来支持马克思主义理论与社会工程研究，为此于 2004 年成立了社会工程研究中心，在马克思主义理论学科的博士生培养中也列有马克思主义与社会工程研究方向，并在这个研究方向上培养了不少博士生。参加这套丛书出版的作者都是曾经攻读该研究方向的博士生，为了总结这类研究成果特撰写出版这套丛书。这套丛书的出版受到西安交通大学马克思主义学院的支持，科学出版社的刘英红同志为丛书的出版也做了大量的工作，在此一并表示衷心感谢。

王宏波

2018 年 10 月 24 日

于西安交通大学兴庆校区

序　言

社会工程研究在中国的首倡者和探索者是著名科学家钱学森，早在 1979 年他就发表过题为《组织和管理社会主义建设的技术——社会工程》的学术论文，把系统工程的理论和方法引入社会主义建设的组织与管理领域。尽管西方社会学界、法学界早就有人提出社会工程问题，并从社会工程的视角审视社会问题和法学问题；日本一些学者也从多学科知识运用的角度提出和研究社会工程问题。但是，钱学森有关社会工程问题的研究思路与国外学者的思路并不一致，且有着不同的思想渊源。钱学森是从系统工程和控制论的思想原理出发，结合中国社会主义建设的实际，针对社会主义建设中的组织和管理问题，其基本的思想范式和研究思路与国外社会学、法学的社会工程理路有很大区别。日本的社会工程研究虽然强调运用多学科知识以解决社会实际问题，却并不是像钱学森那样明确以马克思主义哲学为指导，以系统工程和控制论的思想研究社会工程问题。如果要追溯社会工程的思想渊源，那么其在中国的思想来源是钱学森的系统工程思想。社会工程问题在不同的国度、通过不同的学科提出来，这说明社会工程是人类社会实践的一种重要的、具有相当普遍性的实践形式。

钱学森的社会工程思想是独树一帜的，其学术特色体现了社会工程研究的中国经验，是研究社会工程问题的宝贵学术资源。第一，他把技术的概念从自然科学技术领域推广到社会领域。1991 年 10 月，钱学森在党和国家授予他“国家杰出贡献科学家”荣誉称号和一级英雄模范奖章大会上的即席发言中说，我认为今天科学技术不仅仅是自然科学与工程技术，而是人认识客观世界、改造客观世界整个的知识体系，而这个体系的最高概括是马克思主义哲学。我们完全可以建立起这个科学体系，而且运用这个科学体系去解决我们中国社会主义建设中的问题。[①]第二，钱学森认为社会系统是一个复杂巨系统。凡是不能用还原论方法处理，或者说不宜用还原论方法处理的问题，都是复杂系统的问题。社会系统的很多问题是不断

① 钱学森：《感谢、怀念和心愿》，《人民日报》1991 年 10 月 17 日，第 2 版。

演化的，难以用还原论方法去处理。钱学森指出，复杂性的问题，现在要特别地重视。因为我们讲国家的建设、社会的建设，都是复杂性问题。[①]第三，钱学森提出了大成智慧的研究模式与思维方式，指出研讨过程的“人-机结合”工作方式是社会工程的本质特点。第四，钱学森指出认识和处理复杂巨系统的综合集成法是社会工程研究的核心方法。钱学森的社会工程思想很丰富，难以全面归纳，在此仅指出这几个重要观点就足以体现钱学森的社会工程思想的时代价值。

工程哲学是社会工程研究的最直接的哲学思想资源。自2004年以来，中国自然辩证法研究会成立了工程哲学研究专业委员会，以中国工程院的殷瑞钰为代表的很多院士与以李伯聪为代表的哲学学者建立了学术联盟，致力于推进我国工程哲学的研究，目前已经出版了《工程哲学》、《工程演化论》和《工程方法论》三本专著，成为中国哲学界的重要成果。在推动工程哲学的研究过程中，王宏波也是一位积极分子，参与和承担了大量研究工作，该书中的学术思想就体现着工程哲学研究的学术特色。工程哲学首先认为工程现象是与科学、技术有显著区别的一种基本的社会实践活动，工程有自身存在的根据、发展规律、目标指向和价值追求，不能简单地将工程看成技术的衍生物或派生物。科学是关于“发现”的学问，技术是关于“方法”的学问，工程是关于“造物”的学问，而且三者的对象是有显著区别的。工程活动的过程是“造物”的过程，所造之物的性质也就区别出了社会工程的不同类型。如果所造之物是具有物理化学属性的结构性实体，那就是自然工程；如果所造之物是社会事物，诸如社会组织、管理体制与模式、政策法规、战略规划等，那就是社会工程。不管是自然工程还是社会工程，都是创造新事物、建构新存在的实践活动，在思维范式与方法论上有一些共通之处。例如，系统集成和综合集成的方法论在社会工程与自然工程中都属于其方法论的核心内容。

尽管国内外关于社会工程的学术文献很多，但是从“社会工程学”的理论视角，以及从研究对象、研究范式、基本框架的角度来概括阐释社会工程的学理特征，是该书的一大特色。

第一，在阐述一些社会工程的基本概念时，能够将哲学的分析与社会工程的研究思路的分析紧密地结合起来。例如，该书提出了社会工程规律的问题并进行了深入分析，区分了理念和概念的不同意义与作用，阐释了社会模式的含义与作用，揭示了社会过程与社会模式转换之间的内在联系等，明确这些问题对于把握社会工程研究的基本特点是很有价值的。第二，该书应用了钱学森关于社会工程的重要思想，即将技术概念从自然科学技术领域扩展到社会领域，并进一步指出社会工程中的技术既包括自然科学的硬技术、软科学领域的软技术，更包括社会

① 钱学森：《要从整体上考虑并解决问题》，《人民日报》1990年12月31日。

技术，是硬技术、软技术与社会技术的有机结合。第三，该书将控制论和系统论、系统工程意义上的社会工程思想与社会科学界关于社会工程的学术理解很好地结合起来，用一个新的体系概括了社会工程研究的主要范式和方法论原则。第四，该书体现了马克思主义的立场、观点和方法，把社会工程活动理解为社会基本矛盾运动的一种实践形式，并反映了中国改革实践的一些重要经验。

社会是一个复杂的巨系统，社会工程研究更是一个复杂的社会系统工程。这个领域既涉及科学问题、技术问题与工程问题，也涉及社会科学的价值问题和分析方法问题，尤其是大数据、人工智能、互联网技术的应用，给社会工程研究带来了广阔的前景，也提出了更深刻的问题，这些具体领域的具体问题并不是该书要具体回答的目标。该书的价值在于从学科意义上给社会工程以明确的理论定位，阐述其方法论的一些基本原则，以引起人们对社会工程学研究更多的关注，进一步推动学科意义上的社会工程研究。

汪应洛

中国工程院院士、西安交通大学教授

2020 年 4 月 15 日

目　录

第一章
社会工程的本质、特征及前景

如何理解社会工程？不同学术背景的人有不同的理解。只有从马克思主义的立场出发才能真正阐明社会工程的本质特征，从实践论出发进一步解析社会工程研究过程中的综合性知识应用的特征。当代中国的改革开放进程，尤其是新时代的中国治理实践更加突出了社会工程的现实价值和应用前景。

第一节　如何理解社会工程

对于社会工程的概念目前仍存在不同的理解。例如，一些人把社会工程等同于社会系统工程，一些人把社会工程理解为一种技术，而不是理解为一种特殊的社会实践活动。另外，有的人虽然将其理解为社会实践活动，却忽视了它的多学科知识交叉融合的特点。

一、社会工程的概念

社会工程并不是网络世界中所理解的社交工程。当下"社交工程"一词频繁出现在媒体语言中，不少人把社交工程等同于社会工程。因为在英文的表述中，社会工程和社交工程往往用同一个英文词来表达。社会工程的英文表达可以使用"social engineering"一词，但是这个英文词也可以翻译为社交工程。《牛津高阶英汉双解词典》对该词条的解释是根据政治信念改造社会[①]，这是对"social engineering"含义的一种社会工程解释。但是，在计算机网络和信息技术领域内，"social engineering"就被理解为社交工程，是指在计算机网络信息系统中通过网

---

①〔英〕霍恩比：《牛津高阶英汉双解词典》第6版，石孝殊、王玉章、赵翠莲，等译，商务印书馆、牛津大学出版社2004年版，第1667页。

上社交活动、信息的交流来获取别人的敏感信息，并利用这种信息进行网络攻击和网络欺诈。它的活动特征是不使用计算机领域的硬件技术或者软件技术，而是通过设计一套缜密的方案，采用温和的方式欺骗对方透露密码或其他信息，从而降低对方系统的安全性。由此可见，网络系统中的社交工程活动是指称负面的、带有诈骗特征的社会活动。

但是，在社会工程的基本意义上，应将其理解为通过改变人们的社会关系结构来促进社会发展的一项活动。为了使这种意义上的“social engineering”和网络世界中的社交工程相区别，可以使用“engineering for society”，即理解为关于社会的工程，或者以社会为对象的工程，区别于以自然为对象的工程。

二、相关学科理解的社会工程

社会工程的思想可以追溯到 19 世纪的实证主义社会学家孔德的社会静力学与社会动力学思想。孔德强调实证主义的社会学，主张承认和坚持本体论的自然主义假设，认为社会过程也像自然事物一样有其自身的规律：承认和坚持方法论上的自然主义假说，采用自然科学的方法论研究社会；承认和坚持认识论上的经验主义原则，社会知识本质上是实践取向的，其可靠性取决于观察与实验。[①]孔德的社会静力学主要研究他称之为社会协调的问题。孔德认为，一个社会好比一个有生命的机体，就像不能把一个器官剥离于其生命体之外来研究其功能一样，不能把政治和国家游离于某个特定时期的整个社会之外来研究它的性质与作用。因此，社会静力学既包括对某一特定时期社会结构的剖析，又包括对决定“协调”的一个因素或几个因素的分析。如果说社会静力学揭示的是人类社会的基本秩序，那么社会动力学则研究人类理性和人类社会发展经历的必要的阶段与曲折的历程。[②]孔德的实证主义社会学思想，强调将自然科学方法用于社会学研究，强调分析社会结构与社会过程，强调分析社会结构中的“协调”问题，特别是他认为社会科学是社会工程的工具与基础。这些思想可看作社会工程思想的来源之一。但是，孔德把自然科学规律等同于社会科学规律，完全用自然科学的方法研究社会现象，忽视了社会现象与自然现象的本质区别，这一点为后来的学者和思想家所超越。

英国现代哲学家卡尔·波普尔（Karl Popper，1902—1994）以科学哲学著称，但他在社会哲学方面也很有建树，提出了“渐进的社会工程”的思想。同时，他反对所谓的“乌托邦的社会工程”，认为其是唯美主义和激进主义的结合，希望

① 于海：《西方社会思想史》，复旦大学出版社 1993 年版，第 186 页。

②〔法〕雷蒙·阿隆：《社会学主要思潮》，葛智强、胡秉诚、王沪宁译，上海译文出版社 1988 年版，第 103—104 页。

带来人间美好的天堂，结果却带来悲惨的人间地狱。波普尔哲学思想的核心是证伪理论，他把证伪理论用于社会科学，在理论上既否定了社会规律的存在，也否定了对未来社会预言的可能性。这种观点受到了很多哲学家的批评。从马克思主义的理论和方法来说，否定社会规律的存在更是不能成立的。但是，我们应当承认，波普尔的社会哲学把社会工程看成一种社会现象作为社会哲学的研究对象，并论证了两种不同社会工程的作用，就这一点来说，他的社会工程思想是值得重视和研究的。波普尔并没有完全否定社会工程，只是否定"乌托邦的社会工程"，并承认"渐进的社会工程"，这对于那些以市场激进主义为范本、完全否定社会工程的西方学者来说是一个很大的进步，而且在是否认同社会工程的问题上具有里程碑式的意义。

波普尔的"渐进的社会工程"思想，也是关于"单项制度的蓝图"，是指就现在社会上出现的具体问题加以改革，为实现某一具体的社会目标而自觉地应用一切有利的技术和知识。"渐进的社会工程"的目标是具体的、可行的；它的步骤是个别的、渐近的；它的方式是和平的、改良的；它是通过不断地解决社会的具体问题推动社会进步的。波普尔认为，"渐进的社会工程"的主要任务是设计、改造和维修"社会建构"。波普尔所说的社会建构含义很广，既可以指一个企业（如商店、保险公司），也可以指一所学校、一种教育制度，还可以指一套政治机构（如军队、法院）。[①]应当说，波普尔的"渐进的社会工程"思想是一种批判的社会建构主义，是通过渐进的社会改革不断解决社会问题来推动社会进步的思想。但是，波普尔否定社会发展规律的思想，使他的"渐进的社会工程"操作和思维失去了思想基础与科学依据，这就是其社会工程思想的局限性和非科学性。

罗斯科·庞德（Roscoe Pound，1870—1964）是美国现代主流派社会学法学的代表人物。在庞德看来，人的本性中包含着扩张性、个人欲望与社会本性的矛盾，为了协调这种矛盾，需要强有力的控制工具，在现代社会中这一控制工具即指法律，运用法律控制个人欲望扩张的过程就是社会工程，而立法者、执法者和法学家，就是从事这一社会工程的工程师，而法学就是社会工程学，此时法学的任务就是在社会控制过程的意义上研究法律。[②]可以说，庞德把制定法律和运用法律理解为社会工程的见解是十分深刻的。制定法律和运用法律确实是一种典型的社会工程，从社会工程角度理解法律可以更深刻地理解法律的本质与作用，但社会工程不止法律这一种形式。

美国社会学家乔纳森·特纳（Jonathan H. Turner）是当代研究社会工程的知名学者之一。他认为，社会工程从根本上说就是把一般的理论原则应用于解决具

---

① 赖辉亮：《波普尔的社会哲学》，《中国青年政治学院学报》2002 年第 1 期，第 107—112 页。

② 何勤华：《西方法学史》，中国政法大学出版社 1996 年版，第 398—399 页。

体问题，研究面向交叉领域的不同规律相互作用的问题。他指出，在进行社会实践和分析社会学问题时要引入社会工程思想与方法。在他看来，虽然在社会工程中实现预测和控制是比较难的，但是我们不应该停止运用知识进行尝试的实践。

当今，社会工程研究在日本已发展成为一种新的学科体系，社会工程学成为反映社会现当代发展复杂程度的一门综合性社会科学。在日本学者看来，社会工程学是以社会政策、法规、计划等概念为核心，将人文科学、社会科学、自然科学、工程学等学科的知识和技术进行重构与整合，并有自己特殊内容的新兴学科。

作为以社会为对象的社会工程，在学术领域内仍然见仁见智，尤其是将工程现象与社会现象联系起来，仍然有许多问题有待澄清。有些人以社会现象特殊于自然物理现象为由否定社会工程概念的方法论意义在研究社会问题、推进社会进步过程中的作用。一般来说，社会关系具体表现为社会政策、法律、法规等社会的规则系统，这种规则系统涉及社会结构与社会过程，因此社会上的人、物、规则三者的具体统一形式就可概括为社会模式。如果从学理角度考察社会工程，我们认为社会工程就是研究社会模式的设计与实施的社会活动，是推动社会发展的一种形式。社会工程学就是研究社会模式和社会过程的设计与实施的规律及方法的理论，它是一门新兴的应用社会科学学问。

三、马克思主义理论视域中的社会工程

马克思主义认为人类社会的历史是一个自然历史过程，这个历史过程是社会历史本身的客观必然性的展开过程，是人的主观能动性的实践过程，也是客观必然性与主观能动性的辩证统一的运动过程。这个辩证统一的历史过程集中地表现为社会基本矛盾的运动过程。从社会基本矛盾运动的观点看待社会工程，是理解社会工程本质的哲学前提。

社会工程活动充分地体现了人类自然历史过程中的客观必然性与主观能动性的高度统一，具体表现在以下三个方面：一是从事社会工程活动的人，必须通过主观能动性的发挥去判断社会基本矛盾运动的具体特点，分析社会发展过程中主要矛盾的发展变化情况，依据主要矛盾的表现特点决定社会工程活动的主要方向；二是通过社会模式的设计和建构解决社会发展过程中的基本问题与具体问题，这个设计过程需要充分发挥人的主观能动性；三是所设计的社会发展模式要能够适应社会基本矛盾运动的要求，人们通过发挥主观能动性设计和建构各种可能的社会发展模式，然后将这些可供选择的社会模式放置于社会发展的矛盾运动中进行论证，包括理论论证与实验论证，最后确定其中能够反映社会基本矛盾运动需求、能够解决社会矛盾问题、能够推动社会进一步发展的社会模式并加以实施，实现社会矛盾运动规律的支配作用与人的主观能动性的创造作用的统一。

社会工程活动把唯物史观所倡导的价值旨趣、理论立场融入具体社会模式的

建构中，通过社会模式将理论原则融入民众的生活世界。社会工程是面对中国特色社会主义建设中的具体问题，坚持以人民为中心的价值追求，循着马克思主义理论与现实生活的内在逻辑，以满足人民日益增长的美好生活需要。马克思主义的唯物史观就其本质而言乃是一种科学的“历史观”，因此也就必须对一系列与社会历史过程相关的具体问题做出具体的回答，把反映历史一般规律的唯物史观与解决具体的社会问题联系起来，这种关联最为直接的现实表现在于以这种历史观为指导、通过社会工程活动设计和建构各种具体制度性事实、各种社会事物的规则制定，落实社会发展基本规律的客观要求。社会工程活动有助于将马克思主义理论对现实的关怀融入与民众生活息息相关的社会制度模式中，使理论走向基层并和具体生活结合起来。马克思主义的立场、观点、方法只有融入与民众生活密切相关的社会制度、政策之中，才能使之贴近民众、深入人心；民众也只能从身处其中的相关政策、制度中感受马克思主义理论的现实关怀。

社会工程研究把对社会规律的研究推进到社会工程规律的研究，拓展了马克思主义社会发展理论研究的深度，深化了我们对规律的认识。①从唯物史观层面的社会发展理论来看，随着社会生产力的发展，与之相适应的生产关系也要求发展，人的发展也逐步趋向全面、自由；随着社会生产力的发展，生产关系的重新调整也意味着人的逐步自由和解放。但是，对社会发展趋势的理解、对社会构成要素之间相关性的认识不能确保我们自然而然地制定出有效的对策模式。也就是说，对社会规律存在性的认识，代替不了对社会事物模式设计的探索。社会规律的发现是回答“是什么”的问题，而社会模式的设计是回答“怎么做”的问题。社会工程规律就是回答“是什么”与“怎么做”相统一的问题。从实践和认识过程的特点来看，即使人们掌握了客观事物的某种规律性，也不一定能够成功的变革事物。如果要想成功的变革某一事物，不仅需要掌握该事物自身的内在规律性，还要设计改造这一事物的计划、方案，也就是“如何做”的问题。严格地说，一旦变革事物的成功做法被建构起来，其中必然包含着事物本身的客观规律的内容。所以，要想顺利推进人类的社会实践，不仅需要掌握社会发展规律，还需要探索社会工程规律。从社会主义建设实践来看，即便关于社会规律本身的认识是正确的，也不能保证在解决社会问题时能够拿出有效的对策。因为从理论认识到实践的成功需要经过模式设计和实施等具体环节。当前的全面深化改革是一项复杂的系统工程，中国特色社会主义建设、“中国模式”的探索等在本质上都是探索社会工程模式的问题。所以，深入研究社会工程规律，把马克思主义理论对现实生活的深度关怀体现在社会制度模式建构中，不仅是马克思主义理论创新的切入点，

---

① 李永胜：《社会工程是马克思主义理论研究的新领域》，《西安交通大学学报（社会科学版）》2011 年第 1 期，第 74—78，100 页。

还是中国特色社会主义建设的要求。

社会工程思维是马克思主义实践思维方式的重要表现形式。马克思主义思维方式的实践性特点开启了如何建设新世界、如何进行社会主义建设的探索之旅，从暴力革命思维转向国家建设思维是建设社会主义的思想先导。在伟大的社会主义建设过程中，社会工程研究与实践充分地体现了实践思维的要求，为马克思主义关于历史选择性与主体创造性研究提供了展现的具体方式，丰富了马克思主义的主体能动性思想。不断探索社会主义建设规律、探索体现中国特色社会主义理论、道路的制度模式，形成了在国际上备受关注的“中国模式”，标志着马克思主义的发展进入了一个新的历史阶段，客观上提出了一个关于马克思主义的社会工程理论与方法研究的问题。习近平新时代中国特色社会主义思想强调关于经济、政治、文化、社会、生态文明、党的建设等方面的全面深化改革是一项新的系统工程，这也对社会工程研究提出了新要求。因此，研究社会工程问题是推进全面深化改革的要求，是马克思主义理论实践化的中介环节，是马克思主义理论发展、马克思主义中国化的一个新的生长点。从“大道至简”的中国特色社会主义理论到“还道以形”的不同领域、不同层面的中国特色社会主义建设活动，我们都不可避免地要面对诸多“怎么做”的社会工程的理论和实践问题。因此，社会工程是马克思主义理论视域中的一个重要问题，是马克思主义理论发展的一个新的生长点。

四、对否认社会工程合理性观点的反驳

一些西方学者认为社会工程没有其存在的合理性基础，从马克思主义的观点来看这种观点是不成立的。那些否认社会工程的观点既无视社会历史发展过程中存在的无数的社会工程现象，其论证的逻辑也是片面的。

首先，从人的自由活动与社会关系结构的矛盾运动看社会工程的合理性。马克思主义认为，人的社会存在不能脱离一定的社会关系结构，人的自由是相对于一定的社会关系而言的，人的自由的发展也是与社会关系结构的进步紧密联系在一起的。离开人的具体的社会关系结构，孤立地谈人的自由是一个虚假的概念。但是，一些西方学者在谈论人的自由的时候，总是脱离人所赖以存在的社会关系，从人的自然本性谈论自由，从而否定社会工程的合理性。例如，有人认为社会工程与人性是不符的，西方自由主义代表人物大多反对通过社会工程进行政策、法律规则的设计，因为这些规定的强制性会妨碍人的自由。哈耶克认为，所谓自由就是一个人不受制于另一个人或另一些因专断意志而产生的强制状态，亦常被称为“个人”自由或“人身”自由的状态[①]。他把摆脱了强制状态的人的生存状

---

① 石元康：《当代西方自由主义理论》，上海三联书店 2000 年版，第 7 页。

态理解为自由。他认为，所谓强制，我们意指一个人的环境或情境为他人所控制，为了避免更大的灾害，他被迫无法按照他自己一贯性的计划去做，而要为他人的目的去服务。[①]他认为政策、法律规则这些创构性的内容具有极强的强制性特点，它使人不能按照自己的真实意愿行事，是对人的天然本性的束缚。对此，我们认为，在现实的社会中，人们不能摆脱社会关系的束缚，问题是存在于什么样的社会关系的形式之中？社会工程所要建构的新的社会关系就是要摆脱不合理的、旧的社会关系对人的束缚，重建一种合乎人的本性的新的社会关系。它不但不违背人性，而且是对人性的一种解放。哈耶克也承认，要防止强制，就必须划出一个私人领域，在这个领域中别人或政府不得干涉。那么，谁来划这个领域？用什么保障这个领域的独立？事实上，如果要在私人领域和社会公共领域之间划出一条界线来，这正是社会工程活动的意义所在。

其次，从社会演进过程是自组织和他组织的统一性看社会设计的合理性。要认识以社会设计为主要特征的社会工程的必要性与合理性，还需要理解社会演进过程中的自组织因素与他组织因素的辩证统一关系。如果社会是一个有机系统，它的演进过程受自组织因素和他组织因素的共同作用。社会系统中的自组织因素表现为组成系统要素自身作用与功能发挥的过程，他组织因素表现为对各要素之间的关系的协调与控制的过程。社会工程中的社会设计所体现的就是社会演进过程中的他组织因素。

第一，社会系统结构是不同社会主体在社会互动的基础之上形成的制度化的社会关系。社会系统结构的形成和发展是自组织和他组织的统一。在社会演进过程中，早期人类社会自发形成内部有序的结构，沿河而居、逐草而牧都带有自组织的特点；而主动学习、借鉴先进民族的文化、社会模式，进而发展自己又体现出了社会秩序的他组织特点。自发秩序论只强调秩序形成过程中社会结构自我组织的一面，实际上，自组织和他组织在某一具体系统的演进过程中是统一的，二者都是系统获得其空间、时间或功能的有序结构的过程，都依赖于系统的对外开放性，二者的差别仅仅在于外部输入因素的性质上。在系统演进的实际过程中他组织与自组织不存在绝对的界限，自组织理论认为，可以从统一的观点对两类过程加以描述[②]。在社会系统结构的变革过程中，外部社会系统的先进因素会影响系统内部因素的自组织结构的变化，具体的社会系统演进是自组织与他组织的统一。中国近代的民主与科学两大思潮，以及苏联的十月革命思想极大地改变了中国当时的发展进程，就是自组织因素与他组织因素高度融合的有力说明。

第二，宏观秩序的演进是自发形成与自觉性建构的统一。哈耶克所持一个

---

① 石元康：《当代西方自由主义理论》，上海三联书店2000年版，第7页。

②〔英〕哈耶克：《致命的自负》，冯克利、胡晋华，等译，中国社会科学出版社2000年版，第3页。

基本论点：道德规范尤其是我们的财产、自由、公证制度，并不是人的理性所创造，而是文化进化赋予人类的一种独特的“第二禀性”。[①]他从发生学的视角探索文化进化、秩序的起源。哈耶克认为文明无论是从其起源还是其维持都取决于人类合作中不断扩展的秩序，而这种扩展秩序并不是人类设计或意图造成的结果，而是一个自发的产物[②]。人类遵循的扩展秩序是人们不经意地遵守某些传统的、道德方面的做法，并在群体进化选择过程中迅速传播开来。由此，他认为这种自发产生的人类社会秩序就像自然选择过程一样，是通过自然进化形成的。哈耶克承认人对秩序有选择，那么这种供人们选择的秩序是如何产生的，这些问题若离开人的能动性构思，都无法说明。生物界的自然选择是生物生存本能所致，人对秩序的选择并非自然选择而是有价值立场根据的。人固然是在遵从习俗、习惯中自然承袭自发秩序，但这种承袭与生物界的自然选择不同。从人类饮食文化的差异来看，不同民族往往有不同的饮食禁忌，遵从这种禁忌，并非食物营养成分不足，而是价值立场排斥。人类社会秩序中蕴含着价值立场，一种既成的社会秩序其内涵的价值立场是确定的，未来的秩序也是有价值预设的，新秩序的构建体现了其新的价值主张。只有形成了一定的秩序，才能体现其价值立场。哈耶克强调对秩序要经过价值选择，这是对的，价值选择的过程有历史性和过程性，这也是对的，但不能由此否定秩序的建构性。特定的社会秩序若离开了建构的机制，就不能从发生学的意义上得到说明。我们强调的是一个具体的秩序如何产生的发生学问题，哈耶克强调的是由一种秩序到另一种秩序的发展学问题。但是，如果没有发生，哪里会有发展呢？中国商代的周公制礼，是第一个有记载的制度，是当时的人们制定的。越是到现代，社会关系的复杂性就更需要设计、论证及选择制度形式。宏观秩序的演进是自发进化与自觉建构的统一。自觉性建构的制度形式是对自发进化秩序的扬弃，保留自发秩序的优点，消除自发秩序的问题，保证社会总体秩序的公正与合理。一旦新的制度形式产生，就需要借助人们对规则的认可并内化为人的文化结构，进而转变为主导人们行动的风俗、规矩和习惯。

第三，社会秩序的进步是通过社会模式的转换、自觉纠错趋于完善的。哈耶克认为，对于社会有机体这种复杂现象，人类理智对其模式形成机制的认知只能依靠掌握一些有关它的一般结构的抽象知识，否则无力建造具体的形式。仅就这一点来说，哈耶克的论断有些武断。我们应当承认，社会有机体不同于自然界的有机体，它不仅是自然选择还有价值选择。这种价值选择表现在人类制度的起源和发展上，也映现在社会制度模式的理性建构中，它是自发形成与

---

①〔英〕哈耶克：《致命的自负》，冯克利、胡晋华，等译，中国社会科学出版社 2000 年版，第 56 页。

②〔英〕哈耶克：《致命的自负》，冯克利、胡晋华，等译，中国社会科学出版社 2000 年版，第 1 页。

自觉建构的统一。说它是有自发形成的因素，是因为在社会发展进程中，社会系统内部由于演变和发展产生了新制度的需求，人们感到旧的制度因素在妨碍他们进行社会活动，影响了社会成员的进一步发展，所以产生了改变旧制度的要求。另外，在局部环境中，在不涉及大环境变化的情况下，根据自身发展需求改变一些微观制度。但是，如果要大范围地改变某种制度形式，或者一些微观制度的改变影响到大环境的性质时，自觉地设计和论证就是非常必要的了。一般地说，自人类制度出现以后，每一种所谓自发秩序的确立、扩展都与当时社会条件下的制度给予其的支持密不可分，同时自觉建构的制度对自发秩序进行纠偏才推动了社会秩序的进步，在复杂的社会境遇中更是如此。

也应当注意到，哈耶克的质疑给我们的警示是每一种制度模式都是人们在具体社会情境下的某种抉择的产物，其合法性并非一成不变。因此，对理性在社会秩序建构中的作用也不能盲目相信。他不是反对理性，而是反对理性建构“主义”所主张的理性的虚妄及合理干涉自发秩序的危险①，强调要“正确运用理性”，即承认自我局限性、进行自我教育的理性。这是非常有意义的。按照这样的理解，如果在社会工程的模式建构中能够正确地运用理性，警惕理性的狂妄，这正是社会工程学研究的任务。需要注意的是，我们身处其中的社会秩序或者社会制度模式就是在自发形成和自觉建构的统一中形成，通过社会模式的新旧更替不断突破自身理性的局限，完成自我教育的过程走向理想未来的。

第二节　社会工程是综合性知识应用活动

社会工程和自然工程一样，都是以建构新的存在物为目标的建设活动。与自然工程不同的是，社会工程所建构的存在物是社会事物，是以解决社会问题为指向、围绕人们社会关系的重构为核心展开、通过建构性的思想过程实现对社会现象的进步性变革，其研究的过程具有综合性知识应用的特点。

一、社会工程的研究需要不同领域的知识与思维的视域融通

社会工程是新兴的综合性知识运用活动，视域融通的研究方法是其知识运用的一个方法论特点。社会工程研究以综合集成的思维、跨学科的理论视域突破了学科范式的藩篱、学科的边界，具有视域融通的方法论特点。一般来说，社会科学理论都有着自身特有的范畴、逻辑、研究方法，体现为知识体系完善、界限分明。这对于人的思维训练、术业专攻至关重要，但它是我们从整体角度认识和改

①〔英〕哈耶克：《致命的自负》，冯克利、胡晋华，等译，中国社会科学出版社 2000 年版，第 37 页。

造社会世界的壁垒，社会工程研究打破了这种壁垒，开辟了一个多学科知识联合作业应对社会问题的学术领域。

在复杂的社会境遇中，不同领域的制度之间是相互作用的，一项经济制度的实施需要政治制度的配合，社会生活中的某项变动也会波及经济制度或政治制度。现实中，要保持社会秩序的稳定，一种新制度的推行需要其他辅助政策的配合，包括非制度化的组织、习俗，以及传统的扶持、修复制度漏洞可能带来社会关系不协调，使人们适应新要求，维护社会稳定；一种旧制度的终结需要过渡政策辅助，以使社会有序平稳过渡。因此，研究制度间相互联系的方式就需要从整体着眼研究社会结构模式。

随着社会发展复杂程度的加深，社会系统的不同层面、不同要素之间的交互关系更为复杂，社会治理面临的问题也凸显出复杂性、综合性交织的特点。因此，研究社会关系模式建构及运行机制设计，必须引入社会工程的思维方式和方法，只有这样才能适应复杂情境下应对社会治理问题、改造与建构社会模式的需要。社会问题源于社会约束条件的变化引起的制度需求和制度供给之间的矛盾，或者是现有制度之间产生了冲突，所以制度规则的再设计就是要弥合制度之间的裂痕，使之重新协调，这就必然关乎不同领域规律的协调、不同主体价值的整合、不同情境下方案的抉择。这种以社会现实问题为导向的研究必然要突破特殊范式的藩篱、学科的界限，以综合集成的方法为核心，以跨学科研究为特点，设计应对方案、择优选择对策模式。

二、社会工程知识是科学技术知识与社会知识的高度统一

如果认为社会工程活动是推动社会发展的一种形式，即从积极的意义上理解社会工程，其存在两个层面的解释，即着重从技术层面理解的社会工程与着重从社会层面理解的社会工程。前一种可称为技术理解的社会工程，后一种可称为社会理解的社会工程。

（一）技术理解的社会工程

1979 年，钱学森发表了题为《组织管理社会主义建设的技术——社会工程》的论文，他把“组织管理社会主义建设的技术叫做社会工程”[①]。他从宏观社会管理的层面上理解社会工程，着眼于国家怎样发展、国家经济怎样发展、国家经济计划怎么做，这些问题可以看成一个社会工程。他从系统工程角度指出社会工程是对宏观社会总体进行组织管理的技术。钱学森认为社会工程“是系统工程范畴的技术，但是范围和复杂程度是一般系统工程所没有的。这不只是大系统，而

① 钱学森、乌家培：《组织管理社会主义建设的技术——社会工程》，《经济管理》1979 年第 1 期，第 6 页。

是‘巨系统’，是包括整个社会的系统”[①]。组织管理社会的前提是提出社会的发展目标和根据，制定更具体的政策、组织原则和法规。他认为社会工程是从系统工程发展起来的，但社会工程的对象是整个社会、整个国家，所以社会科学对社会工程而言有重要价值。因此，社会工程工作者要掌握现代科学发展规律和社会发展规律。

钱学森认为社会工程有两个重要的支撑：一是社会情报信息系统，如情报、资料的数据库等；二是工具理论，如运筹学、控制论和系统工程的情报信息系统。这是从事社会工程工作的基础。钱学森倡导建立一个供社会工程研究使用的情报网和情报资料数据库，即一个自动化、计算机化的网络数据库。此外，社会工程研究还要有明确的指导思想。在我国，马克思主义理论就是我们进行社会工程研究的指导思想、理论前提。钱学森是我国社会工程思想的先驱者和开创者，他提出的系统工程的理论和手段在社会管理中的应用，是社会工程研究的开端。钱学森强调搞社会工程要有两类人的参与，一类是系统、复杂理论专家，另一类是社会科学专家，两类专家联合解决社会问题。需要指出的是，钱学森理解的社会工程是偏重从技术理解的社会工程。虽然钱学森强调社会管理，强调社会科学家的作用，但他的基调是系统科学和系统工程的理论与方法。所以，他把社会工程理解为组织管理社会主义建设的技术。在这里，社会关系的发现和实现问题、社会规则系统的设计和变更问题则较少关注，他更多关注的是国家计划的科学性问题和发展目标的科学性问题。钱学森强调解决这些问题需要使用系统工程的理论和方法。所以，我们认为钱学森关于社会工程的理解主要是基于技术层面的理解，可以概括为技术理解的社会工程。

（二）社会理解的社会工程

前文已述及，社会工程的概念和思想方法早在 19 世纪已经萌发。19 世纪的社会学家孔德提出把研究自然界的科学方法应用于研究人类社会，把自然科学中已经成功运用的观察方法、实验方法、比较方法应用于研究社会发展问题，并且提出了社会静力学和社会动力学思想。孔德认为社会静力学就是暂时不考虑社会系统的基本运动，去研究社会系统内各个组成部分的作用和反作用的规律；而社会动力学则研究社会进步的机制。孔德的社会学方法论思想应当被认为是社会工程思想的前期萌芽，但孔德过分强调物理学方法对社会学研究的意义，以至于另一些人因强调社会现象不同于物理现象而否定了孔德的社会学方法论思想。至 20 世纪上半叶，社会工程的概念被社会科学研究者逐步明确。比较有代表意义的是

---

① 钱学森、乌家培：《组织管理社会主义建设的技术——社会工程》，《经济管理》1979 年第 1 期，第 6 页。

在法学领域中产生了社会工程法学学派，其代表人物是美国法学家庞德，庞德的社会工程法学把法学认为是一种社会工程学，指出社会工程法学要研究社会秩序，而不是去争论法的性质。作为一种社会工程活动，法的目的是尽可能合理地建构社会结构等。

中国社会学家费孝通先生在《乡土中国·生育制度》一书中论及社会学的研究内容时指出，社会现象的内容固然可以分成各个制度，但这些制度并不是孤立的。社会学研究社会可以从各个制度的联系上探讨，从各制度的相互关系上着眼。譬如某一政治制度的形式常和某一经济制度相配合，又譬如在宗教制度中发生了某种变动对某一经济制度或政治制度也会产生影响。社会学研究各制度的相互联系的方式，可以从总体上研究社会结构的模式。①

如上所述，社会科学关注的重点是社会制度、社会规则系统问题。如果说把工程的思想引入社会研究，那么，社会科学视野中的社会工程就是应用自然科学和工程科学的思想方法研究社会关系结构的发展变化问题，即社会规则系统的演进问题、社会秩序的建构问题、社会模式的设计问题。因此，社会科学理解的社会工程是社会关系、社会规则系统、社会模式的建构和变化问题。这就是所谓的社会理解的社会工程。

（三）综合知识的社会工程——技术的理解和社会的理解相统一

马克思的历史唯物主义是社会工程思想的哲学方法论基础。历史唯物主义认为，社会生产力与生产关系的统一是社会结构的基础，所以，研究社会变化既要关注生产力的指标，又要关注生产关系的状态；研究社会变迁需要联系生产力水平去研究生产关系的状况，需要联系生产关系的状况去研究生产力的发展情况。把这种思想引入社会工程的研究中，就需要把技术理解的社会工程和社会理解的社会工程辩证地统一起来。

社会工程学是反映社会现当代发展复杂程度的一门综合性的社会科学。日本的一些学者认为，要使现今的社会发展成为未来更美好的社会，离不开两种知识：一种是“是什么”的知识；另一种是“怎么做”的知识。那么，为什么社会成为现在这个样子？为什么发生这种问题？问题是什么？追究其原因是哲学和科学的任务。追究“是什么”的知识是对社会的发现，它能够帮助我们理解社会。理解社会还必须和“怎么做”的知识相联系，问题怎么解决？在方案设计出台以后，还必须提出解决的方案和对未来的意向。“怎么做”的知识是要创造一种新社会模式。他们认为，发现一个社会的原因和创造一个社会模式的知识的结合就是社会工程知识。

---

① 费孝通：《乡土中国·生育制度》，北京大学出版社 1998 年版，第 91 页。

根据历史唯物主义的基本思想和关于社会工程研究的各种观点，可以认为：社会工程研究具有理论研究导向和实践研究取向相结合的综合研究的特点。这种研究方式具体表现为技术理解的社会工程与社会理解的社会工程相结合的特点。也就是说，社会工程研究需要将系统工程的理论和方法与社会科学的理论和方法相结合，即理论研究和实验研究相结合，定性研究与定量分析相结合，调查研究与模型分析相结合，历史研究、现实研究和未来研究相结合，理论分析与模式设计相结合的综合性、整体性、过程性研究相统一。

技术理解的社会工程就是运用自然科学、工程科学、系统科学等方法研究社会关系结构的变迁，并以信息收集、数据分析和模型建构方法为特征所形成的社会系统工程方法。从这个角度说，系统工程和控制论理论是核心理论，现代调查技术、情报分析技术和数据库技术是基本的技术手段。技术理解的社会工程的数据指向是各种社会活动的效率和效益指标，它反映人们社会活动的经济、政治、文化和生活方式与交往方式的现实结果、实际状态及期望状态。社会理解的社会工程研究的指向是人们社会生活所赖以存在的社会规则系统，它表现为各种政治制度、经济制度和文化制度相互交织所形成的社会结构，是指人在社会生活、生产、交往中相互作用关系的总和。社会理解的社会工程就是指建构各种具体社会关系形式的过程和结果，它把社会关系结构理解为一种变化的量。就社会关系而言，可以分为一般社会关系和具体社会关系。一般社会关系是指人与人在生活、生产、交往过程中形成的普遍的、一般的联系。而人们在社会生活、生产中的联系往往是具体的，社会工程旨在建构人与人之间具体的社会关系。例如，在市场交往关系中，买卖双方是一种顾主与顾客的关系，在买卖活动中应如何保障双方的权益，需要建构一种怎样的买卖关系？再如，在改革中，人们要建立一种按生产要素分配的分配关系，那么这种分配关系在实践中怎样体现出来、怎么操作？这些都是社会工程研究的问题。可见，社会工程意在把一种潜在的社会关系转化为现实的、具体的社会关系，即从社会问题出发，把人与人之间的社会关系具体化，并上升为人们的社会理念，进一步转化为具体的社会关系的形式，从而真实反映人与人之间的关系。总而言之，我们可以把社会工程活动理解为探寻潜在的社会关系，并形成关于合理的社会关系形式的定位性认识，进一步将其转变为现实的社会关系，寻找符合人们真实意愿的社会关系的实现形式，探索真实的社会关系模式的活动过程。这样一种关于社会工程的认识可以定义为社会理解的社会工程。

如果仅从技术层面理解社会工程，只研究计算机、数据库，那么它就是在什么社会关系形式下的综合模型。所以，技术理解的社会工程的前提是社会理解的社会工程活动的结果。同样，作为社会理解的社会工程活动的结果，需要利用技术的手段进行测试和论证。也就是说，建构的社会关系的效果如何，还要通过数据分析、模型再现来体现。社会理解的社会工程的活动结果必须利用综合模型把它表现出来。模型的作用在于在原有的政策未改变之前，在模型中把未来的结果进行虚拟性研究。如果仅有信息收集、分析工具的运用，没有具体社会关系的设计、模型分析，其只是反映了现有社会关系结构的状况，不能反映所要改变的社会结构及其运行结果的状况。因此，技术理解的社会工程和社会理解的社会工程两者缺一不可。

我们认为对社会工程的理解要把技术的理解和社会的理解统一起来。我们理解的社会工程一方面突出“设计”的概念，强调预先建构的思想；另一方面考虑了这种设计是针对人与人之间具体的社会关系设计的，且需要把设计从蓝图转化为具体方案，并通过综合模型对设计结果进行预测。

三、社会工程是综合性知识应用的活动

社会科学可以区分为基础理论学科和应用理论学科。基础理论学科如经济学、社会学、政治学、哲学等，研究特殊领域、学科的一般理论和方法。应用理论学科如会计学、管理学、语言学等，研究学科的具体理论和方法，一经学习就可以直接运用。在社会发展过程中，直接运用基础理论学科的理论解决社会问题是有一些弊端的，如直接运用某种经济理论设计经济政策往往会导致政策的不稳定。社会结构的复杂性特征表现为政治、经济、文化、科学、技术、教育、文化相互交叉渗透的一体化，就好比一个橘子，每一个分瓣就是一个学科、领域，每一个学科、领域之间又是经络交叉浑然一体的。而每一个因素中又都涉及政治、经济、文化等问题。面对纷繁复杂的社会问题，要很好地解决它不仅需要从部分、局部的角度把握各个分支领域的规律、问题，还需要从相互关联的整体角度把握其规律和问题，这就是社会工程。从学理上说，我们认为从基础理论出发解决社会问题时缺少一个中间环节，在基础理论学科和应用理论学科之间缺少一个应用基础理论，这一理论主要是去说明如何运用一般的理论的学科。这就是社会工程产生的缘由。

（一）社会工程理论的知识构成

社会工程学被认为是反映社会现当代发展复杂程度的一门综合性的社会科学，其目标是对各种社会问题进行实例分析和解决。它并不是人文科学、社会科学、自然科学的知识与技术的简单相加，而是根据社会模式建构的需求，在这些知识和技术的基础上，进行新的探索和整合。日本东京工业大学的社会工程研究者对社会工程学的知识构成做了结构性描述，李黎明用图形的方式呈现了社会工程知识结构（图 1-1）。[①]

---

① 李黎明：《日本社会工程学的发展与启示》，《社会工程研究》第三辑，西安交通大学出版社 2007 年版，第 26—39 页。

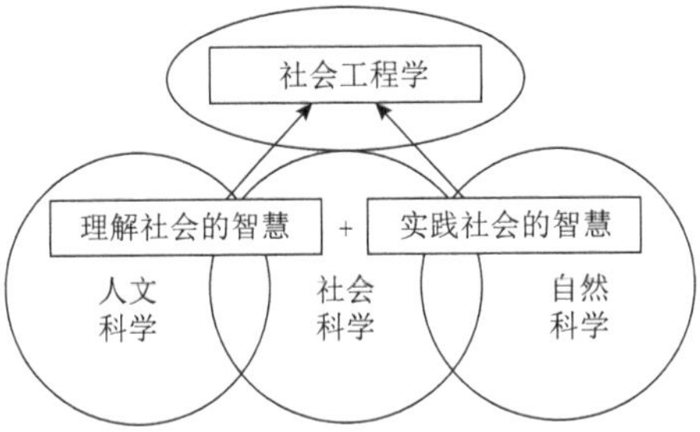

图 1-1　社会工程知识结构图

社会工程是以社会问题的解决为导向，在自然科学知识与人文社会科学知识统一的基础上，将数理逻辑和社会逻辑相结合，以马克思主义理论为指导，应用经济学、社会学、政治学、管理学等学科的知识，通过调查、测量获得相关事物的数量数据、历史数据和空间数据，将不可量化的社会现象转化为可量化的知识，在分析的基础上形成计量数据，然后在计量数据的基础上进行社会模式及政策设计。在模式设计和政策设计中要在对人类自身与社会的深层次理解的基础上，贯彻社会美的原则，为现实中发生的各种社会问题寻求解决方案和替代方案，为最终达到对社会运行模式和政策的设计提供思想基础和方法论指导。社会工程的综合运用各种知识的方法论思想，构成了社会工程研究的逻辑模式（图 1-2）。[1]

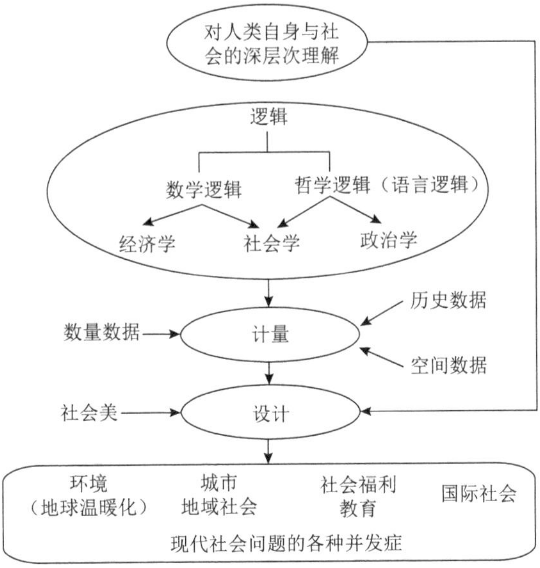

图 1-2　社会工程研究的逻辑模式

① 李黎明：《日本社会工程学的发展与启示》，《社会工程研究》第三辑，西安交通大学出版社 2007 年版，第 26—39 页。

社会工程研究不同于社会工程学。把社会工程的研究过程作为科学研究的对象，形成社会工程研究的理论和方法就是社会工程学。社会工程学是关于如何进行社会工程研究的学问,具体的社会工程研究是对社会工程学理论和方法的运用。社会工程研究针对具体的社会问题，如农村低保、高校收费政策、贫困生贷款问题等都属于社会工程问题；其研究的结果是形成用以解决上述社会问题的相关社会模式、社会政策和社会法律法规。而社会工程学着眼于社会工程一般理论方法的研究，旨在建立一种应用社会学的基础理论。它把社会工程研究过程中的基本环节、基本方法、基本过程作为其研究的基本内容，把社会工程研究中的社会分析方法、理念构思方法、模式设计方法、模式分析方法作为其研究的重要内容。因此，社会工程研究的一般理论和方法是社会工程学的基本内容。

（二）社会工程研究的方法论特点和研究过程

第一，社会工程学的方法论具有工程思维的特征，是工程思维方法和社会思维方法的统一。那么，为什么要在社会政策、制度法规的研究中引入工程概念和工程思维呢？从科学认识的特点来看，科学认识的形成运用的是抽象方法，在科学概念的形成过程中，通过分析、抽象剔除了客观事物的具体特点和具体属性，提炼出合乎规律性的特征，使人们对研究对象的认识结果形成一个简单的模型，所以，科学抽象的过程实质上是一个逐步简化的过程，最后得出具有简单性特征的深刻结论。形象地说，科学研究是一个“做减法”的过程，而工程对象的特点是具体性、综合性、整体性。怎样运用科学认识把蓝图、意图、意愿转化为具体的对象，是一个“做加法”的过程。特别是在社会发展过程中，不同领域之间的规律相互作用、影响，往往表现为一个领域的规律是另一个领域规律起作用的平台和边界，人、事物之间的关系呈现出越来越复杂的状态，只有既注重具体又兼顾整体，综合考虑各种因素，才能制定出更适合的社会政策，实现推动社会发展的初衷。因此，社会工程研究在方法上具有工程的特征，突出地表现在社会规则的设计环节上，它既包括对象设计也包括过程设计，这种设计活动的本质是建构人与人之间具体的社会关系。

第二，社会工程的研究过程具有建构性的特点。社会工程是一个建构的过程，把一个原来没有的事物创造出来，是一个从无到有的过程；是人们在把握规律的基础上，通过对象设计构思出蓝图，再通过过程设计将蓝图转化为现实的过程；是一种合规律、合目的的建构性实践活动。社会工程思维的过程性特点是社会问题意识明确、主体建构的主观能动性强，想方设法运用科学规律和经验知识建构实验模型分析社会问题，本质上是一种模式创新思维。它有如下几个重要环节。第一个环节是界定社会工程问题。通过对社会问题的评价分析、提出社会工程问题。社会工程问题是引起社会问题的问题，即社会规则系统中的问题，一般的社会问题是社会规则系统问题的表现。第二个环节是构思社会理念。通过对旧的社会关系的反思、评价，提出一个新的社会关系形式，它是新的社会存在物的预先设想的原则。第三个环节是设计社会模式。通过对象设计和过程设计把工程理念融入未来规划。第四个环节是设计社会过程。第五个环节是实施社会过程，即应用新的社会规则替代旧的社会规则，解决社会问题，实现人的真实需求，也就是用新的社会关系替换旧的社会关系形式，推动社会改革和社会发展（图 1-3）。

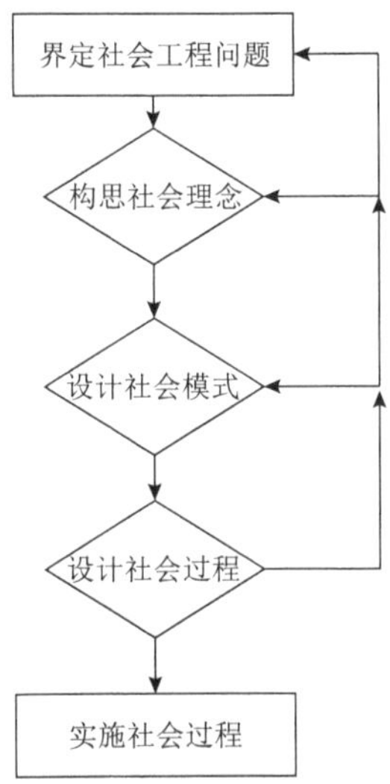

图 1-3　社会工程研究的一般过程

（三）社会工程具有选择性

在解决具体社会问题的过程中，可以设计出不同的解决方案。方案的选择是在有限可能性空间内活动，而制约可能性的最大变量是理论规范和实际境况，拓展可能性空间的最大变量是理论变革。合适的政策和科学的理论总是紧密相连的，所以社会工程方案的确定总是和理论创新联系在一起的。

第三节　中国的社会工程研究现状与前景

中国的社会工程研究不同于国外关于社会工程的研究，它是坚持以马克思主义为指导的社会工程研究。中国的社会工程研究的开拓者和先驱者是著名科学家钱学森，其间涌现出了不少有代表性的学者。中国的社会工程研究也是沐浴着改革开放的春风，随着改革开放进程的推进逐步深入的。习近平新时代中国特色社会主义思想为社会工程的研究开辟了更加广阔的发展空间。

一、国内社会工程研究的代表人物

中国的社会工程研究肇始于著名科学家钱学森。1978 年 9 月 27 日，钱学森在《文汇报》发表了《组织管理的技术——系统工程》一文，目的在于探索一种能够对组织管理进行总体性规划和设计的科学方法。钱学森认为，这种科学方法就是“系统工程”，是组织管理“系统”的规划、研究、设计、制造、实验和使用的科学方法。探索此方法旨在提高我国组织管理的整体水平。

沿着系统工程的总体规划和设计的思路，钱学森将组织管理的视野由具体的事项、单位等“小系统”和“小范围”扩展到了社会主义建设的大系统。1979 年，钱学森和乌家培在《经济管理》第 1 期发表了《组织管理社会主义建设的技术——社会工程》一文，首次提出社会工程概念，将组织管理社会主义建设的技术叫作社会工程，并深刻论述了社会工程概念的理论背景、改造对象和基本任务。作为系统工程的一个分支，他认为社会是一个特殊的、复杂开放的巨系统，社会工程就是组织管理社会主义建设的技术，社会工程对组织管理现代化建设具有不可替代的作用。[①]在钱学森的思想中，社会工程与社会系统工程并没有严格的区分。

中国人民大学终身荣誉教授黄顺基[②]先生是极力支持、倡导开展社会工程研究的学者，他研究和发展了钱学森的社会工程思想，并从科学、技术、社会统一的视角研究社会工程问题，是我国社会工程研究的领军人物。把社会工程提升到学科层面进行研究的是大连理工大学的刘则渊教授，他于 1986 年在《自然辩证法研究》上发表了《社会发展与社会工程学》一文，第一次提出了社会工程学的概念。西安交通大学王宏波教授自 20 世纪 80 年代以来一直致力于社会工程学研究，继钱学森、黄顺基、刘则渊之后在国内较深入地论证了“社会工程理论”，坚持把马克思主义理论与社会工程研究相结合，并深入论证了社会工程学。他认为社会工程是马克思主义理论在当代中国的实践形式，是马克思主义理论研究的一个理论生长点，主张将马克思主义理论和社会工程研究结合起来，并将社会理念建构、社会模式设计和社会过程设计作为社会工程研究的核心范畴。2000 年，王宏波在《西安交通大学学报（社会科学版）》发表了《社会工程的概念和方法》一文，该文界定了社会工程的概念和研究内容；2003 年，王宏波和张厚奎在《自然辩证法研究》第 6 期发表《社会工程学及其哲学问题》，探索了社会工程研究的方法论问题；2011 年，王宏波在《西安交通大学学报（社会科学版）》发表了《论社会工程学的意义、内容与学科特征》，进一步论证了社会工程学研究的基本范

① 钱学森、乌家培：《组织管理社会主义建设的技术——社会工程》，《经济管理》1979 年第 1 期，第 5—9 页。

② 黄顺基，中国人民大学荣誉教授，国内著名的哲学学者，以自然辩证法研究、科学哲学研究著称，对钱学森系统工程思想、社会系统工程思想有深入研究，晚年特别关注和支持社会工程研究，亲自撰写论文推动社会工程研究，是国内倡导和支持、推动社会工程研究的著名学者。

畴、基本内容和方法论原则。这三篇论文是21世纪之初中国社会工程学领域的基础性研究论文。

早在1999年，由王宏波教授为学科带头人的研究团队就成立了国内第一所社会工程研究中心，西安交通大学从2000年开始，连续在“211工程”项目、“985工程”项目支持该研究中心开展社会工程理论和应用研究，通过建立社会工程实验室，探索社会工程的教学实验、科研试验和社会政策仿真模拟实验。经过二十多年的探索和发展，该研究中心汇聚了一大批专门从事社会工程理论与实践研究的专家学者，已经成为国内从事社会工程研究的重要研究基地。该研究中心先后举办了“首届全国社会工程理论与方法”研讨会、“社会政策与社会工程国际学术会议”、首届全国“社会工程理论与方法” 研讨会、“马克思主义理论与社会工程高层论坛”“新常态下‘四个全面’协调推进与社会工程研讨会”等大型学术会议，并与加拿大萨斯喀彻温大学等联合主办“社会工程与社会政策以及知识转换国际研讨会”“社会政策与社会工程国际学术会议”等具有国际影响的学术会议，极大地推动了国内外社会工程研究交流和联系。该研究中心在加强国内外学术交流的基础上，不断推进社会工程的基本理论和方法研究，同时加强社会工程理论的应用研究和案例研究，进一步提升社会工程理论的影响力。

围绕社会工程理论与应用研究，王宏波已出版《社会协调分析新论》（1994年）、《工程哲学与社会工程》（2006年）、《社会工程研究引论》（2007年第1版和2018年第2版）等重要著作。从2005年开始，西安交通大学社会工程研究中心创办不定期论辑《社会工程研究（评论）》，为国内社会工程领域研究者提供了重要的交流和学术讨论平台。[①]截至2012年12月底已出版六辑，其中，前三辑主要围绕社会工程理论和方法研究展开，即社会工程学的元研究。从第四辑开始除了社会工程理论和方法研究以外，增加了社会工程应用研究、社会政策、马克思主义与社会工程等专题。这反映出社会工程学这一新兴交叉领域具有广阔的学术视野，是一门交叉性和应用性极强的学科，致力于应用社会工程学理论和方法解决具体的社会工程领域的实际问题，这也是社会工程学研究的魅力所在。吸收和借鉴相关学科研究的理论方法和成果，将社会工程理论范式和学科思维作用于社会实践，标志着我国社会工程学由学科理论和方法的元研究阶段进入学科交叉融合、学科体系走向成熟完善的崭新历史阶段。

田鹏颖教授也是国内社会工程学研究领域的代表性学者之一，他于2008年在《中国社会科学》发表了《社会工程——现代社会把握世界的基本方式》一文，提出

① 《社会工程研究》2005年10月出版第1辑和第2辑，2007年1月出版第3辑，2008年4月出版第4辑，均为西安交通大学出版社出版；《社会工程评论》第5辑和第6辑由陕西人民出版社分别于2008年12月、2012年12月出版；《社会工程评论》第7辑和第8辑正在由陕西人民出版社筹备出版，将很快与读者见面。

社会工程作为一种思维方式已经成为现代社会应对矛盾和风险进而把握世界的基本方式，社会工程通过整合人类谋求应对现代社会诸多风险与挑战的不同方式，创造了新的科学方法论。近年来，田鹏颖教授围绕社会工程哲学发表了不少学术成果。

二、国内社会工程学研究知识图谱分析

为进一步分析我国社会工程学的发展历程与研究现状，我们利用科学计量学和信息可视化技术对我国社会工程学研究文献进行了知识图谱分析。

（一）数据来源与数据处理

为了便于分析，所使用的分析数据来自中文期刊全文数据库中国知网。以“社会工程”为主题进行精确检索，时间跨度为1979—2019年，检索时间为2020年3月18日，共得到3837条文献数据，剔除其中的论坛会议综述、论坛会议通知、新书评介、人物专访、征文启事、高层信息等无效文献，以及其他与社会工程学研究无关的文献，最后获得有效分析样本文献数据740条。

分析所采用的可视化文献计量工具是由美国德雷塞尔大学（Drexel University）陈超美（Chaomei Chen）基于Java平台开发的CiteSpace。CiteSpace可以把大量的文献数据转换成可视化图谱，使人们对知识的理解更直观，并能发现那些隐藏在大量数据中的规律和人们不易觉察的内容，即绘制科学知识图谱。[①]知识图谱是以知识域为对象，反映科学知识的发展进程与结构关系的一种图形。[②]

（二）总体分布

图1-4反映了1979—2019年国内社会工程学研究领域发文量的总体分布情况，自1979年钱学森在《经济管理》发表《组织管理社会主义建设的技术——社会工程》一文，首次提出社会工程概念以来，我国社会工程学研究不断深入，大致经历了从初始阶段到急剧增长阶段再到逐步稳定阶段。具体来看，2000年以前发文量较少，发展较为缓慢，2000年以后发文量增长较快，社会工程学研究进入高速发展时期。2010年发文量最多，达到顶峰，之后大致呈逐年递减趋势。近年来，社会工程学研究领域虽然发文量呈减少趋势，但仍然保持较高的发文量。可以看出，我国社会工程学研究自20世纪70年代末起步以来，经过20世纪末的积累和21世纪初飞速发展，逐渐走向成熟完善，取得了丰硕的研究成果，已成为社会科学研究的一个重要领域和分支，引起越来越多学者的关注和研究。

---

① 陈悦、陈超美、胡志刚，等：《引文空间分析原理与应用：CiteSpace实用指南》，科学出版社2014年版，第16页。

② 陈悦、刘泽渊：《悄然兴起的科学知识图谱》，《科学学研究》2005年第2期，第149—154页。

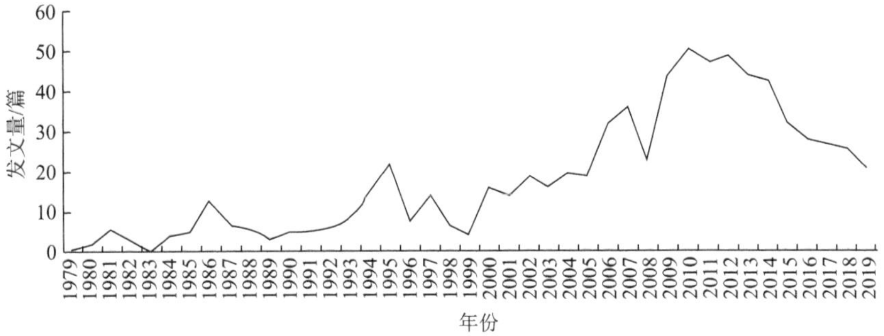

图 1-4　1979—2019 年国内社会工程学研究领域发文量总体分布

（三）高产作者知识图谱分析

图 1-5 为 1979—2019 年国内社会工程学研究领域高产作者知识图谱，从图谱中可以清晰地发现我国社会工程学研究领域形成了以王宏波、田鹏颖、杨建科和黄顺基为核心的研究网络与研究团队，构成了我国社会工程学研究的主体。此外，国内社会工程学研究领域发文量较多的学者还有杨建科（12 篇）、黄顺基（11 篇）、李永胜（10 篇）、白洪涛（7 篇）、郑中玉（7 篇）、盛明泉（6 篇）、周永红（5 篇）、张宏程（4 篇）等。

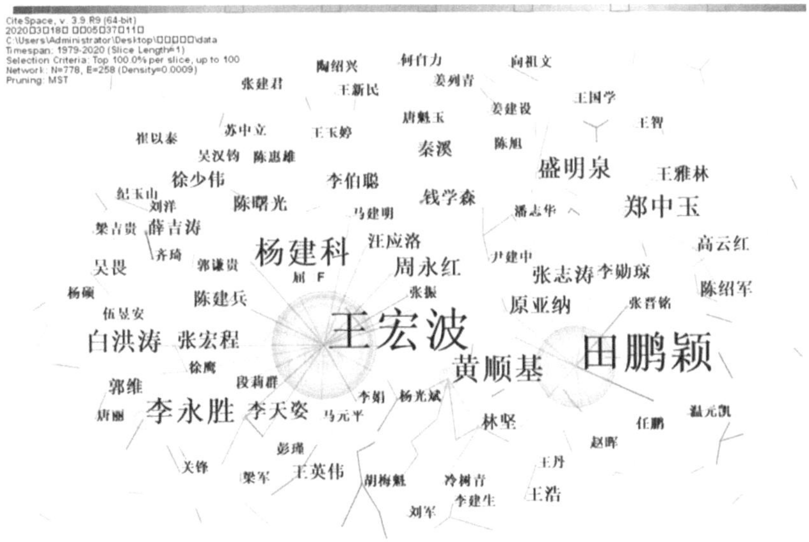

图 1-5　1979—2019 年国内社会工程学研究领域高产作者知识图谱

（四）关键词知识图谱分析

关键词是表征文献内容的核心词汇，是对文献研究主题的高度凝练与概括，是进行文献分析的一个主要方面。通过关键词知识图谱可以直观地呈现某一研究领域的主要内容及变化趋势，从而更好地把握该领域的研究方向和主题。图 1-6 为 1979—2019 年国内社会工程学研究领域关键词知识图谱，通过图谱可以发现，1979—2019 年国内社会工程学研究领域涉及关键词较为广泛，同时，关键词共现网络整体上较为紧密，说明这些关键词之间有较强的相关性，我国社会工程学领域的研究基本围绕这些关键词展开。

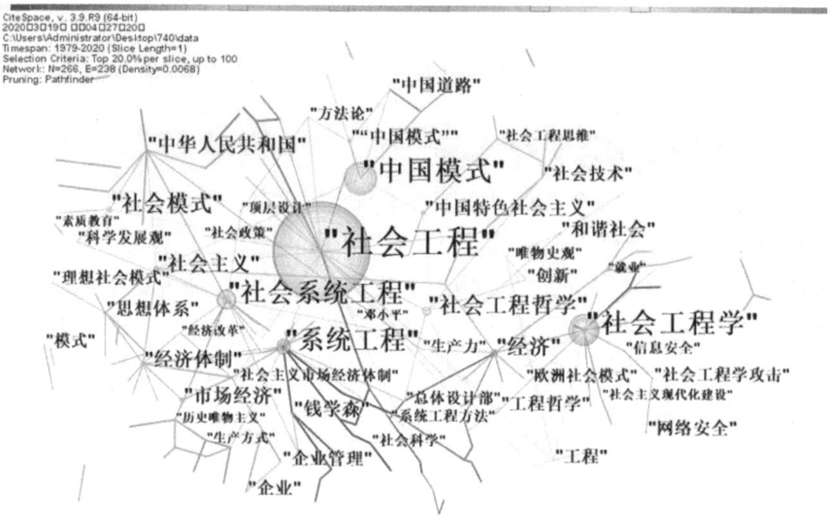

图 1-6　1979—2019 年国内社会工程学研究领域关键词知识图谱

具体分析我国社会工程学研究领域的关键词相关数据，1979—2019 年国内社会工程学研究领域关键词频次居前十位的分别是“社会工程”“社会工程学”“中国模式”“社会系统工程”“系统工程”“社会模式”“社会工程哲学”“经济”“社会主义”“市场经济”等。另外，出现频次较多的关键词还有“经济体制”“中华人民共和国”“中国特色社会主义”“和谐社会”“思想体系”“钱学森”“社会技术”“企业管理”“工程哲学”“工程”等。这些高频关键词反映出我国学者对于社会工程学领域关注和研究的主要方向与内容。

通过以上分析可以发现，从 20 世纪 70 年代社会工程学研究在我国兴起以来，社会工程学研究领域引起了越来越多学者的关注，相关成果越来越丰富，已经发展成为社会科学领域的一个重要分支。从当前社会工程学的研究现状看，王宏波、田鹏颖是当前国内社会工程学研究领域的主要代表人物，西安交通大学是当前国内社会工程学研究领域的代表性机构之一。从研究内容和方向看，当前社会工程学研究领域的学者关注和研究的重点主要包括：社会工程学、中国模式、社会系统工程、社会模式、社会工程哲学、经济发展、社会主义、市场经济、中国特色社会主义、中国模式、“四个全面”等。

三、中国特色社会主义新时代的社会工程研究

中国特色社会主义进入新时代，既对社会工程研究提出了新要求，也为社会工程研究提供了广阔的发展空间。习近平同志在论述新时代的历史使命、改革的方法论、治国理政、治党治军等问题时都涉及社会工程问题的思想。所以，从社会工程研究的角度学习理解习近平新时代中国特色社会主义思想，对于深刻认识社会工程研究的广阔发展前景和新时代要求具有重要意义。

（一）中国特色社会主义进入新时代，提出了社会工程研究的新任务

习近平在党的十九大报告中指出：“中国特色社会主义进入新时代，意味着近代以来久经磨难的中华民族迎来了从站起来、富起来到强起来的伟大飞跃，迎来了实现中华民族伟大复兴的光明前景；意味着科学社会主义在二十一世纪的中国焕发出强大生机活力，在世界上高高举起了中国特色社会主义伟大旗帜；意味着中国特色社会主义道路、理论、制度、文化不断发展，拓展了发展中国家走向现代化的途径，给世界上那些既希望加快发展又希望保持自身独立性的国家和民族提供了全新选择，为解决人类问题贡献了中国智慧和中国方案。”①

这样一个新的历史时代，推进国家治理体系与治理能力现代化，是社会工程研究的根本任务，也是社会工程实践的新平台。在国家治理现代化的过程中，社会工程研究首先要服务于协调推进“四个全面”、统筹推进新时代“五位一体”总体布局的战略和贯彻落实五大发展理念的伟大社会实践。这既是新时代社会工程研究深化的机遇，更是社会工程进一步发展的基本要求。

40 多年的改革开放，我国取得了巨大成就，中华民族站在新的历史方位上，现阶段如何科学地处理经济、社会、政治、文化、生态之间错综复杂的矛盾，是新时代改革的新特点，如何科学地处理国内国际两个大局之间的辩证关系，是新时代国家治理的新要求。这些问题十分复杂，牵一发而动全身，也意味着改革进入了攻坚期和深水区。为此，党的十八大以来，党中央提出了全面深化改革的新战略、协调推进“四个全面”战略布局、统筹推进新时代“五位一体”总体布局等。党的十九大以来，党中央对中国社会发展的基本矛盾有了新的表述，国家发展和居民需求有了新要求。党的十九届四中全会以来，基于全面深化改革的总任务，党中央提出全面深化改革必须立足于我国改革发展的新形势新特点，要敢于

---

① 习近平：《决胜全面建成小康社会 夺取新时代中国特色社会主义伟大胜利——在中国共产党第十九次全国代表大会上的报告》，人民出版社 2017 年版，第 10 页。

啃硬骨头，明确提出把国家治理体系和治理能力现代化作为全面深化改革的总目标之一。就当前经济社会发展的具体领域和问题而言，诸如医疗体制改革、住房改革、教育改革、分配制度改革和个税改革等，依然没有完成，需要按照治理体系和治理能力现代化的目标继续全面深化改革。

新时代的新目标新任务，是涉及14亿人利益和国家发展的重大战略，是一项庞大和复杂的工程，为社会工程的实践提供了广阔的平台。改革开放中的矛盾只能用进一步的改革开放来解决，我们要开创发展新局面，就必须推进社会工程的研究，通过新的连续性的社会模式设计推动改革新突破，也只有通过新的社会模式设计作用于现存社会结构，才可能获得持续的发展空间和发展动力，才能把中国特色社会主义继续推向前进。

（二）新时代对社会工程研究与实践的要求

改革是复杂系统的社会工程。从中华人民共和国成立到党的十一届三中全会召开，我们一直进行着对社会主义制度和发展模式的不断探索。每当已有的制度模式不能满足和有效解决社会发展面临的内外部矛盾时，我们就要反思现行的制度和体制存在的问题。40多年改革开放的历程就是对适合中国社会发展模式的选择、设计的长期探索和反复实践的过程。党的十八大以来，习近平同志在论及改革问题时多次强调改革坚持正确方向的重要性。2013年1月2日，习近平同志在十八届中央政治局第二次集体学习中强调：“改革开放是一个系统工程，必须坚持全面改革，在各项改革协同配合中推进。改革开放是一场深刻而全面的社会变革……每一项改革都会对其他改革产生重要影响，每一项改革又都需要其他改革协同配合……更加注重各项改革的相互促进、良性互动……整体推进，重点突破，形成推进改革开放的强大合力。”[①]

习近平同志指出：“全面深化改革是一项复杂的系统工程，需要加强顶层设计和整体谋划，加强各项改革关联性、系统性、可行性研究。我们要在基本确定主要改革举措的基础上，深入研究各领域改革关联性和各项改革举措耦合性，深入论证改革举措可行性，把握好全面深化改革的重大关系，使各项改革举措在政策取向上相互配合、在实施过程中相互促进、在实际成效上相得益彰。”[②]

习近平同志强调全面深化改革是一项复杂的系统工程，要运用系统思维，就是要求我们要正确处理各领域改革的关联性和各项改革举措耦合性问题。经济、政治、文化、社会、生态文明各领域改革和党的建设改革紧密联系、相互交融，任何一个领域的改革都会牵动其他领域，同时需要其他领域改革的密切配合。如

① 中共中央文献研究室编：《习近平关于全面深化改革论述摘编》，中央文献出版社2014年版，第35页。
② 中共中央文献研究室编：《习近平关于全面深化改革论述摘编》，中央文献出版社2014年版，第38页。

果各领域改革不配套，各方面改革措施相互牵扯，全面深化改革就很难推进下去，即使勉强推进，效果也会大打折扣。党的十八大也提出了深化经济体制改革、政治体制改革、文化体制改革、社会体制改革、生态体制改革的要求，明确提出了深化改革的具体任务。因此，分析各领域改革的关联性和各项改革举措的耦合性，更加注重各项改革的相互促进、良性互动，整体推进，重点突破，形成推进改革开放的强大合力，对全面深化改革具有重要意义。

习近平同志强调系统思维，也强调辩证思维，尤其是系统思维中的辩证思维，辩证思维中的系统思维。习近平强调："坚持整体推进，加强不同时期、不同方面改革配套和衔接，注重改革措施整体效果，防止畸重畸轻、单兵突进、顾此失彼。"[①]他说："整体推进不是平均用力、齐头并进，而是要注重抓主要矛盾和矛盾的主要方面，注重抓重要领域和关键环节，努力做到全局和局部相配套、治本和治标相结合、渐进和突破相衔接，实现整体推进和重点突破相统一。"[②]所以，把系统思维和辩证思维统一起来，是习近平同志改革思维的新特点，我们应当深刻理解和重点领会、努力实践，增强改革的自觉性。

（三）追求高质量社会发展是新时代社会工程研究的新目标

社会工程活动的最终指向和追求是社会实现高质量、可持续和协同发展。中国共产党第十八届中央委员会第五次全体会议通过的《中共中央关于制定国民经济和社会发展第十三个五年规划的建议》提出："实现'十三五'时期发展目标，破解发展难题，厚植发展优势，必须牢固树立创新、协调、绿色、开放、共享的发展理念。"[③]五大发展理念正是针对新时期面临的挑战所提出的有效方案，符合我国社会发展的现实需要。五大发展理念也蕴含了社会工程综合集成与协调分析的战略思维，理念要贯彻到现实社会中，更需要设计和建构一系列新的社会模式来整合与贯彻五大发展理念的落实。社会工程的综合集成、协调分析及设计与建构性的思维特征，注重促使社会系统形成有序的结构、良好的运作机制与整体功能，使社会系统在各个层次内部、层次间、系统与环境间成为相互适应、合理配合的整体，形成新旧结构转换过程中的衔接机制，兼顾系统结构转变的阶段性与连贯性。

从社会工程研究的视角看，"创新、协调、绿色、开放、共享"的五大发展理念，其中的任何一个都与其他四个联系成一个综合整体，既相互支撑，又彼此制约，构成了相互独立又联系融合的发展理念系统。要将这一复杂多维的治理理念系统付诸实施、贯彻于实践，必须坚持从整体上统筹协调。构想五大发展理念

---

① 中共中央文献研究室编：《习近平关于全面深化改革论述摘编》，中央文献出版社 2014 年版，第 44 页。

② 习近平：《全面深化改革》，外文出版社 2014 年版，第 232 页。

③《中共中央关于制定国民经济和社会发展第十三个五年规划的建议》，2015 年 10 月 12 日。

的关系结构，其中创新、协调、绿色、开放、共享各守一端组成五角星状，五角星的五个点依次连成圈，五个点两两交叉又会连成线。这表明，五大发展理念两两之间都是相互依存的关系，若是考虑到三点联动、四点联动和五点联动，那么形成的耦合关系会更加复杂。只有做到各维度的协调并进，才能实现中国经济社会高质量可持续发展，为此，承载五大发展理念协调并进的新模式设计也一定是结构制约下的选择和建构，既要满足各要素之间的协调与制约关系，寻找满足各个因素发展的共同交错点，强调部分与整体的共同发展。

以开放与共享两者间的关系为例，从共同富裕的角度来看，开放与共享本质上是一个财富增长与财富分配的问题，本身存在相生相克的关系。一方面，财富增长与分配相辅相成，增长越多，蛋糕越大，分配所得就越多；而分配所得越多，积累越多，增长的基础也就越扎实。另一方面，财富增长与分配相互制约，财富增长要求多劳多得，效率优先；财富分配要求社会均衡，公平至上。而如何在不同的情境、价值与规律下，处理好效率与公平问题就成为协调这两大发展理念的关键所在。就五大发展理念相互之间的关系而言，创新发展理念是社会发展的动力，协调发展是社会发展的方法，绿色发展是社会发展的方向，开放发展是社会发展的战略，共享发展是社会发展的归宿[①]；而相互依存在于五大发展理念具有逻辑上的内在统一性，统一于中国特色社会主义发展的新进程中，并以解决社会矛盾、促进社会系统进一步发展为共同目标。基于以上分析，社会工程与五大发展理念的整体协同有内在一致性，社会工程思维与实践活动能为五大发展理念在社会实践中顺利贯彻提供方法论支撑。

① 秦宣：《五大发展理念的辩证关系》，《光明日报》2016年2月4日，第16版。

第二章 社会工程的功能

社会工程的功能表现在社会变革的实践形态及其效应、社会工程推动社会结构变迁的周期性特点、社会工程与社会发展规律的关系及社会工程对治国理政的意义等几个方面。

第一节 社会工程是社会变革发展的实践形态

人类社会的发展与变革的形态可以分为三种：社会革命、社会运动和社会工程。不同于社会革命与社会运动，社会工程是人们有意识地理顺或构建新的社会关系模式，从而促进社会结构变革和发展的社会实践活动。我国当前的全面深化改革就是一项系统的、复杂的和连续的社会工程活动。为了能够充分理解社会工程及其对社会变革的功能，就需要从社会变革的角度对社会革命、社会运动和社会工程三个相关概念的内涵与特征进行剖析。

一、社会变革形态的区分

社会变革指的是社会体系、社会结构发生重大变化的过程和结果，社会变革的具体内容包括政治、经济、文化、社会和生态环境等诸多方面。经济改革、科技进步、社会改良、思想文化运动等都能促使社会发生变革。无论古今中外，社会变革始终是人类社会最基本的发展方式和存在状态。从历史阶段、激烈程度和展开的方式看，社会变革的形态可以分为社会革命、社会运动和社会工程三种。不同的社会变革形态有不同的原因、情势和结果。

（一）社会革命的含义与特征

社会革命一般是社会变革最激烈和最彻底的方式。社会革命可以分为广义的社会革命与狭义的社会革命。广义的社会革命一般是指在社会各个领域发生的温和的、缓慢的变革；而狭义的社会革命一般是指引起社会制度变革的暴力革命，如一个阶级推翻另一个阶级政治统治的暴力活动，我们在这里主要使用社会革命的狭义概念。社会革命是社会生产关系与社会发展的不协调关系的产物。正如马克思所指出："物质生活的生产方式制约着整个社会生活、政治生活和精神生活的过程……社会的物质生产力发展到一定阶段，便同它们一直在其中运动的现存生产关系或财产关系（这只是生产关系的法律用语）发生矛盾。于是这些关系便由生产力的发展形式变成生产力的桎梏。那时社会革命的时代就到来了。随着经济基础的变更，全部庞大的上层建筑也或慢或快地发生变革。"①

社会革命具有以下的特征。首先，社会革命常常发生在急剧变革的时代。由于变革会引发新生产力需求和旧生产关系的尖锐矛盾，生产力会自发寻求能解放和支撑自身发展的新型生产关系，倘若没有自上而下的主动改革，那么就可能形成以社会革命的形式破除旧制度，重塑新的生产关系。其次，无论是生产力变革还是意识形态的变革，都不是一蹴而就的，需要多次才能完成。历史上的社会革命大都深刻地改变了当时的社会结构，重组了社会关系。除了中国近代历史上的各种革命，日本革命、俄国革命、法国大革命、美国独立战争等，都引发了重大的社会变革。

（二）社会运动的含义与特征

在汉语中，"运动"一词多为政治术语，指的是参加人数众多的、具有广泛政治影响的大规模事件或活动，其性质需要在"运动"一词前加上相应的修饰词才能得以表达。例如，"革命运动"表明了运动的正义性与手段的暴力性，而"工人运动"则强调了运动的主体及其阶级性质。一般地说，社会运动是指参与个体众多、具有组织化特征、旨在追求或反对特定社会目标的政治行为。社会运动分为制度外的社会运动和制度内的社会运动。制度外的社会运动与社会制度的主流价值要求是不一致的，甚至是相矛盾的、相对抗的。例如，美国黑人反对美国社会种族歧视的社会运动。制度内的社会运动始于特定制度在特定时期所秉持的社会价值是相一致的。例如，在中华人民共和国成立以后，社会运动不再是体制外的活动，相反的是，绝大多数社会运动是由中国共产党这一执政党所领导的，如中华人民共和国成立初期的土地改革运动、抗美援朝运动，都是在党和国家的部署下展开的。

社会运动是一种复杂的社会现象，其产生与发展是在"变迁—结构—话语"的框架下多种因素共同引发的。社会运动首先指向社会变迁，变迁就意味着社会结构的变化，为了实现这种结构化的变迁，需要有共同的话语，特别是核心话语

① 《马克思恩格斯选集》第2卷，人民出版社2012年版，第2—3页。

能够凝聚群体共识，从而调动群体情绪和影响群体行动。但是，构成社会运动的因素是很复杂的，在不同的背景下，相似的因素也会起到不同的作用。因此，社会运动的决定因素来自多个方面，不再局限于某种固定的因果关系。

与传统的社会运动相比，当今社会涌现了女权运动、人权运动、环境运动等新社会运动形态。这些新社会运动具有以下的特点：新社会运动的目的更倾向追求非物质性的价值，并非源于物质上的剥削与压迫；新社会运动并不追求建立新政权，而是想要改变社会的一些主流价值观，并非要对社会意识形态进行变革；新社会运动主要是群众运动，其组织结构相对平等和体现民主，决策的做出需经过全体成员的通过。

（三）社会工程的含义与特征

社会是以生产力发展为基础的各种生产关系及以此为基础的上层建筑的总和。换句话说，社会表现出来的是一系列的制度、政策、法律和行为规范。而新的制度、法律与规范的制定都是在建构一个新的社会规划或者社会蓝图。社会蓝图或者社会规划的设计与建构过程带有工程思维的属性，可以理解为是一个社会工程过程。

社会工程具有设计性与建构性特征，是工程思维与社会思维的统一。首先，社会工程设计性的本质在于通过制度和规则的设计，重构人与人之间的社会关系；其次，社会工程在本质上是建构性的，社会工程思维问题意识明确、主观能动性强，综合运用多学科理论和知识建构新的社会模式；最后，社会工程具有选择性，同一社会问题可以设计出不同的建构方案，社会方案的确定与理论创新相联系，即成功的政策与科学的理论紧密结合。

社会工程的核心任务是通过构建新的社会模式来改革社会结构、理顺社会关系，促进社会发展。为了达到这一目的，社会工程的研究必须从整体性的基本视角出发，从社会关系的总体上把握社会结构的特征。现代社会结构错综复杂，各个部分既相对独立又相互关联。人们不仅需要从各个角度去研究每一领域的问题，更需要在各个领域研究的基础上，以整体的视角去把握它们之间的关系。新的社会模式需要能够适应外部环境的变化，激发原有模式的潜力；能够将环境中的先进因素纳入自身，并结合原有模式的优势；具有比原有模式更大的创造力量。从这个意义上讲，改革就是最典型的社会工程活动。

社会工程的研究与中国的建设与改革关系密切，党的十八大以来，以习近平同志为核心的党中央提出了全面深化改革的新任务，一系列治国理政的新理念、新思想和新战略的提出，更加凸显了进行社会工程研究的迫切性。可以说，社会工程的理论和方法为全面深化改革提供了方法论参考。例如，习近平同志所强调的全面深化改革是一项复杂的系统工程，全面深化改革中的各个部分紧密相关，政策的建构必须注意各项措施之间的关联性，注重改革的系统性。

（四）三种类型在思维方式上的区别

从社会发展形式上来看，社会革命、社会运功、社会工程的区别是比较容易区分的。除社会发展形式之外，思维方式上的区别也是较为重要的。从思维方式来说，它们之间的区别可以看作“破”与“立”的关系问题。社会革命与社会运动的思维方式是先“破”后“立”，即“不破不立，破字当头，立在其中”[①]。这样的思维方式在实质上是一种革命思维而不是建设思维，它在革命战争的时代被证明是合适的，但在和平年代的中国特色社会主义建设时期就不再合适了。而社会工程思维与前两者不同，是“不立不破”，即“立字当头，破在其中”。

实际上，我国的社会主义建设实践的演变过程可以体现出社会革命、社会运动与社会工程三者的区别。中华人民共和国成立以后，中国进入了社会主义建设的实践时期，集中表现为三个五年计划，这是当时国民经济和社会发展的规划纲要。但是，社会革命与社会运动的思维惯性仍存在人们的脑海，在国家建设时期依然未能摆脱用“革命”和“运动”的工作方式，这导致中华人民共和国成立后也走了不少弯路。尽管遇到了不少坎坷，但由于社会生活的主流是各种“建设实践”，这一时期还是体现出了社会工程思维的特征，但总体上社会主义建设中“社会工程”仍处于一种盲目的状态，对正在从事的社会工程并不认为是社会工程。1978年党的十一届三中全会以后，我国开始实行对内改革、对外开放的政策。此时社会工程的概念虽没有被明确提出，但“阶级斗争”方式被否定，表明社会工程思维已经被自发的运用。党和政府以社会工程方式在全国范围内推动改革开放，从经济领域的改革到文化、政治和社会领域的改革，就是实施的一个又一个具体的社会工程活动。因此，改革开放可以说是超越了社会革命与社会运动，选择了社会工程的社会发展形式。中国的改革开放经验就是社会工程建设的经验。40 多年来的改革开放，就是我们通过不断的政策设计、制度改革，自上而下地理顺和变革落后生产关系，以解放和容纳新科技革命、先进社会文化带来的生产力的迅速发展，从而创造了 40 多年改革的辉煌成绩。党的十八大以后，顶层设计、过程管控、底线思维概念的出现意味着社会工程思想在我国社会主义建设中被明确提出，标志着中国全面深化改革的事业开启了新征程。

二、社会工程的效应及其性质

社会工程就是应用社会规律变革社会结构的具体实现形式。从一个个具体的

---

① 王宏波、陈建兵：《关于社会工程问题的对话》，《辽东学院学报（社会科学版）》2014 年第 2 期，第 9—14 页。

社会工程的过程和现实的结果看，有成功的社会工程，也有失败的社会工程。成功的社会工程固然可以达到主体社会工程设计的目的，能够促进社会各结构单元重组和协调发展，但失败的社会工程也不是毫无意义的，“失败”仅仅是针对特定的结果而言，虽然在本次实践中没有达到预期的结果，但从失败中获得的经验教训也可以使人们对社会工程的成功所必需的要素有更深刻的认识，从而设计出下一个更加符合规律、更切合实际、更加有效的社会工程。

从人类社会历史进程看，在人们推进社会进步的过程中，有成功的社会工程，也有不成功的甚至是完全失败的社会工程。但是，成功的社会工程总是远远多于不成功的社会工程，否则就体现不了历史的进步。这是因为人类有不断学习的能力和社会机制，人们总是不断地从那些不完全成功的社会工程，尤其是从那些失败的社会工程中吸取教训、总结经验，降低社会工程失败的概率，不断提高社会工程成功的概率。

（一）成功的社会工程

社会工程的基本任务是通过构建新的社会结构模式去促进社会的发展。为了达到这一目的，社会工程的研究必须具有整体性的基本视角。因此，衡量一个成功的社会工程的基本标准就在于它是否对社会整体的发展起到了促进的作用，并且需要在整体发展的基础上，考察其对社会发展的各个具体领域能否起到良好的促进作用。除此之外，一个成功的社会工程必须具有一个好的顶层设计，做到尊重自然与社会发展的规律、基于人民群众的需求并基于社会现实。我国改革开放时所提出的特区模式就是成功的社会工程的范例之一。

中国的改革开放就是当代最成功的社会工程。中华人民共和国的成立使中国人民站在新的历史起点上，但在相当长的一段时间内，中国的建设和发展沿用了社会运动的建设方式，尽管这个过程中取得了不少具体社会工程的成功实践，如国防建设工程、“两弹一星”工程、工业基础工程、全国高校的重新布局等，奠定了社会主义现代化建设的物质基础，但在总体指导思想上还没有完全实现从阶级斗争模式向社会工程模式的转变，总体来说发展的速度不能满足人民的需要。邓小平开启了中国改革开放的新时期的社会工程，逐渐地探索出一个成功的中国模式，使中华民族从站起来到富起来再到正在迈向现代化强国。人们评论邓小平是中国改革开放的总设计师，一语道出了改革开放的社会工程特点。

改革开放的过程中有很多具体的、成功的社会工程，其中最引人注目的是各地建立的各种经济开发区、高新技术开发区、自由贸易区等，尤其值得一提的是深圳经济特区的建立。深圳经济特区由改革开放前的小渔村到现如今的现代化大都市，是我国改革开放政策所取得的优异成绩，印证了特区模式在我国的可行性。深圳经济特区模式从本质上来讲是一种社会工程的实践，它的成功与社会工程思维模式紧密相关。首先，改革开放政策是一项成功的顶层设计，深圳经济特区模式作为改革开放政策的一部分，是成功的顶层设计的实践形式。其次，改革开放、特区模式是遵循自然、历史发展的规律的。在我国还未实施改革开放前，美国、日本等国家早已拥有雄厚的资本、先进的管理技术，因此我国必须停止封闭，引进资本、技术、经验，加强与世界的联系，顺应世界的发展潮流。再次，特区模式符合人民群众的需求。改革开放前僵化的计划经济体制使得中国经济陷入困境，人民群众处于极度贫困的状态。特区模式的实行大力发展了经济，符合人民群众对于物质的需求。最后，特区模式也是在现实的基础上展开的。改革开放之所以选择深圳作为开放的起点，其优越的地理位置是一个重要的因素，根据深圳自身特点强化竞争力，因地制宜，稳妥地推进改革开放政策。

从社会工程的视角看，"丝绸之路经济带"和"21 世纪海上丝绸之路"倡议，是我国提出的体现对外开放主题的一项社会工程设计。"一带一路"倡议体现了经济社会发展规律与当前中国产业结构、对外关系结构现实的有机结合。"一带一路"倡议一经提出，就得到了沿线国家的热烈响应。"一带一路"倡议不仅是推动我国深入发展的重要安排，也为世界经济发展注入了新的活力，创造了新型区域合作模式。[①]"一带一路"建设的深入推进必将形成全面开放的新格局。2020 年初，中国对新冠肺炎疫情的防治防控是一项体现社会主义制度优势的、成功的社会工程。新冠肺炎疫情的源头不确定、不清晰且传染的速度很快，在疫苗缺位，针对性药物不能及时到位的情况下，发挥了党的统一领导、"全国一盘棋"和"上下一条心"的制度优势，聚焦疫情防控，调动全国资源，将医疗救治与扩散防控密切结合，将社区隔离治理与疫情防控密切结合，将医疗技术与社会技术密切结合，迅速组织医疗队伍，将地区防控与互相支援相结合，在很短时间内控制了疫情的大规模扩散，是一项非常成功的社会工程，为全球新冠肺炎疫情防控提供了成功经验，为世界公共卫生事业做出重要贡献。

（二）不成功的社会工程

有成功就会有不成功，两者常常相伴而生。从社会工程的实践看，不成功的社会工程也不在少数。不成功的社会工程不仅意味着政策并没有发挥出预期的作用，有时候甚至会成为社会发展的障碍。从宏观的角度看，社会工程之所以不成功是缺乏从整体的角度对社会发展规律、社会现实经济、文化或思想结构等方面的认识，结果造成了社会对于特定社会工程的不良反应。从微观视角来说，社会工程之所以不成功在于缺乏对地方性特征的认识，以及当下公众缺乏对现实生活

---

① 姜广举：《"一带一路"战略思维的系统哲学分析——从差异协同律视角阐释》系列三，《系统科学学报》2019 年第 1 期，第 24—27 页。

本身的理解。人类历史上不成功的社会工程也经常出现，西方的如“太阳城”、苏联改革的“休克疗法”等，以及我国历史上有太平天国的“天朝田亩制度”等，都被历史评价为不成功的社会工程。当前备受关注的西方各国政府致力于设计的医疗改革制度，被评价为成功的不多，还有各种影响更小的失败的社会工程设计和实践。当然，有些是彻底失败，有些是部分失败。世界各国政府都在通过各种政策、制度来增进国民福祉，促进经济社会发展，然而也有一些政策制度可能引发争议或者受到批评。这说明，一项社会工程从设计到实践需要经历一个复杂的过程，要获得成功绝非易事，常常需要大量的研究和反复的实践。

（三）提高社会工程活动的成功率

自然工程发展的内在动力在于改变人们的生活方式、提高人们的生活质量。比如，一栋建筑的设计需要将日后居民的需求进行考虑才可以真正提高建筑的利用价值。如同自然科学，社会工程活动的出发点在于了解社会的需求并通过社会工程实践以满足这样的需求。因此，为了提高社会工程实践活动的成功率，社会工程的设计必须在生成时以社会中亟待解决的问题为导向，才能像一艘具有方向的巨轮一般驶向它的目的地。经济特区建设模式、“一带一路”倡议等，均说明成功的社会工程需要具备一个好的顶层设计，而一个好的顶层设计需要满足以下三个条件。

首先，社会工程的设计需要以人民群众的现实需求为基础，同时符合价值要求。具体来说，一是要以人民群众的物质和精神的需求为基础，人民群众是社会的主体，只有真正了解了人民群众的需求，才能以此为基础进行合理的政策和制度设计；二是要体现价值导向。有效的社会工程设计必须是价值引领下的社会设计，要得到人民群众的拥护，必须符合价值需求，体现价值导向。

其次，社会工程的设计需要符合自然与人类社会发展的规律。社会工程作为一种人类活动，总是受到自然规律的制约。因此，社会工程必须符合自然本身具有的规律，否则是难以实现的；而人类社会发展规律则蕴含着社会未来发展的方向，社会工程以构建一个更好的社会为目标，只有符合了社会发展的规律才可以达到这个目标，一个不符合社会发展规律的社会工程即使得以实施也会给社会发展带来损害。

最后，社会工程的设计和实施是在以往社会结构的现实基础上展开的，有现实的基础制约和路径依赖。社会工程不是独立的，它是在同一个社会问题上进行不同时间、不同地域的实践，而以往实践过程中所总结出的经验教训则是进行新设计时的重要参考；它也是在不同社会问题上进行实践，虽然社会问题不同，但系统的整体性也会在一定程度给予不同角度的反馈。为此，为了提高社会工程活动的成功率，社会工程的设计需要以人民群众的现实需求和价值导向为基础，需要以遵循自然与人类社会发展规律为前提，立足于现实条件，并吸取以往的经验教训。

第二节 社会工程与社会“变结构”特征

所谓“变结构”是指处于不断变化中的结构。对于社会系统来说，其系统结构也处于不断变化的过程之中。首先，社会系统中的结构要素本身处于生成、发展、退化的过程之中，新的要素不断产生、旧的要素不断退化，从而新的社会关系也会不断形成；其次，社会系统结构的变化需要经历一个从量变到质变的发展过程。当既有的系统结构还具有历史稳定性的时候，其结构内部的要素在不断地发生变化，新的社会关系也随之形成。当系统结构内部的要素的变化和新的社会关系的形成积累到一定程度时，就会引起社会系统结构的总体性变化。

一、社会系统演变的“变结构”特征

社会系统的“变结构”特征可以通过现代物理学中的耗散结构理论来说明。耗散结构是指一个远离平衡态的开放系统，可以通过连续地与外界交换物质与能量，由本身的无序状态转变为有序状态，甚至可能出现新的结构，这样新出现的结构就是耗散结构。社会系统结构具有耗散结构的特征。首先，社会系统是一个远离平衡态的系统，社会系统拥有大量不同的组成部分，各组成部分差异性大，使得社会系统结构复杂；其次，社会系统是一个非线性的相互作用的复杂系统，它的各组成部分之间是互相作用的；再次，社会结构在当内部矛盾与外部因素的相互作用达到一定程度时会发生转化，体现在社会结构组成部分的数量的改变、新的组成部分的出现及其社会结构形式的变革；最后，社会系统结构的演变都会经历从旧结构逐渐失去稳定到临界状态的出现，再到新结构逐步形成这一动态过程。可以说，社会系统是一个动态连续的活系统，时刻与外界环境进行着物质、信息、能量的交换，而社会系统的维系与功能的发挥就依赖于这些连续的交换。从这个意义上讲，这种持续动态的社会交换过程就使得社会系统维持着“变结构”的状态。

社会系统的“变结构”过程存在“有序”和“无序”两种宏观状态。有序是指社会系统结构内部相互配合、社会行动的整合性高，无序是指社会系统处于一种目标混乱、利益冲突、社会行动混乱的状态中。当然，无序并不是绝对的无序，可能经常是局部有序状态下的整体无序。从社会系统“变结构”演变的过程看，当社会处于局部的组织性强，但各局部之间的矛盾较大，无法整合时，就会形成局部有序而整体无序的状态，这种状态意味着不同的社会领域或者阶层之间存在冲突，社会在整体上表现为整合失效。在社会系统的动态演变中，需要应用系统和协调的思维，既要推动社会局部的组织化，也要协调局部之间形成有效互补和协同，这样社会整体才能协调有序。从这个意义上说，当前中国推进的全面深化改革，就是从顶层设计上，将局部改革与整体改革相协同，从而推动中国社会整体的有序发展。

社会系统结构的“变结构”过程具有超越式演变的特征。为了进一步了解这一特征，我们要对社会系统结构演变的两种形式进行辨析。根据社会系统内部结构与外部环境的辩证关系，社会系统结构演变可以分为自然历史的形式与超越式演变的形式。历史唯物主义认为，引起社会系统结构变化的主要动因在于社会系统内部基本矛盾的运动。当外界因素对社会系统结构变化的影响较小时，社会系统结构的变化主要由系统内部的矛盾运动决定，这样的演变是遵循着自身的自然历史进程，也就是社会系统结构转变的自然历史形式。在这样的形式下，社会生产力的发展带来社会关系的变化，社会结构变化的逻辑与社会矛盾运动的逻辑基本一致。

一般来说，社会系统与社会环境之间体现出大系统与小系统的辩证关系，社会环境是包含着社会系统的大系统。当大系统的特定方面的状态优于小系统，大系统的这一方面就会影响小系统的发展。也就是说，当社会环境的状态优于社会系统的状态，社会环境会作用于社会系统，通过对社会系统的输入和参与社会系统结构改造，推进社会系统结构的演变。这样的社会演变形式呈现出与自然历史形式不同的特点，被称为超越式演变。当系统与环境交互作用，系统结构就会呈现出超越式发展的特征。

在大多数情况下，在外部环境没有发生显著变化时，社会系统结构的演变呈现出循序渐进的自为性特点。当社会系统外部环境发生巨大变革时，社会系统结构就会受到环境的影响发生跨越式演变，它使得社会结构由低级直接跃进到高级的形式，然后在高级的轨道上继续发展。社会的跃迁就是社会系统超越式演变的实现环节。例如，中国社会主义社会的前身是半殖民地半封建的社会，俄国无产阶级革命的基础是发展不足的资本主义，美国资产阶级革命的前身是印第安农奴社会，它们的社会形态发展到现在的形式，都经历了跃迁发展的进程。社会系统结构的跃迁是系统自身因素与外部环境因素共同作用的结果，当社会系统的社会环境优先发生变化时，会形成特定的压力迫使系统内部发生超越性的变化。需要注意的是，这种超越性转变的根本动因在于系统内部的矛盾作用，外部环境因素只为超越性转变提供动力和方向。新形成的社会系统结构是将社会系统内部原有的先进因素与外部环境的优良性质相结合的结果，内化为新结构的总性质，当这种新形成的综合性质优于传统性质时，新结构就体现了社会系统结构的跨越式发展。

二、社会系统演进与社会结构变迁

社会结构变迁是社会系统演进的重要形式，而社会结构变迁通常需要社会工程活动的推动，具体可分为社会结构变迁的单一周期与动态周期，变迁后的新结构可由三个测度指标进行测量。

（一）社会结构变迁是社会系统演进的重要形式

为了深入研究社会系统的特征，就必须明确什么是社会结构。“结构”一词的最初含义是指建筑物中的建筑物件之间的搭配组合关系，当代社会学者一般将“社会结构”定义为一种存在于社会各基本部分间的相对稳定的社会关系模式。社会学创始时期的代表人物斯宾塞提出了社会有机体和社会进化论的思想，认为社会的发展是一个结构与功能逐渐分化的过程；之后，涂尔干的社会分工理论对人们认识社会结构产生了极大的影响；帕森斯的结构功能理论认为，社会结构是人们各自地位与角色的稳定的制度化关系；马克思认为生产力与生产关系、经济基础与上层建筑的矛盾状况构成了社会的基本结构，社会是多层次的、互相关联的。

综上，我们认为社会具有以下特点。①社会是具有多层次、多元化特征的结构，即建立在各个不同方面和不同水平上的结构。②社会结构是说明社会群体的存在方式的，群体现象是社会结构的客观基础与研究对象。社会劳动分工是形成各个不同群体的重要原因之一。③社会群体是人们通过一定社会关系所构成的，所以构成群体的个体一般性特征与群体间的连接关系是社会结构研究的基本内容。④社会群体所存在的制度化的各种关系是社会结构研究不可缺少的参照系，这些制度关系一旦确立，就具有超越社会成员个体性质的整体性质，对社会成员具有外在的强制性。

社会结构的变迁可以从两个不同的角度分析：静态的角度与动态的角度。这里静态的角度是指社会分层，动态的角度是指社会流动，社会分层与社会流动实质上是社会结构变迁的两个层面，社会分层的存在导致了社会流动的出现。从静态的角度来说，阶级分析与阶层分析是两种不同的研究社会分层的方法，马克思与韦伯明确了阶层与阶级的含义。从动态的角度来说，索罗金第一次论述了社会流动的思想，他认为社会流动意味着一切事物从一个社会位置向其他社会位置的移动。皮特·布劳与奥迪斯·邓肯的社会流动地位获得模型，是社会流动研究领域较有影响的成果，他们强调职业地位及其流动是认识社会阶层的重要途径，职业可以反映出任何一个人的社会、政治和经济地位。社会流动的根本原因在于社会阶层的存在，而生产力的发展引起了社会流动的加速，特别是结构性流动，也影响着社会结构的变迁。

在我国，自改革开放以来，社会结构发生了剧烈的变化。生产力的发展推动了产业结构的升级和劳动分工深刻改变了社会分层和社会流动的空间，特别是劳动力由第一、第二产业向第三产业的流动，形成了新的职业。所以，对社会发展与社会结构变化的研究是必要的并具有现实意义的。

（二）社会工程是推动社会结构变迁的重要方式

一般地说，社会结构的变迁常常通过社会工程活动的推动展开，因此社会结构总是与一定的社会模式联系在一起。社会模式一般表现为体制结构及其政策法规体系。所以，社会结构的变迁也常常从法律法规与政策规定的变化开始。例如，改革开放前后，农村社会结构的变迁是与农村土地政策紧密联系在一起的。一般地说，当社会政策与法规体系改变时，人们的社会行动结构也会随之发生改变，从而引发社会结构由一种结构转变为另一种结构。所以，政策的分析与设计实施，是社会工程活动的重要内容，也是分析社会结构变迁的重要方式。如果从政策与法规变迁引起社会结构变迁的视角进行分析，这个通过社会工程推动社会结构变迁过程可用单一周期图式和动态周期图式反映。

1）社会结构变迁的单一周期图式

社会结构变迁的单一周期图式，可用一个平面图形表达社会工程研究的一个循环周期（图 2-1），它反映了一个周期的社会工程研究的过程特征。

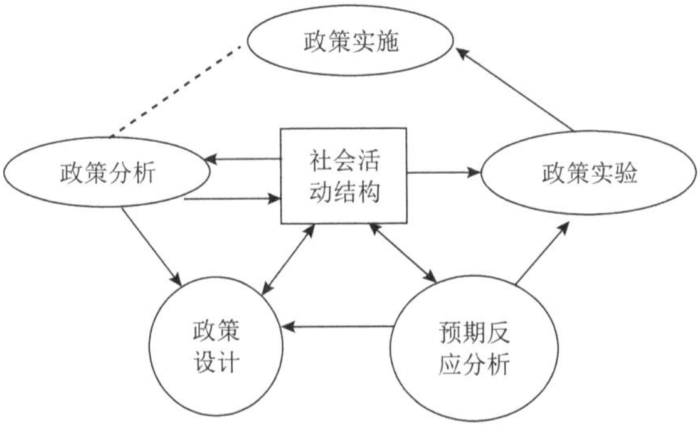

图 2-1　社会工程研究的静态模式

第一，政策分析。初始环节的政策分析的内容是当前已经得到实施的政策框架所形成的社会活动结构。这一分析的前提是，当前的社会活动结构是前期政策实践的结果。它要考察社会活动的效率、状态与政策框架的关系；研究政策框架的功能与社会活动结构中实际存在的社会问题的关系；研究政策框架所体现的社会活动结构的特点、社会关系和类型性质；等等。因此，这个环节的主要任务是界定政策问题。

第二，政策设计。政策设计的依据之一是政策分析的产物——政策问题，要解决这个政策问题，政策设计的依据之二是社会活动结构的特征（也可以说是现存政策框架的特征）。政策设计的产物不仅要有利于解决那些需要解决的、反映某些社会问题的政策问题，还要协调新设计的政策方案与现有政策框架（即社会活动结构）变化中的各种关系，也就是政策框架设计即对象设计与政策实施的过程设计。

第三，预期反应分析。当确定了政策框架和实施过程模型后，再根据政策作用对象的特点对作用对象进行分类，在分类的基础上，进行预期社会调查，确定政策作用对象的预期反应。

第四，政策实验。将该设计的政策在以计算机设备为主的实验室中进行模拟实验。在模拟实验中随时根据模拟结果修改和调整新设计的政策方案，政策模拟实验的构成是社会结构模型，即政策框架模式、社会反应模型、实施过程模型所构成的综合动态模型。这个综合动态模型也就是新的社会结构的雏形。

第五，政策实施。当政策进入实施阶段时，就意味着社会活动结构的改变，一个新的社会活动结构已经形成，社会工程研究的一个周期宣告完成。

社会工程研究的单一周期图式所表达的是，社会工程活动的过程是通过政策设计和政策实验的过程建立一种新的政策框架,从而形成一种新的社会活动结构，同时揭示了政策变量是如何转化为社会活动结构要素的。另外，它也说明社会活动结构本身就是一种物质化了的政策框架或制度安排。

2）社会结构变迁的动态周期图式

社会工程研究的目的不在于提出某种社会发展理论，而在于设计一种社会蓝图并努力实现它，从而促进社会的进步。因此，它既是一种研究活动，又是一种社会管理的实践活动。它的中心主题是如何使社会活动结构变得更加有利于社会进步，它把政策研究与政策实施统一起来，把政策框架的分析与政策框架的改变统一起来，通过社会工程研究中政策变量的选择去促进社会活动结构的转变。社会工程研究的动态周期图式充分体现了这个思想。

动态模式可以用一个立体图形来表达。图形由相互联系的两个部分构成。一个组成部分是螺旋形上升的曲线，另一个组成部分是存在于螺旋形上升曲线中央的向上成长的矩形柱体。螺旋形曲线表示不断上升循环的政策分析、设计、实验、实施的社会工程研究过程；矩形向上成长的柱体表示在社会工程活动的促动下，社会活动结构发生升级性变迁（图 2-2）。

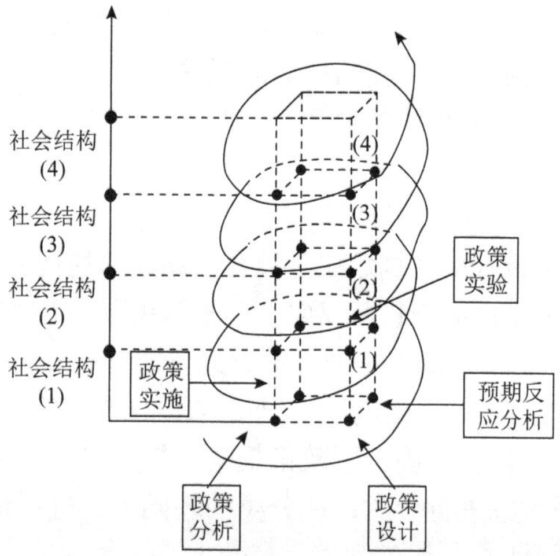

图 2-2　社会工程研究的动态模式

动态周期图式揭示了社会工程活动的两个特征。第一，社会工程研究活动的集中指向是社会活动的结构，通过社会工程活动，社会活动结构由一种状态转变为另一种状态。第二，社会活动结构的转变，实质上是社会的政策框架或制度安排方式的变化。所以，社会活动结构的转变与政策框架或制度安排方式的转变只是同一个过程的两种表达而已。

（三）社会系统变结构状态的测度指标

社会新结构的形成和发展是一个由量变到质变的过程,主要体现为两种方式:一种方式是新的因素导致新的结构的形成，新结构作为一个新出现的体制，意味着旧结构的逐步消除和新的局部的形成与发展；另一种方式是旧结构的各个局部的排列重组，使得旧结构表现出新的特征，也就是一种新结构的生成。新旧结构转换的过程需要将转变的速度控制在一个宏观上渐变的状态，这样既可以保持社会系统的生机又可以保证社会的稳定。“变结构”中新结构可以由以下三个测度指标来衡量。

（1）扩张速度。扩张速度代表了在一定时期内生成新结构的数量。新结构的扩张速度与新结构的生成数量、时间相关，新结构的生成数量越多则扩张速度越快。

（2）扩张程度。扩张程度代表了社会结构的质变过程，是新旧结构的替代过程在社会系统结构中分别所占的比例。假定社会系统的宏观结构由一定数量的子结构组成，那么新结构的扩张程度就可以由新生成的结构和原有结构的子结构总量之比来表示。

（3）紧张程度。“变结构”意味着各种利益关系的不确定性、收入分配不均及价值观念的冲突所引起的对抗程度，反映出社会主体结构对结构转变的态度。紧张程度可以用社会冲突发生的频率进行测定。

第三节　社会工程是社会发展规律的实现形式

社会发展规律是人们对社会世界的必然性和真理性的认识，是社会发展的必然方向和内在依据。这种社会历史过程中的内在必然性需要通过人们的社会工程活动表现出来，因此社会工程活动就成了社会发展规律的实现形式。

一、社会发展规律是社会工程活动的客观依据

客观性是社会发展规律最基本的性质,社会工程的设计需遵循社会发展规律,同时社会工程是社会发展规律的实现形式。

（一）社会发展规律及其作用逻辑

社会发展规律就其本质而言，是指社会事物自身所具有的内在的、本质的、必然的联系。就其客观性而言，社会发展规律是独立于人的主观目的而存在的，人们只能认识和利用社会发展规律，而不能创造或违背社会发展规律。虽然社会发展规律是客观存在的，是独立于人的意志的，但人们面对社会发展规律时能够发挥主观能动性，也能主动研究和认识规律，并能创造条件应用规律。成功和有效的社会工程活动，就是以社会发展规律为依据，结合人民群众的价值需求，在充分考虑其他现实性条件的基础上展开的社会设计与建构。可以说，一方面，社会发展规律是所有社会工程设计的内在根据和根本遵循，违背社会发展规律的社会工程活动是不可能成功的。另一方面，社会发展规律是衡量新发展模式（新结构）能否成立的内在标准。社会发展模式体现社会发展规律的要求，但是社会发展模式具有相对稳定性，当社会发展进入新的阶段时，原有的社会模式便会失去存在的根据，需要设计和建构新的社会模式以适应社会发展规律的新要求。探索和设计新的模式就表现为人们的内在动力，表现为人们的主观能动性的发挥。所以，社会工程的研究与实践一定要科学处理规律与模式的辩证关系。规律就是体现为人们行动和社会发展过程中的必然性，有效的社会模式设计要以是否符合一定条件下的社会发展规律为标准来衡量，利用社会发展规律的逻辑去推断人们的需求逻辑的变动方向及社会发展的方向性，从而提高社会模式设计的成功率。

当前世界各国政府立足于本国发展实际,制定满足民众需求的国家发展目标，在合理利用社会发展规律的基础上，设计出各种重要的模式、政策或制度，并在此基础上推动国家经济社会的发展。可以说，利用社会发展规律进行改革设计，以实现发展目标，必须通过社会工程活动的中介环节，它通过社会工程的整合性设计，把社会发展规律和社会需求整合起来，并结合现实条件，将社会规律不断应用于社会实践中。人们总结认识到的社会发展规律常常会以理论的形态呈现出来，这个利用转化的过程，也就是将理论应用于实践，进而推动实践发展的过程。

（二）设计新的社会关系形式是社会工程的核心环节

社会历史的发展也有它自己的内在规律。社会发展规律与自然规律一样，具有不以人的意志为转移的客观必然性。但是，关于社会发展的规律性认识，从逻辑特征上说，都是以存在判断的形式存在，是关于社会现象、社会事物“是什么”的判断。一般地说，从关于“是什么”的判断并不能直接推出“应当如何操作”的判断。同样，社会发展的基本矛盾规律是支配社会发展的基本规律，但是如何利用这个规律，却依赖于社会工程活动。通过社会工程活动，把社会基本矛盾运动规律的基本要求转换成它的实践形式。

社会基本矛盾规律是生产力与生产关系、经济基础与上层建筑矛盾运动的规律。这个社会规律所能告诉人们的是：既有的社会关系的具体形式相对于生产力的具体状态是否具有适应性。如果不适应时，应当由一个新的社会关系的具体形式去代替；如果设计了一种新的形式，那么这种新设计的形式是否适应生产力发展的要求。所以，社会基本矛盾规律就是旧的社会关系是否被替代和新的社会关系的具体形式是否合理的判断依据。但是，这种新的社会关系的具体形式，并不能由社会基本矛盾规律推论出来。所以说，社会基本矛盾规律的意义在于解决制度的需求问题，它只告诉我们，旧的社会关系形式在一定的时空条件下的不适应性，但它并没有告诉我们，到底什么样的具体的社会关系是可以的。因此，我们认为，社会基本矛盾规律的意义在于解决了制度需求问题，但是它不能解决制度供给问题。也就是说，利用社会发展规律，人们能够判断现有的社会关系具体形式是否合理，但是无法推测出将要出现的社会关系形式应该是怎样的。要解决新的社会关系形式问题必须通过社会工程的实践形式进行社会模式设计。

因此，从解决制度供给问题的角度分析，社会工程研究的基本问题是研究社会发展所需要的社会关系的实现形式，是将潜在的、必然的社会关系的需求进一步结构化和现实化，从抽象的规定转化为实际的制度结构。这个过程具有新的社会结构生成的特点，是新的社会关系结构和制度形式生成的过程，是通过理想化的设计到现实应用的过程。所以，发现、设计和建构新的、具体的社会关系形式就是社会工程活动的基本问题。

虽然，社会工程活动解决新制度的需求问题，但是衡量所创设的新的制度形式的标准却是由社会发展规律提供的。也就是说，社会基本矛盾运动规律不仅提出了制度需求问题，而且提供了判断新创设的制度形式是否合理的价值标准。这个价值标准就是，所设计的制度形式是否满足生产力发展的要求和是否符合经济基础的性质。

从认识论角度讲，社会工程规律是人类在改造社会的实践过程中，如何将真理性的认识转化为实践模式的规律。在认识的第一次飞跃中，思维的进程从感性的表象经过分析、抽象、综合、推理等一系列过程，上升为理性认识，认识过程是感性因素逐步被抽象掉的过程，最后形成符号化与概念化的理论实体；在认识的第二次飞跃中，认识活动是从高度抽象的理论认识，从抽象的规定转化为具体的操作规定和行动方案，是一个不断增加条件的过程和具体化的过程，是感性因素逐步增加的认识过程，直至最后形成一个新的感性具体。

二、社会工程研究通过模式设计和实施体现社会规律的基础作用

社会模式的设计需要遵循社会发展规律，社会工程的研究也需要以社会发展规律与社会现实条件为基础，是针对现实社会问题进行的设计与建构。

（一）社会发展规律是社会模式设计的内在根据

"按客观规律办事"就是强调要尊重客观规律，根据客观规律办事，但"尊重""根据"并不等于"按照""照搬"。社会发展规律对于实践来说也并不是某种现成的，拿过来就可以直接应用的东西。社会发展规律要应用于实践必须经过主体根据自身的需要与客观条件的允许，合目的性地运用于社会实践之中。社会发展规律与社会模式之间不是对等的关系，有对社会发展规律的正确认识，并不等于就能设计出适合社会发展的社会模式，但如果社会发展模式不遵循社会发展规律，那么这个模式肯定是失败的。可以说，任何成功有效的社会模式，一定是在遵循社会发展规律基础上设计出来的。尽管成功的社会模式还要符合地方性文化、社会价值观，以及契合其他社会发展的结构性制约和需求，但社会发展规律是社会模式能够实践成功的内在根据。我们能看到，经济学的基本规律、市场供求规律是一致的，但各国选择的经济发展道路，据此设计出来的经济政策却各有差别，这就是规律要与地方性条件相结合。

需要强调的是，我们对规律的认识和利用尤其要注重研究与分析在不同边界与环境条件下，规律的作用机制和结果。作为人们改造现实世界，设计和建构适应未来发展需求的社会模式当然要考虑社会规律的制约，人们发挥主观能动性也是基于对社会发展规律的正确认识和利用。一方面，人们对社会模式的设计和构想要遵循客观规律；另一方面，我们也要看到规律起作用是有条件的，这表明规律是相对的，社会模式的效果也受到规律起作用的客观条件的约束。离开了社会发展规律规定的基础，社会模式设计再美好，也会因为缺乏现实适应性而无法真正实现。我们不仅应当将目光聚焦于不同社会领域和方面的规律之上，更应当将重点放在规律起作用的现实条件，以及与地方性知识结合的方式和结果上。"橘生淮南则为'橘'，生于淮北则为'枳'"的故事说明，不是"橘"与"枳"本身的问题，而是地方性环境和条件的差异使然。在 40 多年改革开放过程中，为促进经济社会的快速、稳定发展，我们借鉴了西方发达国家的一些制度模式、法律法规和政策措施，甚至直接移植和引进了一些在西方成功的、现成的具体社会模式。从立法、司法、市场经济体制改革，到教育理念和模式、医疗卫生改革等领域，我们常常向西方学习和借鉴。但是，在我们国家和地区实施后的结果却不尽如人意。究其原因，我们对规律起作用的历史环境和现实条件缺乏足够理性与全面的研究分析。人类经济社会发展规律有鲜明的历史性和条件性，条件的差异会导致规律的作用方式和运行结果不同。在借鉴西方某些国家政治、经济、文化、教育、科技领域成功的制度、机制、政策、规则等社会模式时，应当结合中国经济社会的特殊性和现实性，进行比较分析和研究，总结中国经验，只有这样才是真正遵循规律性。从某种意义上讲，我们并不缺乏天才的社会构想，我们只是缺乏对实现构想依据的理论规律和现实的、约束条件及其作用方式的研究。

（二）社会工程研究要立足规律走向模式

掌握了真理和规律，我们未必就能设计一个合理的模式，因为从真理中并不能必然地推出有效的模式。同样，模式失效也并不能必然地证伪真理合规律。在社会实践中，人们设计、创造的各种社会结构模式仅仅映现社会发展规律的要求，它本身并不等于社会发展规律。一个规律可以通过各种模式表现出来。同样，社会发展规律的某种规定也可以通过不同的社会结构模式表现出来。马克思主义历来强调普遍真理同具体实践相结合，要求探索普遍真理在不同社会和不同历史条件下的实现模式。社会工程思维提示人们，任何现行的社会模式绝不必然是真理的化身。社会工程的提出能帮助我们弄清楚思维方式的划界，使我们用工程思维的方式解决社会发展领域的模式设计问题。人们在社会模式设计过程中常常发现，对于某一社会现象的规律性认识并非错误，然而，依此设计的实践模式却可能是失败的。于是，人们常常会产生这种疑问，为什么依据正确的客观规律做出的对策会失败呢？这种疑惑的逐渐累加，甚至导致对原初发现、认识并接受的客观规律的怀疑。这是因为我们没有有效区分规律和模式的关系，把实践模式的失败直接混同于规律性认识失败的谬误。社会工程对社会模式的设计是规律、价值、理念、环境等诸多要素综合集成的过程和结果，当社会模式在实践中失败时，不能简单地归因为是模式设计中所依据的规律不正确，还要充分考虑构成社会模式的其他方面因素的制约。其原因有可能是规律性认识的错误，也有可能是价值目标设定不合适，还可能是规律在特定条件下实现的方式不合理。

20 世纪末的苏联和东欧国家改革失败，最终导致苏联解体、东欧社会主义国家发生剧变的结果。美国经济学教授杰弗里・萨克斯根据他在玻利维亚改革成功的经验，总结出了享誉世界的“休克疗法”，后来按照“休克疗法”的理论，给俄罗斯、波兰和匈牙利等国设计了改革模式，但结果却因为改革伴随着复杂的结构与制度调整及社会与政治的变化，改革模式显得有些“幼稚”，以致造成苏联和东欧国家社会的混乱和经济的长期衰退。理论是抽象的、一般的和普遍的，模式则是具体的和现实的。建构社会理论的是理论思维，设计社会模式的是社会工程思维，以上的失败在某种程度上可以用思维方式的僭越来解释。苏联共产党根据西方自由经济理论设计苏联的经济和政治改革理想模式，而不考虑苏联政治、经济、社会、文化和国际关系等领域的现状和矛盾，以及其他方面的现实状况，结果理论上的成功不等于实践中的成功。苏联改革的模式在经济社会实践上的失败也就不难理解了。可见，应用社会工程理论和方法设计新的社会模式，或构建新的社会结构，要摆脱教条主义的桎梏，正确分析社会发展规律和社会实践模式之间的关系。

（三）社会工程通过模式设计实现社会发展规律所揭示的社会理想

在人类社会发展的历史过程中，有一种重要和普遍的社会现象，那就是人类对社会发展乃至历史进程表现出积极主动的参与精神和改造意识。从古至今，追求理想、寻求正义、建立公平公正的秩序一直是人性的要求。人们总是立足于已有的历史经验和文化传统，以某种社会理想的目标为导向，以构想、蓝图、治理方案等方式对社会发展进行理性筹划与设计，而这种人类积极主动的设计和建构的实践与理论，在不同程度上推动和影响了人类社会历史的进程。从人类历史看，为解决矛盾、满足需求，我们进行了很多开创性、革命性社会模式的设计。从社会工程的视角来理解，社会模式设计具体而言就是对社会的制度、政策、法律法规等社会规则体系的设计。这样的社会设计体现在经济、社会、法律、文化、科技等几乎所有的领域。持续不断地通过设计和建构推进发展，既是人作为主体的本能，也是人类生存与发展的必须。

社会模式设计以社会问题的解决为指向，以社会发展规律与社会现实条件为依据，结合社会主体的需要与社会未来发展的合理预期，对现实社会问题进行的设计与建构。不同的社会具有不同的社会主体、理念、背景，因此不同的社会有不同的社会模式。社会模式设计也不是一成不变的，人们可以根据不同时期的特定需求对社会模式进行调整。社会模式是对社会理论与规律的理解及利用，并在此基础上为社会的发展和改革提供可操作的方案。通过社会模式设计推动社会发展，是人类社会自我维持、自我发展的基本实践形式。在我们不断进行的社会设计的实践活动中，虽然因为种种原因，我们的社会设计和制度建构遭遇了一些挫折和失败，但这并不能阻止人们进行社会设计的执著努力。莱斯利·里普森在《政治学的重大问题：政治学导论》中说，如果我们还想作为一个物种继续存在——没有什么比这更重要的了——我们必须为没有先例的问题设计没有先例的制度。[①]人类社会发展的历史反复证明了这一观点。社会工程学就是专门研究和探索社会发展的各种具体模式的理论与方法，以及研究社会模式设计诸要素之间的关系、逻辑和方法。社会工程研究的目的就是要探索社会模式设计的理论和方法，提高社会模式设计的成功率。不同于研究社会发展规律的各门具体社会科学理论，社会工程研究立足于“整体社会”，强调“多学科交叉”和“综合协调与系统集成”的方法，以满足未来需求的社会模式设计为对象，尊重人的理想性思维的特点。

①〔美〕莱斯利·里普森：《政治学的重大问题：政治学导论》，刘晓，等译，华夏出版社 2001 年版，第 226 页。

第四节　国家治理与社会工程

中国特色社会主义进入新时代，推动国家治理体系和治理能力现代化，实现中华民族伟大复兴中国梦已成为新时代的主题，践行这一主题充分体现着社会工程研究的新时代价值。

一、新时代的国家治理过程本质上是一种社会工程活动

“四个全面”战略、“五位一体”总体布局和五大发展理念是新时代国家治理的新体系，可以用图 2-3 表示。这个复杂的体系本质上是一个社会工程的系统与过程。新时代的社会工程研究首先要把握这个复杂的治理体系的社会工程特点，并以其作为社会工程研究与实践的思想指导。

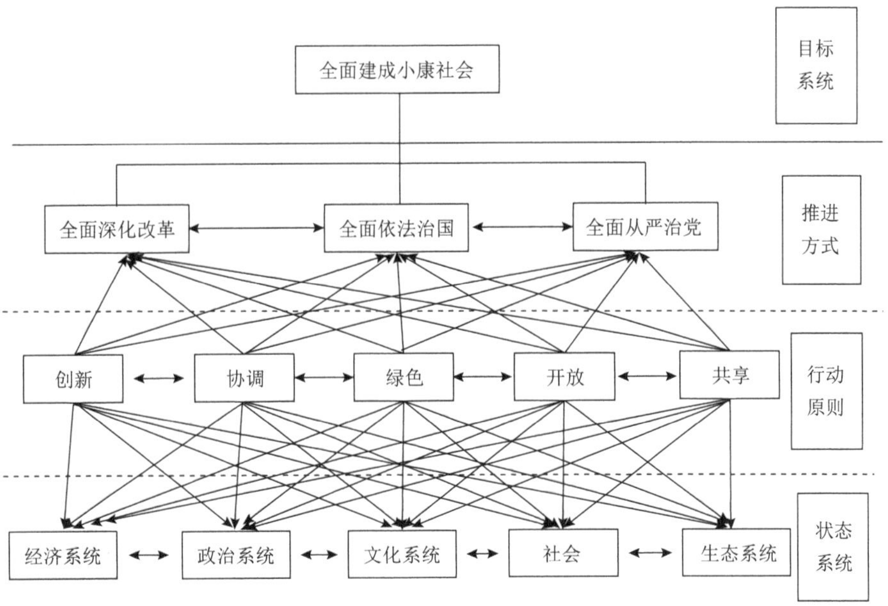

图 2-3　“四个全面”与五大发展理念的结构关系图

在这个复杂的体系中，全面建成小康社会是国家治理与发展的战略目标，其他“三个全面”是实现这个国家治理与发展目标的战略举措；五大发展理念是“四个全面”推进的行动原则；不管哪一个方面的推进方式都要体现“创新、协调、绿色、开放、共享”行动理念；而这个发展理念要落实在“五位一体”总体布局中，体现富强、民主、文明、和谐的总要求。这样一个国家治理体系，以实现全

面建成小康社会为基本目标，在全面深化改革、全面推进依法治国和全面从严治党的过程中，在五大发展理念的指引下，落实在以“五位一体”总体布局为对象的复杂系统上。在这一复杂社会工程系统中，各个子系统结构相互关联嵌套，一个结构变化以其他相关结构的变化为前提。其中，“四个全面”与五大发展理念各子系统及系统整体对全面建成小康社会的作用是这一复杂系统的核心。研究和发现中国特色社会主义现代化强国建设中的系统规定性和整体性，基于这种整体性和系统性去解决各种具体的社会问题是新时代社会工程研究的基本方式。

党的十八届三中全会以来，党中央提出推进国家治理体系和治理能力的现代化转型，实质上就是要用新的国家治理模式改革旧的治理模式，国家治理体系是一个总体布局，“包括经济、政治、文化、社会、生态文明和党的建设等各领域体制机制、法律法规安排，也就是一整套紧密相连、相互协调的国家制度；国家治理能力则是运用国家制度管理社会各方面事务的能力”[①]。治理能力就是要通过在不同领域设计治理模式、实现治理效益来体现。可见，国家治理体系和治理能力的改革与建构本质上就是社会工程的过程。

二、社会工程研究为国家治理现代化提供智力支持和决策咨询

社会工程的核心是设计和建构一套制度体系或者规则系统，形成一种新的社会发展模式。当前我国推进的国家治理体系和治理能力现代化，就是建构更完备、更稳定、更科学的制度体系。社会工程通过设计社会发展模式、实施管理活动，进而实现社会过程控制的研究，可以说，国家治理现代化本质上就是社会工程活动，社会工程研究能够为国家治理现代化提供重要的智力支持和决策咨询。

（一）社会工程是关于社会发展模式设计和实施管理活动的研究

社会工程活动的实质是建构新的社会关系，所以它是建构人与人之间关系即社会关系的工程，组织的创新、机构的设立、体制的创设，以及经济、政治、文化诸领域各种规则的制定等，都可称为“社会工程”。社会发展模式是生产关系的实现形式，是社会工程理念的结构性表达。社会工程就是通过设计新的社会发展模式来替代旧的社会发展模式，来发挥其更新、优化社会关系的功能。“认识社会的结果是形成关于社会的知识体系，改造社会的前提是设计社会改革的方案，制定社会发展的规则体系。这种关于社会改革的方案、关于社会运行的规则体系，可以统称为社会模式。”[②]社会发展模式有其自身的结构，主要由社会制度、公

---

① 中共中央文献研究室编：《习近平关于全面深化改革论述摘编》，中央文献出版社 2014 年版，第 24 页。

② 王宏波：《论社会工程学的意义、内容与学科特征》，《西安交通大学学报（社会科学版）》2001 年第 1 期，第 66 页。

共政策、法律规范、社会体制组成，是包括体制模式、机制模式、政策模式在内的规则综合体。社会发展模式形成后就能发挥特定功能，即任何社会发展模式都是以问题为导向的，目的在于实现特定类型、特定阶段的社会关系的调整和优化。当然，随着社会的发展变迁，社会发展模式也会失去生命力，即社会模式具有鲜明的周期性特征，任何社会模式都处于“导入—成长—成熟—衰退”的过程之中，社会发展就是社会模式更替上升、生命周期循环作用的历史过程。

（二）社会工程通过社会过程控制实现社会发展模式高级化

马克思说：“世界不是既成事物的集合体，而是过程的集合体。”[①]社会发展是由多个社会阶段构成的动态过程，所谓的社会“变结构”特征就是对社会发展变化本质的一种结构性概括。控制社会过程是保证社会运行向预设方向发展的关键所在，社会工程能够为调整社会发展模式、控制社会过程提供可行的方法。可以说，社会过程控制问题就是社会工程活动。这是由社会发展模式与社会过程的因果关系决定的。社会发展模式是原因，社会发展是结果状态，社会发展模式支配、规范社会过程，促进社会阶段的转化。社会发展模式连续性的更替上升构成了社会过程演变的基本特点。随着社会需求的不断变化，旧的社会模式不断衰退，新的社会模式不断产生。社会随着新旧模式的更替不断向前发展。全面深化改革就是调整社会发展模式，也是以过程控制的方式实现模式的更替。由于社会发展的永恒变动性，改革永远在路上，改革的过程就是模式不断更替的过程。

社会发展模式对社会过程进行控制，主要体现在对社会各阶段特征、阶段转化条件、整体发展趋势等方面，具体涉及结构转换、拐点确定、速率协调、转化动力、周期寿命、时代背景、时空条件等内容。当前，我国经济发展已进入新常态新阶段，表现出速度换挡、结构转型和动力转换，即“从高速增长转为中高速增长”“经济结构、产业形态不断优化升级”的总体特征。新常态阶段的经济社会运行，要求不断更新相关领域的发展模式与新常态发展相适应，通过新的政策设计实现转化过程的调整和控制。国家治理体系和治理现代化改革总目标确定后，如何将现行体系和能力机制向新目标升级，也需要通过一系列的社会模式的迭代，逐步向目标挺近。中国的渐进式改革就体现了社会工程通过发展模式迭代的过程控制特征。

（三）社会工程能有效地探索和体现全面深化改革的方法论

全面深化改革是决定中国未来发展的、史无前例的伟大事业，全面深化改革的方法论问题也始终是事关改革成败的关键问题。习近平同志指出：“改革开放

---

①《马克思恩格斯选集》第4卷，人民出版社2012年版，第250页。

是前无古人的崭新事业，必须坚持正确的方法论，在不断实践探索中前进。”[①]2012年12月11日，习近平在广东考察时强调：“更加注重改革的系统性、整体性、协同性，做到改革不停顿、开放不止步，为全面建成小康社会、加快推进社会主义现代化而团结奋斗。”[②]注重改革的顶层设计与整体谋划、改革的系统性与连续性关系、坚持改革的底线思维、把握全面深化改革的内在规律，增强改革的系统性、整体性、协同性，以更大的政治勇气和智慧全面深化改革等，都是习近平同志对顺利推进全面深化改革做出的重要论述。

1. 坚持和应用社会工程的实践方式，有利于推进全面深化改革的进程

习近平同志多次强调要坚持改革过程的整体性、系统性、协同性，其实这也是社会工程活动的本质规定，反映了新时代改革的客观要求。伴随经济的持续增长，我国实际上已经进入一个所谓的“中等收入陷阱”的新阶段，在这个阶段中各种矛盾和风险凸显，如历史遗留的问题、发展产生的问题、公平正义的问题、经济发展与保护环境的问题等，诸多问题交织叠加、错综复杂，既相互关联又相互制约，每一项改革都会对其他改革产生重要影响，每一项改革又都需要其他改革的协同配合。要解决这些问题，只有更加注重改革的系统性、整体性、协同性，从全局和整体上谋划，从整体上推进，从更高层次上协调和督促落实，只有这样才能完成全面深化改革的任务。

坚持社会工程的建构性原则，建构的主体还应坚持自我革命的原则，要从思想上、作风上保持不断革命的精神，去指导社会工程的建构过程。社会工程的过程是用新的社会模式替代旧的社会模式来推进社会发展进程的，其前提是必然经历一个思想进步和观念变革过程，社会工程的建构主体应当自觉地进行思想革命与观念变革。改革从来都不是什么自发的革命，改革需要与时俱进的思想观念的指引。当前我国发展进入新阶段，改革进入难度和复杂程度前所未有。当前改革越来越多地触及深层利益关系，越来越要求对既有利益进行重大而深刻的调整。

社会工程研究的思维、方法与全面深化改革的要求能很好地契合在一起。社会工程思维立足于交叉融合的视角，强调顶层设计与系统建构，强调社会发展规律、时代价值理念和改革的现实情境之间的相互协同与综合集成。这与党中央强调的“顶层设计与改革整体性、系统性、协同性的统一”的要求是一致的，社会工程研究所秉持的综合性设计与集成性建构能从全局的角度出发，综合考虑客观规律、主观价值和现实约束系统，通过建构、模拟合理的作用路径，设计新的社会模式，实现对社会关系结构和社会行动的调整与重组，从而推进改革的持续和

① 人民日报社评论部编：《“四个全面”学习读本》，人民出版社2015年版，第128页。

② 习近平：《习近平在广东考察时强调：增强改革的系统性整体性协同性 做到改革不停顿开放不止步》，2012年12月11日，http://theory.people.com.cn/n/2012/1211/c49152-19864678.html。

深化。社会工程活动的核心环节是社会模式设计，社会模式就是将社会工程理论运用于构建社会理想状态的实践的桥梁，是社会工程得以建构新的社会结构的中介。从社会工程研究的视角看，人类历史的发展进程不是完全自发的过程，而是各个国家、民族学习和理解并创造历史的过程，这个过程表现为人们不断自觉和主动地选择和建构社会模式，尽管这个过程中有成功也有失败。当下，各个国家选择和建构新社会模式的自觉性和主动性越来越强，各国政府都在积极通过模式设计来推动国家的改革与发展，社会工程在世界各国有丰富的实践。同时，社会工程关于社会模式设计的理论和方法只有在实践中才可以检验出效果，也才能不断完善和发展。可以说，社会工程研究能够为中国全面深化改革实践提供方法和理论的支持，中国全面深化改革的实践也是社会工程理论检验和发展的实践场域。

2. 坚持社会工程的思维方式，有利于落实“摸着石头过河与顶层设计相统一”的方法论要求

社会工程的思维方式，强调尊重客观规律、合理预设价值、准确判断环境条件的高度统一，进一步把发现新的规律和设计新的改革模式统一起来。对于“摸着石头过河”与顶层设计的关系，习近平同志的论述深刻地体现出了社会工程思维的特点。习近平同志说：“摸着石头过河就是摸规律。”①他强调：“实行改革开放，发展社会主义市场经济，我们的老祖宗没有讲过，其他社会主义国家也没有干过，只能通过实践、认识、再实践、再认识的反复过程，从实践中获得真知……先试验、后总结、再推广不断积累的过程。”②“不能说改革开放初期要摸着石头过河，现在再摸着石头过河就不能提了”③，今天我们不仅要探索具体的改革方案，还要总结改革的规律，更要不断深化对改革规律的认识。现阶段推进改革，必须识得水性、把握大局、稳中求进。“我们的政策举措出台之前必须经过反复论证和科学评估，力求切合实际、行之有效、行之久远，不能随便‘翻烧饼’。”④“摸着石头过河”，是富有中国智慧的改革方法，也是符合马克思主义认识论和实践论的方法。实践中，对必须取得突破但一时还不那么有把握的改革，就采取试点探索、投石问路的方法。他还指出：“有些国家搞所谓‘休克疗法’……教训是很深刻的。”⑤要切实地做到保证改革稳步推进，我们必须向习近平同志所要求的那样，从探索改革方案深入探索改革规律，增强改革的科学性。所以，“摸着石头过河”仍然是推进改革的重要方法，但是，今天的“石头”已不仅仅是某项改革的具体方案，而是改革过程的具体规律。今天我们要摸的“石

① 习近平：《习近平谈治国理政》第1卷，外文出版社2018年版，第68页。

② 中共中央文献研究室编：《习近平关于全面深化改革论述摘编》，中央文献出版社2014年版，第34页。

③ 中共中央文献研究室编：《习近平关于全面深化改革论述摘编》，中央文献出版社2014年版，第34—35页。

④ 中共中央文献研究室编：《习近平关于全面深化改革论述摘编》，中央文献出版社2014年版，第42页。

⑤ 中共中央文献研究室编：《习近平关于全面深化改革论述摘编》，中央文献出版社2014年版，第43页。

头”是“方案+规律”。

中国的改革走过了40多年的历程，经过渐进式改革进入全面深化改革的阶段，但仍然是一个在探索中进步的阶段，仍然需要坚持“摸着石头过河”的方法。但是，今天的“石头”的性质和特点及其存在方式，已发生了很大的变化，它承载着更多的复杂性、系统性和协同性。习近平同志强调：“摸着石头过河和加强顶层设计是辩证统一的，推进局部的阶段性改革开放要在加强顶层设计的前提下进行，加强顶层设计要在推进局部的阶段性改革开放的基础上来谋划。”[①]我们需要认真体会和把握这一思想，努力地实践这一思想，在新的社会历史条件下进行新的探索，奋力开创全面深化改革开放的新局面。

3. 坚持社会工程的实践要求，就是要体现方向性思维、共识凝聚与底线思维相统一的要求，保证改革平稳快速推进

社会工程思维强调不“立”不“破”，“破”在“立”中，在确立新的社会模式中替代旧的社会模式，通过社会模式的平稳转换推进改革进程。在这种思维方式中，未来方向目标的规定性、社会共识的不矛盾性和最坏可能的预防性要实现合理的统一。社会工程的这种实践要求，习近平同志在论述改革的总体要求时做了深刻的阐述，从事社会工程研究必须认真学习体会、努力践行习近平同志的这一思想。

习近平同志强调：“改革开放是有方向、有立场、有原则的……我们的改革是在中国特色社会主义道路上不断前进的改革，既不走封闭僵化的老路，也不走改旗易帜的邪路。”[②]时刻把握改革正确方向是习近平把握改革大局的首要特征，他善于把改革的总体方向与改革的具体问题紧密结合起来。他针对社会上出现的关于改革的各种思潮，鲜明地指出：“世界在发展，社会在进步，不实行改革开放死路一条，搞否定社会主义方向的‘改革开放’也是死路一条。”[③] 在经济体制的改革问题上，习近平明确指出：“坚持社会主义市场经济改革方向，不仅是经济体制改革的基本遵循，也是全面深化改革的重要依托。”[④]针对司法体制的改革，他指出：“深化司法体制改革，是要更好坚持党的领导、更好发挥我国司法制度的特色、更好促进社会公平正义。”[⑤]“凡是符合这个方向、应该改又能够改的，就要坚决改；凡是不符合这个方向、不应该改的，就决不能改。”[⑥]仅举几例，足以说明习近平同志的方向意识和方向性思维是极其鲜明和坚定的，

① 中共中央文献研究室编：《习近平关于全面深化改革论述摘编》，中央文献出版社2014年版，第35页。
② 习近平：《习近平谈治国理政》，外文出版社2014年版，第67页。
③ 中共中央文献研究室编：《习近平关于全面深化改革论述摘编》，中央文献出版社2014年版，第15页。
④ 中共中央文献研究室编：《习近平关于全面深化改革论述摘编》，中央文献出版社2014年版，第62页。
⑤ 中共中央文献研究室编：《习近平关于全面深化改革论述摘编》，中央文献出版社2014年版，第78页。
⑥ 中共中央文献研究室编：《习近平关于全面深化改革论述摘编》，中央文献出版社2014年版，第78页。

并且体现在各个重要领域和重大问题上。

习近平在不断强调改革的方向性的同时，还强调沿着改革的正确方向形成合力，并且认为凝聚共识就是形成合力的重要方法。他强调："从历史经验看，凝聚共识对改革能否成功至关重要。"[①]他指出："现在，社会结构深刻变动，利益格局深刻调整，思想观念深刻变化，凝聚改革共识难度加大，统筹兼顾各方面利益任务艰巨……更需要我们下功夫去凝聚共识。"[②]他指出："在全面深化改革进程中，遇到关系复杂、难以权衡的利益问题，要认真想一想群众实际情况究竟怎样？群众到底在期待什么？群众利益如何保障？群众对我们的改革是否满意？提高改革决策的科学性，很重要的一条就是要广泛听取群众意见和建议，及时总结群众创造的新鲜经验，充分调动群众推进改革的积极性、主动性、创造性，把最广大人民智慧和力量凝聚到改革上来，同人民一道把改革推向前进。"[③]

为了保证改革的正确方向，有利于凝聚共识、形成改革的合力，习近平同志提出了底线思维的改革方法论思想。所谓底线思维，就是为改革设置不可逾越的底线。首先，推进改革的目的是要不断推进我国社会主义制度的自我完善和发展，赋予社会主义新的生机活力。习近平强调："总体上不存在中国改革哪些方面改了，哪些方面没有改。问题的实质是改什么、不改什么，有些不能改的，再过多长时间也是不改。"[④]这个根本性问题就是改革的底线。习近平同志的底线思维不仅体现在全局性的改革问题上，还体现在具体领域的改革问题上。他在谈到农村土地制度改革时指出："不管怎么改，不能把农村土地集体所有制改垮了，不能把耕地改少了，不能把粮食产量改下去了，不能把农民利益损害了。"[⑤]

底线思维的方法论要求已经体现在改革的具体推进中。例如，国际贸易管理中的"负面清单管理模式"，是指政府规定哪些经济领域不开放，除了清单上的禁区，其他行业、领域和经济活动都许可。这实际上是一种底线思维管理模式。在制定负面清单基础上，各类市场主体可依法平等进入清单之外的领域。再如，社会治理中的民生底线、农地管理中的耕地红线、金融领域中的风险底线等。习近平同志把方向性思维、凝聚共识思维和底线思维紧密结合起来，为我们处理各种复杂的改革问题提供了方法论原则，这对于进一步解放思想、实事求是、不断创新进取，为全面深化改革的顺利推进起到了思想指导的作用。

---

① 中共中央文献研究室编：《习近平关于全面深化改革论述摘编》，中央文献出版社 2014 年版，第 45 页。

② 中共中央文献研究室编：《习近平关于全面深化改革论述摘编》，中央文献出版社 2014 年版，第 45 页。

③ 习近平：《习近平谈治国理政》，外文出版社 2014 年版，第 98 页。

④ 中共中央文献研究室编：《习近平关于全面深化改革论述摘编》，中央文献出版社 2014 年版，第 15 页。

⑤ 中共中央文献研究室编：《习近平关于全面深化改革论述摘编》，中央文献出版社 2014 年版，第 66 页。

第三章
社会工程思维的地位和特征

社会工程思维是关于社会事物再造和社会模式设计的思维方法，是对认知性理论思维的应用和扩展。理论思维的成果形态是知识和理论，社会工程思维的成果形态则是社会模式及其制度、政策和社会规则体系。社会工程思维在人类思维图谱中处于社会实践性思维的位置，其思维是设计性、选择性、建构性、价值性、逻辑性、合法性与历史性的综合集成与协调统一。社会工程思维的提出是对反映性思维的超越，是对实践性思维的拓展，是在复杂性条件下推进改革设计，对于选择和建构新社会发展模式、制度、政策等具有重要的方法论意义。

第一节　社会工程思维的地位

一、社会工程思维是人类思维图谱中一种不可缺少的形式

社会工程是相对于自然工程而言的。“人类的生存和发展不能仅仅依赖改造自然，同样也依赖于对社会的改造……通过建构和选择社会运行的具体模式和社会发展的方向，寻找解决社会冲突的制度和政策，从而提高社会行为和社会活动的效率和效益。”[①]“社会工程思维”是改造社会关系、设计社会模式与建构制度的综合集成性思维。社会工程思维是在一定经济、社会、政治与文化等历史条件下，社会主体以特定社会结构需求为导向，并在遵循社会发展规律的基础上，筹划、设计和建构社会事物和社会发展模式的思维方式。社会工程思维本质上是一种如何进行社会设计、社会决策、社会建构和社会治理的思维方式。为了讨论社会工程思维的地位与作用，我们以认识世界和改造世界为两种基本思维层次，结合思维的两个基本

① 杨建科、王宏波：《论自然工程与社会工程的关系》，《自然辩证法研究》2008年第1期，第57—58页。

对象领域，即自然世界和社会世界，勾画出一个思维分类结构图（图 3-1）。

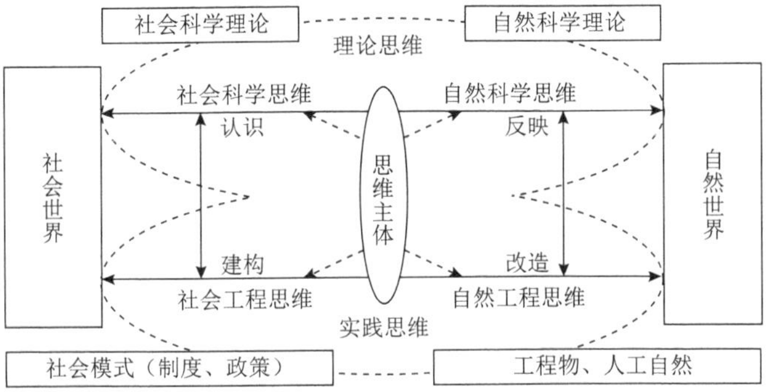

图 3-1　思维分类结构图

从图 3-1 所反映的思维与存在对应关系构成的基本思维类型看，思维的基本对象领域包括社会世界和自然世界。从思维内涵和功能层次看，思维具有认识和反映的功能。据此，思维的不同对象领域和思维的不同功能层次的结合可以形成四种思维方式，即自然科学思维、社会科学思维、自然工程思维和社会工程思维。前两种是理论思维，后两种是实践思维。以上四种方式是从思维与存在的对应关系划分出来的分类，也是在现实生活中实际存在和需要研究的思维分类。

图 3-1 所示的四种思维分类方式仅是一种理论上的划分，在现实和具体的科学活动过程与工程活动过程中，这四种思维方式是交叉使用的，设计与建构离不开以认识为基础，设计、创造和建构本身就是一种更高级的认识，是对原有认识的应用和检验。当前学科日益交叉的特点使得自然科学的思维和方法也被应用到社会科学研究中，两者交叉产生的分支学科也纷纷兴起。[①]对于自然工程而言也是如此，任何自然工程都是嵌入在社会结构中的，一项自然工程建成了，同时改变和产生了新的社会结构，自然工程过程同时就是社会工程过程。这四种思维方式在具体的科学和工程活动中是密切联系和交叉使用的。

二、社会工程思维与社会科学思维的区别与联系

社会科学思维是基于因果关系的逻辑性和分析性思维，而社会工程思维是基于结构关系和功能实现的设计性与建构性思维，社会工程思维的对象是作为社会主体的人和人的社会交往行动。可以说，社会科学思维追求对社会发展进行真理性和规律性认识，是一种求真导向的思维，那么社会工程思维则追求思维结果的有效性和实用性，是求用导向的思维方式。社会工程思维不以追求真理性知识，

① 例如，计量经济学、数理社会学、数量经济学、社会统计学、技术经济学等，还有大量计量技术、数理统计应用于政治学、法学等社会科学的研究中。

以及建构逻辑一贯、体系完整的理论为目标，而是追求在认识真理和遵循规律的基础上，设计和建构有用的社会发展模式、制度和政策等。作为科学思维成果的理论有对错之分，而作为社会工程思维成果的制度和模式只能用其实践中的效果来评价它的好与坏。社会工程思维的基本问题是人与社会之间的实践关系问题，其核心内容是社会模式的设计与建构。人们通过设计和建构各类工程改造自然，满足人类的物质和精神需求，通过设计建构各类制度、机制、政策和规则来改造社会，促进社会发展。可以说，认识与反映是思维的一个层次，而设计与建构则是思维的另一个层次，也是思维能动性更本质的体现，可能后者对于社会发展和人的全面自由发展而言更为重要。据此，在社会领域，人类认识和改造社会的思维活动从形式上也可以有新的分法，前者是认识和反映社会的本质和规律，追求真理性解释和科学性说明的理论思维；后者是通过设计和建构新的社会事物，改造社会现实，追求效用的实践思维。前者的结果是产生新的理论命题和学说，后者的结果则是产生新的工程事物或者社会事物。虽然后者以前者作为理论基础，是对前者的应用，但两者遵循着不同的思维规则。例如，提出和建立社会理论与设计和制定社会政策就需要遵循不同的思维规则。

三、社会工程思维与自然工程思维既有联系又有区别

应用工程科学技术的知识，综合考虑自然与社会的条件制约，设计和建构满足人们需求的工程事物的思维方式是自然工程思维。从思维特点来看，自然工程思维与社会工程思维都具有设计性和建构性，当然，任何设计与建构都离不开对规律的把握和遵循。但是，两者的对象、过程和结果有所不同。自然工程思维的对象是自然世界，结果是产生工程事物。社会工程思维的对象是人的社会行动和在社会行动中建构起来的社会关系，与自然工程思维的对象是客观世界不同，社会性、主观能动性和价值性是社会工程思维的显著特征，充分考虑人的能动性，设计调整人际关系、规范人的社会行动的规则系统的思维方式就是社会工程思维。

人类社会的发展演进过程表现为人的主观能动性和实践创造性，能动与创造的显著表现之一就是人们不断选择设计不同类型的政策、规则和制度体系。科学研究活动的解释性特征不能完全涵盖人们创设制度和社会规则的建构性特征，社会发展过程也是人们设计社会行动、建构社会结构和重组社会关系的过程。此过程中体现的思维模式不只是解释性思维，更本质的是建构与设计性思维，即社会工程思维。社会工程思维的结果是以制度、体制、规则、政策等形式来表现，正是这些社会事物引导和形塑了社会秩序，维护和促进了社会发展。

社会工程思维的设计性包括社会模式的蓝图设计和社会模式实现的过程设

计。[①]设计社会蓝图，就是要规划设计新的社会发展模式。现实状况和规划的社会模式蓝图之间往往有一定的距离，为此，社会模式实现过程的设计，就需要结合具体情境和社会约束条件，通过多个过渡结构逐步实现现实向规划蓝图的转变。历史上许多天才的、关于社会模式的理想设计最终无法实现，固然有蓝图设计不符合历史发展规律和社会基本矛盾的问题，其实现过程设计跨越现实状况也是不可回避的原因。从理论逻辑看，改革就是立足于已有的社会系统，设计建构新的社会模式并作用于现存社会结构，从而引发社会系统结构向目标结构变迁。而新的社会结构模式的设计和建构就是社会结构变迁的中介环节，也是社会工程思维的任务指向。

四、社会工程思维是一种建构性思维

社会工程思维是一种建构性思维，是以建构一种新的社会模式而展开的思维过程，是以建构对象为指向，通过社会设计而展开的建构性思维，是通过社会设计实现社会建构的过程。

社会工程思维的建构性表现具有以下几个基本特点。

第一，社会工程思维体现出了多学科知识、方法、手段交叉综合集成的特点。社会工程是研究社会系统的规划、设计与实施管理的规律和方法的理论，是自然科学、工程科学、人文科学、社会科学等多学科、跨学科知识的综合运用。社会工程研究是在大科学、大技术时代，科学、技术、工程知识日益综合化、整体化发展的时代背景下出现的，体现出了人们对日益交叉、渗透、融合的人类各种知识体系进行重构和整合的特点。从知识发展的内在逻辑看，自然科学知识体系经历了从“自然科学—自然技术—自然工程”的知识链的发展形态。社会工程研究的提出，填补了社会科学知识体系类似于自然科学知识体系的完备性，形成了“社会科学—社会技术—社会工程”的社会科学知识链。从历史发展和现实需要层面看，社会工程致力于通过社会规划与政策、制度的设计，达到理顺社会关系、解决社会问题、促进社会发展的目的。然而，社会关系主体的多重性、利益的复杂性和价值的多元化使得社会政策、制度和模式的设计必须是多向度、多领域、多学科知识的综合应用，同时要将多学科的理论知识转换为可操作的规则、制度与政策。为此，社会工程思维立足于总体社会的视角，探索自然科学知识、社会科学知识与工程知识等各种知识，运用、转化成社会模式、制度、政策、规则的理论和方法，以发现和建构连接人类理论认识和社会操作之间的桥梁。例如，政治学说就不能等同于政策方案，前者是一般性和抽象性的理论知识体系，后者是具体的操作性的规则体系和实施方案。在社会治理实践中，抽象的理论知识无法直接运用于现实社会实践，理论的抽象性和解释性使得自身无法直接对社会关系进

① 王宏波：《社会工程的概念和方法》，《西安交通大学学报（社会科学版）》2000 年第 1 期，第 45—52 页。

行操作，因此，如何将理论知识集成转化为解决社会问题的操作性规则体系和方案就是社会工程思维的现实作用。

第二，社会工程思维的本质和方式体现了“大成智慧”。“大成智慧”就是“集大成，得智慧”的意思。20 世纪 50 年代，钱学森提出“大成智慧”的学术思想，本质上体现的就是社会工程思维。“大成智慧”指的是多元要素在思维中的综合集成，钱学森将其称为“大成智慧工程”。[①]提出大成智慧的思维方式，是为了有效处理复杂、多变的社会问题。钱学森在《一个科学新领域——开放的复杂巨系统及其方法论》一文，提出了“开放的复杂巨系统”的概念及处理这类系统的方法论，即“从定性到定量的综合集成方法”。[②]大成智慧的特点就是各类知识与要素的“综合集成”，既包括现有的一切知识，也包括以往的所有知识；既包括一般人的知识，更包括各种专家的知识；既包括已经成文、形成理论的科学知识，也包括尚未成文的实践经验与体会，因此是“综合集大成的智慧”。汪应洛还将此具体化为四个结合：定性与定量研究结合；理论与经验、规范与创新结合；内环境与外环境结合；专家系统与计算机信息系统结合。[③]

第三，社会工程思维的主体是总体设计部，它体现了个体思维与社会思维的统一。社会有个体成分，也有群体形态，还有位于不同分工类型上的组织形态。面对一项社会工程，相对于不同类型的社会组织，必须有一个总体设计部，承担总体性思维的任务。“总体设计部”是钱学森提出的一个重要思想，也是我国国防工程的经验总结。无论是应用工程思维设计建构一项工程项目，还是应用社会工程思维设计建构一种社会模式或者社会政策，设计和建构活动都是建立在诸多要素和不同方面之上的。对于社会工程思维而言，要筹划和设计好一项具体的社会模式或者政策制度，不仅要考虑政治方面，还要考虑经济方面、社会方面、文化方面、价值观念等，最后的制度和政策就是这些方面要素的综合集成。当我们在进行社会工程的对象设计的时候，要通过“总体设计部”对不同社会领域的规律和不同社会层面要素、理念进行综合集成，只有这样才能保证制定出来的政策、制度和法规最大限度地体现大多数社会群体的利益，才能得到广大社会成员的接受与认可。

另外，社会工程思维的集成性是通过不同社会功能组织思维的集成实现的。要做到交叉综合集成的整体性效应，既不是简单的同质化扩展，也不是思维要素所涉及方面的简单叠加与聚集，思维集成首先就是做到要素在结构上互补，其次要做到功能的创新和强化。社会工程思维的集成性就是通过总体设计部，把各种社会单元的思维功能集成起来，形成如中国社会工程项目的整体性需求。

---

① 北京大学现代科学与哲学研究中心编：《钱学森与现代科学技术》，人民出版社 2001 年版，第 318 页。

② 钱学森：《一个科学新领域——开放的复杂巨系统及其方法论》，《上海理工大学学报》2011 年第 6 期，第 526—532 页。

③ 殷瑞钰主编：《工程与哲学》第 1 卷，北京理工大学出版社 2007 年版，第 54 页。

五、社会工程思维的辩证性质

第一，社会工程思维是多元价值与多重逻辑的统一。社会工程思维的对象是社会主体的行动和主体间的社会关系，对象本身既是客观存在也是价值存在。现实中由于主体认知、地位、文化、习惯和区域等的差异，其价值观也存在差异，这导致主体价值取向呈现出多元的特点。这些不同价值取向及利益诉求通过各类的社会关系和社会交往承载与表现出来。任何有效的社会模式、制度、政策和规则的设计都要求对不同社会主体的价值取向进行综合考量，为此，处理多元价值的综合与协调就成了社会工程思维的基本要求。

思维符合一致性逻辑是传统思维科学的基本特点，即一般不允许在一种科学理论内部出现不同逻辑，或者逻辑矛盾。社会工程思维则不同，社会工程设计和决策主体在思考与处理某一行为系统内的问题时坚持的是多向度逻辑统一的思维原则。然而，不同社会关系和知识领域都有自身独特的思维逻辑，如经济思维的效率逻辑、政治思维的公平逻辑、社会思维的平等逻辑就互不相同，但它们又都是社会模式设计涉及的领域。可见，社会工程思维必须同时考虑和处理社会模式涉及的不同领域的问题与关系，并对不同领域的思维逻辑进行综合与协调。

单一逻辑的思维规则不是社会工程思维的特征，社会工程思维遵循的是多逻辑性整合。从思维的过程看，社会工程思维是同一行为系统内的逻辑性与社会整体行动系统的非逻辑性的复合，或者称为“超协调逻辑”。[①]例如，政府在决策立项规划项目（如经济开发区、工业园区）时，除了需要考虑项目所涉及的技术因素之外，城市美观、经济收益、社会安全、劳动力就业、市场发展等也是需要考虑的方面，因为这些方面遵循的逻辑可能相互冲突。若注重经济效益，可能会牺牲环境保护和社会安全；若注重美观，则可能会增加资金和土地成本，此决策过程要求应用社会工程思维，对不同领域的多元逻辑进行综合权衡与整体协同。

制度模式、政策方案往往会涉及社会的许多领域与层面，是社会因素、环境因素和价值因素交织作用的复杂结构。这些不同领域异质性因素的作用逻辑、方向都可能不同，从每一类同质因素遵循的因果链条都无法获得全面解决政策问题的方法，而是需要进行多领域的非逻辑协同，政策方案是不同的因果链条之间协调与权衡的结果。思维的协调与权衡并不都是理性和符合逻辑的，而是各个方面权力或利益博弈的结果。例如，制定高等教育的收费政策，可能教育学、经济学、社会学、心理学与政治学等学科理论都有自己学科的分析，但从任何单一学科出发，都无法制订出高等教育收费的具体政策方案，这一方案的最终获得是在综合考虑不同学科认识基础上，各种社会力量博弈与协调的结果。为此，在遵循单一

① 殷瑞钰、汪应洛、李伯聪，等：《工程哲学》，高等教育出版社 2007 年版，第 109 页。

领域思维逻辑性的同时，社会工程思维强调运用非逻辑的整合来处理不同领域逻辑的交叉影响。

第二，社会工程思维是工具理性与社会合法性的统一。在韦伯看来，价值合理的行动，仅是出于对义务、尊严、美、宗教谕令、虔诚等的信仰，而工具合理性的行动则表现为对行动的目的、手段和结果有明确的预期与判断，不断地对各种可能的目的、实现目的的手段及行动的结果进行理性的权衡。以此类比，对于社会工程思维来讲，工具理性体现的是对手段和方法的合理性追求，价值理性体现的是对社会合法性的追求。工具理性主要表现为社会模式和制度、规则设计的技术、方法组织等的合理性问题，如组织管理技术、立法技术、社会规划、运筹等各类社会技术和方法手段的选择与应用。价值理性表现为社会主体的价值观念和价值准则。社会工程建构的社会模式、政策、制度和社会规则体系要作用于社会结构和社会关系，当然要受各利益相关者的认知和评价的影响，一项制度、政策要能在社会中顺利地实施，除了需要探索和采用有效的技术手段与方法外，还需要考虑设计和建构它们的社会合法性问题。例如，社会大众为什么接受一项社会规划或者政策设计？除了有法律授权的制定机关、制定程序之外，更重要的是该社会规划或政策本身体现了社会主体的价值观，反映了他们的社会需求，这使它具有了社会合法性。否则，就会产生实施中的失效甚至可能产生社会对抗行为。可以说，技术合理性和社会合法性对社会工程设计来说同等重要。其中，社会合法性本质上体现的是价值合理性。确定价值目标不仅在时间上是在先的，而且在整个社会工程思维活动的内容结构上也处于基础地位。对此，可以总结为：社会工程思维是以价值目标为导向，以实现社会主体价值需求为宗旨的思维形式。社会工程思维和社会工程活动不但要有一定的价值目标，还希望这个价值目标能够尽可能地协调和优化社会关系和社会结构。只有将体现工具理性的社会技术和体现价值理性的社会价值结合起来，社会工程的选择、设计与建构才既是可能的，也是可行的。

第三，社会工程思维是方案的选择性与试错性的统一。真理和规律是高度抽象化的东西，它体现的是事物存在和运动的根本属性，具有最高的抽象性和指导性，在真理和规律被归纳提升的过程中，具体和现实的内容都被抽象掉了，最后只留下共性的东西，因此，真理和规律是确定的、客观的，而应用真理和规律，需要结合现实和具体条件设计出解决具体问题的行动方案。从真理和规律到方案的过程则是一个不断具体化和特定化的过程，要在遵守真理和规律的基础上结合考虑对象的现实性特点，不断增加和丰富具体时空、环境和历史等条件，形成针对特定对象的操作性方案。规律与真理不等同于能够直接作用于对象的操作方案，就像政治学理论和规律不等于具体政策一样，需要有中间环节的转化。然而，由于对现实条件认识和把握不同，转化过程的路径选择可以是多样的，这使得真理和规律与现实条件结合形成的具体方案存在差异。也就是说，对真理和规律的认识是一致的，但我们可以选择多个技术路线，设计多种方案解决同一问题，方案之间也可能存在替代性。

在社会工程思维过程中，由于客观方面存在着许多不确定性因素，主观方面人的认识也会存在缺陷和盲区，任何社会工程都具有相当程度的风险性，不可能存在没有任何风险的制度与政策设计。虽然社会工程活动的目的是寻求理想和成功的社会模式设计，然而，主体的有限理性、信息的不对称性、价值的分歧性等，都可能会造成社会工程设计的失败。为此，可错性、试错性就成了社会工程思维的特征之一。我们在现实的社会规划与政策设计上经历过许多失败，而任何社会工程的过程都是通过连续的方案的更新与替代，不断试错、纠错的动态过程。

西蒙的有限理性理论告诉我们，行动方案只可能达到相对满意，而满意的方案可以有多种选择。例如，改革开放作为一项伟大的社会工程，在 40 多年的改革过程中，我们就同一问题制订了很多个改革的方案，这些方案都有各自的特点，只是有的被选择了，有的则没有，改革的过程就是各种方案不断设计、选择和作用于社会、经济、政治结构的过程。

第四，社会工程思维是整合与协调的统一。整合性思维是指在社会工程思维过程中包含着分析和综合，而分析和综合是相互渗透、相互融合的。其中，分析不以失去对象的整体性为代价，综合也不以失去对各个部分的精细化考察为代价，它们互为基础。以综合为主导性特征的整合性思维表现为：形式化和非形式化相结合、逻辑和非逻辑相结合、科学和经验相结合、定量和定性相结合、理性与情感相结合、价值与意志相结合。社会模式和政策设计的逻辑特征是多重规律的互动与制约，这是进行社会模式和政策设计的客观基础和主观状态。因此，多重逻辑、多重规律和多种价值目标就需要用整合性的思维把它们分析融合在一项具体的政策、制度中。由于现代科学技术体系发展的整体化、综合化趋势和社会生活系统整体性与交叉性的特点，各门原先互不相干的学科综合起来研究一个对象。因此，社会工程要站在社会整体立场上，面对现实社会结构和社会关系进行总体性的规划和设计，这也就必然要求用整合性思维的方式应对和处理社会规划与设计所面对的不同领域的复杂问题。

社会工程是通过各类社会规则设计和社会制度模式的建构，作用于现存社会结构，促使社会结构按照设计者预期的方向转变。这种介入性变迁需要处理好两类关系：一类是任何社会设计和社会建构，既要遵循社会系统的客观性质和运行规律，也要反映社会工程主体的主观目标、动机、需要，并对人的需求和社会发展水平进行协调，是一种人的主体规定性与环境的客观规定性之间关系的协调；另一类是人与人之间关系的协调。在社会变迁和转型过程中，社会系统呈现出结构的复杂性、矛盾的多重性，结构中各种要素和方面的功能相互叠加或相互抵消，既有冲突又有合作、既有竞争又有协同。对这些多重主体、多重价值和复杂关系的协调，最终使各种不同的要素和力量都服务于社会系统整体功能的发挥，这就是协调分析的特点。

第五，社会工程思维是时代性和历史性的统一。与纯粹的科学思维和哲学思维的超时代性和超历史性不同，社会工程思维有鲜明的时代感和历史感，既要反映当下时代的要求，又要立足于已有历史发展的基础上，社会工程的模式设计受现实需求和历史规定的双重制约。体现历史性是为了摆脱不切实际，在继承中发展；反映时代性则是为了解决问题，满足当下需求，这也是社会工程思维的生命力所在。恩格斯曾指出："每一个时代的理论思维，包括我们这个时代的理论思维，都是一种历史的产物，它在不同的时代具有完全不同的形式，同时具有完全不同的内容。"[①]当前，中国社会结构的分化、社会关系密度和承载的内容等到了高度有机和复杂的阶段。外部世界的多元文化、价值观念和发展模式也正向我国经济社会更深领域进行渗透，快速工业化和城市化所产生的各类社会风险也日益凸显。这些内外部因素导致的变化是我们进行经济社会发展的时代背景，这样的时代背景要求我们对社会发展进行精细化的设计和协调管理，社会工程思维的提出正是对当前时代背景和社会发展阶段特点与要求的反映。

我们今天所进行的社会规划、模式设计不仅要在一定的时代条件下展开，而且受到一定的社会历史结构和历史环境的制约与规定。社会发展的任何轨迹都会以历史的形式沉淀和保留下来，成为新的社会发展的基础和起点。历史发展的结果不仅体现在外在的物质形态和社会存在方面，也沉淀在社会主体的社会心理上，通过影响他们的选择和判断，进而影响他们的社会行动。一项工程失败了，我们可以拆掉重建，但是一项社会工程发生了，那么基于它所形成的历史结构是永远都无法消除的，任何新的社会工程都要在前面的基础上开始，以往的社会模式、制度设计和政策规则等作为历史形态，当然也会影响甚至会融入新的制度结构中。

第二节　社会工程思维的价值主导性

社会工程旨在创造满足人们需要的人工物品，在目的指向上具有直接的价值导向。与西方倡导价值中立（无涉）的原则不同，社会工程思维主张价值在前的逻辑定位，即创造新事物之前对这一活动的目标定位和功能需要做到"心中有数"，并以明确的价值导向来指导整个过程实践。

一、社会工程思维反对"价值中立"

一些人认为社会工程是没有其存在的合理性基础的，我们则不以为然。有人认

①《马克思恩格斯选集》第3卷，人民出版社2012年版，第873页。

为社会工程是违背人性的，认为政策、法律规则这些创构性的规则具有极强的强制性特点。它使人不能按照自己的真实意愿办事，是对人的天然本性的束缚，由此反对政策、法律规则的设计。关于社会工程活动中的设计产物的合理性、正当性问题，有学者认为，从经验到意识形态的一跃是致命的。那么，人何以可能依靠有限的经验设计出真正符合社会发展的制度、政策呢？这是对社会工程何以可能提出的质疑。

我们认为，人们在现实的社会中不能摆脱社会关系的束缚，问题的关键是存在于什么样的社会关系的形式之中？社会工程所要建构的新的社会关系就是要解除不合理的旧的社会关系对人的束缚，重建一种合乎人本性的新的社会关系。它并不违背人性，而是对人性的尊重和解放。纵观人类社会的历史，随着历史的发展，我们看到越来越多的社会规则被设计出来。专利制度就是典型的一例。需要指出的是，设计是有可能出现错误的。正因为它可对可错，我们才需要建立一门学问去研究它，提高它成功的概率。不可否认，在以往的社会主义实践中，我们在政治、经济、文化政策的设计上出现过失误。也正因为有过失败的设计实践、不理想的结果，才要追问、提出社会工程问题，需要在基础理论和解决具体问题之间构建一座桥梁。社会工程作为一门新兴的社会科学应用基础理论就是要解决如何运用一般理论解决我们面对的社会问题，并为社会科学的基础理论的应用提供一般的方法论。

社会工程是通过建构一个新的社会事物去解决社会问题，所以社会工程研究必须先确定一个总的价值目标。社会工程研究中的一个重要特点是价值定位处于不确定状态，这是一个必须要解答的函数问题。因为对同一个问题存在着不同的价值准则，需要进行价值整合，这是与自然科学研究、社会科学研究不同的地方。自然科学研究的价值准则是确定的，就是为了发现真理；社会科学研究也是要发现真理，但研究者的价值立场会有差异，从而影响真理性获得。社会工程研究与此大不相同，价值定位是先确定需要解决的问题。所以，我们也可以说社会工程研究是价值导向的模式设计研究，问题是我们必须将价值定位建立在科学的基础之上。

二、社会工程思维主张“价值预设”

社会工程研究坚持问题导向和价值定位，社会工程思维体现着问题意识和价值诉求。社会工程研究尽管具有实证科学的特质，但并不秉持所谓的“价值中立”，而是坚持问题导向与价值定位的实践统一。所谓问题导向，就是以人们改造客观世界中的理论模式和实践模式的问题为着力点，着重探析如何运用社会工程思维实现“理论模式”向“实践模式”的有机过渡和无缝对接。基于特定问题的“价值定位”正是揭示了社会工程研究的价值特性，必须以推动社会进步为目的，然而重要的是如何在价值分歧甚至冲突的背景下形成价值共识。社会工程之所以称为“工程”，就在于它能够为人们的生存和发展“造就”有效需求的“人工物品”，因而具有天然的价值定位。所谓价值定位，就是以实现个人和群体的真实需要为着力点，通过寻求最优方案的模式设计和优化来降低制度内耗与社会成本，“造就”实现人的全面自由发展和社会进步所需要的“人工世界”与社会生态。我们运用社会工程思维来为中国特色社会主义建设服务，就要将以人民为中心的价值目标有机地体现在相应理论模式及其实践模式的具体建构当中。

社会工程研究的特点是问题导向，以解决各种社会问题为旨归。这些问题主要包括：一是进入政府议程的公共问题，即具有代表性、社会性、普遍性、重要性、紧迫性的社会问题；二是现行政策体系的问题，即政策法规分析与政策法规设计的问题；三是政策执行中的问题，即执行过程中出现的问题和涉及社会系统运行的基本规则问题。[①]对于这些问题的分析解决，都存在一个价值定位问题，也就是为什么要解决这些问题、为谁解决这些问题，这是在研究解决各种具体问题时都要回答的问题。在当代中国，不管解决什么问题，都要树立以人民为中心的价值立场，并不断满足人民群众对美好生活的追求。

三、“价值主导”体现意义建构：合审美性

社会工程活动旨在创造属人的新事物，既反映出满足人们生产生活需要的功能需求，也表达着人们在享有这一人工物品中的意义建构。这种意义建构本身就是实现人的全面自由发展的审美过程。社会工程思维倡导价值主导性，在本真意义上体现着对模式设计和构建过程的审美性。

美作为人的自我意识，是通过对万物诸相的感性体验来实现人的本质力量的自我确证。马克思指出：“动物只是按照它所属的那个种的尺度和需要来构造，而人却懂得按照任何一个种的尺度来进行生产，并且懂得处处都把固有的尺度运用于对象；因此，人也按照美的规律来构造。”[②]可以说，美是事物的自然属性，也是能够满足人的审美需要的价值属性，是抽象与具象的统一，是主观与客观的统一。美的形态是多样的，如自然事物和现象所表现出来的自然美、社会事物和现象所表现出来的社会美。人们在社会工程活动的“理念在前”本身内蕴着意义建构的价值主导性，体现由“人”在场的审美体验。首先，就有形的人工物品而言，既需要在功能上满足人们的实际需要，也需要在文化心理上满足人们的审美需要。例如，长江三峡大坝作为有形之物，在社会建构意义上也称三峡工程，它在充分发挥防洪、航运、水资源利用等功能前提下提供了上千亿瓦时的绿色电能，与此同时，它还是人们直观体验社会主义建设成就的重要窗口，尤其是宏伟的建筑设施与自然景观融为一体呈现出来的美学意义，因此也成了重

---

① 王宏波、杨建科：《社会工程问题的界定与分析》，《西安交通大学学报（社会科学版）》2007 年第 6 期，第 59—64 页。

②《马克思恩格斯选集》第 1 卷，人民出版社 2012 年版，第 57 页。

要的人文景观。类似的，还有北京奥运会主要设施“鸟巢”和“水立方”，不仅具有大型体育设施的适用功能，也成为承载着中国文化和体育文化的艺术景观。无论是三峡工程，还是“鸟巢”和“水立方”，它们作为有形的人工物品，既是结果形态上的审美再现，也是构建这一新事物过程的美学理念在前。这两者统一于社会工程思维的价值主导性在整个工程模式设计和构建过程中的理念预设。

其次，就无形的人工物品而言，首先表现为社会制度、社会体制、社会政策法规等社会模式设计。在这种不同层次的社会模式设计中，通过价值意义的建构体现着社会美。

从宏观的、人类历史进步过程的实践模式来看，科学社会主义作为实现人的全面自由发展的理想制度方案，本质上就是对社会发展规律之“必然”的遵循，通过扬弃以往社会形态中被奴役、被压迫的不合理现实，来建构让每一个人过上有尊严的幸福生活的社会制度。这种基于“历史必然性”来彰显人全面自由发展的内在价值，本身就是符合人的发展的内在诉求，也是让人成为全面自由发展的人的优良制度设计，体现了人类社会的理想美。

从中观的、人类社会历史发展过程中的制度模式来看，中国特色社会主义作为在社会主义初级阶段的中国模式，核心目标是实现全面建成富强民主文明和谐美丽的社会主义现代化国家，集中体现为国家富强、人民幸福、民族振兴的中国梦。中国梦作为体现中国文化特质的形象化的理念呈现，体现了人民对美好生活的共同期待，是符合最广大人民群众根本利益的发展目标和实践模式。这一目标不仅具有发展动力上的价值引领功能，以团结全国各族人民共同奋斗的凝聚力和创造力，也具有体现中华民族厚重文化和大国风范的精神气质，让中华儿女在富起来和强起来的奋斗过程中深切体会到尊严感、获得感、成就感。这体现了中国特色社会主义制度的现实美。

从微观的、特定时期的微观社会过程来看，每一项社会改革方案的设计和实施，本身也有一个理念在前和美学在场的意义建构过程。社会模式设计既坚持从源头上设计好的制度，也注重在过程实施中彰显善治的意义。改革制度的良好设计需要遵循人类社会发展规律和社会主义建设规律，改革制度的有效实施则需要充分考量人们在具体执行中的操作要素和功能体验。也就是说，一项社会改革制度的有效实施，既要有相关协调性的配套设施和过程机制，也要充分兼顾具体施行者在执行过程中的条件约束和主观体验。这表现为改革发展与治国理政实践中的和谐美。

第三节　社会工程的思维方式

社会工程思维不同于科学发现的思维方式。科学发现是从已知的客观事物中探索和发现未知的客观属性与客观规律，它是以承认和确认已知的研究对象作为出发点的。社会工程的思维是要设计和创造一个社会世界不曾存在的社会事实或社会事物，所以社会工程思维是一种从无到有的思维方式。这种思维方式具有综合集成性思维、实证性思维、决策性思维的特点。

一、综合集成性思维

集成性思维不同于分析性思维。分析性思维的特点是将具有整体性的事物按照其内在的结构分解为若干组成部分。分析性思维的前提是现实中已经存在着一个具有整体性特点的客观事物或者思考开始之前已经存在着一个思想事物，如已经提出的一个思想命题。集成性思维的特点是在思维中描绘一个具有整体性特征的蓝图。这个具有整体性的事物蓝图在思考之前是并不存在的，它是通过集成性思维创造出来的。综合集成性思维的第一个要求，是围绕所要创造的目标对象进行知识的搜索与综合。相对于一项自然工程来说，如果要设计和建造一个具有目标功能的机器人，需要先收集和掌握人的有关行为知识、心理知识、信息传播与转换的知识、材料性能知识、机械设计知识、动力转换知识、行为设计知识、芯片设计知识、工作环境与工作对象知识等，也就是说，凡是这个设计和建造对象所涉及的知识领域的知识都是需要收集和掌握的。同样，相对于一个社会工程项目来说也是如此。例如，如果要设计一个疫情传播防治方案，就需要掌握病理学知识、疫情传播的规律性知识、社会人员流动的规律性知识、医疗技术的一般知识、医疗设备资源供给知识、社会舆论与社会心理发生机理、社会结构与制度资源知识等，这些相关领域的知识都是应当掌握的。

所以，如果要进行社会工程设计，一般来说，所要设计的具体社会工程项目所涉及的知识领域和知识要点都是需要收集和分析整合的。如果要设计和制定一项经济政策，并非只有经济知识就行了，还需要有社会知识、政治知识、伦理知识、法律知识，甚至需要有自然科学、技术科学和工程科学等学科的知识。因为当代的经济现象中都蕴含和渗透着科学与技术因素，是科学、技术、社会、政治、经济、文化一体化的综合再现。

社会工程设计过程中知识综合的过程也伴随着知识的选择过程。某一项具体的社会工程涉及不同领域的知识，但是要选择那些相关知识领域中的哪些知识点才是问题的核心。特定知识领域中相关知识点的选择质量，取决于设计者对该领域知识掌握的深度和广度。但是，任何一个设计者掌握知识的深度和广度都是有限的，所以在知识的收集、选择和综合的过程中，就需要建立一种知识收集与选择综合的体制，即成立专家组或召开专家会议。

在知识收集基础上进行知识点的选择，在选择的基础上进行知识的综合。那么，如何进行各类知识的综合呢？知识的综合要依靠整体功能的导引。社会工程设计以实现各类社会工程项目的功能为导向，如设计一个高新技术开发区的功能是促进高科技的开发应用，那么开发区内各种体制和设施的功能就规范着设计者的各类知识的收集、选择与综合。

集成性思维的第二个要求是要素及其各要素功能的集成。社会工程设计与建造的结果是形成一个新的社会事实或社会存在物。这个社会存在物承载着一定的社会功能。但是，这个社会功能一开始是整体性的社会功能设计。要想实现这个整体性功能，必须有物质实体作为载体，这个载体也是一个结构性整体。整体性功能是构成因素的功能的综合。所以，需要根据知识点、功能单元、要素载体之间的关系集成一个功能整体。

知识综合的前提是找到知识点之间的内在联系，同样要素集成和功能集成的前提也要以要素功能之间的有机联系为前提。因此，集成性思维的要诀是根据所要实现的整体性功能设计体现它的结构联系与要素功能之间的有机关联。

二、实证性思维

社会工程的思维是一种实证性思维。实证性思维不是提供一种对现实解释性的理论体系，也不是指以观察事实为原子事实的实证主义哲学思想，而是要运用各种知识设计出有实际效果的社会事实，本质是将理论运用于实践的过程，其思维指向建构实际的可供使用的社会事实，其思维的价值能够直接在实践中运用，产生直接的社会效果。其思维特征是以问题解决为导向的知识运用过程。这种实证性思维的重要特征是知识的层次由高到低不断转换的过程。

人类的认识形成知识体系需要经历一个由感性认识到理性认识的发展过程，先由观察形成感觉、知觉、印象，再进一步形成概念、判断，经过推理最后形成知识体系。人的知识体系可以分为理论知识与经验知识两种类型。这是认识发生和提升过程的特点，也称作认识过程的第一次飞跃。社会工程思维位于认识过程的第二次飞跃，是如何应用知识解决问题，以及推动实践发展的过程。这个过程的思维的一个重要特点就是实证性，把高层次的抽象知识形态转化成具体的低层次的知识形态。这种层级转化具有以下三个特点。

（一）较高层次的抽象命题具体化的过程

科学认识的结果是形成一个说明客观事物的理论。这种理论是经过概念化的，具有一般性和普遍性的知识。这是因为在形成这种知识的过程中，经过了一级又一级的抽象过程。这种抽象过程的特点是不断减少某一理论命题所包含的条件。如果理论命题中所包含的条件越来越少，则命题本身的抽象度就越来越高。例如，一般的运动概念和具体的运动概念就有所不同。具体的运动形式可以有物理运动、化学运动、生物运动、社会运动等若干种特殊形式。当人们把物理、化学、生物、社会等这些运动主体抽象掉以后，就只有“运动”自身了。这是关于运动的定义，也是物质现象相互作用的形式。所以，思维抽象的过程，就是不断减去具体条件的过程。例如，人们在思想上去掉物理、化学、生物、社会等这些运动的主体，就只剩下“运动”自身了。所以，思维抽象的过程是一个“做减法”的过程。

与科学发现的思维过程不同，工程思维或者社会工程思维是一个使概念不断具体化的过程，把抽象的概念或者理论命题由一般经过特殊到具体化的过程。因为一般命题或者抽象概念难以解决具体问题。社会工程思维是解决具体问题的思维，所以它需要普遍命题场景化，把普遍命题或者一般命题落实到具体场景中，转换成具体场景中的具体命题。这种由抽象到具体的思维过程是一个不断给抽象性的一般命题增加条件的过程，其思维过程是一个“做加法”的过程。

社会工程思维是一种解决具体问题的思维，但是在知识综合的过程中却遇到大量的一般性知识，所以需要把一般性、普遍性、抽象度高的知识和具体的情境结合起来。这种结合的过程就是知识类型的层级转化，由层级高、抽象度高的知识降低为较低抽象度的知识，直至落实到具体情境的知识水平。这种不断降低抽象度的过程就是不断增加命题的条件的过程。

（二）概念操作化过程

社会工程思维的本质是理论应用的过程，是将理念、想法、构思经过设计思维现实化和对象化的过程。因此，其思维过程就要经历从一般概念到具体概念再到操作化的过程。概念的操作化过程实际上就是要求先明确概念外延，再进一步明确概念所指称的对象如何现实化的过程。这里需要指出的是，社会工程的设计思维明确外延的方式与科学发现和认知思维中明确外延的方式不同。在科学认知活动中，明确一个概念的外延，就是把概念所反映的对象指称出来。例如，当我说到“桌子”概念时，一定要指出，你此时此地说的“桌子”的对象，是指你所看到的桌子到底是高桌子、红桌子，还是低桌子、黄桌子。但是，社会工程设计中所说的“桌子”，是你要设计的桌子，当前在现实中，在你的生活中还不存在，所以是想象中的“桌子”。这时的“桌子”还仅是一个“理念上的桌子”，要把理念上的桌子变成现实中的桌子，就需要把“理念桌子”进一步具象化。大约需要经过这样几个步骤。第一步，设计它的功能，回答“用来干什么事情的桌子”的问题。第二步，设计它的结构，回答“用什么样的结构满足这个所需的功能”的问题。第三步，确定满足这个功能的物质要素，回答“用什么材料”的问题。第四步，明确材料的属性，材料的属性要达到什么样的指标。第五步，选择制作工具。第六步，设计制作流程。第七步，设计制作标准和规范。

如果把上边的分析总结一下，那么概念化的过程需要经历如下步骤：把抽象的概念具化为特定的结构，明确结构的要素及其指标，设定要素的属性，确定属性的标准，设计制造的流程，确定制造的标准和规范。

当人们设计一个新的社会模式时，也要使概念操作化。如果要建设一个经济技术特区，首先要考虑特区社会经济功能，然后考虑支撑这个功能的特区结构等因素。也就是说，当一个实际的经济特区还没有出现时，在观念上这个特区的总体结构和具体结构、运行结构和行为方式已经设计完成了。这是一个把抽象概念转化为具体概念，然后把具体概念转化为操作的过程。

（三）结构设计不断细化和复杂化的过程

社会工程思维的过程第一步是目标设计，然后经历理念建构、模式设计、运行设计等环节，最后落实到实施过程。不管是在哪一个环节中，都涉及结构设计问题。例如，目标设计中涉及目标结构，模式设计的基础是模式结构设计，运行设计中有流程结构设计等。无论是哪一种结构设计，都要经历从总体结构设计到具体结构设计的不断细化的过程。

如果用系统论的思想来说明结构设计的具体化过程可能更容易理解。任何一个系统都有其系统结构。但是，现实的系统和所要建构与设计的新系统有不同的存在形式。社会工程思维的对象是设计一个现实中不曾存在的形式上具有观念特征的新系统的模式。对于这样一个新的观念上的形式系统，先要进行总体宏观结构的设计。在宏观总体结构设计确定以后，再设计中观结构系统和微观结构系统。所以，社会工程的结构化思维是一个由总体到部分，再由部分到细节的过程。

社会系统的结构具有条块结合的特点，既可以按照纵向关系分成“条”形结构，也可以分成“块”状结构。所以，新模式的结构设计也要符合条块结合的特征。也就是说，“条”的结构要素，在“块”的结构中要得到体现；“块”的结构要素，在“条”的结构中要得到体现，否则模式的结构要素就是不完整的。一般地说，“条”的结构体现的是社会分工的特征，“块”的结构体现的是社会分工之间关联的特征，“条”的结构和“块”的结构的统一是社会模式的整体结构。

所以，社会模式设计过程中结构细化设计的路径，既可以沿着“条”的方向由宏观结构向微观结构细化，也可以沿着“块”的方向由宏观结构向微观结构细化。但是，两个不同方向的结构细化过程应当是彼此参照的，且是相互协调的。

三、决策性思维

社会工程思维的建构性表现为要建构一个未来将出现的社会事物。所以，这种思维就具有决策性思维的特点。当面对一个需要解决的社会问题，要设计一个社会模式与社会过程去解决它的时候，社会工程师可以设计的社会模式一般不止一个，它需要设计两个或者更多的社会模式以供论证和选择。社会工程师在所设计的多种方案中，评估“适宜”的可选择方案，并对各种预期效果的重要性加以分析论证，在最后评价中权衡各种可选择方案后确定一个行动方案。

首先考虑所设计的一种方案决策思维的过程。假设在某种社会决策的环境中，有若干因素构成一个社会问题，面对这个社会问题，设计一个解决方案。对于这个所设计的方案要经过面向公众的调查、面向专家的评估、面向具体管理部门的评估，然后形成一个决策意见。这是针对一个设计方案的论证流程。

在社会工程决策中引入公众反应概率这一指标，是为了落实符合公众利益原则，为公众提供服务，公众反应概率的数值能够反映一项政策的公众基础的强弱。政府管理部门评估参数是指政府中不同管理部门对某一项准备实施的政策的效应的评估。政府出台一项改革措施或者一项公共政策，会涉及不同领域的活动状态，因此需要不同的管理部门对将要实施的政策在部门所管辖领域的影响做出评估。另外，还需要专家团队的论证与评估。政策的最后决策者是政府综合管理机构，该机构需要将公众反应、专家评估和各政府部门的评估综合到一起进行权衡，形成最后的决策意见。

一般情况下，面对一个社会问题，要设计至少一个方案；多数情况下要考虑设计两个以上的方案，并进行论证比较选择决策。综合决策者需要对不同的方案做出最后的权衡。这样就会出现一个决策树模型，如图 3-2 所示。

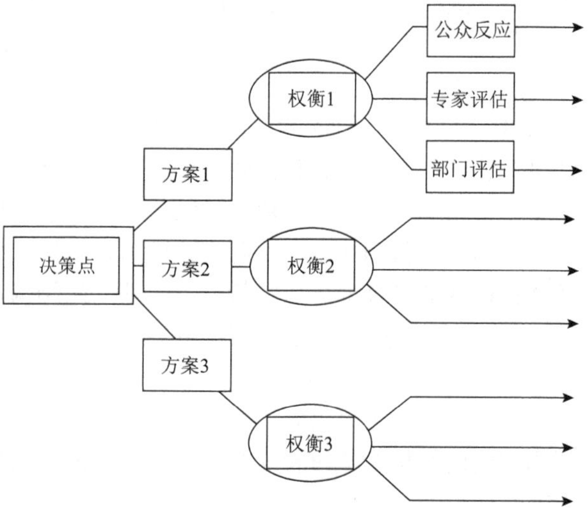

图 3-2　决策树模型

社会工程思维具有决策思维的性质，它必须运用一系列决策知识与决策技术对方案进行论证，要从未来的目标出发，设计解决当前问题的社会模式，它是一种从未来目标出发，通过社会模式设计解决当前问题的思维。同时，在论证实施方案的过程中一定要坚持多路径探索和多方案论证的原则。

第四节　社会工程的思维逻辑

社会工程的思维逻辑包括多种类型。人类思维历史上总结出的逻辑范式在社会工程思维中都能得到运用。人们熟悉的形式逻辑和辩证逻辑是社会工程思维中的必要形式，离开了这些必要形式，社会工程思维也就无法运用。但是，除了这些必要的逻辑范式外，社会工程思维还有一些体现自身特点的其他形式。

一、中庸之道的逻辑理念

社会工程思维的目的是建构一个具有社会功能的社会模式。它的衡量标准是运用这个所建构的社会模式解决社会发展过程中的问题，使社会模式的使用效果达到最优，或者令大多数人满意。就这一点而言，中国传统文化中的中庸之道可以说是社会工程思维的逻辑理念。

对于中庸之道，曾经有一些不当的理解。这种理解认为中庸之道就是不讲原则，就是和稀泥，就是做老好人。其实这种理解不符合中庸之道的本意，是望文生义的结果。中庸之道的本义是无过无不及，因为过犹不及，它是恰到好处的意思。用今天科学的术语说，就是最优化。最优化是就事物的整体来说的，不是就构成事物的组成部分来说的。因为构成事物整体的每一部分分别达到最优，这样的部分组合起来的整体却不一定是最优的。中庸之道用在社会工程决策上来说，建构和采用某一种社会模式，要恰到好处，既不能落后于社会发展的要求，也不能超前社会发展的状态。如果要使某一项社会工程的决策实现恰到好处，那么，要求组成这项决策的各个措施之间要合理配合，各项措施自身的作用要做到恰如其分。所以，中庸之道的逻辑要求，如果是相对于决策的整体功能，其要求是恰到好处；如果是相对于组成决策方案的各个组成部分，其要求是恰如其分。只有各个部分做到了恰如其分，整体功能才能恰到好处。

中庸之道的逻辑理念实质上是价值逻辑的原则体现。价值逻辑不同于真值逻辑。真值逻辑的主要任务是发现真命题，所以在科学实验基础上通过观察形成概念、判断，并依赖于判断进行推理。发现真命题的过程中所运用的一般都是各种形式的因果推理，发现因果关系，形成科学命题。价值逻辑在运用的过程中也会有各种概念和推理过程，但推理过程中所运用的概念和命题都是价值概念与价值命题，然而能够体现价值逻辑本质特点的是价值权衡与价值整合。价值权衡与整合的目的是找到一个整体价值的概念，能够把各种相关的分立性价值整合成一个统一的价值。中庸的“中”，就是各种力量的合理结构恰到好处，这种整体结构的总体功能能够适应各方面的需求。中庸的“庸”就是“用”，中庸也可以理解为“中用”，即能用、可用、实用。也就是说，能解决问题，达到实用的效果。

所以，以“中”为“用”，就是以最优化的功能达到最实用的效果。

真值逻辑和价值逻辑在运用时所涉及的主体的数量是有区别的。真值逻辑是以真假为指向的二值逻辑，一个命题要么为真，要么为假，二者必居其一。真值逻辑的最终任务是发现真理，但发现真理不在于人数的多少，而且真理往往是少数人发现的。例如，发现万有引力定律的牛顿是一个人，提出相对论思想的爱因斯坦是一个人。马克思恩格斯发现人类社会基本规律时只有两个人，后来经过广泛传播，地球上有无数的人接受这个真理。价值逻辑是多值逻辑，它承认价值内涵和外延有多种情况却同时成立，即使是对立的价值也同时成立。价值准则具有多元性，也就导致价值主体的多样性。所以，价值逻辑的运用所涉及的就不是少数人，而是涉及多数人。因为价值逻辑运用的目的是形成价值共识，即如何把不同人的价值观念统合起来，形成一个大家能够共同接受的价值。社会工程思维中的一个十分突出和重要的问题，就是相对于一个大家都面临的社会问题的解决，能够把大家各自的价值标准统一起来，把各方面的社会力量凝聚起来，实现问题的解决和推进社会发展的目的。在这个问题上，我国著名社会学家费孝通先生提出的“各美其美、美美与共”的原则就是中庸逻辑的标准之一，也是社会工程思维的要求。

二、价值权衡逻辑

权衡，从古汉语上说，其基本的意思是“称”，即一种古代度量衡。“称”有秤杆和秤锤，秤锤叫“权”，秤杆叫“衡”，合称为权衡。从现代意义上说，权衡就是比较利害、估量得失、平衡损益、选择立场的意思，也就是在特定情境下，面对两个以上的选择对象，通过利害比较、衡量得失，最终确定如何选择对象和选择行动的意思。市场经济活动中投资与效益的比较就是权衡，通过这种权衡决定是投资还是不投资。市场交换过程中，交换双方各自都有一个权衡思维，都会考虑自己的出价和货物的价值的平衡关系，最后决定是否成交。政治交往与谈判中双方各自既需要评价自己的实力和目标，也需要评价对方的实力和目标，比较评价双方力量对比的平衡和优势，这也是一种权衡思维。权衡思维的方法主要是预测、评估、比较、选择。权衡的逻辑主要是评估的标准与比较的标准及其选择的标准之间的关系规定。中国文化中有一句名言就是“两利相权取其重，两害相权取其轻”，就表达了一种权衡的逻辑。

社会工程思维中的权衡逻辑主要表现为价值权衡的逻辑。社会工程思维的一个重要特点是以价值为导向的社会模式设计与社会过程规范的思维。因此，社会工程思维中价值定位是第一位的事情。如何进行价值定位的研究，权衡逻辑就是一种重要的思维方式。在社会工程思维的价值权衡逻辑中涉及以下几组重要的关系。

首先，总体价值与组成部分价值的关系。人类社会是一个结构复杂的有机系统。作为社会系统的总体价值与作为社会组成部分的价值是不同的，也就是说，社会系统的总体价值与组成系统的子系统的价值是不同的，而且总体价值必须体现和反映子系统的价值，但不等于子系统价值。作为社会子系统的价值是通过社会系统的结构联系而形成社会的系统价值。在社会系统结构中，各个社会子系统的价值在质和量上都是不同的。因此，如何确定和处理不同社会子系统价值之间的合理关系，使其子系统的价值综和体现和反映系统总价值，是需要社会管理者根据社会系统总体的总价值运用价值权衡逻辑进行评估和确定的。

其次，长远价值和暂时价值的权衡。社会的运行、发展是一个过程，社会总体价值的实现和社会个体价值的实现也是一个过程。在这个发展过程中，长远价值和暂时价值的实现是有矛盾的。这是因为社会成员的价值实现追求都有共同的期望，但是社会的资源和条件是不平衡不充分的。为了长远价值的实现，社会系统中某一部分的具体价值实现可能会受到影响或限制。一个复杂的社会中，社会结构中具体要素对社会总体价值的贡献也是不同的。这时就需要根据社会长远发展的价值需求，合理安排各组成部分的价值实现程度。那些对未来总体价值贡献大的组成部分其自身的价值实现的程度就会高一些，相反，那些在一定条件下对未来价值的贡献较小的组成部分，其自身的价值实现程度就会低一些，不同的社会组成部分的价值实现之间就会有差别。但是，这种差别的度却是需要认真研究和论证加以权衡的。

最后，社会总体的价值权衡与社会成员个体的价值权衡之间的关系。对于社会系统来说，社会系统的总价值虽然不等于其个别社会成员的价值贡献，但它是所有社会成员创造价值的总和。所以，社会的总体价值与每一个社会成员的价值贡献密切相关。换句话说，每一个社会成员都感觉到自己在这个社会中具有价值的时候，社会的总价值才能不断增值。

要保证社会总体的价值权衡与社会成员个体的价值权衡具有一致性，关键是社会成员之间的两两权衡具有公正性。也就是说，任何两个社会成员在进行社会交换的时候，通过交换过程，双方在得到与付出、让渡某种权利与获得另一种权利之间是公正的，交换的结果双方都得到某种程度的改善和发展。马克思在《共产党宣言》中所描绘的“自由人联合体”正是这种情况。马克思说：“代替那存在着阶级和阶级对立的资产阶级旧社会的，将是这样一个联合体，在那里，每个人的自由发展是一切人的自由发展的条件。”[①]这就是说，在一个公正繁荣和谐发展的社会里，社会总体的价值权衡目标与每一个社会成员的价值权衡是一致的。在社会治理的过程中，这种一致有时候还没有条件完全达到，但是应当不断改进。

①《马克思恩格斯选集》第1卷，人民出版社2012年版，第422页。

这种改进的权衡逻辑至少有两个准则。一个是帕累托改进的准则，即当总体价值福利增加时，不使任何一个人的价值福利减少。这个准则是一个暂时稳定的原则，但却是一个没有体现共同发展的原则。另一个是习近平同志提出的准则，即习近平同志在十九届中共中央政治局常委同中外记者见面时的讲话中指出："全面建成小康社会，一个不能少；共同富裕路上，一个不能掉队。"[①]应当说，习近平同志的价值权衡标准体现了自由人联合体的建设原则，即每一个人财富增值是所有人财富增值的条件。这就是共同富裕的价值权衡逻辑。

三、功能整合逻辑

社会工程思维的核心指向是设计合理的社会模式和有效的操作流程及程序，以实现一个确定的社会功能。所以，无论是社会模式的结构设计还是过程设计，都要落实在功能设计上。功能设计过程的主要特点是功能整合，也就是把各部分的功能整合起来形成一个新的整体性功能。例如，新时代的农村治理模式设计，就需要把农村经济功能、农村政治功能、农村社会功能、农村文化功能需求都整合在一起，形成一个新的农村治理模式。新的社会模式设计思维过程中具有突出地位的是整合性思维，体现的是功能整合逻辑。

（一）多线性的结构性思维逻辑

社会工程设计思维中的功能整合逻辑与科学认识过程中的理论思维逻辑相比，有一些不同的特点，逻辑要求也不同。科学认识过程中的理论思维具有推理性特点，是从现象到本质，由近及远、由此到彼的推理过程，其推理过程具有线性思维的特点。但对于设计性思维来说，它有组合型、构造性的要求。组合型或构造性思维的基本特点是思维的立体性，也就是说，当一个设计师运用组合型思维时，他的思想中同时进行着两个以上的思维过程。他要考虑选择不同的概念所标示的元素及其功能，并且还要不断地与功能要求进行对比性思考而考虑重新选择和替换。尽管设计师在选择某一个概念及其所标示的元素的功能时，要坚持同一律的要求，但此时他所考虑的对象是多个概念，同时进行着多线条的思维过程。同时，要把这多线条的思维组合起来形成一个结构。

多线性的结构化思维的核心指向是社会模式的整体功能。根据预先设定的整体性功能，设计体现这个功能的结构。为了设计这个结构，首先要搜索和收集满足结构要求的元素，再研究分析各个元素的功能之间可能的联系与整体功能实现的关系。当发现合适的元素与不同元素之间合理的关系时，就可以形成一个结构。所以，结构化思维的路径是从预设功能出发，选择可能的要素及其功能，发现元

---

① 习近平：《在十九届中共中央政治局常委同中外记者见面时的讲话》，《人民日报》2017年10月26日。

素间能适应功能的结构。元素及其功能的集合是开放的，所以元素选择的范围是无边界的，直到满足结构的要求为止。因此，结构设计的思维不同于理论思维的推理思维，其具有多元性、多线性和构造性。

（二）多样化包容的合取思维的逻辑

功能整合逻辑的一个重要方面，就是根据总体功能的需求，把各相关的功能与准则整合为一个有机整体。在整合的过程中，多样化的包容性合取思维是一种重要的思维方式。包容性合取思维的一个重要的形式是相反相成的合取思维逻辑形式。所谓相反相成是指两种相互对立的力量结合起来，形成平衡，或者两个对立的原则共同构成一个新的行动空间。这种相反相成的合取思维在功能设计时经常使用，尤其是那种能够把相关性质上相反的功能通过特定的机制连接在一起形成新的功能比较典型。比如，在机械设计中，向下的力的作用和向上的力的作用，如果作用力的量相对合适，就能形成一个稳定的支架，如一个横梁和两根柱子就可以作为房屋支架的一部分。在社会模式的设计中，可以出现同时满足两个相互矛盾的要求的情况。例如，十字路口自动红绿灯指挥系统：红灯表示停止前进，绿灯表示允许前进，这两条规则的含义是相反的，但是通过引入时间间隔却整合在一个系统中。再如，在生产力较低水平的层次上，处于粗放经营阶段时，节约资源降低成本和增加产出这两者可能是一个相互矛盾的要求。我们在社会政策模式的制定中经常会看到有相互矛盾或相互对立的任务要求同时出现在同一个规则系统中。

在形式逻辑的思维规律中有一条思维要求，即两个相互矛盾的判断不可能同时成立，其中必有一假。但是，在社会工程思维的模式设计中，往往同时承认一些相互矛盾的要求。例如，社会平等与社会效率在很多情况下是相互矛盾的，既要满足社会平等的要求，又要满足社会经济效率的要求，在特定的社会条件下很难同时满足，但社会治理实践中要同时承认，并且尽力以一定的方式同时在不同的程度上得以实现。

社会系统是由不同阶级、阶层和不同利益群体构成的，在一定的社会经济条件下，他们在利益需求的满足上往往是相互矛盾的。在这种状况下，既不能无视任何一个阶层或群体的利益需求，也不能无条件地完全满足任何一个阶层或群体的利益需求，而是需要考虑每一个阶层或群体的利益需求特点和实现条件及与总体利益增值的关系，妥善处理各阶层及各利益群体之间的关系，最终使得在各部分利益增值的基础上总体利益不断增值和发展。这种思维方式就是包容性合取思维的总体要求。所谓包容就是承认差异、分歧和矛盾；所谓合取就是每一个方面的合理需求都能够得到一定程度的反映和实现，尤其是对于相互矛盾的需求能够通过一定的方式得到合理解决。

（三）协调思维的逻辑

协调思维就是使社会系统运行处于协调状态的思维。所谓“协”是指合作、共同行动；所谓“调”是指相互适应。在农业社会人们经常说“风调雨顺”，就是要风有风，要雨来雨。也就是说，需要风的时候，风就来了，需要雨的时候，雨就来了。因此，协调的完整意思是说，在社会行动中相互适应的合作与共同行动。就此而言，协调思维就是如何使群体行为实现相互适应的合作与共同行动，以达成统一的目标。实现了这一点就达到了社会系统运行的协调状态。

社会协调发展，就是指构成社会系统的整体的诸因素相互依存、相互适应、相互促进、协同竞争、共同发展的状态和过程。它的实践意义在于辩证地处理整体与部分的关系问题。只有当构成整体的部分之间各有一定程度的发展，任何一个部分才能发展，整体也才能充分发展。协调发展强调共同发展并不是指各部分同步发展、等量增长。它的基本要点包括以下三点。一是系统中某一因素或某一方面的发展变化不以牺牲其他方面、其他因素的发展为前提，即不降低其他方面、其他因素的现有水平和状态。二是系统中某一因素或某一方面的发展，能够带动其他因素和其他方面的发展，或者为其他因素、其他方面的发展创造条件。三是系统中某一因素、某一方面的发展会受到其他方面因素发展状态的限制和约束，不能超越这些相关因素、相关方面所提供的支持和约束的可能范围。所以，受约束的因素的发展与约束因素的发展需要同时进行研究和考虑。

协调思维的对象之一是社会系统各部分之间的协调关系。协调关系是指系统各部分之间相互约束又相互促进、相互限制又相互支持的竞争与并存的关系处于相互适应的状态。因此，协调思维的对象是指向社会系统中的横向相互作用的关系，如分析构成系统的基本要素之间的关系、下位子系统之间的关系、子过程之间的关系。在进行横向关系的分析时，必须以系统的功能为参照。对于简单的系统，系统的功能是分析系统各要素之间关系是否协调的准则。对于多层次的复杂系统，上位系统的功能需求是各子系统之间关系是否协调的准则。

协调思维的对象之二是社会系统演化过程中的不同发展模式之间的转换关系。社会系统的演化过程表现为社会系统的结构变迁过程，即由原有的社会系统结构通过改革的途径转换为新的社会结构。在这个变迁的过程中，新旧结构之间的转换也是一种协调转换的关系。一般的情况是，新结构在旧结构的环境和基础上产生，并且是由新结构替换旧结构。一般地说，新结构的产生必须满足这样几个条件才能满足协调发展的要求。一是新结构既能够有效地适应外部环境的变化，也能够有效地激发原有系统结构中要素的能量；二是新结构能够把环境中的先进因素转变为自身结构中的积极因素，并能够利用旧结构中的优势因素，使二者有效结合产生优势效应；三是新结构与旧结构相比，具有更大的创造性力量。我国改革的成功思路正是体现了这三个特点。概括起来说，实行渐进性的改革战略，一开始并不急于全面摧垮旧体制，而是在旧体制的条件下培育新体制的因素；或者在旧体制的旁边生出一个新体制，借助新体制的示范效应，推动改革逐步深入。随着各方面改革的深入推进，推进到各个方面、各个领域的改革都不能独立推进的时候，或是某一个领域的改革需要其他领域的改革协同配合的时候，就进入了全面深化改革的新阶段。

协调思维的重要方法就是协调分析方法。协调分析不同于一般意义上的系统分析，也区别于惯常意义上理解的平衡分析。一般意义上的系统分析，是把系统的输出看成系统的结构与系统要素的函数，分析结构特征与要素特征相互作用以后的系统输出。协调分析首先是专门以系统结构中的协调关系作为分析对象，分析的结论是系统中结构要素之间的协调系数；其次是以系统演化过程中的新旧结构之间相互转换的协调机制为对象的。协调分析与平衡分析的区别是显著的。平衡分析基本上是一种静态分析。所谓平衡一般是指两种相互对立的趋势、两种相互斗争的力量、两种相互限制的性质，在数量关系上所达到的一种均势，一般用数量关系上的相等概念来表示平衡概念。所谓动态平衡是指系统内两种反向运动的量在数值上保持相等，如运动的速率相等。动态平衡的本质是两个相对运动的量保持相等。而协调分析中的协调关系包括平衡关系、非平衡关系、矛盾与对立的统一关系等。

第四章 社会工程规律

社会工程规律揭示的是在社会工程活动过程中所存在的社会模式设计及其相互转换的规律。它与社会科学规律、社会发展规律之间存在着一定的区别和联系。由于社会模式具有层次性，社会工程规律也呈现出一定的层次性；同时，不同层面的社会工程规律之间也存在着一定的内在联系。对社会工程规律进行深入分析和研究，既可以深化人们对社会工程规律内在机理和内容特点的理解与把握，又可以为人们从事不同层次的社会工程实践活动提供理论指导。

第一节　社会工程规律的特点

与社会科学规律和社会发展规律不同，社会工程规律所包含的内容不是因果性联系和目的性联系，而是社会结构模式转换过程中因果性联系和目的性联系之间的联系。人们在建构新的社会关系模式和社会规则体系过程中，因果性联系与目的性联系之间构成了一种辩证统一的关系。一方面，因果性联系是目的性联系发挥作用的前提条件。人们所建构的、合乎利益需要和主观愿景的社会关系模式与社会规则体系首先要符合社会科学规律及社会发展规律。另一方面，目的性联系也会对因果性联系产生作用力和影响力。合乎社会科学规律和社会发展规律的社会结构模式不是单一的，那么，到底哪一种社会结构模式才是最佳的、最有效的，这就取决于新的社会结构模式建构者、设计者及参与者的“主观”选择，即最大化满足他们的利益需要和主观愿景。社会工程规律就是要揭示出社会结构模式转换过程中因果性和目的性之间辩证统一关系的具体内容。为了更加深入地理解和把握社会工程规律的这一基本内容，这里详细阐释社会工程规律的基本特点及社会工程规律与社会科学规律、社会发展规律间的区别和联系，进而为人们深层次认识和把握社会工程规律的本质内涵与内在机理提供理论依据。

一、社会工程规律的基本特点

社会工程规律具有实践性、场域性和价值性等特点。

1）实践性

社会工程规律是为人们建构新的社会关系模式和社会规则体系提供规律性指导的规律。它所揭示出来的事物间的内在联系，不仅要在静态层面表征出社会工程活动主体与客体之间是如何相互作用、相互依存的，更重要的是，还要在动态层面反映出社会工程活动主体是如何建立了一整套新的社会关系模式和社会规则体系，又是如何将符合自身价值取向的制度、政策、法律作用于整个社会的。所以，社会工程规律具有很强的实践性特点，它是从更深层次揭示主体建构新的社会关系模式和社会规则体系所发生的方方面面的目的性与因果性之间的关系。

2）场域性

社会工程规律揭示出来的社会结构模式转换过程中的因果性联系和目的性联系之间的联系不是没有边界条件限制的，它们存在于特定的时空场域之中，而且只有在这一特定的时空场域中才能产生规律性联系。这是因为，社会工程活动本身就是一种建构性的实践活动，它所建构起来的新的社会关系模式和新的社会规则体系，从理论层面到实践层面都会受到价值、情境、规律这三个边界条件的支配：是否符合社会客观规律，是否适用于特定的社会领域，是否符合大多数人的利益。所以，反映社会结构模式转换过程中的因果性与目的性之间联系的社会工程规律也必须要受到场域的限制。只有在特定的由价值、情境、规律三个边界条件所支配的场域中，社会结构模式转换中的因果性联系与目的性联系之间才会产生联系。不同场域的社会工程规律揭示的是不同场域的社会结构模式转换中的因果性与目的性之间的关系。这也是社会工程规律能够呈现出一定层次性和表现出一定类型化的前提。

3）价值性

社会工程规律能揭示出社会关系模式和社会规则体系转换过程中的因果性联系和目的性联系之间的联系，其集中表现为合乎人们利益需要和主观愿景的价值因素（目的性联系）对事实因素（因果性联系）所产生的作用力和影响力。社会工程规律要反映出来的就是，价值因素（目的性联系）作用于事实因素（因果性联系）过程中的具体的联系。所以，社会工程规律所揭示出的事物间的内在联系凸显出了鲜明的价值主导特点。而且，人们在建构新的社会关系模式和社会规则体系的过程中，正是由于价值因素（目的性联系）对事实因素（因果性联系）产生了支配性的影响，所以，人们在“复数”的社会关系模式中“主观选择”了最能满足人们利益需要和主观愿景的社会关系模式,并进行宏伟蓝图的设计和规划。

二、社会工程规律与社会科学规律之间的区别和联系

人类认识和改造社会关系的活动类型有很多种，这里主要讨论社会工程活动和社会科学活动。这两种社会实践活动类型是有差异的。社会工程活动是以建构新的社会关系模式和社会规则体系为主要内容的工程活动，它的基本任务就是通过建构新的结构模式去促进社会发展。社会科学活动是以发现原有或已有社会事物的内在联系、创造社会真理知识的科学活动，它的基本任务是通过解释社会事实间的内在联系来创造社会科学知识。既然社会工程活动区别于社会科学活动，那么，社会工程规律与社会科学规律也是有差异的。我们可以通过比较社会工程规律和社会科学规律的区别与联系，来进一步认识和把握社会工程规律的基本特点。

（一）社会工程规律与社会科学规律的区别

社会工程规律和社会科学规律之间的区别主要体现在所解析的社会关系的性质、认识层次、内容特点、方法运用等四个方面。

（1）社会工程规律和社会科学规律所解析的社会关系的性质存在差异。“规律就是关系”，是“本质的关系或本质之间的关系”。[①]社会工程规律和社会科学规律都致力于揭示各自所关注的社会关系中的内在联系。所不同的是，社会工程规律需要揭示的是社会工程活动所创建的新的社会关系在运演过程和运行过程中产生的内在联系。而社会科学规律需要揭示的是社会科学活动所关注的已有或曾有的社会关系在运演过程和运行过程中产生的内在联系。社会关系的“新”与“旧”折射出来的是两种不同的社会规则体系，反映出来的也是两种不同的社会利益结构。比如，法治建设规律就是一种社会工程规律，它就是要揭示出人们在基于新的社会利益结构而建构起来的新的法律规范体系过程中所产生的内在联系，这些规律性联系归结为一点，就是反映着人们新的利益需要和主观愿景的新的法律关系模式（目的性联系）与包括政治体制、经济体制、文化观念等对新的法律关系模式的建构施加影响的各要素（因果性联系）之间的关系。法学科学规律则是一种社会科学规律，它以现存的法律规范体系及其建构起来的现有的法律关系为研究对象，从现有的（旧的）法律关系来概括和总结出关于“法”的“普遍适用的原理、范畴、原则、规律、价值”等知识体系。所以，因为所解析的社会关系的性质存在差异，社会工程规律和社会科学规律之间是有区别的。

（2）社会工程规律和社会科学规律在认识层次方面存在差异。从认识论的角度来看，人们对事物间的联系的认识和把握是有层次上的区别的。从感性认识到理性认识，这是人们认识过程的第一次飞跃，它是对已经发生的实践活动的理论

---

①《列宁全集》第38卷，人民出版社1959年版，第161页。

概括；从理性认识到实践操作，这是人们认识过程的第二次飞跃，它是对新的实践活动的战略规划。社会工程规律和社会科学规律反映的是人们对事物间联系认识的两个层面。社会工程规律揭示的“从理性认识到实践操作”过程中所产生的事物间联系。它所揭示的事物间的内在联系具有鲜明的实践性特点，因为这些内在联系的目标动力是要把纸面上的“理论”（蓝图设计）变为活生生的“现实”（未来社会的存在状态），来为社会关系的变革、新的社会关系模式设计、新的规则体系构建提供具体的、切实可行的理论指导。社会科学规律揭示的是“从感性认识到理性认识”过程中所产生的事物间联系。它所揭示的事物间的内在联系具有鲜明的理论性特点，因为这些内在联系的目标动力是要把活生生的“现实”（已有的社会状态）转变为纸面上的“理论”（社会科学知识），塑造人们认识和理解已经发生或者现存的社会关系（旧有社会关系）的世界观和方法论。比如，“以经济体制改革为牵引，带动其他领域的改革协同推进”[①]，这是中国改革工程活动折射出来的一条基本规律，它揭示出的是经济建设与政治建设、社会建设、文化建设、生态建设之间的内在联系，而这些联系都是在“以经济建设为中心的顶层设计”转变为“中国人民更加富裕和更加丰富的物质生活与精神生活”的过程中产生的，它突显出的是中国“一个中心、两个基本点”这一顶层设计及顶层设计下改革蓝图设计的具体的实践性过程。而“边际消费倾向递减规律”则是经济领域的社会科学规律，具体来说就是，“边际消费倾向递减规律是指随着收入的增加，每增加一定单位的收入中用于增加消费的比例是递减的”[②]，它揭示出来的是经济领域中“收入”与“消费”之间的因果性联系，是对经济生活中“收入”现象和“消费”现象之间所产生的关联性的理论概括和总结，进而为制定有效的消费政策提供理论指导。

（3）社会工程规律和社会科学规律在内容特点方面存在差异。社会工程规律反映出来的是社会结构模式转换过程中因果性和目的性之间的关系。确切地说，它要揭示出来的是，在建构新的社会关系模式和社会规则体系过程中，合乎人们利益需要和主观愿景的价值因素（目的性联系）与影响新的社会结构模式产生和发展的事实因素（因果性联系）之间的内在联系。这一内在联系包括两个方面：一是事实因素（因果性联系）如何影响价值因素（目的性联系）；二是价值因素（目的性联系）如何支配事实因素（因果性联系）。社会科学规律揭示的是事物间的客观联系，主要指因果性联系。它要在坚守“价值中立”这一科学原则和科学精神的基础上，探索出已有或曾有的社会关系在运演过程和运行过程中产生的“前因后果”的因果性联系。确切地说，就是剥离出哪些对已有或曾有的社会关系模式的形成产生了促进作用或阻碍作用的“事实因素”，为人们认识和改造社会关

① 王宏波、李娟：《论中国改革实践过程的基本规律》，《高校马克思主义理论研究》2018 年第 4 期，第 24 页。
② 肖英红：《边际消费倾向递减规律在经济生活中的应用分析》，《价值工程》2020 年第 2 期，第 198 页。

系提供知识供给与理论指导。

（4）社会工程规律和社会科学规律在方法运用方面存在差异。人们探索和发现规律的方法有很多种，如定量分析（实证调查）和定性分析（思辨研究）。一般情况下，人们都是通过把这两种方法结合在一起来探索和发现规律的。探索社会科学规律，一般也是运用这两种方法，它展现出来的基本思路是“概念设计—文献分析—实证调查—理论总结”，最后再借助于抽象、概括、定义、演绎归纳推理等逻辑方法来深层次分析出原有或已有的社会关系事实产生发展的内在联系。与社会科学规律不同的是，社会工程规律在方法运用方面，它可以运用一般的社会科学研究方法，但并不完全依赖于这些方法。进一步说，人们是否成功地探索出社会工程规律，并不完全取决于社会科学研究方法的运用，而是主要取决于社会工程活动主体对已有的、正在进行的成功经验与失败教训的深刻反思及对社会工程实践活动的战略性规划。所以，社会工程规律在方法运用方面体现出了实践特点，它甚至要经历社会工程活动的试错过程，并依赖于社会工程活动主体从事社会工程实践活动的深度与广度。比如，“以社会发展为基点的市场调节、政府调控、顶层设计良性互动”[①]的中国式改革规律，它的产生并非取决于社会科学方法在中国改革过程中的应用，而是取决于中国共产党领导中国人民对顶层设计、市场调节、政府调控、社会发展间这一贯穿中国40多年改革过程的基本关系问题的实践性探索和试错性反思。换言之，这一社会工程规律是在中国改革实践的长时段历史过程中运演出来的，仅仅依靠社会调查、公式推导、理论推定是概括不出来的。而市场规律、价值规律、竞争规律等一系列经济规律，完全可以借助社会科学方法被概括出来。

（二）社会工程规律与社会科学规律的联系

虽同属于规律的范畴，社会工程规律与社会科学规律之间也存在差异。然而，也正是因为两者同属于规律的范畴，社会工程规律与社会科学规律之间也存在着密切的联系，主要表现在以下两个方面。

（1）社会科学规律是探索和发现社会工程规律的方法手段。社会科学规律揭示出来的是社会领域内已有或曾有的社会现象在相互作用过程中产生的“前因后果”的因果性联系。社会工程着眼于新的社会模式的设计、建构与实施，所以社会工程规律反映出来的是社会结构模式转换过程中因果性和目的性之间的关系。在社会模式设计和建构过程中，必须以社会科学所揭示的社会规律为前提和基础。社会结构模式转换过程中的因果性联系中就包含着社会科学规律所揭示的因果性

① 李娟、王宏波：《新中国成立70年中国式改革的经验与模式》，《西安交通大学学报（社会科学版）》2019年第5期，第15页。

联系。这是因为，原有的社会关系模式形成和发展所产生的因果性联系（概念体系和知识体系），一方面可以为人们建构新的社会关系模式和社会规则体系提供知识供给和理论借鉴；另一方面可以成为社会结构模式转换过程中的目的性联系的前提条件。人们需要借助社会科学规律所揭示的因果性联系，才能发现反映着因果性与目的性之间关系的社会工程规律。

（2）社会工程规律是对社会科学规律的实践应用。社会工程规律要揭示出来的是对社会结构模式转换或者新的社会结构模式的建构产生影响的事实因素（因果性联系）与社会结构模式转换中反映人们利益需要和主观愿景的价值因素（目的性联系）之间的联系。一方面，这是对社会科学规律所揭示出来的因果性联系的具体应用。具体来说，就是社会科学规律所揭示出来的因果性联系是检验社会工程规律中目的性联系是否合乎客观规律的标准和依据。另一方面，这是对社会科学规律所揭示出来的因果性联系的拓展和深化，因为社会工程规律揭示出了目的性联系对因果性联系的影响力和支配力，在价值因素的主导下，人们可以在遵循原有社会科学规律的基础上建构出新的社会关系模式，实质上就是建构出了新的因果性联系。

三、社会工程规律与社会发展规律之间的区别和联系

社会发展规律揭示出来的是人类社会产生和发展的运动形式及其发展趋势，它是衡量人类社会进步发展的基本依据，也是衡量新的社会关系模式和新的社会规则体系是否合理的根本标准。而揭示出构建新的社会关系模式和新的社会规则体系过程中内在联系的正是社会工程规律。所以，社会工程规律与社会发展规律之间存在密切的联系。但是，社会工程规律与社会发展规律又是两种不同类型的规律，两者之间又存在着差异性。

（一）社会工程规律与社会发展规律的联系

相比于其他规律，社会工程规律与社会发展规律之间的联系更加密切。所以，我们先分析两者之间的联系，其主要表现为以下三个方面。

（1）社会工程规律是社会发展规律实现的规律。社会发展规律揭示了人类社会发展的根本的运动形式，就是基本矛盾规律。而社会发展规律的实现，如生产力与生产关系相互作用共同推动社会前进，它就必须依赖于能够“破旧立新”的社会工程实践活动。社会工程实践活动所生成和表征出来的是“主观作用于客观”的社会工程规律。所以，从这个意义上看，运用社会发展规律来推动社会发展的实践活动就是社会工程实践活动；运用社会发展规律来推动社会发展的规律就是社会工程规律。生成于中国改革工程实践活动之中的一系列中国改革工程规律就是运用了生产力与生产关系辩证统一的社会发展规律来推动中国社会进步和发展的。

（2）社会发展规律是衡量社会工程规律合理性的基本依据。社会发展规律是

衡量社会进步的根本依据。社会工程规律反映出来的是社会结构模式转换过程中因果性和目的性之间的关系。它所揭示出来的人们在建构新的社会关系模式和社会规则体系过程中产生的因果性联系与目的性联系之间的内在联系，其包含的内容之一就是，因果性联系是目的性联系的前提条件。生产力与生产关系相适应这一社会发展基本规律是社会结构模式转换的最根本的因果性联系，它是社会结构模式转换过程中目的性联系的先决条件。所以，从这个角度来看，社会发展规律就成了衡量社会工程规律是否合理的根本标准。

（3）社会工程规律与社会发展规律相互作用、辩证统一。第一，从长时段的人类社会历史进程来看，社会发展规律包含着社会工程规律。因为社会发展规律揭示的是人类社会发展的根本运动形式和本质联系。这些内在联系，既包含着“客观事物间”的内在联系，又包含着“主观作用于客观”的内在联系，而后者恰恰是社会工程规律的基本内容。所以，社会工程规律是社会发展规律的重要实现形式。第二，从具体的社会工程实践活动的历史过程来看，社会工程规律又包含着社会发展规律，因为它是社会发展规律的应用过程中的规律。社会工程实践活动在运用社会发展规律来建构新的社会关系模式和社会规则体系的过程中，才会产生合乎社会发展规律的社会工程规律。所以，社会发展规律在具体的社会工程活动之中就成了社会工程规律的有机组成部分。第三，从社会工程规律的具体内容来看，在社会工程规律所揭示的“主观作用于客观”的内在联系中，体现社会发展规律的因果性联系与体现人们利益需求和主观愿景的目的性联系之间又是辩证统一的，因果性联系是目的性联系发挥作用的前提条件；目的性联系对因果性联系产生作用力和影响力。所以，社会发展规律与社会工程规律的辩证统一关系也贯穿于社会工程规律所揭示的具体的规律性联系之中。

（二）社会工程规律与社会发展规律的区别

尽管社会工程规律与社会发展规律的联系比较密切，但两者还是表征两种不同内容和形式的规律，它们之间存在着区别，其主要表现在所揭示的事物间联系的存在场域和具体内容两个方面。

（1）社会工程规律与社会发展规律各自所揭示的事物间联系的存在场域存在差异性。社会工程规律揭示的是人们在建构新的社会关系模式和社会规则体系过程中所产生的各种联系，这些联系主要存在于社会变结构下建构新的社会关系模式和社会规则体系的过程中，它们相对于社会发展规律，能够对社会工程实践活动提供具体的理论指导，具有特殊性和具体性的特点。比如，中国改革实践活动所折射出来的一系列改革工程规律主要表征的是改革开放以来中国社会转型期，即“从传统的计划经济体制转向市场经济体制，从政府的集中指令式管理转向宏观调控方式，社会结构由城市‘单位型’社会、乡村‘集体型’社会转向城乡交融的‘社区型’的结构多元化社会”[①]，这一特定的历史阶段的改革工程实践活动的运演逻辑和内在联系，它对于中国改革开放以前或者中华人民共和国成立以前的历史时期，以及对其他国家的改革活动是不适用的。社会发展规律则不然，它揭示的是整个人类社会产生和发展的运动形式与内在联系，这些联系存在于人类社会中的一切社会形态和社会结构，它们具有普遍性、根本性和一般性特点。生产力与生产关系相互作用这一社会发展规律，既存在于不同性质的社会形态，包括原始社会、封建社会、资本主义社会、社会主义社会、共产主义社会，又存在于同一社会形态的不同历史发展阶段，如资本主义私人占有制这一所有制关系与社会化大生产这一生产力之间的矛盾就贯穿于资本主义社会发生发展的始终。任何社会形态不仅都会折射出生产力与生产关系相互作用这一社会发展规律，而且都可以运用这一社会发展规律认识和改造社会关系。

（2）社会工程规律与社会发展规律揭示的事物间联系的具体内容存在差异性。社会发展规律具有普遍性，它所揭示的人类社会发展的运动形式和内在联系是根本的、普遍的，其内容主要是人类社会发展的基本矛盾规律，且这些矛盾又是普遍的、联系的、发展的，在不同性质的社会形态中都有各自的表现形式。社会工程规律揭示出来的是社会关系模式和社会规则体系转换过程中的因果性联系和目的性联系之间的联系。一方面，社会工程规律所揭示的事物间联系的内容比社会发展规律更加具体。社会工程规律所包含的内容是社会发展规律实现的规律。中国改革工程所折射出来的“改革、发展、稳定有机统一”的社会工程规律[②]，就是生产力与生产关系相互作用这一社会发展规律实现的规律。在中国改革的不同历史阶段，改革的对象与内容、发展的方式方法、稳定的要求及其实现形式都是不同的，主要取决于中国社会生产力的发展程度和生产关系具体形式的变动程度。另一方面，社会工程规律更加侧重于揭示出人们在建构新的社会关系模式和社会规则体系过程中所产生的因果性联系与目的性联系之间的联系。也就是说，因果性联系如何制约目的性联系的发挥，目的性联系如何对因果性联系产生作用力和影响力。而社会发展规律更侧重于探索支配人类社会发展的根本性因果联系，即基本矛盾规律。

第二节　社会工程规律的层次及其相互关系

社会工程规律揭示的是人们在建构新的社会关系模式过程中所存在的因果性联系和目的性联系之间的联系，加之社会关系模式及其所支配的社会行动结构具

---

① 王宏波、李娟：《论中国改革实践过程的基本规律》，《高校马克思主义理论研究》2018 年第 4 期，第 26 页。

② 王宏波、李娟：《论中国改革实践过程的基本规律》，《高校马克思主义理论研究》2018 年第 4 期，第 23—31 页。

有层次性，所以，就存在着不同结构层面的社会工程规律。而社会行动结构“大系统”所包含的不同层面的“子系统”彼此之间又相互制约、有机统一，所以，作用于不同层面社会行动结构的社会工程规律之间也具有内在的联系。解析社会工程规律的层次及其相互关系，有助于人们更加深入和全面地认识并把握社会工程规律所揭示出来的事物间联系的层次性，进而可以为人们从事不同层面的社会工程活动提供规律性指导。

一、社会工程规律的层次类型

社会工程规律因作用于不同层面的社会行动结构，而呈现出一定的层次性。任何一项变革社会关系模式和社会规则体系的社会行动结构都是一个“大系统”，而这一“大系统”因行动目标和行动功能的不同又分化为宏观、中观、微观三个不同层面的社会行动结构“子系统”。宏观层面的社会行动以制订整个社会行动结构的战略规划和蓝图设计为行动内容，发挥着维护整个社会行动结构的统一、协调、秩序的行动功能。中观层面的社会行动以实现整个社会行动结构战略规划和蓝图设计的策略性与规范性转化为行动内容，发挥着推进整个社会行动结构的运作与管理的行动功能。微观层面的社会行动以具体操作社会行动结构的执行策略与管理规范为行动内容，发挥着将整个社会行动结构的战略规划、蓝图设计、执行策略、管理规范贯彻落实到每一个集体行动和个体行动的行动功能。正是因为社会关系模式和社会规则体系所构成的社会行动结构表现出了宏观、中观、微观这三个层面，作用于不同层面社会行动结构的社会工程规律也表现出不同的层次性。总之，我们将作用于宏观层面社会行动结构上的社会工程规律概括为顶层设计规律，将作用于中观层面社会行动结构上的社会工程规律概括为中层运作规律，将作用于微观层面社会行动结构上的社会工程规律概括为基层操作规律（图 4-1）。

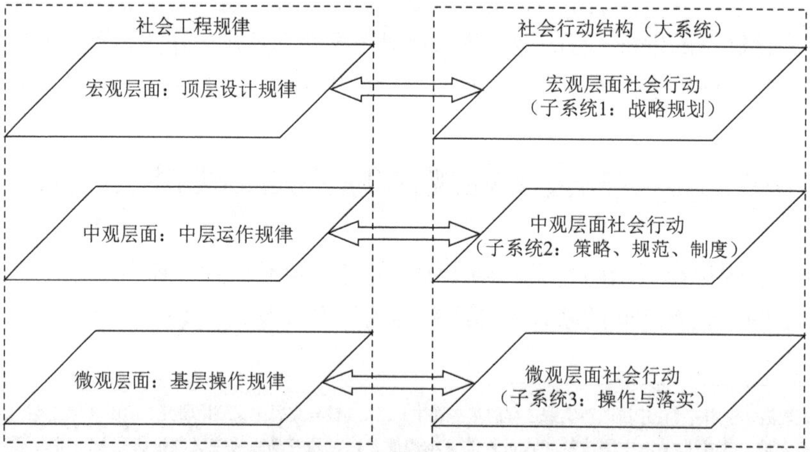

图 4-1 社会工程规律的层次性与社会行动结构间的关系

（一）顶层设计规律

顶层设计是一种从最高层次和最高端来解决关涉社会行动组织持久力、生命力、创新力的战略问题与规划问题的社会工程实践活动。顶层设计规律就是要揭示出处于社会行动组织最高层次和最高端的设计者在建构社会行动的长远发展目标和战略实施规划过程中因果性与目的性之间的联系。顶层设计规律具有以下四个方面的特点。

（1）顶层设计规律是社会发展规律在不同社会行动组织自身发展中的具体实现规律。社会存在决定社会意识，社会意识反作用于社会存在，这是社会发展规律的基本内容之一。社会行动组织的持久力、生命力、创新力就取决于社会行动的发展目标和实施规划是否符合社会发展大势、是否符合大众利益、是否兼顾国家集体利益。顶层设计规律首先要揭示出社会发展规律这一根本因果性联系是如何作用于社会行动组织自身长远发展目标和战略实施规划的建构过程的。换言之，它要表征出社会发展规律是如何作用于具体的社会行动组织的发生发展过程的。

（2）顶层设计规律揭示出来的是社会行动组织在"内部"纵向层面与"外部"横向层面各自的因果性与目的性之间的关系。一方面，顶层设计规律要揭示出社会行动组织所建构的长远发展目标和战略实施规划与自身的历史由来、现实条件、未来走向、价值取向之间的内在联系。比如，一个国家的政治经济体制与它自身的历史生成逻辑、现实基本国情、未来发展目标、根本价值取向密不可分。所以，国家建构工程实践活动的顶层设计规律揭示的是关涉国家政治经济体制建构的各要素之间在"长时段"历史过程中所发生发展的联系。另一方面，顶层设计规律要揭示出社会行动组织所建构的长远发展目标和战略实施规划与其他有关联的社会行动组织目标、行动、规划之间的内在联系。比如，企业建构工程实践活动的顶层设计规律要揭示出企业整体目标和规划与国内外社会市场系统、国家发展目标系统、大众需求系统之间的规律性联系。探索和发现顶层设计规律，是对主体认识世界和改造世界能力最高层次的考验。

（3）顶层设计规律所揭示的是作用于社会行动组织的管理体制和职能结构的因果性与目的性之间的关系。社会组织的存在和发展在根本上依赖于它的组织管理体制和职能结构。顶层设计规律所揭示出来的事物间联系就是以"管理权力的分配与运行"和"职能性质的发挥与创新"为核心要素的，它要为建构新的社会行动组织管理关系和职能关系提供规律性指导。比如，政治国家的存在和发展取决于一个国家的政治经济体制。政治体制主要表现为政治权力的分配与运行，折射出来的是国家的根本政治关系；经济体制主要表现为国家资本的分配与运行，折射出来的是国家的根本经济关系。政治国家这一庞大的行动组织的顶层设计规律所揭示的事物间联系就是以"政治权力的分配与运行"和"资本的分配与运行"

为核心要素，它要为规范和调整国家的根本政治关系与经济关系提供规律性指导。

（4）顶层设计规律最终要揭示出的是顶层设计者在建构社会行动的长远发展目标和战略实施规划过程中所产生的目的性联系与所遵循的因果性联系之间的关系。这种关系主要包括两方面的内容。一方面，顶层设计者是如何在遵循社会发展规律的基础上建构社会行动的长远发展目标和战略实施规划的。另一方面，顶层设计者及其所代表的那一部分群体的利益需要、主观愿景、价值诉求是如何对社会行动的长远发展目标和战略实施规划产生作用的。无论是政治国家的政治经济体制设计，还是企业组织管理体制设计，其折射出来的是政治国家执政者或者企业管理者自身及其所代表的那一部分群体的利益需要、主观愿景和价值诉求。这也是顶层设计规律的主要内容和特点。

（二）中层运作规律

中层运作规律揭示出的是社会行动组织的目标规划在策略性和规范性转化过程中所表现出来的目的性与因果性之间的关系。社会行动组织的长远目标和战略规划在中观层面的实现过程集中体现为，顶层设计出来的管理体制和职能结构是如何转化为能够对整个系统内部的各个行为个体、行动组织、部门领域产生规范性、制度性和指令性影响的一系列规则体系，这一系列规则体系主要包括目标执行策略、组织管理规范、职能运行制度。社会行动组织的管理体制和职能结构的制度性与规范性的转化过程，既需要充分发挥行动主体（个体与组织）的创造性，又需要遵循一般性的组织管理规律和职能实现规律。所以，中层运作规律所表征出来的因果性与目的性之间的关系，主要包括两个方面的内容。

（1）中层运作规律要揭示出不同行动主体（决策主体、执行主体、操作主体等）的利益需求和价值期待（目的性联系）是如何作用于目标执行策略、组织管理规范、职能运行制度的。社会行动组织的管理体制和职能结构的运作过程不是单向性的，而是双向性的。它在遵循顶层设计规律的基础上需要充分发挥不同行动主体的能动性和创造性。目标执行策略的制定、组织管理规范的构建及职能运行制度的建立都离不开行动主体的主导和参与，而不同行动主体的利益需求和价值期待必然会成为影响社会行动组织的管理体制和职能结构的制度性与规范性转化的主要目的因素。因此，中观运作规律就要揭示出不同社会主体利益需求、价值期待对社会行动组织的管理体制和职能结构的制度性与规范性转化过程所产生的具体影响，即社会行动组织的目标规划在策略性和规范性转化过程中目的性联系是如何具体作用于因果性联系的。

（2）中层运作规律还要揭示出目标执行策略—组织管理规范—职能运行制度的形成发展（因果性联系）对不同行动主体（决策主体、执行主体、操作主体等）的利益需求和价值期待（目的性联系）所产生的具体影响。社会行动组织的执行策略、管理规范、运行制度只有作用于所有的行动主体（决策主体、执行主体、操作主体等），才会真正发挥出它在推进整个社会行动结构的运作与管理过程的行动功能。但是，当整个系统分化成为不同行动主体主导下的不同部门和不同组织时，这些不同的部门领域及不同组织在自身发展过程中又形成了具有各自利益需求和价值期待的相对独立的子系统。这些具有独立价值诉求的子系统必须遵循和维护执行策略、管理规范、运行制度等一系列新的社会规则体系，才能确保社会规则体系的有效性和稳定性。

（三）基层操作规律

基层操作规律揭示的是系统内部的各个行为个体、行动组织、部门领域在具体操作社会行动组织所建构起来的执行策略、管理规范、运行制度这一系列规则体系的过程中所产生的目的性和因果性之间的关系。社会行动组织的长远目标和战略规划在转化为执行策略、管理规范、运行制度这一系列规则体系之后，还必须对系统内部不同行为个体、行动组织、部门领域的具体的生产生活交往方式产生实际意义上的支配性影响，才最终完成了它维护整个社会行动结构的统一、协调、秩序的行动功能。基层操作规律就是要揭示出执行策略、管理规范、运行制度这一系列规则体系在贯彻落实过程中所产生的一系列联系。社会行动组织的目标执行策略、组织管理规范、职能运行制度从制定到贯彻落实到系统内部的各个行为个体、行动组织、部门领域，作用的主体从单一主体拓展到部门、组织和个体等多元主体，主体规模呈扩大化趋势、主体类型呈多元化特点；作用的利益也从整体利益演变成部门利益、组织利益、个体利益，利益呈现出碎片化和分散化特点；展现出来的行动也从整体行动变成了部门行动、组织行动、个体行动，呈现出行动过程不可预期、行动方式多样化、行动目标特殊化特点。不同部门领域和不同行动组织之间在管理职能、组织方式、运作规律方面存在差异，不同行为个体在文化程度、职业方式、劳动环境等方面也存在差异，所以，不同行为个体、行动组织、部门领域对执行策略、管理规范、运行制度这一系列规则体系的理解程度、认同感受、接受方式、执行力度都是不一样的，而且各自都呈现出一定的规律性特点。相较于顶层设计规律和中层运作规律，基层操作规律所要揭示的目的性与因果性之间的联系更加复杂和多元，内容也更加丰富。第一，它要揭示出不同行为个体、行动组织、部门领域对执行策略、管理规范、运行制度这一系列规则体系（客观事物）在理解方式、认同方式、接受方式、执行方式方面所呈现出来的规律性特点。第二，它要揭示出执行策略、管理规范、运行制度这一系列规则体系在具体落实到每一个行为个体、行动组织、部门领域的过程中所要依赖的客观条件和主观条件表现出来的规律性特点。第三，它要揭示出执行策略、管理规范、运行制度这一系列规则体系“层级转化”为每一行为个体、行动组织、部门领域自身的行动规则过程中所表现出来的规律性特点。总而言之，基层操作规律要探索的就是将存在于“纸面”上的社会行动组织的规则体系最终转化为“行为”上的主体（组织和个人）的具体行动规则过程中所展现出来的规律性特点。

二、不同层次的社会工程规律之间的相互关系

社会工程规律因作用的社会行动结构的不同而呈现出一定的层次性。社会行动结构“大系统”所包含的宏观、中观、微观这三个不同层面的“子系统”彼此之间又相互制约、有机统一，共同支配着整个社会行动结构“大系统”的有序发展。因此，作用于不同层面社会行动结构的社会工程规律之间不是孤立的，而是相互作用、相互联系的。下文从三个方面理解和把握它们之间的相互关系（图 4-2）。

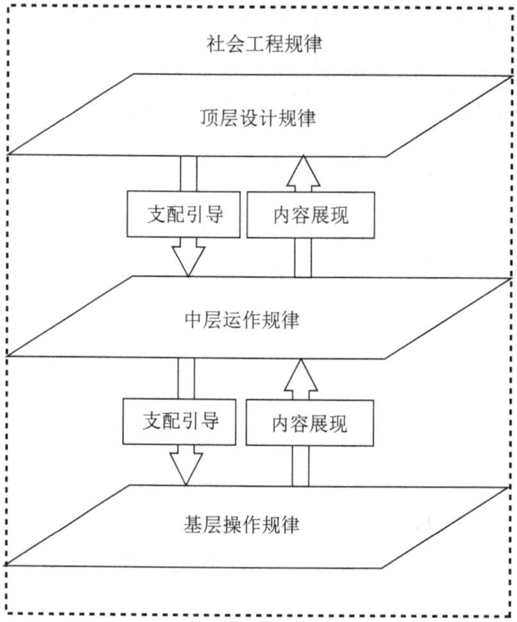

图 4-2　不同层次的社会工程规律之间的关系图

（1）整体性与层次性关系。第一，整体性关系表现为顶层设计规律、中层运作规律、基层操作规律分别作为“子系统”，共同构成了社会工程规律这一“大系统”。某一具体的社会工程规律都包含着这三个不同层次的规律类型，所以，我们应该把每一个层面的规律都视为社会工程规律的一个层面去理解，而不能将其视为一个单独的社会工程规律。顶层设计规律、中层运作规律或者基层操作规律，它们各自必须要和其他两个层面的规律类型共生共存，才能构成一个完整的社会工程规律。第二，层次性关系表现为这三个层面的规律不是平行关系，而是层级关系。如果社会工程规律折射出来的是社会行动结构内部的建构逻辑和运演

逻辑，那么这三个规律类型就是分别揭示出了社会行动结构在宏观、中观、微观层面上所产生出来的建构逻辑和运演逻辑。所以，我们应该清楚地认识到这三个层面的规律之间的层级关系。

（2）上层规律支配和引导下层规律。从社会工程规律内部的层次结构来看，上层规律支配和引导着下层规律的运作过程。上层规律对下层规律的支配关系主要表现为，上层规律是衡量下层规律合理性的基本依据，它既要对下层规律所揭示出来的事物间内在联系的合理性进行衡量和测评，又要对下层规律在运作过程中所出现的偏差或者失误进行矫正。上层规律对下层规律的引导关系主要表现为，上层规律引导着下层规律在上层规律所揭示出来的事物间内在联系的前提下来发挥作用，上层规律是下层规律运作过程的基本逻辑遵循。上层规律与下层规律之间的支配-引导关系维系着社会工程规律内部的整体性、系统性、统一性、协调性。如果出现了上下层规律之间相互矛盾的现象，那么，这会导致社会工程规律内部的混乱与失序，无法对社会行动结构产生规律性的指导作用。

（3）下层规律包含着上层规律的内容和要素。从不同层次的社会工程规律的具体内容和要素来看，下层规律包含着上层规律的内容和要素。中层运作规律所揭示出来社会行动组织的目标规划在策略性和规范性转化过程中所表现出来的目的性与因果性之间的关系，本质上就是以建构目标执行策略、组织管理规范、职能运行制度这一系列社会规则体系的方式，来对顶层设计规律所包含的“管理权力的分配与运行”和“职能性质的发挥与创新”两个核心要素的二次建构。基层操作规律所揭示出的不同行为个体、行动组织和部门领域在具体的操作、执行和实施执行策略、管理规范、运行制度这一系列规则体系过程中所产生的目的性和因果性之间的关系，在本质上不仅是对顶层设计规律所包含的“管理权力的分配与运行”和“职能性质的发挥与创新”两个要素的个体化、组织化、部门化、领域化的三次建构，而且是对中层运作规律所包含的执行策略、管理规范、运行制度这一系列规则要素的操作化和行为化的二次建构。上层规律的内容和要素只有嵌入下层规律之中，才能发挥出它对下层规律的支配和引导功能。

不同层次的社会工程规律折射出来的是社会行动结构及其所包含的各个层面的行动子系统的建构逻辑和运演特点，它们可以作为衡量社会工程主体作用于客观世界的实践深度和广度的重要标准。顶层设计规律、中层运作规律、基层操作规律之间是相互影响、相互作用、辩证统一的关系，不仅可以维系它们所构成的社会工程规律这一整体的系统性和有序性，而且可以维系整个社会行动结构的整体性和系统性，并确保系统内部各个子系统之间的协调性和统一性。此外，社会工程规律所包含的不同层次的事物间联系，既可以为整个社会“大系统”的变革与创新提供理论指导，又可以为社会“大系统”中所包含的不同层面的“子系统”的变革与创新提供具体的规律性指导。

第三节　社会工程规律的重要类型：中国改革规律

中国改革工程是中国共产党领导全党全国各族人民立足中国国情，通过遵循改革规律和运用改革规律来变革创新社会关系，不断解放发展社会生产力，进而推动中国特色社会主义各项事业、各个领域全面进步的社会工程实践活动。习近平同志指出："改革是我们进行具有新的历史特点的伟大斗争的重要方面……必须深化对改革规律的认识和运用。"①研究中国的改革工程，就要深刻认识中国改革工程实践所蕴含的社会工程规律。中国的改革规律深刻揭示了中国改革实践过程中因果性（解决生产力与生产关系间的矛盾）与目的性（以人民为中心的发展理念）之间的关系。它不仅是认识和把握中国改革工程实践活动理论逻辑、实践逻辑和历史逻辑的重要依据，而且是更加直观而深入地理解社会工程规律基本特点和层次类型的典型案例。

一、以经济体制改革为牵引，带动其他领域改革的协同推进规律

以经济体制改革为牵引，带动其他领域改革协同推进，这是中国 40 多年改革开放实践活动所展现出来的、符合历史唯物主义基本原理的改革基本规律。它既是对马克思主义基本原理的灵活运用，又是中国共产党几代领导集体领导中国人民在实践中探索出来的科学规律，能够为开辟新时代全面深化改革新征程提供理论指导。

（1）这一基本规律是马克思主义基本原理和方法与中国改革实践历程相结合的产物。习近平同志曾对这一改革规律做出了明确的表述。他说："经济体制改革对其他方面改革具有重要影响和传导作用，重大经济体制改革的进度决定着其他方面很多体制改革的进度，具有牵一发而动全身的作用。"②生产力决定生产关系、经济基础决定上层建筑，这是马克思所揭示的关于人类社会发展的最根本、最一般的规律。生产力的发展是人类社会前行的根本动力；生产关系适应生产力发展、上层建筑适应经济基础，生产力与生产关系、经济基础与上层建筑协同推进，这是任何社会形态实现良性发展都要遵循的基本规律。经济基础与上层建筑的辩证关系原理运用在中国改革工程活动上，就衍生出了中国改革的基本规律。中国在持续不断地推行和完善经济体制改革的同时，发挥经济体制改革的牵引作用，大力改革不适应生产力发展和经济基础的生产关系与上层建筑，进而形成经济、政治、文化、社会、生态协同推进的局面。这就是对马克思主义基本原理的

① 习近平：《习近平谈治国理政》第 2 卷，外文出版社 2017 年版，第 107 页。

② 习近平：《习近平谈治国理政》，外文出版社 2014 年版，第 94 页。

灵活运用，是将社会运动的基本规律转化为改革操作的基本规律。

（2）这一基本规律是中国共产党几代领导集体在改革开放实践活动中一直坚持、不断探索并及时总结的科学规律。邓小平同志在改革开放之初就指出："改革是全面的改革，包括经济体制改革、政治体制改革和相应的其他各个领域的改革。"[①]他在1992年南方谈话中又提出了"三个有利于"标准，再次强调了生产力发展、综合国力提高与人民生活水平之间有机统一规律。这是对以经济体制改革为牵引带动其他领域改革协同推进规律的初步探索和阐释。江泽民同志提出了"三个代表"重要思想，这一党建理论本质上是对以经济体制改革为牵引带动其他领域改革协同推进规律的遵循。因为党的建设作为上层建筑的重要组成部分，它不仅要适应生产力的发展要求，而且要在经济体制改革的牵引作用下、与经济政治文化体制改革协同推进。胡锦涛同志提出的"科学发展观"着重强调了社会主义市场经济下处理好"效率与公平"间的科学关系。他在党的十六届五中全会上指出中国改革要"更加注重社会公平"[②]，同时在党的十七大报告中强调"实现社会公平正义是中国共产党人的一贯主张，是发展中国特色社会主义的重大任务"[③]。这进一步理顺了经济体制改革与社会发展及其改革的关系。习近平同志提出了全面深化改革战略。他明确指出："在全面深化改革中，我们要坚持以经济体制改革为主轴，努力在重要领域和关键环节改革上取得新突破，以此牵引和带动其他领域改革，使各方面改革协同推进、形成合力，而不是各自为政、分散用力。"[④]《中共中央关于全面深化改革若干重大问题的决定》指出："全面深化改革，必须立足于我国长期处于社会主义初级阶段这个最大实际，坚持发展仍是解决我国所有问题的关键这个重大战略判断，以经济建设为中心，发挥经济体制改革牵引作用，推动生产关系同生产力、上层建筑同经济基础相适应，推动经济社会持续健康发展。"[⑤]习近平全面深化改革思想不仅明确揭示了以经济体制改革为牵引带动其他领域改革协同推进改革基本规律，而且深刻阐释了这一改革基本规律的科学内涵。中国的改革在坚持以经济建设为中心的同时，还要在经济体制改革的牵引作用下实现其他各个领域的协调推进，尤其要在社会领域积极回应和解决经济建设中所出现的、不符合科学发展观的各种社会问题。这是对以经济体制改革为牵引带动其他领域改革协同推进规律的进一步遵循和应用性发展。

（3）这一基本规律为开辟新时代全面深化改革新征程提供了理论指导。在新

---

①《邓小平文选》第3卷，人民出版社1993年版，第237页。

② 胡锦涛:《在中共十六届五中全会上的工作报告》，2011年9月30日，http://www.71.cn/2011/0930/633464.shtml。

③ 胡锦涛：《高举中国特色社会主义伟大旗帜 为夺取全面建设小康社会新胜利而奋斗——在中国共产党第十七次全国代表大会上的报告》，2007年10月15日，http://www.most.gov.cn/yw/200710/t20071026_56736.htm。

④ 习近平：《习近平谈治国理政》，外文出版社2014年版，第94页。

⑤《中共中央关于全面深化改革若干重大问题的决定》，2013年11月12日。

时代，进一步探索和掌握以经济体制改革为牵引带动其他领域改革协同推进这一改革基本规律在新时代全面深化改革实践中的阶段性特点和具体表现形式，可以为开辟新时代全面深化改革新征程提供理论指导。一方面，坚持改革的这一基本规律，就能科学地坚持问题导向原则，遵循问题逻辑，有序展开改革序列。“改革是由问题倒逼而产生，又在不断解决问题中得以深化。”[①]要真正发挥经济体制改革的牵引作用，就要积极回应政治建设、文化建设、社会建设和生态建设等各个领域中存在的、不适应社会主义生产力解放和发展的一系列重大理论与实践问题。以问题为导向，科学认识改革过程中的问题逻辑，厘清各领域之间的实际问题及其相互关系，把握改革问题之间的逻辑关系，明确改革的重点、难点和切入点，进而实现改革要全面发力、重点突破、多点推进的要求。另一方面，坚持改革的这一基本规律，就能坚持正确的方法论。全面深化改革是一项系统性的社会工程，要把“全面深化”作为一个整体性范畴来理解和把握，全面意味着深化，深化意味着全面；经济、政治、文化、社会、生态等领域各项改革要整体推进，重点突破，最终形成改革合力。习近平同志指出：“全面深化改革涉及面广，对推进改革的系统性、整体性、协同性的要求大大提高，要注重改革的关联性和耦合性，把握全局，注意协调，力争最大综合效益，避免畸轻畸重、顾此失彼，避免各行其是、相互掣肘。”[②]

二、以社会为基点实现市场决定作用和政府有效调控良性互动规律

科学处理市场、政府、社会三者之间的关系是贯穿中国改革开放过程的一条红线。这一关系一直存在于改革开放的全过程，并且支配着改革开放的全过程。人们对这一关系的认识也是随着改革开放的不断深入而不断深化的，对这一关系的运用也经历了一个由自发到自觉的过程。市场、政府、社会之间的协调互动是社会主义市场经济的客观要求。只有市场发育到一定程度，这个必然性的客观逻辑才能充分表现出来。中国特色社会主义进入新时代，全面深化改革的总目标是推进国家治理体系与治理能力现代化，市场、政府、社会这三个领域的协调互动关系就成了全面深化改革要处理的基本关系之一。以社会为基点实现市场决定作用和政府有效调控之间良性互动的思想，也是习近平新时代中国特色社会主义思想的重要内容。

（1）以社会为基点实现市场决定作用和政府调控作用良性互动，这一改革体现了中国改革基点的本质要求。改革的基点就是指改革的出发点和落脚点。中国从传统的计划经济体制转向市场经济体制，从政府的集中指令式管理经济转向宏

---

① 习近平：《习近平谈治国理政》，外文出版社2014年版，第74页。

② 中共中央文献研究室编：《习近平关于全面深化改革论述摘编》，中央文献出版社2014年版，第49页。

观调控方式，从城乡二元社会结构转向多元融合社会结构。在这一系列社会转型的过程中，改革的基点定位始终是中国特色社会主义。改革的重大举措始终以推动社会进步为参照系。无论是发展市场经济，还是加强政府宏观调控，抑或处理两者之间的互动关系，都是以社会的繁荣发展与良性运行为基本指向。中国改革实践的出发点与落脚点就是发挥社会主义制度的优越性，坚持和发展中国特色社会主义制度，满足人民日益增长的美好生活需求。一言以蔽之，社会发展的状况与发展需求是各种改革的基点，更是实现市场决定作用和发挥政府有效调控良性互动的基点。在 20 世纪 80 年代到 90 年代的改革中，中国特色社会主义原则一直是各种重大改革措施出台的基本支撑点。邓小平提出“三个有利于”的改革标准，分别从生产力、综合国力、人民的生活水平角度论述，这三个角度实际上是社会状态的三个基本维度或基本指标。他在南方谈话中强调：“不坚持社会主义，不改革开放，不发展经济，不改善人民生活，只能是死路一条。”[①]这说明，改革开放的基点和目标是落脚到社会状态上，根本要义就是中国特色社会主义社会的繁荣和发展。改革过程中的成就与问题、经验与教训，都可以以是否坚持这个基本基点得到说明。中国改革进入新时代以后，中国特色社会主义旗帜举得更高，落得更实。新时代的全面深化改革，更加强调以社会为基点发挥市场的决定作用和更好地发挥政府的调控作用。习近平同志多次强调：“坚持把完善和发展中国特色社会主义制度，推进国家治理体系和治理能力现代化作为全面深化改革的总目标”[②]，强调改革要“以促进社会公平正义、增进人民福祉为出发点和落脚点”[③]。所以，在新时代，在处理市场的决定性作用和更好地发挥政府的调控作用，必须以是否坚持和完善中国特色社会主义制度及是否满足人民日益增长的美好生活需要为基点，这也是改革的出发点和落脚点。

（2）以社会为基点实现市场决定作用和政府调控作用良性互动，这一改革规律反映了中国社会的结构特点和发展要求。中国改革所推动的社会转型具有时空压缩特征，即传统型社会、现代型社会和后现代型社会的交织与碰撞。这种时空压缩特征表现为中国城乡间、地域间、行业间、阶层间的差异性和不平衡性。所以，无论是市场的决定作用，还是政府的调控作用，作用到这个差异性很大的社会结构上，都会产生正负两面的双重效应。每一项改革都可能是一把双刃剑，积极效应与消极效应并存。这种复杂的社会结构，就市场的决定性作用来说，会出现市场失灵；就政府的调控作用来说，会出现调控失效。所以，改革的成功推进，就需要准确判断社会结构的特点，必须以社会结构特点为基点，采取灵活的态度，

---

①《邓小平文选》第 3 卷，人民出版社 1993 年版，第 370 页。
② 习近平：《习近平谈治国理政》，外文出版社 2014 年版，第 90 页。
③ 习近平：《习近平谈治国理政》，外文出版社 2014 年版，第 95 页。

巧妙运用市场作用与政府作用，达到推进社会发展的目的。中国40多年的改革实践历程是从中国的具体国情出发，一方面，遵循了市场经济一般经济规律，推进市场取向的改革，并强调和落实市场在资源配置方面起决定性作用的改革理念，强调市场的事市场说了算；另一方面，遵循宏观经济运行规律，遵循社会经济生态协调运行规律，强调更好地发挥政府的作用。更重要的是，强调以社会为基点实现市场决定作用和政府调控作用良性互动，让政府调控作用与市场决定作用下的改革实践活动主动回应中国社会需求、不断满足人民意愿、积极获得社会认同，进而实现社会、市场、政府之间的良性互动。

（3）以社会为基点实现市场决定作用和政府调控作用良性互动，体现了市场、政府、社会的高度统一性。习近平同志强调："经济体制改革是全面深化改革的重点，核心问题是处理好政府和市场的关系，使市场在资源配置中起决定性作用，更好发挥政府作用。"[①]这一重大理论观点深刻体现了在中国特色社会主义这一特殊场域下的市场、政府、社会的高度统一性。市场决定作用与政府调控作用都是推行经济体制改革的手段和方法，它们最终要满足中国社会需求、获得中国社会认同、满足中国人民意愿。对此，我们可以从以下两个方面来理解。第一，市场决定作用与政府调控作用具有内在一致性。市场在资源配置中起决定性作用，就是一切经济活动都要遵循且不能违背市场经济的一般规律，这是社会主义市场经济活动的前提和根本要求。更好地发挥政府的调控作用，就是政府要依职权对违背市场经济一般规律和社会主义市场经济基本原则的一切经济活动进行有效管理。政府既要依法运用行政权力来规范、管理市场秩序，又要依职权对违背市场经济一般规律的行为进行相应的处罚，还要依据党的政策、路线、方针及国家战略需求确保社会主义市场经济朝着正确的政治方向前行，凸显出了中国特色社会主义道路的优越性。第二，市场决定作用与政府调控作用相互结合的出发点和落脚点是社会发展。市场在资源配置中起决定性作用和更好地发挥政府作用，两者之间相互作用、相互补充的最终目标还是要确保改革实践过程和结果的人民性与社会性。只有市场决定作用和政府调控作用实现良性互动，才能培育和创造公平正义的社会环境。推进市场秩序的规范化和政府调控职权的法治化，在市场和政府共同作用下，才能不断克服各种有违公平正义的现象，让改革发展成果惠及全体人民。

三、改革、发展、稳定有机统一规律

改革、发展、稳定有机统一，贯穿于中国改革开放40多年历程之中。这一改革规律是中国共产党领导中国人民在反思改革经验教训基础上探索出的科学规

① 习近平：《习近平谈治国理政》，外文出版社2014年版，第116页。

律，蕴含着科学的系统特征、辩证性质和历史逻辑，成为新时代全面深化改革的行动指南。

（1）改革、发展、稳定有机统一，这一改革规律是中国共产党领导中国人民在总结和反思改革经验教训的基础上探索出的科学规律。中国40多年的改革开放实践历程是在挫折、考验与成就交织下曲折前行的。邓小平同志提出了“改革是中国的第二次革命”①，“发展才是硬道理”②，“稳定压倒一切”③等重要论断，这是对改革、发展、稳定有机统一规律的初步探索与阐释。自此，对改革、发展、稳定之间关系的理论重视和实践探索成为历代党中央领导集体都十分关切的重要议题。江泽民同志在总结改革开放挫折与经验基础上首次提出了要正确处理改革、发展、稳定三者之间的关系。他指出：“改革、发展、稳定，好比是我国现代化建设棋盘上的三着紧密关联的战略性棋子，每一着棋都下好了，相互促进，就会全局皆活；如果有一着下不好，其他两着也会陷入困境，就可能全局受挫。”④这是对改革、发展、稳定有机统一这一改革规律的高度重视及对其基本内涵的鲜活阐释。胡锦涛同志进一步深刻论述了改革、发展、稳定有机统一规律在中国改革实践活动中的具体要求，即“坚持把改革的力度、发展的速度和社会可承受的程度统一起来”⑤；“发展是硬道理，稳定是硬任务；没有稳定，什么事情也办不成，已经取得的成果也会失去”⑥。党的十八大以来，习近平同志进一步深化了这一改革规律的思想内涵，将着重点放在了探索对改革、发展、稳定有机统一规律的时代新特点和运用新方式上。他讲到稳定时，强调“中国是一个大国，决不能在根本性问题上出现颠覆性错误，一旦出现就无法挽回、无法弥补”；讲到改革时，强调“改革开放是决定当代中国命运的关键一招”⑦；讲到发展时，强调“人民对美好生活的向往，就是我们的奋斗目标”⑧；讲到三者有机统一时，强调要依靠改革合力继续探索和发现改革、发展、稳定三者有机统一的新方法、新思想与平衡点。习近平同志对改革、发展、稳定的每一项要素都赋予了新的时代内涵和提出了新的时代要求，有助于人们更加深刻地认识和理解这一规律在新时代全面深化改革实践中的新特点和新要求。

---

①《邓小平文选》第3卷，人民出版社1993年版，第113页。

②《邓小平文选》第3卷，人民出版社1993年版，第377页。

③《邓小平文选》第3卷，人民出版社1993年版，第331页。

④ 中共中央文献研究室编：《江泽民论有中国特色社会主义（专题摘编）》，中央文献出版社2002年版，第211页。

⑤ 胡锦涛：《继续把改革开放伟大事业推向前进》，《求是》2008年第1期，第3页。

⑥ 中共中央文献研究室编：《十七大以来重要文献选编》上，中央文献出版社2009年版，第806页。

⑦ 中共中央文献研究室编：《习近平关于全面深化改革论述摘编》，中央文献出版社2014年版，第30页。

⑧ 中共中央文献研究室编：《习近平关于社会主义经济建设论述摘编》，中央文献出版社2017年版，第19页。

（2）改革、发展、稳定有机统一，这一改革规律蕴含着科学的系统特征、辩证性质和历史逻辑。我们可以从以下三个方面来理解。

第一，改革、发展、稳定是中国社会系统运行的三个基本支撑点，相互联系、相互作用、相互支撑。中国的改革过程是一个动态的系统演进过程。这个系统过程在宏观与微观层次上，存在着三个不可或缺的基本维度，就是改革、发展、稳定。这三个基本维度既是中国社会系统运行的三个基本支撑点，又是描述社会系统基本特征的三个基本参数。三者相互联系、相互作用、相互支撑的关系，决定着整个社会系统的运行状态。改革是发展的根本动力，是整个系统运行和发展的动力机制；发展既是改革的目的，也是内容和方式，规定着整个系统运行的方向与方式，体现着发展什么与怎样发展；稳定是改革与发展的条件，是整个系统运行的条件保障。如果改革的过程违背了这三者有机统一的要求，就会影响改革的实际进程。

第二，改革、发展、稳定是不可分割的辩证统一体。改革、发展、稳定之间的辩证关系体现在两个层次上。第一个层次，任意两个参数之间的关系是辩证关联的。改革与发展、改革与稳定、稳定与发展之间的关系是互相矛盾的关系。要处理好三者的有机统一关系，先要处理好任意两个要素之间的关系，而处理好任意两者之间的矛盾关系是处理好三者之间有机统一关系的基础。第二个层次，三个基本参数，任何一个变化都以另外两个参数的发展变化作为内容和支撑条件。也就是说，在考虑改革参数设定时，既要考虑发展的要求，还要考虑到社会稳定；在考虑发展参数设计时，既要考虑改革的因素，还要考虑社会公众的普遍接受程度及社会稳定需求；在考虑社会稳定状态时，改革与发展因素需要同时考虑。

第三，改革、发展、稳定有机统一在不同的历史阶段上表现出不同的状态和水平。社会生产力的发展是一个历史过程，生产关系具体形式的变动也是一个历史过程。不同的历史阶段上，改革的对象和内容及主攻目标都是不同的，发展目标也有所不同，社会问题的类型与呈现形式也有所不同。所以，改革的举措、发展方式、稳定的要求也有所不同，从而导致改革、发展、稳定三者统一的形态有所不同。这既是一个主动作为的过程，也是发展方式转型的过程，更是受社会运动的必然性逻辑支配的过程。在改革开放之初，经济体制改革是主要的改革任务，三者统一的基础是解放和发展生产力的逻辑居于基础地位。进入 21 世纪后，社会各领域发展不协调问题日益凸显，此时三者统一的基础是经济社会协调发展的逻辑居于基础地位。在新时代，社会主要矛盾发生了变化，人民日益增长的美好生活需要和不平衡不充分的发展之间的矛盾成了主要矛盾。所以，在中国特色社会主义进入新时代以后，满足人民日益增长的美好生活需要就成了实现改革、发展、稳定有机统一的新基础。所有的一切工作都是为了让人民“有更好的教育、更稳定的工作、更满意的收入、更可靠的社会保障、更高水平的医疗卫生服务、更舒适的居住条件、更优美的环境”[①]。总之，在不同的历史阶段，以社会主要矛盾的解决为指向，寻找改革、发展、稳定三者有机统一的平衡点，是处理改革、发展、稳定三者有机统一关系的前提条件。

（3）改革、发展、稳定有机统一，这一改革规律是新时代全面深化改革的行动指南。在新时代，中国的改革成就与改革考验并存，改革机遇与改革挑战同在。新时代遵循和运用改革、发展、稳定有机统一规律，要在讲求方法论、探索平衡点、寻找结合点的基础上创新全面深化改革的新路径。第一，讲求方法论，就是要坚持“摸着石头过河”和加强顶层设计的辩证统一方法论，创新全面深化改革的方法论路径。新时代全面深化改革既要“摸着石头过河”，探索改革、发展、稳定有机统一规律在新时代全面深化改革实践中的新的存在形式和运用方式，又要加强顶层设计，加强正确处理改革、发展、稳定关系的宏观思考和顶层设计，进而确保全面深化改革在正确的方法论基础上不断深化、顺利前行。第二，探索平衡点，就是“要坚持把改革的力度、发展的速度和社会可承受的程度统一起来”[②]，创新全面深化改革的实现方式。新时代全面深化改革，要积极探索改革与发展、发展与稳定、改革与稳定两两之间的平衡点及改革、发展、稳定之间的平衡点。改革与发展之间，要在如何增添发展新动力、解决经济政治文化社会生态体制改革重大难题之间寻找平衡点；发展与稳定之间，要在如何确保发展速度和质量与社会可承受的范围之间寻找平衡点；改革与稳定之间，要在确保改革成果能够有效推进与社会共同富裕、维护社会公平正义之间寻找平衡点。第三，寻找结合点，就是要“把改善人民生活作为正确处理改革发展稳定关系的结合点”[③]，创新全面深化改革的价值实现路径。新时代全面深化改革要服务于解决人民日益增长的美好生活需要和不平衡不充分的发展之间的矛盾。具体而言，就是力求确保改革、发展、稳定等各项工作都要紧紧围绕人民的生产生活需求、人民的合理合法利益及人民对美好生活的向往来深入开展，把坚持以人民为中心的发展思想体现在正确处理改革、发展、稳定关系之中，做到老百姓关心什么、期盼什么，改革、发展、稳定工作就要抓住什么、推进什么，“通过改革给人民群众带来更多获得感”[④]。这不仅可以确保全面深化改革过程的人民性价值，而且可以确保全面深化改革成果的公正性价值，让改革发展成果惠及全体人民。

---

① 习近平：《习近平谈治国理政》第2卷，外文出版社2017年版，第61页。
② 习近平：《习近平谈治国理政》，外文出版社2014年版，第68页。
③ 习近平：《习近平谈治国理政》，外文出版社2014年版，第68页。
④ 习近平：《习近平谈治国理政》第2卷，外文出版社2017年版，第103页。

第五章 社会工程问题的界定

在社会工程研究过程中，先要界定社会工程问题，进而理清社会工程问题的分析思路。一般认为，社会工程研究的问题就是一般所指的社会问题或公共问题。我们认为，这样说只是抓住了问题的表象，并没有触及问题的根本。社会问题或者说公共问题并不是社会工程所针对的直接问题，它们只是社会工程研究的出发点，这些问题的解决是社会工程活动的最终目的。我们所要说明的恰恰在于，社会问题虽然作为社会工程研究的出发点和最终结果，却不是其所直接针对的问题。

第一节　社会工程问题的特点

社会工程问题的界定是社会工程研究的逻辑前提，而了解社会工程问题的特点则是界定社会工程问题的逻辑前提。社会工程问题的特点可以通过与其密切相关的社会问题、公共问题的对比分析得出，集中反映在表现、机制、性质和解决方法四个方面。

一、社会工程问题不是一般的社会问题

问题是时代的声音。矛盾的普遍性决定了问题的普遍性，任何历史阶段的社会都会存在问题，这是无法根除的。旧的问题被解决，新的问题又将出现，这种现象伴随人类社会发展的始终。但是，社会问题并不完全等同于社会工程问题，所以不能将所有社会问题不加甄别地置于社会工程论域并采用社会工程方法解决。所以，必须要对此予以明确。

（一）社会工程问题不同于社会问题

社会问题是纷繁复杂的，涉及社会生活的方方面面，不同程度地影响着社

会的稳定和经济的发展。虽然社会问题的表现形式和存在状态是复杂多元的，包括社会结构、社会秩序、社会活动、社会规范、社会关系、社会心理、社会观念等多种表现形态，但其实质或本质是相同的，可概括为：在特定的历史时期和区域，社会的相对不平衡、不协调、不稳定，即社会失调。

社会工程问题不是指一般的社会问题，而是指引起社会问题的问题。从社会问题进入政策问题是社会工程问题界定的关键环节。只有因为政策制定层面问题引发的社会问题才是社会工程问题。对其进行界定的标准包括两个要素：①是否属于社会问题；②是否属于政策制定引发的社会问题。

（二）社会工程问题与社会问题的差别

一般来说，社会工程问题与社会问题在逻辑上具有明显的时空差异，社会工程问题是潜在的问题，社会问题是直接呈现出的问题，社会工程问题是逻辑前提，社会问题是由此引发的结果。所以，要深入理解两者之间的差别，准确把握两者的界限，具体可以从如下四个方面进行理解。

1）表现差别

社会问题是直接呈现出来的问题，可以在社会实践中为社会个体所直接感知与把握。例如，城市污水处理不当导致周边自然水源被污染，严重影响了城市的生态环境及周边居民的生活，甚至还可能影响相关的旅游产业及其他相关产业的正常经营与运转。像这类问题就属于社会问题，不需要专业知识与分析研判即可被认识。而社会工程问题则是潜在的，处于现象背后的本质层面问题，没有一定的专业知识和足够深入的分析判断，很难被认识到。

2）机制差别

引发社会问题的机制是多元的。所以，造成社会问题的机制具有一定的开放性，需要从多个角度综合进行分析判断。有可能是政策设计的问题，也有可能是执行层面的问题，还有可能是沟通协调方面的问题，又或者是地理环境等因素。社会工程问题的形成机制则是较为固定的，主要集中于方案设计的层面。例如，未能充分地把握主客观条件因素、对价值分析判断出现错误、运用的规律并不全面或统筹不当等。

3）性质差别

社会问题的性质存在较大差异，有的影响较为深远，有的甚至会持续很长一段时间，有的则不过短短数日，影响范围也仅限于某一地区，不会波及其他区域。这是因为社会问题的引发机制不统一，存在显著的差异，所以其造成的影响也不能一概而论。尤其是浅层次原因引发的社会问题，性质就无法和深层次原因所引发的问题相提并论。但社会工程问题则不然，它属于社会政策制定层面的问题，所以具有根本性、普遍性和持续性，对社会的影响总体上是普遍且广泛的。

4）解决方法差别

社会问题的解决方式多样，且复杂程度不一。就浅层原因所导致的社会问题而言，解决起来就比较容易，也能取得立竿见影的效果。就社会问题而言，解决的关键是准确分析出问题现象的背后原因，尤其是主要原因。这些原因并不必然是根本性的，也就并不必然会触及政策设计或制定的层面。社会工程问题与之不同，它的解决方法是相对固定的，那就是围绕社会工程方案进行修正和重建，始终紧扣这一主题，将所有的解决思路均汇集于此。这也意味着社会工程问题的解决不仅依赖于大量的专业知识与综合集成能力，而且解决过程可能耗时较长。

二、社会工程问题是引发社会问题的问题

社会工程问题是指问题背后的问题。这从社会工程问题与社会中存在的普通问题之间的逻辑关系可以看出：社会中出现的问题并不必然是社会问题，只有具有普遍性的、产生负面影响的问题才属于社会问题；社会问题并不都是公共问题，只有属于公共管理论域的社会问题才是公共问题；公共问题并不都是社会工程问题，只有政策或方案设计环节存在有待调整、优化或重建的公共问题才是社会工程问题。其中，最关键的是社会工程问题与社会问题和公共问题的甄别。

（一）社会问题与公共问题

广义的社会问题是指一切与社会生活有关的问题；狭义的社会问题特指在社会运行过程中，由于存在某些使社会结构和社会环境失调的障碍因素，影响了社会全体成员或部分成员的共同生活，对社会正常秩序甚至社会的运行构成一定威胁，需要动员社会力量进行干预的社会现象。

社会问题的构成要素如下。第一，必须是一类或数种社会现象出现失调情况。例如，生态环境问题是人类活动与自然环境之间关系的失调，人口问题产生于人口再生产的规模和发展速度的失调。第二，这种结构和关系失调影响了人们的社会生活。也就是说，社会问题是社会公众问题而非个人的烦恼。这些失调只要与社会制度、社会结构无关，或不具有普遍性，就不是社会公众问题，也就不会成为社会问题。只有那些对整个社会产生重大影响的失调才能构成社会问题。第三，这种失调引起了社会多数成员的注意。一般来说，客观上存在社会现象的失调情况，主观上要有社会大多数人的认定，得到社会公认的就是社会问题。例如，就业问题、环境问题、人口问题等。第四，社会问题必须运用社会力量才能予以解决。

综上所述，我们认为社会问题的概念可以总结为如下三个层次。首先，一般地讲，社会问题是指社会关系或社会结构失调，影响社会全体成员或部分成员的共同生活，破坏社会正常活动和秩序，妨碍社会协调发展，需要动用社会力量进行干预解决的社会现象。其次，从结构功能范式看，社会问题是社会运行中结构

的失调使得社会期望和规定的事物遭到破坏，社会采取的社会模式与现实关系脱节，现实结构与功能需求无法匹配。最后，从社会问题的后果看，社会问题直接或间接地规定着现实的与潜在的社会冲突，一方面社会问题的积累可能会瓦解社会结构，另一方面社会问题的出现和有效控制可能会促进社会结构的调整。

公共问题是一类特殊的、具有牵动效应、涉及公众利益的社会问题。当人们受到问题的影响、认识到问题的存在，并做出相应的反应时，这一问题就因为许多人牵涉在内而成为公共问题。按通常的理解，公共问题是能产生广泛影响的问题，其影响涉及参与互动者之外的人。例如，环境问题，个别企业的排污问题影响到社会的环境质量，就不仅是一个企业的问题，更是一个公共问题。

（二）公共问题与社会工程问题

公共问题的本质只有在其存在根由和逻辑起点中才能找到。几千年来的人类文明史表明：人类的每一次进步，都是建基于社会问题的解决上的。作为政治系统的一种输出,公共政策的所有含义和功用就在于及时有效地解决社会公共问题，问题构成了公共政策的存在根由和逻辑起点。从某种意义上讲，问题的挖掘和确认比问题的解决更为重要，对一个决策者来说，用一个正确而有效的方案去解决一个错误的问题对其机构产生的不良影响比用较不完整的方案去解决一个正确的问题大得多。

但是，公共问题并不总是属于社会工程问题。因为公共问题是“具有广泛影响和有多数人要求政府有所作为”的社会问题。只有引起公共问题的公共政策本身的问题才是社会工程问题。在社会公共生活中，那些还没有引起社会公众与政府的充分注意，社会公众也没有急切要求解决，政府也没有打算立即解决的这类公共问题，就不能称之为社会工程问题。因为这类社会问题并不必然导致政府在政策设计或方案制定方面“有所作为”。社会工程问题的实质是社会关系宏观模式与社会运行秩序的关系问题，集中表现为基本政策问题。政策问题的本质在于：政府通过对部分利益和公共利益的考虑，在缩小主观差距和缩小客观差距之间做出选择，进而及时有效地解决公共问题。公共政策既可能直接调整社会利益关系，缩小客观差距，包括对公共利益的生产、分配、交换和消费，也可能从缩小公众的主观差距出发，降低或转移公众的期望值，缓和公众的不满情绪。

在当今世界上，人类开发自然和改造社会的能力得到了空前提高，但随之又面临着各种各样的公共问题，如环境退化、气候变暖、人口爆炸、网络诈骗、垃圾处理、治安恶化、贫困与饥饿等。在中国，经过 40 多年的改革开放，市场经济的宏观建制已经有了相当规模的发展，人民生活质量也得到了持续快速的改善。但是，在此过程中也出现了一些公共问题，如环境污染日益严重、黄河断流、地下水水位下降、渔业资源过度捕捞、草原退化、森林面积缩小、水土流失、治安形势不容乐观、基础设施缺乏长期的保养机制等。面对这些公共问题，更需要政府采取灵活高效的公共政策，着眼于长远的可持续发展，建立解决公共问题的适当制度机制，激励公民个人、社群、企业组织和社会组织，与政府一起共同努力，协作生产，共同解决公共问题。

三、社会工程问题的内涵与表现

社会工程问题的界定离不开对其内涵与表现的分析。社会工程问题是指引发问题的问题，所以其内涵可以借助政策结构分析来明确，包括主体、客体和基元三部分。社会工程问题的主要表现是社会问题，可以简要地分为过失性问题、结构性问题和发展性问题。

（一）社会工程问题的内涵

社会工程问题的内涵可以借助政策结构分析来明确。

政策结构是一种复合结构，组成要素包括以下方面。①主体结构：谁在制定政策，为谁制定政策，谁在执行政策。②政策基元结构：政策目标、政策手段、政策环境、系统关联。③客体结构：政策系统作用对象的组成结构与发展的过程结构。

假设：子结构 A 表示主体结构，$a1,a2,a3,\cdots,an$ 表示 n 个主体，则主体结构为

$$A=G1(an),\ n=1,2,3,\cdots.$$

假设：子结构 B 表示政策基元结构，$b1,b2,b3,b4$ 为政策基元，则政策基元结构为

$$B=G2(bn),\ n=1,2,3,4.$$

假设：子结构 C 表示客体结构，$c1,c2,c3,\cdots,cn$ 表示构成客体的元素，则客体结构为

$$C=G3(cn),\ n=1,2,3,\cdots.$$

假设：政策结构为

$$Y=F(A,B,C).$$

其中，F( ) 表示 A，B，C 之间的关联形式。结构辨析的主要内容是研究三个子结构之间的辩证关系和子结构内部要素间的辩证关系。

社会工程问题就是这一结构中的深层问题。所谓深层问题就是由社会问题（客体结构中的问题）进入政策基元结构中的问题，再由政策基元结构问题深入政策主体的价值理念和理想结构问题。深层问题应是政府着力解决的事关大局的发展问题，要考虑持续发展、地区均衡发展和公众利益等战略性问题。例如，我国的西部大开发政策就是关系到我国社会主义现代化建设的大局，以及实现我国社会

主义的核心价值——公平和效率——相统一的要求，以达到“解放生产力，发展生产力，消灭剥削，消除两极分化”的目标。所以，政策基元结构中的问题才是社会工程问题。由此可以概括出社会工程问题内涵的核心要素：第一，社会工程问题是与政策制定相关联的问题；第二，社会工程问题所要解决的问题往往针对当前的制度或政策缺陷；第三，社会工程问题的解决目标是对制度失调的状态进行调整。

（二）社会工程问题的表现

社会工程问题是指引发社会问题的问题，是政策制定或政府实践方案存在的缺陷与不足，或不适合当前的社会情境需要。因此，社会工程问题最直接的表现就是社会问题，后者主要表现为如下几类问题。

第一，过失性问题。超越了政策、法律、道德界限的问题叫作过失性问题。饥饿、贫困、黑恶势力、吸毒、卖淫、嫖娼、重大安全事故、种族歧视、性别歧视、家庭暴力、就业问题等，都是社会问题中的过失性问题。这些问题通过合理的公共政策规范实行和约束，可以弱化和降低，但是难以完全消除，而不合理的政策或规范却可以导致这些问题产生和加剧。从某种程度上可以认为这类问题是过失造成的，所以，上述这些问题使得社会的整合度和凝聚力下降，民众的幸福感和归属感降低，社会伦理和道德异化或扭曲，在很大程度上制约了国家、地区的良性发展。这类问题的出现是对社会整合和控制能力的巨大挑战。

第二，结构性问题。社会结构的变迁异常导致的问题叫作结构性问题。社会结构的变迁异常集中表现为结构失调，即在某个特定历史时期社会发展的结构调整，引起的社会生活中原有体制、秩序、制度、模式、组织结构的改变，而涉及社会成员的资源占有、在社会生活中的地位和作用与利益分配等的调整。例如，我国改革开放以来所进行的经济体制改革和政治体制改革等，都属于重大的结构调整，尤其是建立的社会主义市场经济体制，是对我国社会主义生产关系的重大结构调整。这一系列改革引发的社会问题，如国有企业改革中的下岗或失业问题、地区发展不均衡问题、贫富差距问题等都是比较重大的问题，而这些问题在特定历史阶段的社会发展中又是不可避免的问题。

第三，发展性问题。发展的不平衡、不充分和不协调所造成的问题叫作发展性问题。随着社会的发展，尤其是随着科学技术的日新月异，社会积累了丰硕的物质文明和精神文明成果，但许多发展性问题如人口问题、资源问题、环境问题、生态问题等日益成为全球性的问题，由科技道德、社会伦理、宗教的异化带来的核战争威胁、霸权主义等也随之出现。所以，发展性问题大多是具有普遍性和较大影响性的全球性问题，需要世界各国政府以和平和发展为根本予以规划与应对，为人类创造安宁幸福的生存环境。

除此之外，社会工程问题还有一种潜在状态的表现。因为社会工程问题源发于政策方案层面，所以与之推行及实施状态有密切关系。有一些社会工程活动所建构的社会政策需要一个实施的过程，由于其实施过程展开的时间不够充分，所以其本身所存在的缺陷还尚未充分展现。因此，以这种内在缺陷为基础的社会问题也就不能充分暴露。还有一些所设计与实施的政策方案，基本上是可行的，但是在实施的早期阶段因为细节注意不够而引致一些不适应，从而产生一些社会问题，但是这些政策实施的早期不适应的现象会随着方案的不断完善而消失。因此，对于因为某些原因未能充分展示其实践功效与社会问题的政策方案，其本身的缺陷也就难以作为社会工程问题表现出来。对这些社会工程问题的分析与纠正往往基于逻辑推论或经验判断。

第二节　界定社会工程问题的意义

界定社会工程问题具有重要的现实意义。因为社会工程问题是引发问题的问题，是社会问题背后的问题，集中于政策的基元结构。如果不能准确界定社会工程问题，就会影响对社会问题的精准归因、精准切入和精准判断。

一、避免与社会问题混同

社会工程问题的研究导向是实践活动。准确界定社会工程问题，尤其是将其与社会问题进行准确区分，是现实实践活动得以顺利开展并达到预期效果的逻辑前提。所以，界定社会工程问题最直接的意义就是避免将其与社会问题混同。

社会工程问题是引发社会问题的问题，与社会问题之间存在着表里差异与时序差别。就学理研究而言，这种区别是清晰的。但在现实实践当中，这种界定较为困难，引发了诸多将两者混同的难题。

混同社会工程问题与社会问题的一个重要表现是将一切社会问题都视为社会工程问题，所以不加区分地从“根源”上寻求解决方案。社会工程问题有明确的问题界限，这是研究其界定的前提。界定意味着社会工程问题的研究及其现实效果同样存在界限——社会工程问题的研究分析不是包治百病的“灵丹妙药”，也不能把所有社会问题的病因都归咎于社会工程问题。从某种意义上说，混同社会工程问题与社会问题，将所有存在问题的事件不加分辨地全部引入社会工程问题论域，是一种典型的形而上学思想，违背了实事求是的基本原则。新时代全面深化改革的总目标是国家治理能力与治理体系的现代化，从管理到治理的转变，意味着参与社会治理各方面功能的重新界定，分清社会工程问题与社会问题是界定问题归属并有效制订解决方案的必然要求。

为了避免将两者混同，必须始终着眼于两者的差异焦点，从关键处着眼判断。尤其是两者的表里与时序分野，是非常有效的区分之处。此外，两者的表现、机制、性质及解决方法也都是可资参考的识别特征。事实上，除极个别情况下，社会工程问题必然会引发社会问题，但社会问题的背后未必对应着突出而明显的社会工程问题。所以，在解决社会问题时，可以在归因环节的分析时先将政策方案层面纳入视域，也就是“大胆假设”，这样能够避免因视域过窄而忽视社会工程问题的可能。但一定要“小心求证”，尤其是不能将所有存在的问题全部归结为社会工程问题，一味追求政策调整与修改，否则可能忽视引发社会问题的其他因素，给问题开出错误的“药方”。社会问题往往是普遍性问题，而且关注度高、波及面广，必须慎重对待、仔细甄别。在界定社会工程问题与社会问题时，切不可犯孤立片面的错误，僵化地套用固定的思维范式，或者从一个极端走向另一个极端。

二、界定问题结构的关键环节

问题是多元而立体的，涉及多个方面与多个维度。在分析问题的过程中，要有结构意识，需要对问题进行拆分。正如庖丁解牛，在看待复杂的问题时“目无全牛”，按照其客观结构进行解构，使之呈现为若干不同环节的组合。组合结构越清晰、越准确，对问题的理解就越深入，解决问题的办法就越有效。问题的分析越粗浅、结构关系的认知越混乱，问题解决起来就会效果不佳。社会工程问题有自身的结构位置，既不越位也不会失位。如果未能正确理解到这一点，就难以对问题进行有效的结构研究，就不能把握其中的关键环节。

问题的结构性主要体现在主体、客体与基元等三个方面。其中，只有基元结构所对应的是社会工程层面的主题，所以问题结构中只有基元结构的问题才能被视为社会工程问题。换句话说，只有基元结构方面存在问题的问题才是社会工程问题，才适宜采用社会工程问题的解决方式进行解决。所以，如果不能准确而清晰地界定出是否属于社会工程问题，也就说明并没有对问题结构进行准确与全面的分析，尤其是未能从主体、客体、基元这三个方面对问题进行准确界定。因此，对于社会工程问题的界定要具有问题结构的分析意识，要有结构性分析判断问题的视角和能力。看待任何一个进入研究领域的问题时，都要进行最基本的结构拆分，即问题的主体结构是什么、问题的客体结构是什么、问题的基元结构是什么。在三个维度所辖的子结构中，逐一进行归因假设。在可能引发问题的归因假设中，以实践检验为基础并辅以逻辑推论，在此基础上一般能够最终得出问题的主因归属，进而得出该问题是否适宜采用社会工程方法的结论。可以说，基元结构是关联主体结构与客体结构的中介，对于两方均有作用，同时是两方因素的汇集点。基元结构的问题属于社会工程问题，但是会存在于主体结构和客体结构之中，所以一定要能分清主次，弄清楚问题的根源。

三、精准施策的切入点

问题的解决依赖于对策，而对策的精准性取决于对问题把握的精准程度。社会工程问题的准确界定实际上就承担了这一工作，即精准地把握问题。从普通问题与社会问题的区分，到社会问题与公共问题的区分，再到公共问题与社会工程问题的区分，构成了问题定性判断的基本逻辑。在此基础上，对问题的结构进行拆分是社会工程问题界定的应有之义，在此视角下的问题必须精准地拆分为主体、基元和客体等三个方面，并在此基础上做进一步的细化分解。在问题的拆分过程中，主体基于自身的认知对问题进行定性的分析判断，以及对结构之中的相关节点进行赋值，由此形成关于问题的最终认识，为进一步解决问题奠定基础。

当今社会中的问题，无论其规模大小、影响力强弱，往往都不是简单的线性思维或直观经验即可应对的。它所涉及的因素比较多，无论是时间维度还是空间维度都有多方面因素需要纳入考虑范围。所以，问题是系统之中的问题，问题的产生是内部因素所形成矛盾与外部因素间矛盾关系的合力结果。如果不能在问题的分析中合理地辨明关系，把握核心与边缘、根源与附属，就难以有针对性地解决问题，甚至还可能引发系统中其他问题的出现。所以，必须具有精准分析、精准施策的意识。

对社会工程问题的界定是一个非常好的切入点，能够为精准施策提供支持和保障。在界定社会工程问题的过程中，应当以社会工程的视角对问题进行分析研判，自然也就能够形成时间与空间并行、表面与本质并重、层次分明、结构清晰的认知。问题的规模程度、问题产生的原因种类与主次关系、结构之中的关键定位等也就因此有了清晰明了的答案。以此为依据提出相应的对策，才能起到精准施策之效。尤其是对于社会问题，这样可以在最大程度上降低试错成本，减少舆论压力，避免负面影响，节约政府开支。另外，以精准方式施策还能为此后的进一步优化和发展积累可资借鉴的经验。

对新时代中国特色社会主义建设而言，加强社会治理的科学水平是现代政府职能的基本要求，也是社会治理制度建设与完善的基本要求，更是全面建成小康社会、实现社会主义现代化目标的基本要求。所以，必须增强对社会工程问题的界定意识与培养界定能力，使之成为社会治理过程中的基本思维方式。只有这样，才能更有效地利用政府资源推动社会的发展进步。放眼当下的现实可以看到，在以习近平同志为核心的党中央的领导下，中国实践过程中对问题界定的能力达到了新的高度，对问题判断的精准性达到了新的境界。党的十八届三中全会对中国全面深化改革做出了全面部署，以四梁八柱为支撑，以摸改革规律为要求，向深水区迈进，以整体推进的姿态推行全面深化改革。这是对改革问题的准确界定。

党的十九大报告指出："中国特色社会主义进入新时代，我国社会主要矛盾已经转化为人民日益增长的美好生活需要和不平衡不充分的发展之间的矛盾。"①与之相应的是一系列新思想新观点新政策的推出，针对中国社会的基元结构问题进行了一系列的调整变革，每一项都指向痼疾的根源，切入问题的实质。

第三节　界定社会工程问题的主要方法

把社会问题转化为政策问题的过程就是政策问题的确认和界定过程，具体包括如下几个方面。

一、考察与收集

社会问题在本质上表现为社会结构的扭曲和社会正常运行的失调，它既表现在宏观结构与运行的层次上，也反映在微观结构和运行的层次上。考察与收集社会问题实际上表现为对社会结构状态和社会运行状况的一种评价与认知。

所谓问题是指应然现象与实然现象的偏差，或者是系统的现有状态与期望状态的差距。也就是说，问题是考察者在一定的理想状态规定下对现存状态与理想状态之间差距的一种认知。首先，每一个社会成员都是社会问题的考察者。有没有社会问题，是不是一个社会问题，每一个社会成员都有权利做出评判。当某一个社会现象成为社会问题时，至少不是一个社会成员的认知状态。每一个社会成员的社会地位和社会状况是不同的，他们的社会理想也是不同的，所以往往对社会问题的认知是不同的。其次，大多数社会成员会共同关注某一类社会问题并对其提出相似趋同的解决诉求，这类问题才有可能成为公共政策问题，因为公众的认同是政府认同的前提。

所以，社会问题不是个人问题，即不是某一个社会成员的问题。因为尽管社会总体上很富裕，但仍有个别潦倒在街头的人。社会问题的严重程度，与认同这个问题的人数是成正比的。所以，统计方法是了解社会问题的一种重要的方法。

可以看到，对于社会工程问题的界定，在考察与收集阶段，至关重要的是能对此做出基本判定。判定的标准可以主要从以下三个方面展开。

1）是否发生了结构扭曲

事件是鲜活而具体的，但是其背后必然存在抽象结构，对抽象结构的分析研

---

① 习近平：《决胜全面建成小康社会　夺取新时代中国特色社会主义伟大胜利——在中国共产党第十九次全国代表大会上的报告》，人民出版社 2017 年版，第 11 页。

究是问题研究的重要路径。结构本身的性质要遵循客观规律，保证自身的逻辑自洽。针对社会问题所进行的学理分析一般就是从逻辑角度对其抽象结构展开的，具有一定的还原性。在某种程度上，结构还原必然会对部分元素进行剔除，以便于集中分析研究。当然，被剔除的元素及其联系在本次研究中一定是处于次要地位的，不会对结构的研究产生明显影响。正如物理研究中的“质点”“刚体”等，就是一种典型的结构还原。

总之，对结构的分析判断就是社会工程问题研究的基本方法。抽象的结构能够令主体在研究中迅速把握问题的实质。只要结构存在缺陷，问题就是必然存在的。

2）是否存在运行偏差

结构的分析偏于静态，在实际运行中可能会遇到其他始料未及的问题。所以，需要在此基础上引入动态运行判断。动态运行判断的基本标准是观察运行状态及效果与预期标准之间的偏差程度。如果偏差程度在预期范围内，属于运行过程中的正常偏差，那么就可以视为不存在问题。如果偏差值超过预期范围，那么就意味着存在问题，必须有针对性地做出调整。例如，我国在成立初期就开始围绕经济与社会发展制订了一个又一个五年规划，五年规划的方案执行过程及其效果存在预设的标准，一旦在现实的运行观察中发现与之存在偏差且超出预期范围，就需要进行必要的调整。若放任不管，就会令问题进一步恶化，引发更严重的社会问题。在实践中，任何一个社会工程问题的界定环节，都必须按照问题的执行情况与预设标准之间的偏差为参照对方案进行调整，相当于形成一个闭环反馈系统。如果不加参照地放任，或者粗放管理，疏于对运行偏差的纠正，就是一个缺乏自我纠正的开环系统。

总之，按照运行的偏差情况界定问题，是社会工程问题研究的基本策略，也是考察与收集阶段的主要工作。

3）是否存在群体认同

问题是时代的声音，必将反映于人民群众的呼声当中。越是社会工程问题，其影响力越广泛，引发的群体反馈越多。个别性的问题很难被视为社会工程问题，若对问题的判断与认知无法形成群体性认同，自然难以进入公共政策研究的领域。尤其是在现代社会中，多元利益体系并存，多元价值观念并存，所以在个别事件是否属于社会问题的判断上，存在争议是难免的。甚至在是否属于问题，以及对现实社会及其成员是否会产生危害，同样会存在争议。改革进入深水区面临着啃硬骨头的艰巨任务，最大的阻力来自既得利益者，所以后者对全面深化改革的态度自然会与党中央及人民存在差别。此外，局部利益与整体利益、眼前利益与长期利益等矛盾同样会令问题的判断陷入“公说公有理婆说婆有理”的迷局。所以，以社会工程问题的界定为切入点，按照社会群体的认同进行宏观分析，才能在最根本的程度上进行科学分析，得出正确的结论。

二、选择与确定

不同的社会问题其重要和紧急的程度，在决策者看来是不一样的。据此对问题的选择与确定就成了一个运筹或优选的课题。一般情况下，按照问题的重要性与紧急性，可以分为重要且紧急、重要不紧急、紧急不重要、不重要不紧急四种情况。其中，第四种情况可以不讨论，这里重点讨论三类政策性的问题。

第一，重要且紧急的问题，一般是指反映全局性的问题，既是一个关键性问题，又是当下必须解决的问题，若不解决系统就无法继续运行下去。这类问题一般来说都是摆在第一位的问题，既是公众注意的问题，也是政府重视的问题。一般来说，引起政府关注的是紧急且重要的问题。

第二，重要不紧急的问题，这类问题一般都是战略问题。体现长远的、战略性的发展问题都是重要的问题，但并不是十分的紧急，能够作为紧急问题的，是当下就要解决的，若不解决系统就会失稳，进一步的操作就不能进行。说它不紧急，就是并不会影响当下的操作，或者对当下的操作没有直接的意义。但战略问题的正确解决，能引导当下问题的科学解决。需要指出的是，它涉及原来的战略性政策与将要确定的新战略的关系问题，是一个需要讨论才能够解决的问题，也就是说不是在短时间内能够解决的问题。

第三，紧急不重要的问题，是指有一些问题从某种角度看是紧急的，但从另一种角度看又不是那么重要，一般来说，这类问题进入公众视野和政府程序成为公共政策问题的概率是很低的。

那么，哪些因素决定了问题的这种分类呢？这里涉及公众、政府、社会理想与现存状态的关系构成问题。一般来说，政府理想与公众理想的关系并不总是一致的，全体公民的利益与公众利益并不是一个概念。公众的数量界限并不是确定的。在大多数场合，公众只是公民集合的一个子集。政府将自己的理想目标定义在全体公民的集合上，某一个公众的集合理想目标可能与政府的理想目标是不一致的，甚至可能是冲突的，同时公众集合之间的理想目标可能也是冲突的。所以，关于什么是重要且紧急的问题，政府与公众集合的认识可能并不一致，公众集合之间的认识可能也不一致。一般地说，公众集合体认为重要的问题是与这个特定集合体的利益相关，紧急程度是与集合体利益发展的障碍程度成正比，而政府关注的是全局的利益。某一个问题，公众和政府都认为是重要的，但是在紧急程度上，公众认为是紧急的，政府认为不是紧急的。紧急程度一般表现为解决次序的排序方面。某一个问题，公众和政府都认为是紧急的，但是在重要程度上，公众认为是重要的，政府的认同程度和权重系数不一定认为其重要。

重要且紧急的问题，对某一社会问题，公众和政府都认为是重要的，在紧急程度上，公众和政府也都认为非常紧急。公众的关心程度与政府的决策权重相一致，这就要求政府在第一时间采取措施，进行妥善的处理。同时，对这些重要且紧急的问题还要提前做好预案，如地震、抗洪抢险、火灾救援、重大安全事故等，若延误救援时间就会给人民的生命财产带来巨大的损失。

三、结构辨析

结构辨析的基本要求是厘清问题是否主要存在于基元结构当中。任何一个社会工程问题所对应的政策结构都是主体、客体与基元的向量之和（图 5-1）。

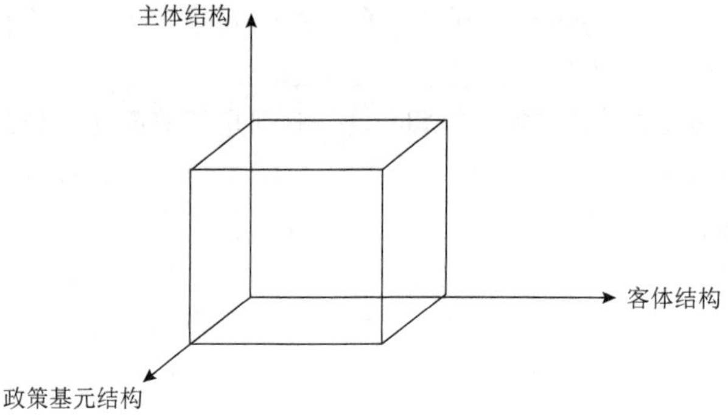

图 5-1　主体、客体和基元向量图

由图 5-1 可知，主体结构、客体结构与政策基元结构三者之间既相互影响又相互制约，任何一个维度发生变化，在目标不变（向量之和）的前提下，其他两个维度也会相应地发生变化。同样，任何一个维度的情况发生变化，都会对最终的结果产生影响。所以，对任意一个进入研究的问题而言，究竟是否可归为社会工程问题，能否按照社会工程问题的处理范式进行研究，必须在此三维坐标中对其加以把握，尤其是要准确地做出问题出现的关键原因是否位于基元结构的准确判断。

例如，执行层面对政策的扭曲，就是主体结构上存在的问题，不能归结于政策设定；预设客体的错误，导致政策执行效果不佳，也不能因此否定政策本身的合理性。这些就是常见的问题界定过程中结构辨析环节的错误所致。近年来，农村地区的村办学校数量大幅减少，相当一部分已经改建为村活动所或被私人承包用作他途。如果仅就这一现象而言，可能会引发基层教育被忽视、得不到经费大力支持的讨论，进而产生对基层教育政策的不满。实际上，随着人口出生率的下降，适龄入学学生数量显著减少，而且有为数不少的学生作为随迁子女进城上学了。所以，撤点并校是大势所趋，统筹优势资源集中办校是必然趋势。如果在问题的界定过程中缺乏结构辨析意识，就可能会陷入表面现象之中，无法合理地提出对策，对政策的调整建议也会缺乏针对性。

结构辨析的关键在于能否合乎事实地将问题出现的根源定位于深层的基元层面。如果不能确认为是基元结构中的问题，就不能将其归结为社会工程问题，解决问题的方法和思维就不能沿用社会工程问题的解决方案。社会工程问题是引发社会问题的问题，如果不能在结构辨析的过程中对其进行准确判定，就可能会贻误问题解决的时机，导致问题变得更加复杂。无论是主体结构还是客体结构，都是问题结构分析中必须关注的重要方面，对这两者的分析有助于判断问题的根源是否存在于基元结构当中。只有基元结构的问题才是社会工程的问题，这一点必须在结构辨析中予以明确。处于新时代的历史方位上，中国特色社会主义的发展进程将面临诸多复杂烦琐的社会问题，只有对其进行清晰细致且准确严谨的判断，才能确保社会建设与发展能够顺利推进，进而在最大程度上维护好广大人民群众的根本利益。

第四节　社会工程问题界定的案例

社会工程问题是认识过程中第二次飞跃的关键环节，只有准确界定出社会工程问题进而精准施策，才能解决当前社会存在的突出问题。改革开放以来，我国进入自觉的社会工程应用阶段，涌现出了许多社会工程的典型案例，其中也有一些社会工程问题界定的典型案例。

一、放开“二孩”政策

计划生育政策是我国的基本国策，对我国经济社会发展做出了突出贡献，是社会工程在实践中的典型案例，也是社会工程问题界定的典型案例。本节以放开“二孩”政策为对象进行分析，说明社会工程问题界定过程中的若干关键环节（社会工程问题与社会问题的区别、问题结构分析、如何精准施策）及其意义。

我国推行计划生育政策肇始于20世纪80年代初，计划生育政策于1982年被正式定为基本国策，同年12月写入宪法。《三中全会以来重要文献选编》上指出：“建国以来，由于卫生工作的进步和人民生活条件的改善，人口死亡率尤其婴儿死亡率大大降低，寿命大大延长。但是，我们长期对人口出生率没有适当控制，致使人口增长过快，旧中国从一八四〇年到一九四九年的一百零九年中，全国只增加人口一亿三千万。而中华人民共和国建立以后的三十年中，出生了人口六亿多，除去死亡，净增四亿三千多万人。人口增长得这样快，使全国人民在吃饭、穿衣、住房、交通、教育、卫生、就业等方面，都遇到越来越大的困难，使整个国家很不容易在短时间内改变贫穷落后的面貌。尤其严重的是，我国人口在一九六三年到一九七〇年这一段时间增加得最快，现在三十岁以下的人，约占全国人口总数百分之六十五，今后每年平均将有二千多万人进入结婚生育期。如果不从现在起用三四十年特别是最近二三十年的时间普遍提倡一对夫妇只生育一个孩子，控制人口的增长，按目前一对夫妇平均生二点二个孩子计算，我国人口总数在二十年后将达到十三亿，在四十年后将超过十五亿。这将会大大增加实现四个现代化的困难，造成人民的生活很难有多少改善的严重局面。解决这一问题的最有效的办法，就是实现国务院的号召，每对夫妇只生育一个孩子。”[①]

可以看出，当时推行计划生育政策的主要原因就是人口增长速度过快，给社会承载能力带来了巨大压力。以国家当时的国力水平与国情来说，其会显著制约发展，使整个国家难以在短时间内改变贫穷落后的面貌，还会大大增加现代化的实现难度。所以，推行这一政策，是当时条件下的必然选择。

2010 年，中国社会科学院重大课题——“中国生育政策调查定量研究”启动。2012 年 7 月，国务院发展研究中心社会发展研究部葛延风、喻东、张冰子三位专家在《中国经济时报》发表《完善社会政策需要着重解决的关键体制机制问题》一文，提出尽快调整完善人口和计划生育政策。30 多年来，针对过大的人口压力，中国实施了严格的计划生育政策，生育率快速下降。学界普遍认为中国的生育水平远低于 1.8 的官方公布水平。北京、上海等大城市按户籍人口计算则出现了低于 1 的超低水平。2014 年“单独二孩”公布实施后不久，国家卫生健康委员会委托中国社会科学院人口和劳动经济研究所研究员王广州和中国人民大学社会与人口学院院长、中国人口学会会长翟振武各自带领团队继续研究“二孩”。研究课题组需要弄清关于全面放开“二孩”的诸多问题，包括“单独二孩”成为生育政策后及实行“全面二孩”政策后，中国会增加多少人口。2015 年 10 月 26 日至 29 日，中国共产党第十八届中央委员会第五次全体会议审议通过的《中共中央关于制定国民经济和社会发展第十三个五年规划的建议》指出：“坚持计划生育的基本国策，完善人口发展战略。全面实施一对夫妇可生育两个孩子政策。”2015 年 12 月 21 日，第十二届全国人民代表大会常务委员会第十八次会议初次审议了《人口与计划生育法修正案（草案）》。草案提出，本修正案自 2016 年 1 月 1 日起施行，这意味着，独生子女政策将在 2016 年 1 月 1 日正式宣告终结，强制避孕节育也将成为历史。

从“只生一个好”到全面放开“二孩”政策，中国的计划生育政策随着时代发展相应地进行着调整。出台“全面二孩”政策的社会背景就是现实的社会问题，如“人口红利”时代行将结束、中国的劳动力供给将与劳动力价格呈正相关关系等，这些问题是当前社会所涌现的现实问题，也是引发了群体关注的社会问题。那么，引发这些社会问题的问题究竟是什么？这就是由社会问题推至社会工程问

① 中共中央文献研究室编：《三中全会以来重要文献选编》上，人民出版社 1982 年版，第 535 页。

题判定进而精准施策的基本逻辑。

首先，关于社会工程问题和社会问题的界定，两者之间的差异主要在于问题所属的层次。社会问题是具体直接的问题，是处于现实层面，可知可感可见的。而社会工程问题则是处于现象背后的问题，是深层次的问题，是位于问题基元层次的问题。所以，面对人口老龄化及其引发的社会负担问题、民生保障问题、社会稳定问题等，必须有向深处探究的意识，在社会工程的思维指引下合理地界定和判断表面层次的社会问题与深层次的社会工程问题。若始终停留在问题的现象层次，就无法深入问题背后精准地分析其真正的根源所在。老龄化问题也就是人口结构问题，人口结构问题并不是老年人数量过多，而是相对过多，关键在于当前中青年人口比例偏低、新生人口数量更是严重不足。由此可见，老龄化社会的出现并不是根本问题，深层次问题是如何维持健康合理的人口年龄结构。

其次，关于该问题的结构分析。从客体结构来看，当前的现实问题就是人口结构不合理所呈现出的各种负面影响。这些问题直观可见，是社会成员与政策决策者都能够直观地意识到的具体问题。由此，客体结构进一步深化，就会发现这个问题的根源在于基元结构。当前的社会生育率普遍偏低，年轻人生育意愿较弱、生育年龄较晚。多年来，计划生育倡导的一胎政策已经深入人心，育龄女性的预期值上限被严格限定，所以育龄晚、育龄意愿低就是自然而然的情况。因此，解决基元问题，调整生育预期的上限限制，就是该问题结构分析的关键。缓解人口结构不合理的问题及其造成的压力，核心在于调整生育政策。

最后，关于精准施策的问题。近年来，党和国家对计划生育政策的调整正逐步放开，于 2016 年以草案的形式将其正式推向社会。这些都是围绕该问题的基元结构进行施策，通过社会工程方案的制订来解决处于客体结构层次的问题。但是，受当前社会观念与时代风气的影响，“全面二孩”政策的出台还没有产生显著提高生育率的预期效果。所以，为了进一步解决该问题，围绕“全面二孩”政策的细化与优化工作正在进行，相关的配套政策措施也在探讨与研究当中。由此不断完善的政策方案就是在基元结构层次下大力气解决问题，就是典型的社会工程问题界定与解决案例。

二、榆林沙化治理

陕西沙化土地分布在渭南、延安和榆林 9 个县，其中榆林市占 7 个县，面积占全省沙化面积的 99%，近年来榆林牢固树立和践行“绿水青山就是金山银山”理念，以“南治土、北治沙”为抓手，坚持用系统化思维加强生态建设，通过改善沙区生态状况，加快发展沙区绿色产业，实现治沙增绿和脱贫致富协调发展。这个过程体现出了紧抓社会工程问题的思维与实践逻辑。

榆林，古称“上郡”，位于中国陕西省最北部的黄土高原和毛乌素沙地交界处，是黄土高原与内蒙古高原的过渡区。陕西省荒漠化和沙化土地面积的 99%都集中在位于毛乌素沙漠南缘的陕北榆林。

由于过度垦殖、气候变化等原因，榆林的植被曾遭到严重破坏，生态环境日趋恶化。在中华人民共和国成立前的近百年，流沙已越过长城南侵 50 多公里。中华人民共和国成立初期，榆林市仅残存 60 万亩天然林，林木覆盖率只有 0.9%，流沙吞没农田牧场 120 万亩，沙区仅存的 165 万亩农田也处于沙丘包围之中，390 万亩牧场沙化、盐渍化、退化严重，沙区 6 个城镇 412 个村庄被风沙侵袭压埋，形成了沙进人退的被动局面。由于水土流失日益严重，榆林每年因水土流失输入黄河的泥沙高达 5.3 亿吨，占中上游入黄泥沙量的 1/3。[①]辖区内的榆阳、横山、靖边、定边、神木、府谷 6 县（区、市），属于榆林市风沙区，是京津风沙源治理的工程区（以下简称“京津工程区”），也是京津沙尘传输路径西北路的沙尘源区和加强区。

当地有句顺口溜，“山高尽秃头，滩地无树林。黄沙滚滚流，十耕九不收”，“吃糠菜，住柳庵，一件皮袄四季穿”是榆林大地和人民生活的真实写照。为了改变恶劣的生存环境，从 20 世纪 50 年代末开始，榆林市就开始对沙漠进行长期不间断治理，尤其是改革开放以后，在国家政策指引下，榆林市积极开展退耕还林、植树造林工作，同时结合南北不同地貌，形成了“南治土，北治沙”针对性防治体系。经过多年的综合治理，榆林森林覆盖率从当时 1%左右提升到 2018 年的 38%左右，极大地改善了当地的人居环境。从“哪里有风哪里栽，要把风沙锁起来”“哪里有空哪里栽，再把窟窿补起来”“适地适树合理栽，又把三松引进来”到“乔灌混交立体栽，绿色屏障建起来”，再到“打造精品连片栽，增值增效富起来”。据了解，榆林市针对五大沙化土地类型区，采取不同的治理措施，走出了一条不断优化的科学治沙之路。通过采取人工、飞播、封育相结合，植治、水治、土治相结合，一改（改良土地）、三化（林网化、水利化、园林化）、八配套（田、渠、水、林、路、电、排、技）等一系列综合治理措施，推广樟子松“六位一体”等造林治沙实用技术，提高了治理水平，保证了治理成效，让榆林植树造林蓬勃发展。

多年来，榆林市在实践中不断总结治沙造林经验，曲折前行，经历了试验摸索阶段、集体大规模治理阶段、改革开放转型阶段和生态建设全面发展阶段。科技支撑、改革创新、产业带动在治沙中发挥着重要作用。2015 年，榆林市林业科学研究所启动了“榆林沙区樟子松嫁接红松技术与适应性研究”项目，主要解决榆林沙区数年来樟子松生态林缺乏更新替代树种和经济效益微薄问题。通过聘请辽宁章古台嫁接技术工人到实地示范与传授技术，以及本地科研人员的探索，榆

① 资料来源：国家林业与草原网站。

林林业科技示范园、定边林业科技示范园、横山白界林场已培育红松嫁接苗 7 万多株，筛选出了一套完整的嫁接技术和管理措施。截至 2018 年已营造万亩以上成片林 165 块，沙区 860 万亩流沙全部得到治理。榆林市探索建立沙化土地资产产权制度，制定用途管制办法，完善扶持政策，拓宽资金渠道，推动建立荒漠生态效益补偿制度和防沙治沙奖励补助政策，创新防沙治沙投融资模式，推动政府和社会资本合作治沙。

可以看出，在榆林市成功治沙的实践过程中，首先是对社会问题和社会工程问题的界定非常清晰。治沙是直观的问题、表面的问题，是社会工程系统问题的外在表现。所以，在治理过程中，榆林没有简单地将视域停留于问题本身，而是从社会工程的角度来看待问题，具体表现在深度和广度两个方面。从深度来说，榆林治沙所要解决的问题并不是单纯沙漠变绿的问题，而是深入生态政策乃至社会整体推进政策的层次。从广度来说，榆林治沙并没有简单地停留于环境这一领域，还将其与经济、民生等领域联系起来，从治沙到生态建设，从生态建设到全面发展。这是榆林治沙中对社会工程问题自觉界定的突出表现。其次是结构分析。在治沙中，榆林市委市政府作为主体，对客体结构的分析做到了精准和全面并重，将涉及的问题综合研究，准确地分析出了问题在基元结构层次的症结。例如，对于资金的落实方面，除了加大政策投资之外，还积极引入社会资本、探索市场化循环经济模式，保障了治理资金的来源。在榆林佳县，三北防护林建设初期，佳县人民把黄河沿岸土石山区确定为建立以红枣为主的生态经济林体系，组织专门机构对佳县石洼进行系统规划，并出台了“个体承包、垒石造田，谁造田谁所有，谁栽树谁受益，五十年不变”的石洼开发治理政策，极大地调动了广大农民的积极性。从此，向石洼要地、要效益的号角吹响。截至 2018 年，黄河沿岸石洼区开发治理石洼 5 万多亩，栽植以红枣、花椒为主的经济树种 150 多万株，不仅经济效益可观，社会、生态效益也尤为凸显。最后是精准施策。精准施策就是要针对基元结构所包含的问题制定政策，确保瞄准问题的靶心，避免张冠李戴、南辕北辙。沙化问题的基元结构缺陷在哪里、不足在哪里、短板是什么、关键是什么，这些都是社会工程方案制订的主攻之处。正是成功地把握了这些问题，所以榆林能够创造出当代的绿色奇迹。位于其北部的毛乌素沙漠变成了一片绿林，这离不开榆林沙化治理中对各类基元问题的精准定位与精准施策。

第六章 社会工程的理念建构

第一节 理念的意义和作用

如何理解理念的范畴，这是一个尚未弄清楚的问题。理念是概念的同义语吗？直觉告诉我们是有区别的，这在两者的使用语境有所表现。例如，有人说："我们公司的发展理念是业绩为王"。有人说："我们公司的发展理念是以人为本"。显然，在这种场合，多数人都不会使用"我们公司的发展概念是什么"这样的表述。人们的语言实践达成了某种共识，即理念与概念是有区别的。但是，区别在哪里呢？这是需要探讨的问题。关于理念一词，《辞海》（1989）的相关解释有两条：一是"看法、思想、思维活动的结果"，二是"理论，观念（希腊文 idea）。通常指思想。有时亦指表象或客观事物在人脑里留下的概括的形象"。显然，这样的解释是值得讨论的。因为这个解释过于宽泛，并没有把理念、概念、印象、观念等思想形式区别开来。所以，在开始讨论社会模式理念时，需要先对理念的内涵与外延进行界定，以便更准确地把握社会模式的理念。

一、概念和理念的区别

一般来说，人们所说的概念，是指对客观事物一般属性和特点的反映。概念的外延一般是指具有共同特性的同类事物；概念所反映的对象越多，外延越广，抽象层次就越高。但是，人们所说的外部世界的客观事物有三种类型。第一类是自然事物，如山川树木、飞禽走兽等；第二类是社会事物，如阶级、阶层、制度体系、法律法规、行为习惯和道德规范等；第三类是人工器物，如房子、桌子、机器、车辆等。对于这三类事物，如果人们不去描述它们产生与形成的过程，只是从既定形态上来描述它们，则都可以用概念这种思维形式去把握，也就形成了各种各样的概念。

但是，对于第二类和第三类事物，它们不是自然界产生的，而是人类实践产生的，即它们经历了一个从无到有的过程。人类的能动性的特点在于，人们能够在具体事物还不曾存在的时候，就设想它的存在，这就是想象的作用，在想象的过程中就形成了一个具体的想法。这种关于未来事物的想法是难以用概念思维的方法来把握的。因为概念思维的方法是一种抽象方法，它的对象是存在于思维之外的实际存在着的客观对象。那么，对于现实中不存在的东西却是人们希望它存在的东西，思维的方法是基于想象思维的，这种想象思维是关于未来可能存在的东西的思维。关于未来可能存在的东西的总体特征的设想就是理念。

关于概念和理念，也有各自相对应的英文词汇。在英文文本中说到概念，一般用“concept”这个词表达，表示“概念”“观念”的意思，即外部事物的性质和特点在人的思维中的表现形态，如“new concept english”就可翻译为“新概念英语”。说到理念，一般用“ideal”这个词表达，表示“理想”“完美”的意思，如“政治理想”就可翻译为“political ideals”。

西方哲学家柏拉图提出了“理念论”的哲学思想，他认为事物的理念是事物存在的根据，先有关于事物的理念，再有现实的具体事物。譬如，世界上有各种不同的床和桌子，但是我们可以用床和桌子这两个名称把它们统括起来，这时床和桌子就是不同的床和桌子的理念。柏拉图认为，人们看到的桌子和床，是感觉的产物，它们属于感觉世界；而事物的理念属于理念世界。理念世界的东西是真实的、永恒的；感觉世界的东西是变幻不定的。他认为理念世界是独立的，现实世界是派生的，现实的个别事物之所以存在，是“分有”了理念世界的理念而已，他把理念看成事物的原型，现实世界的事物只不过是理念世界的理念的摹本或者影子。从马克思主义的观点看来，柏拉图的“理念论”的错误在于把理念理解成独立自在的、永恒不变的东西，而且认为所有的事物，不分人工事物与自然事物的本质区别，统统都是由理念决定的，颠倒了物质决定意识的根本关系。但是，柏拉图的唯心主义思想中的合理成分还是值得挖掘的。如果去掉它的唯心主义前提与核心，从人工物的建造过程看，人工物的建造理念是先于人工物而存在的，人工物是对“人工物的理念”现实模仿所形成的物质摹本。我们和柏拉图的最大区别在于，人们所形成的具体的人工物的理念是实践的产物，是根据事物本身的规定和属性并根据人的期望设计出来的，它是第二性的东西，不是第一性的东西，也不是永恒的东西。

二、理念是建造人工事物的向导

人工物的理念是建造人工物的根据，这是工程活动与社会工程活动的重要特点，也是人与动物的根本区别。马克思曾经用工程师与蜜蜂的对比说明这个性质。马克思说："最蹩脚的建筑师从一开始就比最灵巧的蜜蜂高明的地方，是他在用蜂蜡建筑蜂房以前，已经在自己的头脑中把它建成了。劳动过程结束时得到的结果，在这个过程开始时就已经在劳动者的表象中存在着，即已经观念地存在着。"①

（1）理念是人工物建造过程的起点。无论是自然工程还是社会工程，对从事工程活动的工程师而言，其实践过程的共同特点是所要建造的事物在建造之前已经在工程师的头脑中形成了。而且，第一个形成的东西是关于所要建造的事物的基本理念。这个基本理念就是"要建造一个什么样的事物，建造这个事物的基本路径"。拿自然工程来说，若要建造一条铁路，先要设定在哪里建、里程多少、货运为主还是客运为主、造价多少、工程时间规定等，这些是自然工程的基本理念。拿社会工程来说，要推动一项社会改革，先要确定改革的对象、要实现的目标、改革的切入点选择等要素，这些是社会工程的基本理念。有了这些基本理念，后续的环节就可以逐步展开了。

（2）理念是社会工程活动的指导思想。某一项社会工程的展开，第一件要做的事情就是确定社会工程活动的基本理念。如果基本理念没有确定，社会工程活动就无法展开；如果其基本理念设计得不合理，就会影响社会工程活动的顺利展开。一旦确定了基本理念，就应以这个理念为指导开展具体的社会工程活动。可以说，有什么样的工程理念就会有什么样的工程活动。在社会工程领域里也是如此。

三、理念是实践方式的思想规定

正如前文所述，理念与一般的概念不同，概念是关于世界上已经存在的事物或者实体存在所形成的思想观念；理念是先于人工事物存在于人们的思想中的。这种关于未来事物总体特征的思想观念就是人们实践方式的思想规定。

所谓实践方式的思想规定，是指指导一个具体的事件过程如何进行的思想原则。1978 年邓小平推动改革开放的时候，根据当时社会上存在的"左"的和右的两种不正确的社会思潮，提出了"一个中心、两个基本点"的思想路线，这就是当时改革的总体理念。理念作为实践方式的思想规定，进一步揭示了理念范畴的本质特点。理念范畴的性质是揭示一个具体的实践过程采用什么样的方式进行的观念，是对将要进行的事件过程的具体规划或设计的思想规定，既有新生事物本身的因素，又有如何促使新生事物形成的因素。所以，理念所表达的内容不像概念那样针对已经存在的事物，或者已经存在的现象，而是针对正在产生和形成却

---

①《马克思恩格斯选集》第 2 卷，人民出版社 2012 年版，第 170 页。

尚未形成的现象，是反映如何使一个所希望的事物得以实现的过程和方式的思想规定。

尽管理念形成于实践过程与实践方式展开之前，形成于所建造的具体事物出现之前，但理念的形成并非与之直接对应的，理念的形成既不是人的头脑“先验的”主观自生、没有经验基础的，也不是“上帝”或“绝对精神”等超验性存在赋予人的思想的。理念的形成仍然是有经验依据和客观依据的，是在人们已有的经验和知识基础上创造性形成的，尽管它不以直接的经验对象为前提，但它脱离不了人类在实践经验基础上形成的知识体系和经验序列。可以说，人们关于客观世界的知识积累得越多，人们的经验知识越丰富，人们对价值目标的认识越清楚、对客观的环境条件的判断越准确，此时人们所建构的实践理念就越合理，在这种理念指导下的实践过程与实践方式成功的概率就越大。

四、社会工程的理念

把理念理解视为实践方式的思想规定，这是从哲学思维的层次来理解的，也就是说，它是人类社会实践中各种具体实践理念的最一般概括。人类的社会实践有不同的类型，如有生产实践、科学实验、工程建造等实践形式，还有处理社会关系的实践形式，如阶级斗争、社会改革、社会革命、社会管理、经济管理、国家治理等。这些不同类型的实践形式都有其相应的实践理念。我们把处理社会关系的实践理念称为社会工程理念。

社会工程的理念具有以下特点。

第一，它具有理想性特点。社会工程理念所表达的是一种消除理想状态与现实状况之间差距的总体思路。关于所建构的新的社会关系模式的理念，只表达一种未来的期望，它仅是一种可能实现的理想性状态，不是对现存的实际状态的反映。建构这种理念的目的是改变现实状态，而改变这种现实状态是通过消除理想状态与现实状态之间的差距的方式来实现的。因此，如果没有理想性因素，就无法形成社会工程理念。

第二，它是一种预设性观念。社会工程理念不是一般性观念，尤其是不同于那种反映客观事物的摹写性观念。社会工程理念的预设性在于社会工程活动还没有实际展开时，人们在头脑中已经把社会工程活动的总体特征建构起来了，形成了一种指导社会工程活动的规划和设计思想。这种预设性观念建立在预测性思维的基础上，它包含丰富的知识、长远的预测及思想境界的定位。因此，形成社会工程理念的过程是一个创造性思维的过程。

第三，它具有多重规定性。社会工程活动是变革现实的物质过程，是一个物质、能量、信息的相互作用过程，是社会关系结构变动的过程，也是人们之间的利益关系调整的过程，它涉及的因素是复杂多样的，所涉及的因果关系与相关关系也是多元的，因此反映这种复杂的变换过程的社会工程理念内含着多重规定性。它也不像社会科学概念那样只反映社会事物的某一个方面的属性和特点，它是社会工程活动过程中的多样化因素与多方面规定性的统一。

社会工程理念的核心要义体现在对待“立”与“破”的关系处理上，它确立了先“立”后“破”的顺序，强调“立”字当头、“破”在其中。首先，从社会活动形式的意义上说，社会工程活动不同于社会革命，也不同于社会运动，它是通过人们自觉地发现和建构新的社会关系形式、替代旧的社会关系形式，从而促进社会可持续发展的一种社会活动。社会工程理念与社会革命、社会运动的理念之间的根本区别表现在如何对待和处理“破”与“立”的关系问题上。社会革命与社会运动的理念是先“破”后“立”。所谓先“破”后“立”，就是先打破一个旧世界，然后再建设一个新世界，在打破旧世界的基础上建设新世界；在“破”与“立”的关系问题上主张先“立”后“破”。社会工程理念与此不同，它是“不‘立’不‘破’”，强调“立字当头，破在其中”。也就是说，它是通过新方案和新模式的设计（优化）来革新（代替）旧的方案与结构，进而推动社会结构的变革。一旦新的社会关系模式通过论证和实施，就自然替代了旧的社会结构；但是，如果新的社会结构模式还没有充分论证和取得社会共识，那就不能轻易推行和实施，就需要允许旧的社会结构存续一段时间。

第二节　社会模式的理念构成

社会模式理念是价值、规律和情境的统一体。社会工程研究的核心是模式设计，社会工程思维集成的复杂性和协同性就集中体现在具体模式的设计当中。在模式设计过程中，需要充分考虑三个维度的因素，也称三类基本变量，即规律向量、价值向量、情境向量。所谓规律向量是指各种科学规律、技术规律、社会规律、经济规律甚至文化规律等客观知识。所谓价值向量是指人们在评价社会活动时所使用的评价准则体系。所谓情境向量是指人们对所要建构的社会对象的总体性观念以及社会理念是所实际遇到的各种社会历史条件和自然资源条件的总和。[①]这三类基本变量构成了社会工程研究中进行模式设计的思维空间（图 6-1）。这三类变量的每一类变量可以有不同的取值，所以每一变量自身也有一个综合集成问题。

---

① 王宏波：《论社会工程学的意义、内容与学科特征》，《西安交通大学学报（社会科学版）》2011 年第 1 期，第 70 页。

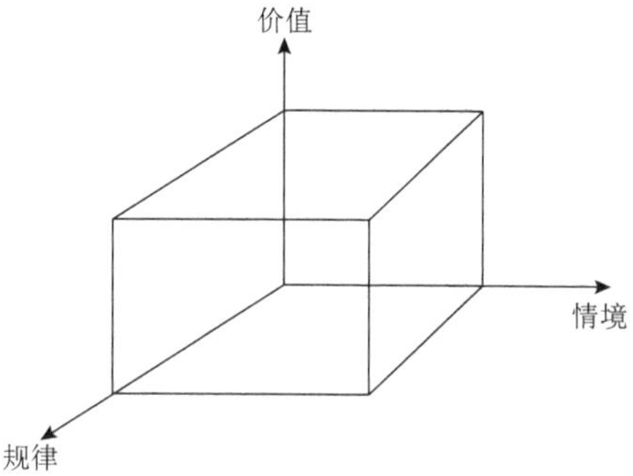

图 6-1　社会工程综合集成的思维空间和基本变量

一、价值规约规律

价值体现主体目的，规律是实现目的的方式。因此，价值和规律在理念塑造上是目的和手段的关系，价值规约规律。

社会发展理念的塑造，必然是在某种价值追求的驱动下进行的。实现主体的价值目标、满足主体的需要，是社会模式设计和理念塑造的出发点与落脚点。所以，无论运用何种规律，采取何种运用规律的方式，必须以实现主体的价值目标为转移。可见，对规律的运用是手段，对价值的追求才是目的。手段为目的服务并受目的的规定。反过来说，只有那些反映了某种价值追求的规律，才能成为理念塑造的基础。正如客观世界中哪些事物能成为人们认识世界和改造世界的对象取决于人的需要一样，哪些规律为特定社会模式及其理念所利用同样取决于人的需要。从这个角度来说，不能满足人们价值目标的规律，只是一种潜在的手段而不是现实的手段。所以，社会模式理念涉及的规律的类型及其方式，体现和反映着人们的价值追求。

二、规律限制价值

首先，客体对于主体的价值基于客体的属性和运动规律。价值不是一种实体，而是客体对主体的一种意义或作用关系，某种客体之所以能对主体产生某种意义、起到某种作用、带来某方面利益，即形成某种价值，是因为它具有某种属性和运动规律。客体的属性和运动规律，是形成一定价值的基础。因此，对规律的认识，必然包含着对规律与主体关系的认识，以及对主体的意义的认识。也就是说，规律性认识不仅揭示了事物本质的、内在的、必然的联系，而且揭示了满足人的需要的多种可能性，即事物的规律与人的需要之间的联系。人们总是从事物及其内部各要素的结构关系和运动规律的认识中，发现对象满足人的需要的可能性，在这个基础上，确定实践活动的目的。

其次，对客体的规律性认识在社会模式理念塑造前就已经部分完成了。当人们打算建立一种社会模式，在进行理念塑造时，必须先有对客体的各方面属性和规律的认识。因为如果没有这种认识，就不能断定某些事物的属性和规律是否能形成价值，以及是否能满足人的需要，也就无法选择和确定对策的价值目标。这似乎是矛盾的。因为我们强调价值追求规定着对规律的选择和运用方式，同时强调价值目标的确立，这只有在对客观事物及其规律形成认识的基础上才能完成。事实上，这并不矛盾。因为在具体社会模式的理念塑造之前，人们不可能对某些客观事物一无所知，哪怕这种认识是粗浅的、感性的，但这种认识总是存在的。人们正是凭借这种认识，去确认目标、选择规律、塑造社会模式的理念。

最后，随着对规律认识的不断深化，价值目标越来越清晰合理。社会模式理念的逐步清晰，有助于不断加深人们对某些客观事物的认识，有助于人们产生新的价值追求，最终化为完善理念和设计模式的动力。尽管人们可以超越规律性规定去设定价值目标，但具有现实性的价值目标总是以客观规律作为根据的。

三、价值与规律具体统一于情境

在社会模式理念的塑造中，价值因素体现了理念塑造的必要性，客观规律的运用则体现了理念塑造的可能性。但是，可能并不等于可行。理念的可行性及其实现程度，取决于与其相关的各种条件。任何理念都是具体的，都与特定的条件相联系，离开了特定的条件，理念中的规律就不可能发挥作用，再美好的价值目标也只能是海市蜃楼，规律与价值的统一也就失去了现实的基础。实际上，条件性本身就是一种规律性。严格遵循条件性，就是遵循客观规律性。如果无视规律起作用的条件，在条件不具备时，就盲目形成理念、设计模式，即使理念中部分地反映了客观事物的规律，其行为同样是违背客观规律的。

所以，从广义上说，理念是价值、规律和条件的统一体。具体的价值、具体的规律、具体的条件规定了具体的理念。价值、规律与条件之间存在着严格的相互规定、相互制约的关系。价值追求的实现，依赖于规律的合理运用，规律的选择与运用，则受价值目标的引导。两者又依据一定的条件形成有机统一体。因此，理念的统一是多样性的、具体的统一。不同的理念体现出不同的统一关系，而这正是完善理念的前提。同一个价值目标，可以根据不同的规律，或依据不同的条件形成不同的理念；不同的价值目标，可以根据同一个规律而依据不同的条件形成不同的理念；若干个价值目标、若干个规律综合作用，也会形成不同的理念。所以，理念作为价值与规律的统一，是价值目标多向性、规律种类与形式的多样性、条件的具体性的统一，只有这样的统一，才能为完善理念提供灵活的可能性空间。所谓理念的完善，正是价值目标在特定条件约束下与客观规律及其形式的有机组合。或者说，是追求在特定客观规律与客观条件约束下实现目标函数的最大值与最小值。

第三节　社会模式理念是价值、规律、情境的综合集成

社会模式理念是社会模式设计主体对多样化的价值、规律和情境因素进行综合集成的结果。

一、多重价值整合与凝聚

从设计主体来看，不同的设计主体，因为其文化背景和利益结构不同，其价值标准与价值判断是不同的。从接受主体来看，不同的接受者对同一个工程的价值标准与价值判断也是不同的。所以，工程设计与建造过程存在着多种价值标准与价值判断，它们同时存在于工程活动过程中。多种价值观念叠加在一起，构成了社会工程活动的价值环境。社会设计、社会决策最重要的工作就是对不同的价值进行整合。不同的整合结果，反映着社会工程思维过程不同的创造性方式。整合价值分歧的方法主要有两种。

（一）上位价值统摄下位价值

“上位”“下位”是一个法学概念，评判标准在于法律条文的效力。宪法具有最高效力，因此，宪法相对于其他法律来说就是上位法。我们将这一概念引入社会模式设计，就是为了说明价值也有层次之分。

改革开放初期，部分人将计划经济等同于社会主义，将市场经济等同于资本主义，因而引发了“改革开放是姓资还是姓社”的争论，严重影响了我国社会主义事业建设。为协调这一价值分歧，邓小平在南方谈话中指出：“改革开放迈不开步子，不敢闯，说来说去就是怕资本主义的东西多了，走了资本主义道路。要害是姓‘资’还是姓‘社’的问题。判断的标准，应该主要看是否有利于发展社会主义社会的生产力，是否有利于增强社会主义国家的综合国力，是否有利于提高人民的生活水平。”[①]“三个有利于”标准相对于“姓资姓社”就是上位价值，这一上位价值的提出有效解决了下位价值矛盾，推动了改革开放的大踏步前进。

“三个有利于”之所以是上位价值，是因为它是从生产力与生产关系这一社会基本矛盾运动的角度来认识、评价主体行为和社会现象的，反映了社会基本矛盾运动规律，因此它具有更高的效力。

（二）凝聚共识形成价值认同

凝聚共识就是指求同存异，在不同的价值主体中找到共同的价值目标。这就

①《邓小平文选》第3卷，人民出版社1993年版，第372页。

是习近平同志多次提到的形成最大公约数，画出最大同心圆。“人心向背、力量对比决定事业成败。我们提出坚持正确处理一致性和多样性关系的方针，就是着眼于形成最大公约数，画出最大的同心圆。”[①]此外，他还强调：“在中国社会主义制度下，有事好商量，众人的事情由众人商量，找到全社会意愿和要求的最大公约数，是人民民主的真谛。”[②]

目前，党和国家在凝聚共识方面有两个非常鲜明的例子。第一，提出中国梦，促进国内各阶层、各民族、各种文化背景的人形成价值认同、找准自身定位，为新时代中国特色社会主义建设贡献力量。第二，倡导构建人类命运共同体。虽然世界文明具有多样性，但各国各自的利益、价值都要服从人类、地球的共同价值，应当在追求本国利益时兼顾他国利益，在谋求自身发展中促进各国共同发展，建设持久和平、普遍安全、共同繁荣、开放包容、清洁美丽的世界。中国梦和人类命运共同体从国内外两个方面推动社会各界，乃至世界各国在尊重多样性的基础上达成价值目标的一致性，是解决价值分歧的典型案例。

二、多种规律互动与综合

多种规律互动与综合，多种也可以说是“多向度”，这里的每一种，或曰每一向度，对应的就是一个学科。一个学科的规律一般只反映客观事物的一个方面的规律性，它具有一定程度的抽象性和片面性。客观事物是一个多面体，不同的学科只是从其中的某个侧面来认识和研究事物。也就是说，学科知识所表达的规律与事物本身存在的规律是有一定区别的。这个区别是它存在的前提。

这种区别的产生是因为学科意义上的规律都是具有假定性前提的，它将事物本身和作为研究对象的因果关系的环境条件及其他方面的联系忽略不计，或作为不变因素加以处理。通俗地讲，某一学科在进行研究时，会把某些其他学科的因素作为控制变量，以推进研究。可是，在建构一个具体的事物时既不能将影响它们的环境与条件忽略不计，也不能将事物本身存在的其他方面的因果关系撇开不管，而应当加以综合考虑。作为某一个学科规律的其他假定性的条件和因素可能是另一个学科研究的对象与内容。所以，作为工程设计的主体必须考虑多向度规律的约束、互动与综合优化。

人、物、事都有自身发展运动的客观规律。在社会工程中，要塑造合理完善的社会模式就需要对多重规律进行整合。以航天航空事业发展为例，不仅要遵循技术上的物的规律，还要掌握进行技术操作的人的规律，实现人物关系的结合。

---

① 习近平:《形成最大公约数，画出最大同心圆》，2016 年 1 月 31 日，http://www.ce.cn/xwzx/gnsz/szyw/201601/31/t20160131_8663341.shtml。

② 习近平：《习近平谈治国理政》第 2 卷，外文出版社 2017 年版，第 292 页。

三、具体情境判断与分析

任何社会模式理念的塑造，都与特定的社会资源和自然资源的利用及调配紧密相关。具体的情境条件既是社会变革的对象因素，又是社会变革的条件供给因素，更是理念设计和社会变革的约束因素。情境因素综合的结构不同，也就规定了相应的规律相互作用的空间，以及设定了社会价值的整合空间。

1）情境分析的自然状态和历史状态

情境是具体物质的时空条件，准确地判断具体情境要素的自然状态和历史状态的性质与特点是十分重要的。情境的自然状态是指自身形成的，不加分析、比较、研究的原生状态；情境的历史状态是指将其放在特定的社会发展阶段中进行分析、判断。

2）情境分析要坚持实事求是

情境分析要坚持实事求是，在社会工程思维中，“实”是指客观条件和现实环境，“事”是指现实的社会系统结构、现行的社会发展模式，“是”是指根据客观环境和现有发展模式获得的新的模式设计认识。社会工程情境分析的重点在于将实与事分离、分清，通过在现实情况中准确地剥离现有的社会模式，处理好政策、规律、理论之间的关系，唯有如此，才不会将政策、真理、模式、理论混淆，才能保证情境分析的真实性和准确性。

3）判断情境的 SWOT 分析法

SWOT 分析法又称态势分析法，是通过分析优势（strength）、劣势（weakness）、机会（opportunitie）与威胁（threat），对个体或组织所处情境进行全面、系统、准确的研究的方法（图 6-2）。

图 6-2　SWOT 分析法

它通过调查列举和矩阵排列的方式，把优势、劣势、机会与威胁等各种因素相互匹配起来加以分析，然后用系统分析的思想得出一系列相应的结论，为决策者制定相应的发展战略、计划及对策提供参考。社会工程活动中的情境分析可以借助这种方法。

四、多种社会理念的选择与定位

价值、情境、规律等三个维度既相互独立又相互作用，可以通过任意组合形成任意一种社会理念，因此，从众多的社会理念中选择一个合理的、可行的方案就成为决定社会工程成效的关键。这要求我们在促进这三个向量各自协调的同时，还要实现价值、情境、规律的整体统一和综合集成，这是与社会科学思维最为明显的区别，是以模式为基点的价值权衡、要素选择、功能匹配的结构化思维过程。

在这个过程中，需要把规律向量、价值向量、情境向量中所涉及的相关因素，按照一定的要求综合集成起来。同时，要处理好社会经济需求、社会经济能力和科学技术能力之间的关系，其既涉及对特定的社会规则设计所引起的环境变化影响的估计，更涉及社会工程项目的建构引起的社会利益结构的分布变化及其影响的判断与处理等问题。对这些复杂关系的分析与判断往往仁者见仁、智者见智，会形成不同的社会发展理念，所以需要进行分析选择，最终形成共识。

另外，对于社会工程研究者和设计者来说，它的知识边界不是固定的，而是不断变化的。所以，要不断地进行知识搜索和知识转换。在综合集成的过程中，它需要不断地处理知识搜索、知识转换与综合集成的辩证关系问题。首先，知识搜索与综合集成是一种辩证的关系。一方面，知识搜索是综合集成的前提条件。工程设计的知识系统是无固定边界的。设计者的知识领域越大，可能的设计形式就越多，方案选择的空间就越大。另一方面，综合集成的目标和方式指导着知识搜索的方向与范围。所以，不断学习、不断更新知识库、不断扩大知识面是社会工程师的基本素质和基本能力。其次，知识转换与综合集成之间也构成了一种辩证的关系。在可能性模式的设计与选择过程中，发生着知识类型的转换，即从科学知识经过技术知识到工程知识的转换过程。科学知识转换为技术知识可以有多种方式，技术知识转换为工程知识也有多种方式，这两个系列多种方式的相互作用的结果就更加多样。知识转换是综合集成的基础，知识转换的形式越多，综合集成的可能性模式就越多；反过来，综合集成的模式目标，影响和制约知识转换的条件、途径与结果。因为在设计思维过程中，知识的转换是为综合集成服务的。如果参与设计和讨论的社会主体不只是一个，那么情况就会更加复杂，这时综合集成的结果就会更加复杂多样。

根据以上的分析，可以认为社会工程思维中的问题是相当复杂的，其思维路径的变化是多样的，主要特点表现在根据对未来目标的理解所构想的实现模式是复杂多样的。这说明社会工程活动的突出特点是从多种可能的预设方案中选择一种可行方案实施和建构的过程。所以，方案选择的质量就决定着社会运行的质量。社会工程活动的起点是社会工程问题，对社会工程问题的理解决定着社会方案的设计和选择。这个过程存在着多种变化的可能性。综合集成性思维是这个环节的思维特征。所以，综合集成的方式就成了这个不确定空间的边界调控器。由于综合集成的要素是动态的，综合集成的能力是变化的，综合集成的结果就是不确定的。所以，社会工程设计的产物和新事物的形成，不能仅由过去的经验来说明。在社会工程思维中，既有路径依赖和制度记忆的因素，也有理想导引和目标规定的作用，它构成了社会工程思维的基本矛盾。

第七章 社会工程的模式及其设计

第一节　模式的地位和作用

“模式”一词实际上是实践模式的简称，就像真理是客观真理的简称一样。因为当人们说到模式时，总是以社会实践领域为指称对象的。如果是指现实世界中的某个客观事物，可以用模型来指称。模型就是对客观事物的摹写，现实的客观事物是原型，模型是现实事物的映像。事物的原型与模型的关系是原型在先，模型在后。需要指出的是，模式并不体现这种关系。模式是对实践过程与实践方式的反映和表述，它可以先于实践过程与实践方式，也可以后于实践过程与实践方式。当人们回顾、总结已经完成的实践时，模式是后于实践过程与实践方式的。当然，模式也可以先于实践过程与实践方式而存在。随着社会的不断发展进步，人们更加注重的是作为实践先导的模式。即使是那些作为经验状态的后生模式，它的内容也不是具体的对象或者现象，而是实践模式本身。为了充分认识和理解模式的地位与作用，需要把与其相邻的哲学范畴进行对比讨论。

一、模式是反映实践规定性的哲学范畴

模式是实践模式的简称，是反映实践规定性的思想观念。模式能否作为一个新的哲学范畴，必须满足两个条件。一是这个术语已经成为社会公众和思想者普遍使用的概念；二是作为哲学范畴，它是最一般的概念，在这个概念上不存在上位概念，也就是说不能把模式这个概念放到一个更大的概念里面，通过用属加种差的方式加以规定。那么，模式是否符合这两个条件呢？

第一，模式概念已经成为社会各界普遍使用的基本概念。从社会大众到学术界，从各个企业、行业精英到国家领导人，都在使用模式一词。例如，“企业发

展模式”“温州模式”“农村改革模式”“中国模式”“苏联模式”等，不可穷举。虽然每一个使用这个概念的人都有特殊的指称，但是不同的指称背后都内含着对这一概念的共同的直觉意义，否则人们之间便无法交流思想，尽管这种共同的直觉是没有明确申明的。

第二，当我们给模式下一个概括性定义的时候，就会发现，很难给模式找到一个上位概念来说明这个概念。例如，我们将“人”定义为：“人是会思维能制造工具的动物”。在这里，“动物”就是“人”的上位概念，“会思维能制造工具”就是人与其他动物之间的差别。在英文中，模式与两种词汇相对应：一个是“model”，另一个是“mode”。“model”是指称某一种具体的模式，当我们说“中国模式”时就可翻译为“Chinese model”，因为除了“中国模式”还有“苏联模式”。当人们不指称任何一个具体模式，而是就“模式”说“模式”，即对模式本身是什么进行发问时，一般就会使用“mode”。回答“模式是什么”，就是在回答模式这个词本身是什么意思，以及这个概念本身是什么内涵。如果做这样的思考，人们就会像回答“时间是什么”这样的问题来进行回答，如“时间是物质运动的持续性”。类似的，模式只可以这样定义：模式是实践结构、实践过程和实践方式的统一体。需要注意的是，在这个定义里，不存在定义中的“种差”。在对“人”的定义中，可以发现人与其他动物的区别，但是在关于时间的定义中，却找不到这一时间和那一时间之间的差别，因为只有一个时间概念。同样，在关于模式的定义中，也找不到与相应概念之间的种差，只能从模式自身的构成特点来说明。因此，可以肯定地说，模式是一个哲学范畴。

二、模式是与真理和价值相并列的哲学范畴

在众多哲学范畴中，人们最熟悉的莫过于真理与价值这两个范畴。其实，模式作为哲学范畴，其作用与真理和价值的关系密切。真理和价值在实践中的关联是通过模式这一范畴发生的。

首先，模式是同真理与价值相并列的一个哲学范畴。哲学常识告诉人们，在人们的社会实践过程中，有三类基本问题需要回答。第一类问题是真假问题，就是人们关于外部事物的认识结论，即知识内容是不是真的反映了事物的本质和规律，关于这个问题的回答就形成了真理理论。第二类问题是“应当”与“不应当”的问题，即在社会实践中人们应当做什么和不应当做什么的问题，对这类问题的回答就形成了价值理论。第三类问题是人们做各种各样事情时的做法问题，就是如何做事情的做法问题。对“做法”的哲学概括就是“模式”。可见，模式问题实质上是实践最根本的问题。一旦离开实践的观点，许多哲学问题都说不清楚；而如果离开模式，连实践自身都无法自明。所以，规定如何实践的模式问题是一类不可缺少的、体现人类生存本质的问题。

从社会实践的观点来看，真理、价值、模式这三类范畴的地位是并列的。马克思主义认为社会生活的本质是实践，人的本质是通过在社会实践中形成的各种社会关系的总和的性质来说明的。实践是主观见之于客观的物质活动。实践活动能够顺利进行必须满足三个基本条件：一是对所要变革的客观对象本身的规律性要有一定程度的认识和把握，即要掌握一定程度的真理性知识，所以真理范畴必不可少；二是要有实践的目标，实践是以主体目标为导向的，目标由价值决定，价值评价必不可少，所以价值范畴也就不可少；三是有了真理性认识和价值目标，并不等于是实践本身。要使实践本身成立，必须有实践的做法即模式，所以模式就更是不可缺少的范畴了。因此，真理、价值、模式是三个并列的、互相不能替代的基本范畴。

其次，真理与价值只有在模式中才能实现具体的、历史的统一。真理和价值范畴所表达的具体内容，一般都以观念形态的命题形式存在。真理是对客观世界中某个方面的、普遍存在的因果关系的反映，具有普遍性和抽象性的特点。价值命题也是一样的，它反映社会共同体的价值评判准则。真理命题和价值命题都可以相互独立的存在，人们也可以相互独立地去理解真理和价值的含义。但是，人类实践要求将真理和价值在实践过程中统一起来，这样就必须把真理的要求与价值的要求体现在实践过程中。这种在具体实践中体现真理与价值相统一的载体就是实践模式，简称为模式。在具体的实践模式中，真理命题的要求落实为实践的行动逻辑，价值命题的要求落实为实践的行动规则，并通过一定的结构实现行动逻辑与行动规则的统一。如果人们脱离具体的实践模式来论述真理命题或者价值命题，那就是一般的理论观点，可以分别独立地进行理解和表述。换句话说，都是“教科书”式的理解。

遗憾的是，在现行的哲学教科书中依然缺少模式范畴的理论位置。我们在哲学教科书中所能看到的是真理和价值范畴，看不到对模式范畴的解释与论述。这是对实践结构理解和阐述不够深入的理论表现，也是人们在实际生活中经常产生教条主义的思想根源之一。

三、理念是模式的思想根据，模式是理念的具体化

现在，我们进一步讨论理念和模式的关系。基于前文的分析，我们已经了解到理论与理念是不同性质的观念。理论是对外部事物的性质、特点和内部规律性的主观反映的观念形态；理念是对未来所期望的事物预先设想的观念形态。理念不是理论，但它的形成又离不开理论。也可以说，理论是理念形成的前提条件。由于实践的需要，理论转化为理念。对于理念与模式的关系来说也是如此。理念不是模式，但理念却是模式形成的根据，模式是理念的进一步展开。理论、理念、模式的关系可以用图 7-1 来表示。

图 7-1　理论、理念和模式的关系

理念与模式相比，最大的区别是抽象与具体的分别。理念与理论相比，不仅是一个预设的观念，还有具体的目标和对未来事物的基本规定性。但理念是抽象形态的东西，其结构规定性和过程与方式的规定性还没有展示出来，所以还需要进一步规定，把未来所期望的事物的基本结构、运行的基本过程及其方式展现出来，这就是模式的作用。

模式对于实践过程的作用表现为以下几点。

首先，是对实践过程的支配性。社会实践过程的基本特点是生成新的客观事物，其生成过程是一个根据实践目标综合集成各种物质要素、能量流动、信息传递和处理的过程。这个过程的目的是将原来并不相关的东西集成为一个具有新功能的新事物，因此就必须有支配这个过程的支配体，这个支配体就是实践模式。如果离开了这个实践模式的支配作用，要素无法整合，能量无法联动，信息反馈难以起作用，整个过程无法进行，当然也就形成不了实践的结果。

其次，模式的可行性。人们在相关实践开始前预先设计的实践模式必须具有可行性。可行性的第一个要求是所设计的模式一定能够得到实施，模式不是空中楼阁，而是要产生实际效果。因此，能够产生实际效果是衡量模式可行性的基本准则。可行性的第二个要求是适用条件的满足程度。如果所设计的模式能满足所适用的具体条件，就具有可行性。模式的可行性意味着模式自身已经包含和反映了具体实践过程与事件对象的各种条件，不仅有必需的物质条件，还有经济条件、文化条件和社会历史条件。

最后，模式的可选择性。模式是根据预设的社会理念设计出来的。然而，一个预设理念却可以设计出不止一个实践模式。这是因为，作为社会工程的理念，只是对社会工程活动方向和基本路径的概念性设计，它不涉及具体的结构细节。理念的核心意义是功能指向，就此来说，同一个功能要求，在不同的条件下可以通过不同的模式及其结构来实现。针对某一个问题，社会工程强调尽可能多地设计不同的模式以供论证与选择，从而提高其成功的概率。

四、社会工程模式是理论、理念与实践结果的中介环节

社会工程中的模式设计是理论、理念和实践结果的中介环节。具体来看，在认识向实践转化的过程中，实践主体在理论认识的指导下，形成社会模式的理念，再依据理念设计社会模式（或称社会工程模式），并通过应用社会模式直接作用于客体，产生实践结果。在这个过程中，模式是理论认识转化为实践结果的中介

环节（图 7-2）。

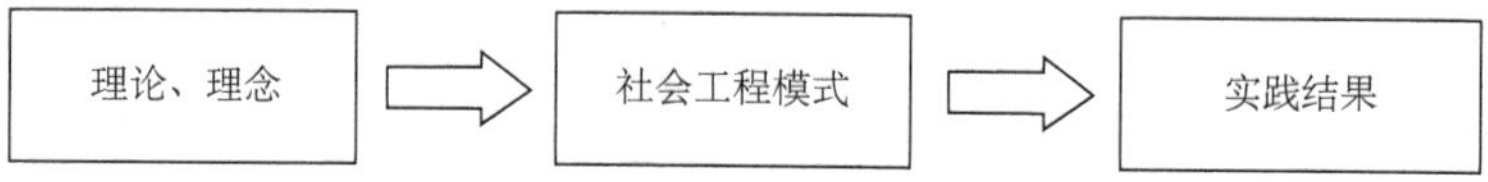

图 7-2 理论、理念向实践结果转化的过程

实践的这种过程结构性特点说明，理论或理念不能直接决定实践结果，必须要以实践模式作为中介。同样，也不能根据实践结果的成功或者失败，直接决定理论或理念的正确与错误，实践结果的成败能够说明的是实践模式设计是否合理，再由实践模式的合理性问题推论理论或理念运用的正确性问题。这就揭示了实践模式的作用：通过模式的反馈，反思预设前提的正确性，而避免了只根据实践结果判断认识真理性的简单化问题。

可以用“苏联模式”和“中国模式”作为案例说明模式范畴的重要性。不少西方学者认为“苏联模式”的失败，意味着科学社会主义的失败。姑且不谈“苏联模式”的失败是因为放弃了党的领导和背离了马克思主义。假设“苏联模式”一直是坚持科学社会主义的，苏联的解体也不足以说明科学社会主义理论的错误。因为中国特色社会主义的模式获得了成功。中国不仅实现了从站起来到富起来到强起来的历史性飞跃，还在解决世界性问题中不断贡献中国智慧、中国方案。这再次说明了社会模式在社会工程与认识检验中的作用。这启示我们：模式是认识到实践的中介环节，是不可避免的实践与检验环节。应该增强模式研究的自觉，有力地推动“中国模式”研究。

理论、模式与实践结果的关系，也可以通过结构层次的关系来理解。在理论到实践的层次中，最上面的层面是社会理论，包含马克思主义理论和相关社会科学；中间层次是社会实践模式（社会工程模式是社会实践模式的典型形态），最底下的是社会现象，这是由社会工程模式产生的，也可以理解为社会实践模式的结果。可见，理论要变成现实，必须经过社会实践模式层面的转换（图 7-3）。

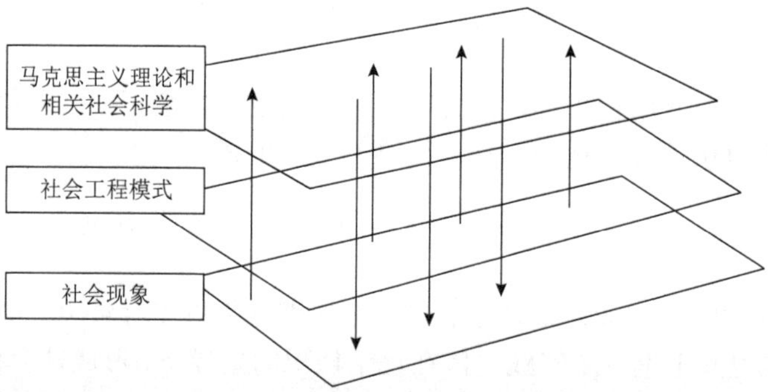

图 7-3 理论、模式、实践结果的层次关系

社会模式的中介作用也有助于我们深化对马克思主义实践观的理解。马克思主义强调实践与认识的辩证关系，强调在实践的基础上认识世界和改造世界，在改造世界的过程中认识世界，在利用规律的基础上认识改造世界。如果将这一思想简单理解为“按客观规律办事”，就会丧失这一重要思想中所包含的丰富内容。因为它忽视了办事先要有模式，而任何模式中都包含价值因素。抽掉了模式，也就等于抽掉了主客体关系中的价值因素，等于抽掉了实践的目的。这就等于把认识问题的讨论局限在主观认识与所谓的客观规律的关系上，实际上等于离开了实践的观点、具体的和历史的观点、辩证法的观点。当年，马克思在《关于费尔巴哈的提纲》中所批判的旧哲学离开了实践去讨论认识的真理性问题，实际上是一个经院哲学问题。同样，如果离开了模式的观点去理解和阐释实践与认识理论，就不能把实践的观点真正坚持下去。

第二节　社会模式的基本构成及时间特征

社会模式也就是社会实践模式，设计社会模式是社会工程研究的核心环节。社会模式具有空间特征和时间特征，其中空间特征就是指它的基本构成及其结构之间的有机联系，时间特征就是它的生命周期。实践中，这两个基本特征是社会模式设计的重要依据。

一、社会模式是结构、过程和方式的综合集成

社会模式不同于社会工程的理念,社会工程的理念构思只是一种概念化设计，在概念化设计中并不涉及结构设计、过程设计和运作方式设计。社会模式是结构、过程和方式的综合集成，它是社会工程理念的具体化和进一步展开。

（一）社会模式由结构、过程和方式三类基本要素构成

社会模式是由结构、过程和方式综合集成的。所谓结构是指某一社会模式对应的社会关系中诸多因素（多为主体）的排列搭配情况。社会模式的结构是社会模式得以确立的物质基础，若没有结构，社会模式就无法存在。过程是指事物发生、发展的环节转化及次序和阶段间的联系。社会模式中的过程并不是泛泛所指的一般过程，而是社会模式的结构所规定下的过程，是在结构框架基础上的运行过程。方式则是指这些因素相互作用关系的规定，通常表现为不同种类、层次的规则、方法或手段，主要表现形式有四类，即政策、法律、制度和计划。前三类能够直接约束个体或群体的行为，第四类是对人类行为的目标约束。社会模式的构成可以用图 7-4 表示。

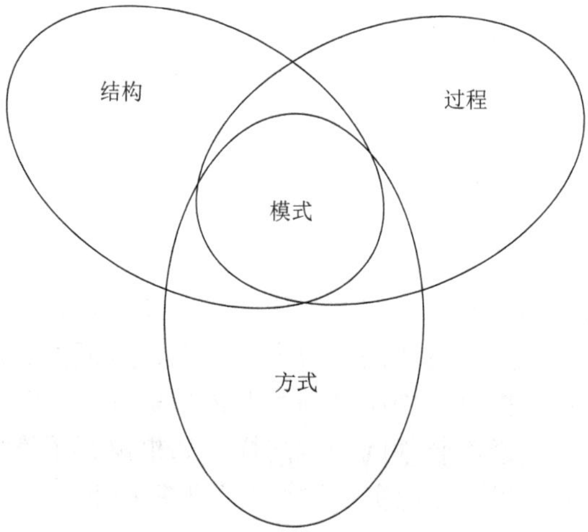

图 7-4　社会模式的基本要素

（二）社会模式中包含结构、过程和方式的整合关系

社会工程模式中的结构、过程和方式是相互作用、相互影响、相互制约的关系。

第一，从结构和过程的关联来看，一方面，结构制约过程。例如，当某一个结构表现为金字塔形状时，实际上表现为"一对多"的关系，最上层是一个顶点，顶点以下有很多子结构与众多元素；结构内的信息流、能量流、物质流的流动路线主要表现为向上集中和向下分流两个过程。而当一个结构是球形或矩形结构时，就表现出"多对多"的平行交叉关系；结构内的流动路线就表现为纵横交叉的复杂过程。另一方面，过程影响结构。过程的展开会反过来影响结构，如流速和流量发生变化，经过长期的积累，就会使结构发生变化。

第二，过程和方式两者相互作用。过程的特点和性质不同，它的运行方式尤其是运行规则也就不同。线性过程以前后的承继性规则为主；多线路交叉性过程，就不仅要依循前后的承继性规则，还要依循并行协调性规则。如果是非线性过程，相关规则就会更加复杂，涉及时间规则、空间规则、流速规则等多个方面。同时，方式也会对过程产生影响。一个新规则的产生就会改变原有的过程。这种改变可以是限制、增加、减少或者合并、分解某一个甚至多个步骤、环节，从而改变整体过程。

第三，结构和方式相互影响、相互制约。不同的方式规范着不同要素的排列，从而构成了不同的结构。例如，生产资料私人所有的制度设计就必然会导致社会阶级的分化和对立，最终形成对抗性的社会结构。正如封建等级制度造成了地主与农民的对立，资本主义的分工、雇佣劳动带来了资本家与工人的对立。然而，一旦生产资料私有制转变为公有制，社会中各个阶层的关系就会逐渐从对抗转变为合作，社会结构也会随之发生变化。另外，结构对方式也有反作用。在一定结构下设计和选择的方式，必然要以既有结构的特征为依据。一个简单的“一对一”或“一对多”结构，只需要一个或几个简单的运行方式；如果是“多对多”的复杂结构，相应方式的设计、运用就会趋向复杂。

（三）社会模式是结构、过程和方式的综合统一体

社会模式是结构、过程和方式集合而成的统一体。只要有结构，结构中的要素就会发生关系，从而产生过程。其中，过程是结构之中的过程，结构是在过程中相互转换的结构。无论是结构的转换，还是过程的进行都是有章可循的，这个章法就表现为以规则、方法为主要形式的方式。结构、过程和方式三者共同作用，构成了社会模式。其中，结构是社会模式发挥作用的现实载体，过程和方式是社会模式发挥作用的途径、步骤与运动形式。因为结构有总体结构和子结构的区别，过程也有总过程与子过程的分别，方式更是多样的。所以，结构是多类型的，过程是多分支的，方式也是多选择的，这就构成了模式建构与设计的复杂性，因为它是这三个方面的综合集成。

以经济运行模式为例，一般经济运行包括生产者、消费者、管理者、经营者等经济主体及其生产资料等要素，它们构成了基本的经济结构。如果采用计划经济的方式，就要根据政府计划调节经济活动。经济过程就表现为政府制订出生产计划，分配生产任务，再展开生产管理的流程。这种计划经济模式的特点是政府指令主导经济过程，政府的经济计划决定生产、资源分配及产品消费，其生产者、消费者、管理者和经营者之间的关系以行政关系为主，而不是以经济联系为主。如果采用市场经济的方式，就要按照市场配置社会资源的规则，遵循“生产—流通—分配—消费”的循环流程，这种市场经济模式的特点是生产者和消费者通过市场联系起来，并按照等价原则进行交换，从而推动经济发展。

中国特色社会主义经济模式是计划经济和市场经济两种方式的综合，既要发挥市场在资源配置过程中的决定性作用，又要更好地发挥政府的调控作用，这是一个双层结构交织在一起的复合结构。在这个复合结构下，两种经济运行方式、两种运行过程交织在一起，市场功能与政府职能很好地结合在一起，成为经济运行的“中国模式”。

二、社会模式的时间特征

社会模式的时间特征就是指它的生命周期特点。生命周期理论描述了事物从形成、成长、衰老、生病到死亡的整个过程，反映了自然界和人类社会客观事物的阶段性变化及规律。用生命周期理论看待社会，就会发现：任何社会模式都处于过程之中，社会发展是社会模式更替上升、生命周期循环作用的历史过程。在人类社会永恒发展的趋势下，社会模式呈现出鲜明的周期性特征。

这主要包括以下三个方面的内容。首先，社会模式和任何生物有机体一样，随着时间的推移，表现出从“导入—成长—成熟—衰退”的过程。任何社会模式都会衰退，没有永恒的社会制度和社会模式，因此，要遵循人类社会发展的基本规律，适时推动社会模式的变革发展。其次，社会模式的每个阶段都有不同的特点，根据社会基本矛盾、主要矛盾的变化，社会模式也要随之调整。最后，社会模式的生命周期可能会延长，由于客观环境变化和自主调节，单个社会模式的生命周期可能比预期长得多，但最终还是会走向衰退。

任何社会模式都有生命周期。这就意味着，随着社会发展需求的增长变化，新的社会模式会不断替代旧的社会模式，这种社会模式的更替上升是社会过程演进的基本特点。

用生命周期理论研究社会模式，对我们进行社会过程研究提出了以下几点要求：首先，注意确定社会模式“导入—成长—成熟—衰退”阶段的转换节点，把握社会治理的核心；其次，重视比较不同社会模式生命周期的异同，总结社会模式的一般性和特殊性；最后，关注社会模式更替的潜在需求，锚定更替节点。这是生命周期分析的方法论意义。

社会模式连续性的更替上升构成了社会过程演进的基本特点。随着社会需求的不断增加，旧的社会模式不断衰退，新的社会模式不断产生，新旧社会模式不断替换（图 7-5），社会不断向前发展。

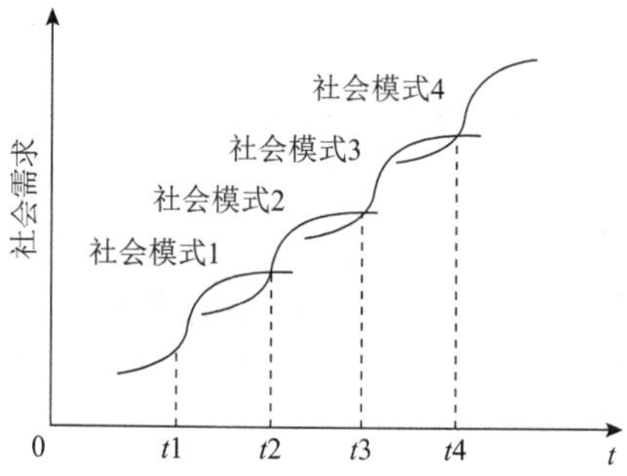

图 7-5　社会模式的更替模型

三、社会模式转换的条件和设计要求

社会活动处于不断发展的状态中，某项社会模式的提出是以相对确定的时空状态为基础，以对客观情况的主观认识为前提。当客观情况本身发生变化，或是主观认识受到历史条件的制约，社会模式的效力就会随着时间的推移发生变化。当某种特定的社会模式效力衰退乃至于完全失效时，就需要用新的社会模式来替代，这就出现了社会模式的转换问题。

社会模式的时间特征就是指它的寿命周期。寿命周期曲线反映了任一社会模式都有其存续的时间期限，到了一定的时间节点，社会模式的特定效用就会失效。我们用失效率作为基本指标分析社会模式的失效特性，可以用图 7-6 进行说明。在图 7-6 中，纵坐标表示社会模式的功能失效率，横坐标表示时间因素，曲线表示失效率的变化情况。

假设：F（ ）表示某种社会模式，X 表示结构要素，V 表示模式的效应，t 表示时间。

则：在特定条件下有：V=F（X，t）。

一般的社会模式的时间特征具有"浴盆曲线"的形式，失效的全过程一般可分三个阶段，即早期失效、偶然失效和耗损失效（图 7-6）。

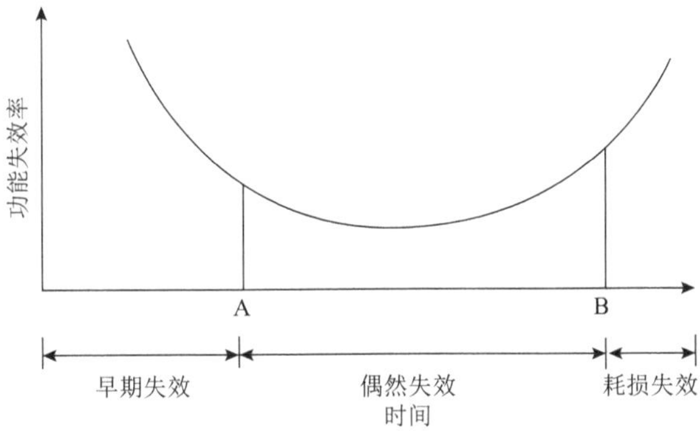

图 7-6　模式寿命周期的"浴盆曲线"图

模式功能失效分析的重点是确定模式时间特征中的时间节点及其意义。其间，先要确定模式效率的时间转折点。图 7-6 中的 A 点和 B 点这两点就是时间转折点，其中 A 点是由早期失效向偶然失效的转折点，B 点是由偶然失效向耗损失效的转折点。

任何一个社会模式在实施的早期阶段，都会出现早期失效问题，这是人们的习惯使然。在社会生活中，尽管原有的社会模式已经失效，但是人们对新的社会模式还不习惯，社会行为还不能自觉地转换到新模式的框架中来，人们需要一个学习与适应的过程。但是，人们的不习惯并不表示新的社会模式不合理。在社会模式的导入期，它的实践效果往往不尽如人意，这是因为社会模式所涉及的人及其社会结构还处在旧的社会模式的框架中，无法快速地摆脱旧的社会模式的束缚，同时新的社会模式自身可能也存在一些和现实状况不相适应的地方，所以整个模式在这个阶段运行不畅、效果不佳。

偶然失效是在社会模式正常有效运行中出现的一些小概率事件。任何一个社会模式的实施和运行总会有在特殊的、个别的环境下失效的情况，就像一个身体健康的人也会感冒一样。只有出现耗损失效的状态时，才说明这个运行了相当一段时间的社会模式已经落后于时代发展的要求，处于基本功能失效阶段，也称为晚期失效。到了晚期失效阶段，就需要引入新的社会模式替代旧的社会模式了。

在社会模式的早期失效阶段，需要社会设计一个配套的或多个辅助模式，以便配合主体模式运行，释放其应有的效果；在社会模式的晚期失效阶段，旧的社会模式的效力已经全部释放，无法再适应新的社会结构和关系状况了。这个时候，人们就会通过重新设计，寻求一种新的社会模式。新的社会模式产生后，如果在论证和实验的过程中成功满足了新的社会发展需求，就会替代旧的社会模式得到实施，并不断成长、成熟，称其为替代模式。

另外，还要分析配套模式的时间特征。在早期失效阶段，为了避免早期失效，必须制定和实施配套模式。所以，在早期失效阶段，必须研究配套模式的时间特征。从理论上讲，配套模式的时间特征也有一个“浴盆规律”，包括早期失效、偶然失效、耗损失效三个阶段，也有两个时间转折点 A 和 B1。基本模式也有它的 B2 和 C1 点，同样地，替换模式也有它的 C2 和 D 点。配套模式发展到 A 点时，基本模式就步入它的 B2 点。这些不同模式的两个时间节点分别是各自模式的早期失效点与晚期失效点。需要说明的是，如果配套模式达到它自己的晚期失效点以后，就说明它的辅助功能已经完成，需要退出模式的运行(图 7-7)。

这样，我们就可以将基本模式的“浴盆规律”与配套模式的“浴盆规律”及替换模式的“浴盆规律”综合在一张图上。

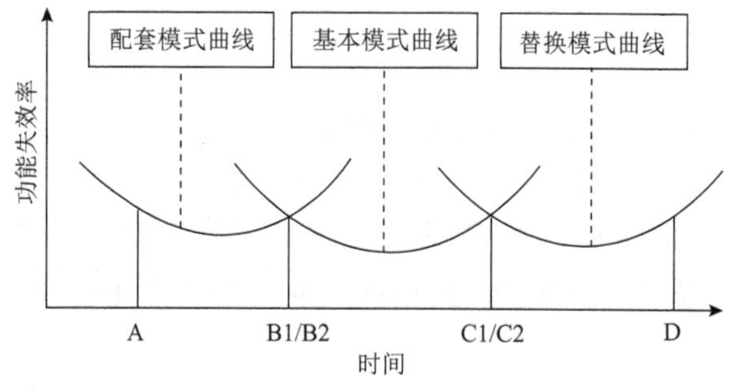

图 7-7　社会模式转换图

如果社会工程研究者了解模式转换的“浴盆曲线”规律，就有利于对试点结果进行科学的分析。当然，这个规律也指导着以后相关模式的普遍实施。在早期失效阶段，决策者不应为失效一时较大的现象所迷惑，而应着重分析失效的本质原因。凡属传统习惯的阻力，必须坚决排除；凡属人们了解不足产生的消极影响，应通过宣传解释尽可能消除。除非分析结果证明确系模式本身存在错误，否则不建议轻易做出改变。

第三节　社会模式设计的逻辑要求

社会模式设计要遵循一些基本的思维要求，最主要的是坚持系统思维与辩证思维相统一、价值引领与底线意识相结合、问题导向与模式功能相一致的要求。

一、系统思维与辩证思维相统一

（一）系统思维的要求

系统思维就是运用系统的观点，着眼于事物的系统联系，整体地、全面地认识客观事物的系统联系，把握事物整体性质的思维方法。系统（system）是由相互作用、相互依赖的若干组成部分结合而成的，是具有特定功能的有机整体，同时这个有机整体又是它从属的更大系统的组成部分。系统思维要把握好系统的结构与功能的关系、系统与环境的关系、结构与要素的关系等，关键是要把握好系统内部的复杂联系。

社会系统是一个复杂的大系统。首先是结构复杂，不同性质的子结构相互连接在一起，任何一个子结构功能的发挥都依赖于其他子结构，且在物质、能量的分配上又存在矛盾，应当说是一个多重矛盾体系的复杂综合体。其次是规模庞大、涉及的结构因素众多，并且因素的状态、性质是一个随机变量，不确定性较大。简单地说，社会系统具有层级结构，如图 7-8 所示。

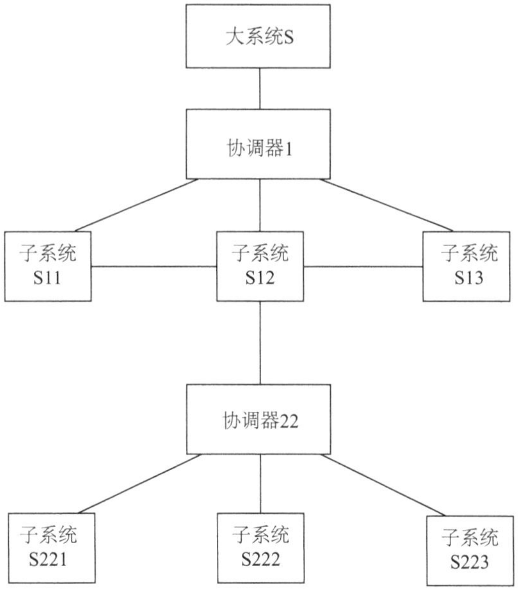

图 7-8　大系统结构示意图

根据大系统协调分解方法，一个复杂大系统可以分解为若干个不同的子系统，子系统之间的协调器表达了它们之间协调整合的关系。同样，子系统也可以分解为更下一层的子系统，如图 7-8 所示，子系统 S12 可以分解为 S221、S222、S223 等不同的子系统，它们之间的协调整合关系也可以通过协调器 22 表达出来。显然，协调器 1 与协调器 22 所表达的是不同层级的协调整合关系。大系统的协调整合思维展开的思路是：首先，将复杂的大系统分解为若干个子系统，以便实现对子系统结构的分析和运行调控；其次，根据大系统的总任务和总目标，构建各子系统之间的相互作用模式，这就是协调器的作用。因此，可以把协调器理解为各不同子系统相互作用的模式。

分析社会系统内部的系统联系，是系统思维的基本要求。一般地说，首先是自上而下地分解分析，了解系统的结构及各要素之间的关系；其次通过自下而上的整合，发现和建构系统的整体功能。社会系统模型的形式，可以是分层次、分地区、分阶段的模型体系，各子模型之间可通过接口连成一个整体。因此，系统思维的核心是分析系统的整体性质与结构特征的关系，发现和建构系统的系统联系，这也是系统思维的基本要求。

（二）辩证思维的要求

辩证思维的基本要点是辩证地分析矛盾，把握矛盾对立统一的条件和寻求统一的方式。把握事物内部相互矛盾的两个方面，既要看到它们相互对立、相互否定、相互限制的一面，也要看到它们相互依存、相互包含、相互支持、相互转化的一面。这种相互对立、相互否定与相互依存、相互包含的关系是同时存在的：离开了相互的依存，也就没有了相互的对立；离开了相互的对立，也就没有了相互的依存。这就要求在进行社会工程的模式设计时，需要运用这种矛盾的观点，发现和研究现实社会中的这种对立统一关系，找到相互对立又联系的两个方面实现统一的条件，找到两个方面的均衡点。

辩证思维方法的运用强调重点论和两点论的结合，既要看到矛盾着的两个方面，也要分析矛盾的主要方面与次要方面，还要看到矛盾的主要方面与次要方面的转化。"两点论"即一分为二地看问题。对于改革，习近平指出："改革是循序渐进的工作，既要敢于突破，又要一步一个脚印、稳扎稳打向前走，确保实现改革的目标任务。"[①]这就明确了改革的总基调，就是要在"稳"的基础上进行突破，在突破的过程中保持平稳，实现稳扎稳打。在分析经济新常态时，习近平既强调了"中国经济增长更趋平稳，增长动力更为多元"[②]等机遇，也指出了一些新问题、新矛盾。"重点论"

① 习近平：《习近平谈治国理政》，外文出版社 2014 年版，第 106 页。

② 习近平：《习近平在亚太经合组织工商领导人峰会上的演讲》，2015 年 11 月 18 日，http://www.xinhuanet.com/world/2015-11/18/c_1117186815.htm。

即以重点带动一般。习近平说："在任何工作中，我们既要讲两点论，又要讲重点论，没有主次，不加区别，眉毛胡子一把抓，是做不好工作的。"①比如，对于推进供给侧结构性改革，习近平指出："当前重点是推进'三去一降一补'五大任务……要突破重点难点，坚持重点论，集中攻关，以点带面。"②

习近平同志指出："辩证思维能力，就是承认矛盾、分析矛盾、解决矛盾，善于抓住关键、找准重点、洞察事物发展规律的能力。"③他要求切实提高领导干部的辩证思维能力，增强工作的原则性、系统性、预见性和创造性。

（三）坚持系统思维和辩证思维相结合

坚持系统思维和辩证思维相结合，就是"要坚持整体推进，增强各项措施的关联性和耦合性，防止畸重畸轻、单兵突进、顾此失彼。要坚持重点突破，在整体推进的基础上抓主要矛盾和矛盾的主要方面，采取有针对性的具体措施，努力做到全局和局部相配套、治本和治标相结合、渐进和突破相衔接，实现整体推进和重点突破相统一"④。

要做到整体推进和重点突破相统一，不仅要看到复杂系统的整体静态结构，还要注重处理好各子系统在推进中的辩证统一关系，找准系统间的"连接点"、"过渡点"和"转换点"。我国改革已经进入攻坚期和深水区，矛盾复杂，问题多发。一方面，应认识到矛盾不是孤立的矛盾，而是系统中的矛盾，在总体设计中一定要注意系统的矛盾结构，明确不同类型矛盾的地位和作用，先解决牵一发而动全身的重点问题、久攻不克经常反复的难点问题、群众反映强烈的热点问题。另一方面，还应注意到，随着社会问题和矛盾的凸显，不同发展阶段矛盾和问题发生着转换，也必然存在着系统结构和历史坐标定位的变化。因此，必须坚持辩证思维，找准复杂系统中的主要矛盾和矛盾的主要方面，牵住"牛鼻子"，增强改革的系统性、预见性和创造性。

二、价值引领与底线意识相结合

（一）价值引领：正向引导

价值引领是社会模式设计的基本要求，它发挥着规定模式设计的目的和方向

① 习近平：《习近平谈治国理政》第2卷，外文出版社2017年版，第23页。

② 习近平：《习近平主持召开中央财经领导小组第十三次会议强调：坚定不移推进供给侧结构性改革 在发展中不断扩大中等收入群体》，2016年5月16日，http://www.xinhuanet.com/politics/2016-05/16/c_1118875925.htm。

③ 人民日报编：《习近平系列重要讲话读本：掌握工作制胜的看家本领——关于科学的思想方法和工作方法》，《人民日报》2014年7月12日，第12版。

④ 习近平：《在深入推动长江经济带发展座谈会上的讲话》，2018年4月26日，http://politics.people.com.cn/n1/2018/0614/c1001-30055965.html。

的作用。习近平同志指出："我们的改革开放是有方向、有立场、有原则的。我们当然要高举改革旗帜，但我们的改革是在中国特色社会主义道路上不断前进的改革，既不走封闭僵化的老路，也不走改旗易帜的邪路。"[①]习近平在哲学社会科学工作座谈会上强调："当代中国的伟大社会变革，不是简单延续我国历史文化的母版，不是简单套用马克思主义经典作家设想的模板，不是其他国家社会主义实践的再版，也不是国外现代化发展的翻版。"[②]"中国的改革是全面的、深刻的、伟大的革命，但中国是一个社会主义性质的大国，决不能在改革的根本性问题上出现颠覆性错误，一旦出现就无法挽回、无法弥补。"[③]因此，必须坚持党的领导，贯彻党的基本路线，坚定走中国特色社会主义道路，始终确保改革开放沿着正确方向前进。这种改革的方向性自觉，就是正向价值引领。

（二）底线意识：负面防范

底线意识是一种反向的价值思维，实际上就是确定价值底线。任何社会模式都会体现一定的价值。但是，在特定的社会中，人们可以设计出体现不同价值观念的社会模式。在生产力发展不平衡的社会里，也存在不同价值水平和不同价值类型的社会实践模式。但是，不管情况多么特殊，针对局部领域、特殊问题所设计的社会模式所承载的价值理念都不能和社会发展的方向相悖，这就是价值底线。习近平同志多次强调："要善于运用'底线思维'方法，凡事从坏处准备，努力争取最好的结果，做到有备无患，遇事不慌，牢牢把握主动权。"[④]底线思维是一种典型的后顾性思维取向，在管理目标上侧重于防范负面因素、堵塞管理漏洞、防止社会动荡。它要求在把握复杂系统的特征和边界的同时把握好系统的运动方向，这也是系统思维和辩证思维相结合的具体要求。

当前，我国很多领域的改革举措和政策方针都体现了底线思维。例如，"法无禁止即可为"的上海自由贸易试验区负面清单管理模式，底线就是负面清单上列出禁止的经济领域和活动范围，而底线之外，非禁即入。底线思维还体现在"以改善民生为出发点和落脚点的民生底线、守住不发生系统性和区域性金融风险的金融底线、把13亿中国人的饭碗牢牢端在自己手中的耕地底线以及划定生态保护红线的生态底线"[⑤]。

---

① 中共中央文献研究室编：《习近平关于全面深化改革论述摘编》，中央文献出版社2014年版，第14页。

② 习近平：《在哲学社会科学工作座谈会上的讲话》，2016年5月17日，http://www.xinhuanet.com/politics/2016-05/18/c_1118891128.htm。

③ 王伟光：《牢牢把握全面深化改革的正确方向》，《光明日报》2013年12月3日，第11版。

④ 人民日报社理论部编：《深入学习习近平同志重要论述》，人民出版社2013年版，第132页。

⑤ 王宏波：《全面深化改革须四种思维范式》，《西安日报》2015年11月2日，第10版。

（三）坚持价值引领和底线意识相结合

坚持价值引领和底线意识相结合，就是一方面要有正确的价值导向，明确模式设计要达到的目的和应满足的主体需求；另一方面要将主体行为限制在一定的范围，划出底线。这两种思维相辅相成：只有明确了价值目标，才能明白该做什么；只有明确了底线，才能知道不该做什么；只有既明确了目标、又明确了底线，才会有一个确定的行动空间；只有明确了行动空间，才能发挥人们创新社会模式的积极性和主动性。这也有助于找准方向，集中力量，不偏不倚地实现价值追求。

我国的农村改革体现了坚持价值引领和底线意识相结合的理念。首先，党和国家提出了“乡村振兴战略”，将其作为农村改革的价值目标，并细化为“产业兴旺、生态宜居、乡风文明、治理有效、生活富裕”等具体要求。此外，习近平同志指出：“不管怎么改，都不能把农村土地集体所有制改垮了，不能把耕地改少了，不能把粮食生产能力改弱了，不能把农民利益损害了。”[①]

三、问题导向与模式功能相一致

社会工程模式设计的目的是解决社会问题和促进社会发展。因此，解决问题是模式设计的实践指向。模式设计必须以问题为导向，模式的设计功能必须满足问题的解决需要，这也是模式设计合理的参照标准之一。

（一）问题是矛盾的表现形式

事物的矛盾是问题的根据，问题是事物矛盾的表现形式。习近平同志对此有精到的论述，他指出：“问题是事物矛盾的表现形式，我们强调增强问题意识、坚持问题导向，就是承认矛盾的普遍性、客观性，就是要善于把认识和化解矛盾作为打开工作局面的突破口。”[②]在这里，习近平同志对问题和矛盾进行了区分。矛盾就是对立统一，而问题则是矛盾的具体化和实体化。

事物的矛盾具有普遍性和特殊性，社会发展中的问题也有普遍性和特殊性；事物的矛盾具有系统性和个别性，社会发展中的问题也有系统性和个别性；一个矛盾系统存在主要矛盾和次要矛盾，社会发展中面临的问题也有基本问题和非基本问题之分。在一个矛盾系统中，主要矛盾可以表现在系统的各个方面，这就是主要矛盾在社会各个层面和领域的具体化。譬如说，“中国特色社会主义进入新时代，我国社会主要矛盾已经转化为人民日益增长的美好生活需要和不平衡不充

---

① 习近平：《习近平在农村改革座谈会上强调：加大推进新形势下农村改革力度 促进农业基础稳固农民安居乐业》，《人民日报》2016年4月26日。

② 中共中央文献研究室编：《习近平关于协调推进“四个全面”战略布局论述摘编》，中央文献出版社2015年版，第86页。

分的发展之间的矛盾”[①]。“人民日益增长的美好生活需要和不平衡不充分的发展”就是矛盾，而这对矛盾在不同的领域有不同的表现形式，如经济结构的不合理、基层民主有待完善、反腐倡廉永远在路上，这些都是社会主要矛盾的具体化。

（二）以问题为导向是模式设计的出发点和落脚点

模式设计是社会发展理念的具体化，但是要落实设计理念的具体要求，必须坚持从问题出发的原则。因为模式设计是要把理念确立的原则贯彻到解决问题的过程中去，如何把理念的规定具体化为模式的结构和功能，就必须以问题为抓手，从解决问题的角度去设计模式。所以，以问题为导向，就是将解决现实问题作为社会模式设计的出发点和落脚点。坚持以问题为导向是中国共产党人搞革命、搞建设，特别是坚持改革开放的一条基本经验。2013 年 9 月 17 日，习近平同志在党外人士座谈会上强调：“中国共产党人干革命、搞建设、抓改革，从来都是为了解决中国的现实问题。可以说，改革是由问题倒逼而产生，又在不断解决问题中得以深化。”[②]具体来说，问题导向包括“发现问题—研究问题—解决问题”三个层次。首先，应当有发现问题的自觉，找到理想和现实之间的差距；其次，研究问题，不仅要辨析问题的性质、带来的后果，更要剖析问题的成因、问题背后反映的社会关系；最后，解决问题，要明确制约问题解决的人事关系结构，找到解决问题的突破口、关键点，促进问题的转化。

习近平同志关于问题倒逼和抓重大问题的思维方式充分体现了社会工程研究的务实风格，表现出社会工程以解决特定的社会问题为旨归、绝不空论的实证思维特点。社会模式设计必须坚持实践第一、推动实践发展的马克思主义认识论原则。“要有强烈的问题意识，以重大问题为导向，抓住重大问题、关键问题进一步研究思考，找出答案，着力推动解决我国发展面临的一系列突出矛盾和问题”[③]，模式设计才能有针对性和生命力，才能有效促进问题的解决，才能把改革真正落到实处。

（三）保持问题导向与模式功能的一致性

任何一个社会模式的产生都是有目的的，是主体为了解决某一具体问题设计的。因此，从这个角度来看，模式功能需要与问题导向保持一致，这种一致是一以贯之的。

---

① 习近平：《决胜全面建成小康社会夺取新时代中国特色社会主义伟大胜利——在中国共产党第十九次全国代表大会上的报告》，人民出版社 2017 年版，第 11 页。

② 习近平：《习近平谈治国理政》，外文出版社 2014 年版，第 74 页。

③ 中共中央文献研究室编：《习近平关于协调推进“四个全面”战略布局论述摘编》，中央文献出版社 2015 年版，第 57 页。

第一，模式结构与问题分析相一致。问题分析旨在剖析问题，明确问题成因和制约因素，找到问题背后的社会关系形式。以此为据，模式设计也必然会呈现类似的结构性特征，以便于解决问题。设计什么样的社会结构模式，要与所要解决的问题的结构相一致。有什么样的问题结构，就需要有什么样的模式结构。因此，从模式设计的角度找问题，应当从人们的社会实践出发，在人们的社会交往形式中找问题，尽量做到模式的功能设计与社会关系问题相一致。

第二，模式的实际效果与解决问题相一致，社会模式落地实施之后，从其客观效果看，是否达到主体需要的理想状态，是判断模式效果的主要标准。在具体评价社会模式的社会效果时，要坚持历史唯物主义的观点，坚持用推动社会进步、促进社会和谐的原则评价社会效果，以保证效果评价的科学性。

第三，模式的功能目标设计与发现问题的性质相一致。这是指设计社会模式的目的，或者说模式功能设计就是要解决所发现的某个问题的基本前提。当然，由于问题的复杂程度不同，这种模式目标与发现的问题并非一一对应的线性关系，而可能更多地表现为相互交织的复杂网络。有时候，所设计的模式功能只能解决最主要的问题，不能解决所有问题。虽然如此，设计的模式也应尽量解决基本的或主要的问题，同时为解决非基本的问题创造条件。另外，不能在解决一个问题的同时加剧其他问题的发展。

第四节　社会模式设计的典型案例

中华人民共和国成立以后，我国农村集体经济发展大致经历了人民公社和家庭联产责任承包制阶段，继而进入农村新型集体经济时期。本节以农村新型集体经济实践模式的设计建构为案例进行分析，是对社会模式设计的补充说明。

一、农村新型集体经济发展模式的理念建构

农村新型集体经济是以社会主义市场经济为依托，在家庭联产责任承包制的基础上建立的，以集体所有制为前提、以股份合作为主要产权结构的产权明晰、统一经营的现代经济组织形式。农村新型集体经济发展模式的理念设计是特定价值、规律、情境的综合集成体。

第一，化解个体农户进入市场的能力与动力之间的矛盾是农村集体经济发展模式要遵循的首要规律。①

---

① 本节部分内容已公开发表，详见李天姿、王宏波、杨建科：《新型集体经济在欠发达地区农村现代化建设中的作用》，《理论月刊》2017年第3期，第135—140页。

一般认为，市场化是农村现代化建设的重要途径。在中国特色社会主义市场经济的体制框架下，个体农户如果脱离市场，就等于封闭了自身发家致富的道路。“要想从根本上解决‘三农’问题……只有靠市场化的制度安排。”[①]因此，普通个体农户（排除家族经营、投机致富、意外收益等特殊情况）普遍具有进入市场的意愿，进入市场不仅可以帮助他们利用市场机制增加收入、提高生活水平，还能加快农村的城镇化进程。

然而，在农村市场化过程中却存在着普通个体农户的经济实力与市场进入门槛不对等的现象，为了论证这一点，我们通过盈亏平衡分析模型（图 7-9）进行说明。

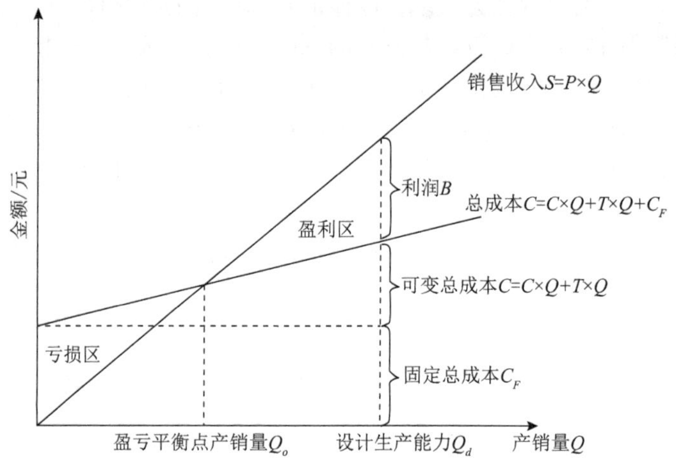

图 7-9　线性盈亏平衡分析模型

一方面，个体农户独立承担生产前期成本较大的压力。以大棚种植为例，蔬菜大棚的初期固定成本为 6000～30 000 元/亩[②]（排除人工费用）。然而，2015 年，我国农村居民家庭人均纯收入只有 10 772 元，再除去必要的生活支出，即使按大棚的最低成本计算，个体农户的经济承受能力也依然不足。这就说明很多普通农户不能进入市场的原因在于：其经济能力达到盈亏平衡点，没有足够的预付资本承担前期成本。另一方面，小农经济背景下形成规模效应较为困难。如图 7-9 所示，当产品销量达到临界产量时，成本与收入持平，而当产品销量持续扩大时，每一单位产品成本随之下降，产品销售收入不断增加且大于可变成本增幅，企业获得盈利，这就是规模效应。但是，在现实的生产中，个体的劳动生产率毕竟是

① 周脉伏、稽景涛、左臣明：《解决“三农”问题的根本出路：农村市场化改革》，《农业经济问题》2004 年第 5 期，第 56 页。

② 亩，中国市制土地面积单位，1 亩≈666.67 平方米。

有限的，一般情况下，小农经济式的产品生产不足以满足卖方市场的规模化需求。

这个矛盾决定了普通个体农户要想进入市场，仅仅依靠自身单打独斗是非常困难的，较为恰当的选择是抱团取暖，参加集体经济组织，通过统一经营，实现规模效应，降低自身进入市场的成本，最终凭借集体的平台实现个体的市场化。

第二，以人民立场与资本逻辑相统一、集体利益与个体利益相协调、集体内部效益与外部效应相结合为主要价值导向。

在农村集体资本的运行中，资本逻辑是它的自然属性；“人民立场”是它的社会属性，也是本质属性。前者决定了集体资本运行的增值原则，后者决定了集体资本运行的运作主体和受益主体。在协调这两个价值逻辑时，必须坚持社会属性驾驭自然属性，始终坚持“以人民为中心”的发展思想，通过利用、限制、监管集体资本，让资本成为服务集体经济发展的手段。

实现集体利益是农村集体经济组织提升市场化能力的基础；实现个体利益是个体农户加入集体经济组织的动力来源。协调集体利益与个体利益，是解决农村集体经济组织内部“能”“动”矛盾、促进农村新型集体经济模式健康发展的重要内容。

集体内部收益是以集体收益和个人收益为内涵的整体收益；集体外部效应则表现为对集体外主体的影响。集体内部收益和外部效应相结合，也是农村新型集体经济要实现的价值追求之一。

第三，以城乡差距、个体农户市场化能力不足、农村集体行动困境等现实情境为约束因素。①

在城乡二元经济结构背景下，城市经济以社会化大生产下的大工业为主，农村经济以小生产下的个体经济为主。在截然相反的生产方式下，两者在基础设施建设、人均消费水平、社会福利保障、国家财政支持等方面存在较大差距，在实现市场化的过程中也呈现出不同的特征，大部分农村在实现市场化的过程中面临着较大的压力。除此之外，分户经营下的个体农户能力有限，独立进入市场能力不足。“分户经营，可以解决计划经济条件下集体经济发展动力不足的问题，却可能成为制约集体经济与市场经济对接的障碍。”②而且，在农村进行公共事业建设的过程中，往往会因村民经济能力薄弱、无力支付从而产生“搭便车”心态，使得公共事业建设难以落地，延缓了农村完善基本公共服务体系、推动城乡基本公共服务均等化的进程。

在以上价值、规律、情境的综合集成下，形成了农村新型集体经济发展模式

---

① 本节部分内容已公开发表，详见李天姿、王宏波、杨建科：《新型集体经济在欠发达地区农村现代化建设中的作用》，《理论月刊》2017 年第 3 期，第 135—140 页。

② 徐勇、沈乾飞：《市场相接：集体经济有效实现形式的生发机制》，《东岳论丛》2015 年第 3 期，第 34 页。

集体所有与个体产权、统一经营与股份合作的结合发展理念。

首先，坚持集体所有与承认个体产权相结合。所有权的集体归属是实现集体利益的源泉所在，集体所有制不仅赋予了集体获得公共积累的权力，还能促进集体权威的形成，从而可以从资金和组织两个方面有效避免个体因私利“合谋杀死下金蛋的母鸡”，保证集体的持续稳定发展。在集体所有的前提下，农村新型集体经济为了调动个体农户参与集体经济组织的积极性，还应承认个人产权，并将此作为明确个体权责利边界的依据。

其次，坚持组织统一经营与实现股份合作相结合。普通个体进入市场的动力与自身独立进入市场能力不足的矛盾较为突出，因此，农村新型集体经济通过统一经营，实现规模效应。但是，农村新型集体经济的统一经营呈现的并不是传统集体经济中行政领导与服从的关系，而是表现为一种经济上的股份合作关系。

二、农村新型集体经济发展模式的设计

在完成集体所有与个体产权、统一经营与股份合作的结合发展的理念建构后，下一步就是农村新型集体经济发展模式的设计。

首先是模式的结构。农村新型集体经济发展模式的结构主要是由农民集体和农户个体的主体关系构成的，具体包括两者的产权关系、利益分配关系、阶层关系等。由于既有理念要实现“集体所有与个体产权”的结合，并达到集体与个体在利益分配、社会地位上的平衡，农村新型集体经济发展模式的目标结构不应该是一种偏重型结构，而应该是一种对称形式，这样有利于集体和个体在模式中能够相互作用、相互制约，最终实现双赢。其次是模式的过程。该过程包括集体组织的建设过程、集体积累的形成过程、集体经营的运行过程、集体收益的分配过程等。同时，每一个过程又都包含着若干子过程。例如，集体积累的形成过程包括劳动力的积累过程和资本的积累过程；集体经营的运行过程包括组织生产的过程和管理的过程。最后是模式的方式。农村新型集体经济发展模式设计中，主要有产权制度、经营管理制度和收入分配制度。在集体所有与个体产权、统一经营与股份合作结合发展理念的指导下，产权制度以股份合作为主，经营管理采取统分结合的合作双层经营体制，收入分配制度则是按劳分配与按股分配相结合的方式。

在结构、方式和过程的组合中，可以形成多种多样的具体操作模式，在此仅列举两种典型模式。

第一，土地集体所有条件下的土地股份合作社模式。它是农户以土地经营权入股，进行联合经营的新型合作经济组织形式。土地股份合作体现出村集体和个体农户互动发展，土地所有权、承包权、使用权合理配置的结构，土地关系是这个结构的核心。这一模式的操作方式是：集体产权分解为土地所有权、承包权、

使用权，集体占有土地所有权，农民以承包权入股，并将使用权流转给合作社，从而将原本分户经营的土地集中起来。合作社的运行过程复杂多样，以利益分配为例，一次分配是集体内部工资的发放，合作社的集体提留；二次分配是将集体积累用于合作社的风险金存积、扩大再生产和增进社员福祉。

第二，土地集体所有条件下的土地股份合作公司模式。与土地股份合作社的操作方式相区别，股份合作公司集体和个人都以资本、固定资产、技术等方式入股，集体依靠较大份额掌握相对控股权，个人依靠自身股份进行分红。股份合作公司并不以土地资本为核心，因此集体、个体和其他经营者之间是一种普通的资本合作。

第八章
社会过程分析与过程设计

社会工程活动是通过建构新的社会模式推进社会进步的过程，本质上是通过社会关系的再生产过程促进社会生产力的发展。社会过程的分析，是对现实的社会矛盾运动过程进行具体的、历史的分析，以求发现社会矛盾转化的拐点；社会过程的设计，是对未来的社会过程的设计，它依据所设计和建构的新的社会关系模式，或者新的社会实践模式，对即将发生的、未来的社会过程进行预先设计，以规范未来的社会过程的基本秩序。社会过程分析的方法贯穿社会过程设计的全过程。

第一节　社会过程的特点

人类社会是一个自然历史过程。恩格斯指出："一个伟大的基本思想，即认为世界不是既成事物的集合体，而是过程的集合体，其中各个似乎稳定的事物同它们在我们头脑中的思想映象即概念一样都处在生成和灭亡的不断变化中，在这种变化中，尽管有种种表面的偶然性，尽管有种种暂时的倒退，前进的发展终究会实现。"[①]同时，人类社会是一个历史发展过程。人类社会"永远不会在人类的一种完美的理想状态中最终结束；完美的社会、完美的'国家'是只有在幻想中才能存在的东西；相反，一切依次更替的历史状态都只是人类社会由低级到高级的无穷发展进程中的暂时阶段"[②]。恩格斯的思想揭示了社会发展的过程性和社会状态的更替性特点。从社会工程的观点来看，社会状态的更替一般表现为社会模式的更替，因此，现实社会过程的具体特征分析和未来社会过程设计是社会工程研究的重要内容。

---

①《马克思恩格斯文集》第4卷，人民出版社2009年版，第298页。

②《马克思恩格斯文集》第4卷，人民出版社2009年版，第270页。

一、社会过程是客观规律的支配性与人的主观能动性相统一的运动过程

社会发展是一个自然历史过程，其中自然就是客观的意思，历史就是人的活动展开的意思。所谓自然历史过程，是指在人的社会活动展开的过程中，存在着客观的、不以人的意志为转移的客观规律。但是，人的社会活动毕竟是人的主观意志支配下的活动，因此社会过程既表现着人的主观能动性，又存在着不以人的主观意志为转移的客观规律。所以，个人的、甚至群体的主观能动性是社会过程的必然性的构成因素。

社会发展过程既是一个有规律的客观自然过程，又是一个有意志作用的社会历史过程，这两者如何统一呢？恩格斯晚年提出的社会合力论思想对此给出了令人信服的解释。恩格斯指出："历史是这样创造的：最终的结果总是从许多单个的意志的相互冲突中产生出来的，而其中每一个意志，又是由于许多特殊的生活条件，才成为它所成为的那样。"①在历史事件中，每一个个人的意志都在这里发生着作用，但历史事件的总的结果，却与每一个人的个人意志所期望的结果有一定的距离。这种情况就像力学中的平行四边形原理一样，在两个以上分力的相互作用下最后形成一个总的合力，每一个分力对合力的形成都有贡献，但合力不等于分力；但是，离开每一个分力，都难以形成合力。对此恩格斯总结道："无论历史的结局如何，人们总是通过每一个人追求他自己的、自觉预期的目的来创造他们的历史，而这许多按不同方向活动的愿望及其对外部世界的各种各样作用的合力，就是历史。"②这个合力支配的社会总过程存在着客观的规律性，这个规律就是社会基本矛盾运动规律。

二、社会过程是现实性与理想性相统一的运动过程

现实的社会过程就是人们当下正在进行的社会活动，是直接的、正在展开的社会生活，是人们正在从事的物质生产活动与精神生产活动。当现实的社会状态、社会关系和社会生活限制人的进一步发展时，人们就会提出"应当如何"的问题，萌生、建构出替代这种现实社会过程的社会理想。

现实社会发展过程中的社会基本矛盾运动状况，是社会理想产生的根据。马克思主义关于生产力和生产关系、经济基础和上层建筑矛盾运动的理论，揭示出了社会理想产生的现实依据和逻辑依据。当人们发现现实的生产关系不适合生产力的发展要求时，就会产生建构新的生产关系形式的理想；当人们发现上层建筑不适应经济基础的需要时，就会形成新的社会上层建筑结构的理想。所以，社会

①《马克思恩格斯选集》第4卷，人民出版社2012年版，第605页。

②《马克思恩格斯文集》第4卷，人民出版社2009年版，第302页。

理想的形成是根源于社会的现实过程的，但社会理想的内容却是超越于社会现实过程的，是关于未来的社会过程的蓝图。社会理想一旦形成，在时间指向上是面向未来的，是关于未来的社会过程的构想。然而，在实践指向上却是面向现实的社会过程本身。因此，人们要运用已经形成的社会理想改造现实的社会过程，使社会理想在现实的社会生活中现实化。

社会工程活动就是把社会理想现实化的过程，表现为用理想的社会模式替代已经失去社会效力的、旧的、过时的社会模式的过程（图 8-1）。

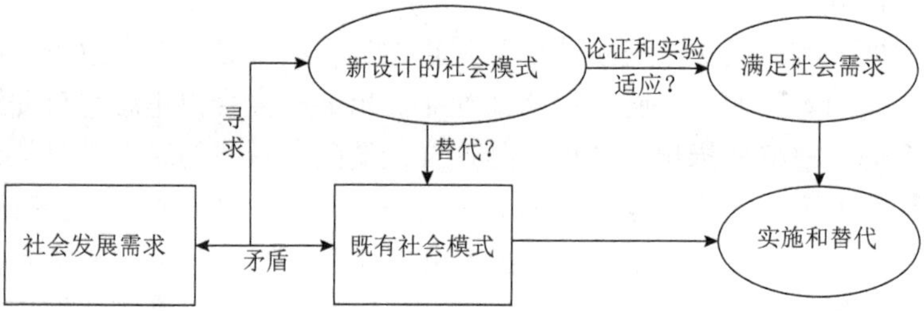

图 8-1　社会模式更替示意图

社会模式既可以反映社会生产关系的实现形式，且会随着生产力与生产关系的作用表现出一定的变动性；也可以反映社会上层建筑具体结构的表现形式。当既有社会模式进入衰退期，无法满足新的社会发展需求时，人们就会通过重新设计，去寻求一种新的社会模式。新的社会模式产生后，如果在论证和实验的过程中，成功满足了社会发展需求，就会替代旧的社会模式，并不断成长、成熟；反之，如果新的社会模式无法满足社会发展需求，就需要继续进行模式的调整设计，直到达到既定目标。需要说明的是，社会发展需求是永无止境的，所以社会模式的更替也没有终点。

三、社会过程是社会模式支配下的运动过程

任何社会过程都是在一定的社会模式支配下的运动过程。从社会模式支配社会过程的时间尺度来看，可以有宏观大历史尺度的社会制度模式，也可以有中观阶段性历史尺度的社会结构体制模式，还可以有微观小时间尺度的社会操作模式。如果没有社会模式对社会过程的支配，就体现不出社会历史过程的特定的社会性质，也就很难区分社会发展过程的历史阶段性。

从宏观大历史尺度来看，社会模式经历了原始社会、奴隶制社会、封建制社会、资本主义社会及社会主义社会。这些不同的社会制度模式支配着各自特殊的社会历史进程。当然，社会制度模式的更替既体现了社会发展规律的实现形式，也标志着社会历史的进步。从中观阶段性历史尺度来看，就是一定社会制度模式

支配下的社会过程的不同阶段上的社会结构体制模式。如果社会基本制度不变，在这个基本社会制度模式支配下的社会过程也有它的发展阶段性，如自由资本主义的发展阶段和垄断资本主义的发展阶段、社会主义也有计划经济模式的发展阶段和社会主义市场经济的发展阶段。所谓微观小时间尺度的社会操作模式，是指在特定社会制度条件下，解决各种社会问题，推动具体领域、具体方面的社会发展模式。例如，改革开放前的农村人民公社的集体劳动模式和改革开放过程中的农村土地承包制模式。

一般地说，社会模式与社会过程是互相依存、互为表里、不可分离的辩证统一关系。首先，社会模式一定要通过社会过程发挥其社会作用，否则社会模式就会变成空洞的抽象物，不能产生实际的社会效果；社会模式必须通过对物质流、能量流的支配，以及对信息流的规范运用，才能发挥其功能，产生实际的社会效应。其次，如果一个社会过程没有社会模式的支配，那就称不上是一个社会过程，而可能只是一个自然事物的过程；如果一个社会过程没有社会模式，则这个社会过程就没有灵魂，也就无法划分其阶段性特征。所以，社会模式与社会过程是互相规定的。

一定的社会模式支配一定的社会过程，当社会模式发生变化，也就改变了相应的社会过程。同样，社会过程的演变发展达到一定程度后，如果进一步的发展受到了既有社会模式的阻碍时，就要求改变既有的社会模式，一旦新的社会模式被建构和实施，就会在新模式的基础上产生新的社会过程。新产生的社会模式相对于旧的社会模式而言，是上升到一种相对高级的形态，社会过程相对于旧的社会过程来说也具有更加先进的特征，图 8-2 反映了社会模式与社会过程的辩证促进关系。

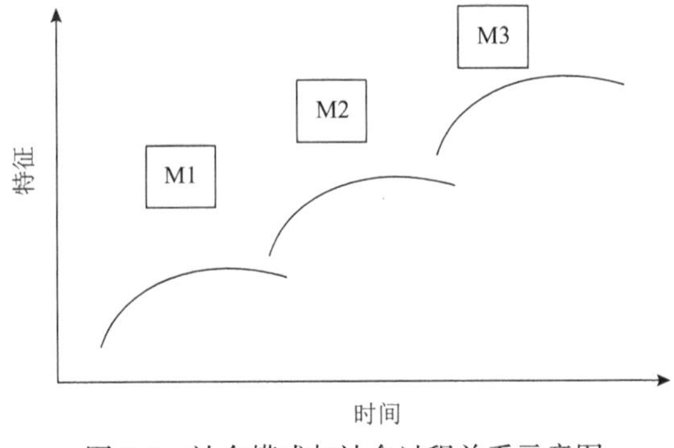

图 8-2　社会模式与社会过程关系示意图

在图 8-2 中，纵坐标轴表示社会模式的特征，横坐标轴表示时间。由此可知，每一种社会模式都支配一个确定的时间段，这个确定的时间段，就表示这种模式支配下的社会过程。假设有 M1、M2、M3 这三个相互衔接的社会模式，相应地也就有三个相互衔接的社会过程。

社会模式连续性的更替上升构成了社会过程演进的基本特点。随着社会需求的不断增加，旧的社会模式不断衰退，新的社会模式不断产生，新旧模式不断更替，社会不断向前发展。

第二节 社会过程分析的基本思路

社会阶段是进行社会过程分析的基本范畴。区分、认清社会阶段是认识社会发展总过程的重要内容。以社会发展过程中质量互变为依据进行的阶段划分是进行社会过程研究的前提。

一、以社会矛盾状况的变化作为划分社会过程的基本依据

阶段是事物发展过程中的区间段落。社会过程由多个社会阶段构成，社会阶段存在于社会过程之中。社会阶段体现了社会基本矛盾或主要矛盾从量变到部分质变再到根本质变的过程。它是分析社会过程的基本依据。

生产力与生产关系、经济基础与上层建筑的矛盾运动，催生了人类社会的量变与质变及其互相转化，这是社会阶段形成的根源。质是事物成为其自身并区别于其他事物的固有的规定性。量是可以用数量表示的，是事物的规模、程度、速度、组合的规定性。社会发展是质和量的统一体，这种统一集中体现在“度”这一概念上。度是指事物保持自身质的稳定性的量的幅度，是与事物的质相统一的界限。在生产力与生产关系、经济基础与上层建筑的矛盾运动中，只要生产关系还能适应生产力发展、上层建筑还能适应经济基础发展，那么它们之间的矛盾运动就属于量变，社会就处于稳定的发展阶段中。而一旦生产关系或者上层建筑再也不能适应生产力、经济基础的发展，甚至阻碍其发展时，社会就会发生根本性质和社会形态的变化，此时就属于质变。其中，质变必须以一定的量变为基础，质变是新的更高层次的量变的必要条件，量变与质变相互渗透，在总的量变中有部分质变，在质变中又有新的量变。

毛泽东同志在《矛盾论》中指出：“事物发展过程的根本矛盾及为此根本矛盾所规定的过程的本质，非到过程完结之日，是不会消灭的；但是事物发展的长过程中的各个发展的阶段，情形又往往互相区别。这是因为事物发展过程的根本矛盾的性质和过程的本质虽然没有变化，但是根本矛盾在长过程中的各个发展阶段上采取了逐渐激化的形式。并且，被根本矛盾所规定或影响的许多大小矛盾中，有些是激化了，有些是暂时地或局部地解决了，或者缓和了，又有些是发生了，因此，过程就显出阶段性来。”[①]这段话揭示了社会过程与社会阶段的三层内涵：

---

①《毛泽东选集》第1卷，人民出版社1991年版，第314页。

首先，社会阶段的产生及其性质是由社会过程中主要矛盾及矛盾主要方面的变化决定的；其次，只要社会发展过程的根本矛盾及为此根本矛盾所规定的过程的本质不变，即便社会发展有不同的阶段，总体也仍处在量变之中；最后，社会阶段的发展为整个社会发展创造了条件。矛盾的特殊性决定了社会过程的阶段性，社会阶段的过程性转化就是社会矛盾的转化。因此，对任何社会历史的探索不仅要认识它在总过程中的质的规定性，还要认清特殊的阶段性；对于社会阶段的划分，就必须抓住社会矛盾转化这个基本环节，这是认清社会阶段转变，进而认识整个社会过程的前提条件。

二、以生产关系或者社会关系的性质作为划分社会阶段性特征的主要依据

社会形态是马克思主义经典作家进行社会阶段划分的核心概念，质变临界点的确认是进行社会阶段划分的主要依据。人类社会发展的基本规律决定了：对于生产方式质变的把握是区分不同发展阶段上社会形态的关键所在。生产关系作为社会形态的“骨骼”，是社会形态划分的主要依据。“生产关系总合起来就构成所谓社会关系，构成所谓社会，并且是构成一个处于一定历史发展阶段上的社会，具有独特的特征的社会。”[①]所有制形式是生产关系的基础，马克思在《资本主义生产以前的各种形式》中对“亚细亚的所有制形式”、“古代的所有制形式”与“日耳曼的所有制形式”和恩格斯在《家庭、私有制和国家的起源》中对“古代的劳动奴隶制”和“东方的家庭奴隶制”的研究成为区别社会形态的基本尺度。

与生产关系相比较，生产力虽然不直接成为划分社会形态的依据，但由于对生产关系的决定作用，它对社会形态划分发挥着根本决定作用。“各种经济时代的区别，不在于生产什么，而在于怎样生产，用什么劳动资料生产。劳动资料不仅是人类劳动力发展的测量器，而且是劳动借以进行的社会关系的指示器。”[②]因此，“手推磨产生的是封建主的社会，蒸汽磨产生的是工业资本家的社会”[③]。

在对生产方式进行区别分析的基础上，马克思指出：“大体说来，亚细亚的、古希腊罗马的、封建的和现代资产阶级的生产方式可以看做是经济的社会形态演进的几个时代。”[④]他进而将人类总体社会过程划分为五种社会形态：原始社会、奴隶社会、封建社会、资本主义社会和共产主义社会。需要说明的是，这五种社会形态的更替是对人类社会发展规律的总体性把握，它并不排斥少数民族通过跨

①《马克思恩格斯选集》第1卷，人民出版社2012年版，第340页。

②《马克思恩格斯选集》第2卷，人民出版社2012年版，第172页。

③《马克思恩格斯选集》第1卷，人民出版社2012年版，第222页。

④《马克思恩格斯选集》第2卷，人民出版社2012年版，第3页。

越一种甚至几种社会形态实现跨越式前进。例如，美国跨越封建社会进入资本主义社会、中国跨越资本主义社会进入社会主义社会、西欧的日耳曼民族跨越奴隶制直接进入封建社会。虽然不同民族在发展顺序上存在独特性，某一民族可以跨越一定的社会形态，但其方向和人类总体历史进程是一致的，这就是社会形态更替的统一性与多样性。

三、以量变与质变相统一的原则分析社会过程

社会阶段与社会过程的关系是复杂的、辩证的，在社会历史发展过程中，它们不仅可以表现为以社会形态为代表的单个质变与连续质变的关系，也可以表现为部分质变与根本质变的关系。

由于事物内部矛盾发展的不平衡，在自然界、人类社会的总的量变过程中出现部分质变，是较为普遍的。例如，人从童年到少年、青年、壮年和老年都是部分质变的表现。部分质变是总的质变过程中较小范围或规模的变化。它不仅可以表现为根本性质未变而次要性质的改变，也可以表现为全局性质未变而个别部分性质的改变。正是这种部分质变的积累，为整个事物发生根本质变创造了条件。

马克思恩格斯以社会发展量变中的部分质变为依据，将无产阶级夺取政权后的社会划分为从资本主义社会到社会主义社会的过渡阶段、共产主义社会第一阶段或初级阶段（社会主义社会）、共产主义社会高级阶段，这一划分为世界社会主义运动指明了方向。然而，苏联和中国的社会主义建设实践证明，马克思恩格斯低估了资本主义社会向社会主义社会过渡的困难，社会主义发展的三阶段论不足以反映、指导社会主义建设的复杂实践。为此，邓小平同志开创性地提出了社会主义初级阶段理论，将马克思恩格斯的三阶段论调整为从资本主义社会到社会主义社会的过渡阶段、社会主义初级阶段（不发达的社会主义社会）、发达的社会主义社会和共产主义社会高级阶段的四阶段论，补充和发展了马克思恩格斯的科学社会主义理论，为我国改革开放和社会主义现代化建设提供了理论指导。

社会过程是社会阶段的集合体，是社会阶段连续性与跃迁性发展的统一，这要求我们不仅要关注各个社会阶段的基本特点及与社会总过程的关系，还要注意研究各社会阶段之间的互相联系和制约关系，把握社会过程的前进趋势。

四、社会模式的生命周期研判是社会过程分析的落脚点

社会模式生命周期分析方法是社会过程分析的核心方法。生命周期反映着客观事物阶段性发展变化及其规律。用生命周期理论研判社会，就会发现社会就是一个不同社会模式相互替代及每一种社会模式由新生到退出的过程。

社会模式是生产关系的实现形式，是社会发展所需求的系统结构和运行程序

的表现形式，是由社会体制、社会公共政策、法律法规构成的，是关于社会运行制度、行为方案的规则体系。“认识社会的结果是形成关于社会的知识体系，改造社会的前提是设计社会改革的方案，制定社会发展的规则体系。这种关于社会改革的方案、关于社会运行的规则体系，可以统称为社会模式。”[①]

辩证法的精髓是“在对现存事物的肯定的理解中同时包含对现存事物的否定的理解，即对现存事物的必然灭亡的理解；辩证法对每一种既成的形式都是从不断的运动中，因而也是从它的暂时性方面去理解；辩证法不崇拜任何东西，按其本质来说，它是批判的和革命的”[②]。因此，社会是不断向前进步的，事物的存在和发展都会经历一个过程，凡是在历史上产生的都要在历史中灭亡。在人类社会永恒发展的趋势下，社会模式呈现出鲜明的周期性特征，主要包括以下三方面内容。一是社会模式和任何生物有机体一样，随着时间的推移，经历“导入—成长—成熟—衰退”的过程。任何社会模式，一旦进入历史舞台，就必须遵循人类社会的发展规律，适时退出以免造成社会问题。二是社会模式在每个阶段都会呈现出不同的特点，因为社会模式必须要匹配所在历史阶段和社会条件下的社会矛盾的具体情况，并随之不断调整。三是社会模式生命周期的长短，取决于社会模式的实时动态调整的状况。有时候尽管社会模式已经基本不适应社会过程进一步发展的需要，但是如果社会能够适时地进行一定程度的调整，还可能延长社会模式的生命周期。所以，由于客观环境变化和社会的自主调节，单个社会模式的生命周期可能有一定的延缓灭亡的时间，但最终还是会走向衰亡。

生命周期研究视角要求我们做到以下几点要求：一是把握不同社会模式转换的节点，以免延误时机；二是总结不同社会模式与其对应条件的匹配规律；三是设计社会模式退出办法，使之顺利被新模式代替。这是社会模式生命周期分析的一般要求。

第三节　社会过程设计的基本原则

社会过程分析及其设计是社会工程过程性特点的集中体现和内在要求。设计应该以分析为前提，分析则应遵循客观规律。此处的规律包括：历史前进和发展规律，情境、价值和规律统筹分析的规律，依照主要矛盾变化划分社会阶段的规律，这些规律最终都可运用于社会工程模式的流程设计中。

---

① 王宏波：《论社会工程学的意义、内容与学科特征》，《西安交通大学学报（社会科学版）》2001 年第 1 期，第 66 页。

②《马克思恩格斯选集》第 2 卷，人民出版社 2012 年版，第 94 页。

一、遵循社会发展规律，不能逆历史潮流进行逆向操作

马克思主义认为，历史是人们通过自己的活动而实现自身发展的过程，是追求自己目的的、渗透着人的主观意志和主体精神人的活动过程。但是，这个社会过程仍存在着不以人的意志为转移的客观规律。这是因为：其一，人的主观能动性的发挥建立在前人创造的物质条件的基础上，个人不能超历史进行自由选择。对于一个民族而言，不能自由选择自己的生产状态、经济状态，必须接受前一代创造的生产力，并在此基础上，从事自己的活动。前人创造的物质条件与精神条件是后代开展创造性活动的基础，这是客观存在发展的前提。其二，人也不能自由地选择自己出生时的社会关系。人总是社会的存在，总是存在于某种具体的社会关系的总和中。人出生时的家庭社会关系就在一定程度上决定了他将来从事社会活动的社会条件。其三，人们所赖以存在的社会生产力及其在生产力基础上的社会关系自身有一个发展变化的规律可循。这个客观规律就是社会基本矛盾运动规律。

社会过程设计遵循的基本规律是人类社会的发展规律。由生产力和生产关系、经济基础和上层建筑构成的基本矛盾决定了人类社会由低级到高级、由落后到发达的客观现实性。因此，任何社会工程都必须以人类社会的基本矛盾运动规律为遵循，不能试图违逆、超越。

二、社会过程设计应当在社会模式设计的基础上进行

模式是社会工程设计的核心环节，也是社会过程分析的重要参照。模式是社会过程分析和社会过程设计的重要结合点。一方面，社会过程设计需要通过不同模式之间的组合与同一模式的内部细分来实现；另一方面，社会过程可以通过不同模式之间的接续得到直观体现，也可以通过同一模式在时间上的逐渐展开而直观体现，所以模式是社会过程分析的重要参照与表达。

（一）社会模式是社会过程分析的基本参照系

在社会过程分析和设计中，模式是最基本的单位，构成了过程性分析的基础。在宏观大历史的视野中，社会形态模式就是基本的参照系。如果以社会形态为判断标准或基本单位，那么社会发展的过程可分为原始社会、奴隶社会、封建社会、资本主义社会和社会主义社会乃至共产主义社会。如果从中观时间尺度分析社会过程，它是分析特定社会形态内部的社会过程。例如，中华人民共和国成立以后的社会过程就可以划分为改革开放以前和改革开放以后两个社会过程。如果从微观的时间尺度分析社会过程，就是对具体政策模式支配下的社会过程的分析。一项政策的制定针对某一具体领域，或者某一社会层面，如教育政策、医疗体制与政策、社会养老体制与政策等。这些特定领域和特定层面的政策模式支配着它自

己的社会过程。

社会过程分析和设计主要着眼于特定模式从实施到退出这一段时间内的具体细节安排。一个特定的社会工程模式是时间和空间的辩证统一。既包括空间上的不同领域、不同方面的内容设置，也包括时间上的不同阶段、不同时期的内容设置。其中，后者是研究过程分析和设计的重要内容。只有理解了同一模式内部还存在着不同阶段、不同时期的内容设置侧重与差异，才能将一个统一的社会模式与实践深入结合，否则就会面临“老虎吃天、无处下爪”的尴尬局面。

从更深的层面来讲，之所以需要将同一模式内部再进行时间和空间维度的细分，就是为了更好地处理同一情境内部各量变阶段、同一价值取向内部各阶段差异及同一规律体系内部各阶段侧重的“微观匹配问题”，从而在最大程度上确保实践效果与预期目标的吻合，才能与人民群众的根本利益诉求相一致。

（二）社会模式的理念中内含着社会过程的目标

任何模式都有预期达成的目标。目标导向是社会工程自觉性的突出体现。任何一项社会工程及其模式和子模式，都必然围绕特定的目标进行设计和展开。所以，在社会过程分析和设计中，也需要引入目标这一依据，作为不同阶段、不同时期采用不同子模式或方案的依据。反之，目标和子目标之间及诸子目标之间的划分也可以作为社会过程分析和设计的重要参照。

一般来说，按照目标完成的先后顺序，可以相应地将实现过程分成若干阶段，从而呈现出过程性特点。但是，在现实操作中就会发现，一个抽象且静态的目标很难被如此理想地拆分。如果硬性拆分，则可能适得其反，得出完全不符合实践规律的阶段划分结果。所以，任何一种目标或子目标的拆分，都是基于模式这一中介展开的。因为模式既包括目标的整体性，具有集成性特点，又体现了实施的动态性，符合操作环节的基本规律。只有对照模式进行目标拆分，才能做到科学、合理的拆分，才能统筹好时间、空间等关系。

空间维度主要涉及不存在相互制约关系的子目标，或者相互制约关系简单且时序间隔不大的子目标。例如，在国有企业改革中，人员精简和品牌变更就不存在直接的相互制约关系，而是属于空间维度的子目标拆分。时间维度主要涉及存在较明显、较复杂相互制约关系的子目标，由于彼此之间存在因果关系，一个子目标的完成情况会决定另一个子目标的开始情况甚至变更情况，所以必须按照时间先后进行设计。例如，在国有企业改革中，业务转型和人员精简就存在较复杂的制约关系，因此务必分清先后。

如果目标不清晰，子目标的拆分就会不清晰，连带过程性分析和设计出现问题，甚至可能导致模式实施出现问题或引发严重的社会问题。因此，目标设定得越明确、越科学，边界和底线越清晰，内核和框架越清晰，逻辑关系梳理得越透彻，子目标的拆分就会越容易，模式向子模式的转换过程就会越成功，最终的实践效果就容易达到预期。这就要求制定目标时能够从实践过程的角度进行考虑。如果忽视了实践过程，停留于静态的抽象设计，就难免会引发结构残缺或冗余的问题，从而给实践带来不必要的麻烦。

（三）基于模式规划社会过程的时序和流程

社会工程推进不可能一蹴而就，也不适宜同步推进，必须讲究时序和流程。只有从时间维度上化整为零，将不同阶段的实践方案加以细化，才能解决微观匹配问题，确保微观操作顺利进行。与之相应，社会过程分析及其设计自然也需要坚持流程设计思想，依照流程合理地界定不同阶段的划分、规划不同阶段的方案。不同阶段的方案之间有其共性，在总体上构成了社会工程模式，但是各自也有其特点，存在着细节上的差异，从而表现为总模式是各子模式之和。

总体而言，一个模式的推进流程大体可分为奠基阶段、推进阶段、成熟阶段和退出阶段。所谓奠基阶段，就是扫清条件障碍、创造实施前提条件的阶段，主要负责确定社会模式的总体框架和关键内核。所谓推进阶段，就是在奠基阶段所完成的情境条件质变基础上，立足已经确立的总体框架和关键内核，推动该模式细节方面的实施和深化，可以形象地理解为“扎根”之后的“立干、开枝和散叶”。所谓成熟阶段，就是该模式各方面内容已经全面地得到展呈和实施，而且各方面细节也在与具体情境的深入结合中得到修正，彼此之间的协调机制也在实践推进中得以完善。这个阶段往往是模式达到预期目标的关键阶段，也是决定模式成效的关键阶段。所谓退出阶段，就是模式根据情境变化与价值取向变化逐步“做减法”的阶段，也就是逐步将模式的具体细节分时段、看条件从实践中退出并由新模式逐渐接管的阶段。这个阶段的关键是稳定，即确保前后两个模式衔接过程的顺畅。

以上四个阶段只是对社会工程模式流程设计的简要说明，在实际应用中，无论是社会过程分析还是设计都需要更为具体和细化的流程设计。这种设计一方面来自方案设计者对情境、价值、规律的辩证把握，另一方面来自以往的社会工程模式设计和实施经验。人类社会历史是一个由低级到高级的发展过程，因此历史过程不会重演，任何试图重演的行为都是妄想。即使是错误的社会决策导致的不满意的社会过程与社会后果，也是社会过程继续运行的基础。后一社会过程的运行要以前一社会过程的结果作为出发点。因此，流程设计必须考虑合理的时间排序，否则就会导致前一阶段的问题在后一阶段延续甚至放大，进而招致失败。

（四）设置过程的阶段之间、环节之间的接口

模式的推进具有过程性，其与实践的具体结合也体现为一系列流程设计，由

此就引出了不同流程之间如何顺利接续，以及确保前后两个阶段顺利衔接的问题。尤其是在模式内部的奠基、推进、成熟和退出等主要阶段之间，更面临着如何通过方案细节的调整优化，不断为社会发展注入新动力并完成保持情境条件总体稳定的艰巨任务。也就是说，前一个阶段所对应的子模式能否在总体保持社会稳定的前提下顺利转换到新的子模式上来。如果前一个子模式非常成功，但是无法转换到下一个阶段所对应的子模式上来，就会导致前一个子模式因失去立足条件而逐渐产生负面效应而新的子模式却始终无法“接棒”的严重问题。因此，接口的设置十分重要。

接口设置的关键在于正确处理好以下几个问题。一是合理地判定不同子模式或方案的情境条件，避免新条件下还沿用旧方案，致使其消极效应压倒积极效应。二是新旧两种方案或子模式之间的内容调整。三是采用什么样的方式完成两种方案或子模式的交接过渡。一般来说，交接方式可以是渐进式的，也可以是突变式的，两者并无绝对意义上的好坏之分。选择与否主要取决于当时的情境条件。如果社会总体稳定，新方案的部分内容已经被接纳，或者新旧方案的变革幅度不大，那么突变式交接就可以成为首选。反之，则应该采取渐进方式，让旧方案逐步退出。

这就意味着接口的设计既是一个时间节点的选择问题，更是一个新旧方案之间的过渡问题。在正常情况下，新旧两种方案之间存在较为明显的延续性和贯通性，所以新方案必然涉及对旧方案的批判性继承，其中所继承的部分或者因批判而显现出更具明显优势的部分就可以被视为接口。在前一种情况下，新旧方案均采用同样的内容，所以不会引发社会动荡；在后一种情况下，新方案对旧方案的部分积极方面加以优化改进，这会得到社会公众的进一步认可，所以也不会引发社会动荡。值得注意的应该是旧方案中被否定的内容，要考虑这部分内容是否会引发社会民众广泛的不满或反对，这是维护新旧两种方案交接时社会情境保持总体稳定的重中之重。当然，也必须认识到，任何社会方案的变化都可能引发一定程度上的既得利益再分配，可能会引发争议和反对，所以需要将其控制在可接受的范围内。

（五）中国的改革过程体现了模式转换的特点

中国的改革开放过程是不断用新的经济体制模式、社会体制模式和法治模式等社会模式替换旧的社会模式的过程，借此推动改革开放进程的全面推进。这种通过模式转换的推进过程就体现出了中国社会创新发展的特点。

例如，从改革开放前相对封闭的经济结构，开启了“对外开放，对内改革”的新模式，其中一个重要的特点，就是引进国外企业在国内进行生产经营，种种模式具有“两头在外、中间在内”的特点。随着改革开放的进一步发展，这种“两头在外、中间在内"的来料加工模式必须转向创新发展，进一步提升国家工业化水平，推进产业体系高级化进程，这符合后发国家经济发展的一般规律。对于中国这样的发展中大国，很难凭借个别产业或仅仅依靠第三产业就能发展起来，实现现代化之路必须遵循从承接全球制造业转移到逐渐优化升级之路。这也是社会经济运动的客观规律。

其实，我国的经济发展历来注重模式设计，无论是在党中央政策指导下的"摸着石头过河"，还是在全面深化改革中将"顶层设计"和"摸着石头过河"相结合，都具有突出的模式设计特点。在改革开放初期，基于现代化建设的基本任务，结合我国人口、地域、资源禀赋及地理位置等现实条件，开启了以劳动密集型产业为基本模式的发展之路，发展壮大为今天的"世界工厂"。随着经济社会的发展，这一子模式已经趋于发展阶段的后期，所以必须要有新的子模式接替。立足我国国情，结合国际形势，创新就成为新阶段新动能的最佳选择。

社会工程的过程设计讲究时序先后。前一阶段的子模式立足较落后的条件，通过模式发挥效应改造社会历史条件，为新的子模式的出场提供支撑。后一阶段的子模式不应在不适应的条件下出现，否则难以发挥效应。所以，我国经济发展讲究规划，不同阶段的子模式设计分布于不同阶段的五年规划当中。改革开放以来，我国通过历次五年经济发展规划，不仅对发展速度做出合理要求，而且对发展方向加以有效指引。这实际上就体现了对于不同阶段不同模式的先后次序排布。

应当注意的是，新旧模式交替环节必须注重接口的设计，若没有恰当的接口就会一再延误旧模式的退出及新模式的出场。我国在多年劳动密集型产业发展之后，清晰认识到新模式出场的必要性及其时机的成熟性，所以大力推进新产业、新动能、新领域，对传统产业则采取了逐渐退出的基本政策，对于部分严重滞后于时代发展的产业则采取强硬的"一刀切"手法令其强制退出。虽然存在新旧之别，但我国新模式所立足的创新并不是对旧模式的全盘否定（如彻底否定制造业），而是立足于旧模式所形成的成熟工业体系之上，从而确保了传统模式的优化改善与新模式的逐渐出场两者的同步进行，所以既没有出现大规模的失业问题，也没有引发经济动荡与衰退。

第四节 社会过程分析的具体方法

社会过程分析的目的在于确立研究社会历史的科学方法，探讨社会发展的客观规律。社会过程分析的具体方法主要包括结构分析方法、协调分析方法和社会预测方法。基于社会过程分析的结论，就能进一步设计出每个阶段的子目标、子模式。

一、社会过程研究中的结构分析方法

任何事物都有一定的结构方式，结构范畴就是表征事物内部各要素的组合方式、结合方式的范畴。结构既表现在空间构成上，也表现在时间流程上，是两者的阶段性统一。结构分析方法是探求系统的性质和行为、预测系统的发展方向、对系统宏观结构进行设计的基础方法。社会过程研究中的结构分析方法是指对社会系统中各组成部分及其发展变化规律的分析。对社会结构的分析有助于全面地了解社会发展的性质、特征和规律。具体而言，在社会过程研究中，结构分析的方法主要有社会结构形式分析方法、社会结构功能分析方法和社会结构变迁分析方法三种。

（一）社会结构形式分析方法

社会系统的结构是要素之间相互联系和相互作用的形式，而要素间的相互联系和相互作用必须通过交换信息来实现。因此，在形式上，各要素之间会发生正反馈和负反馈，以及因果等联系和作用，这种联系和作用可称其为形式结构。对于一个系统来说，如果通过反馈活动，使系统的状态越来越偏离目标，这种反馈就是正反馈；如果通过反馈活动，使系统的状态越来越接近目标，这个反馈就是负反馈。要使系统处于稳定状态，必须保持系统的稳定结构，负反馈是保持系统稳定结构的重要机制。系统内部的各种正、负反馈关系综合在一起就构成一个系统的内部力量相互作用的形式结构。分析这种形式的结构特点和演变特点是过程研究的重要方法。

社会系统的过程性演进，是通过结构的不平衡性特点表现出来的，对社会过程分析与设计具有重要意义。分析结构的不平衡性特点是研究过程性特点的重要方法。对结构的不平衡性的分析，主要是研究系统要素在空间上相互结合时的排列方式和排列次序。社会系统的空间结构包括三种类型：等级结构、并列结构、等级与并列结构。等级结构是指系统从纵向上由若干等级组成的结构。各等级层次之间，存在着高级和低级的区分。它们以特定的关系，构成一个整体。例如，“基本粒子—原子核（电子）—原子—分子—化合物”就是一种空间等级层次结构。并列结构是指社会系统在横向上由若干平行的子系统所组成的横向结构。例如，在当前中国社会大系统中，教育系统、就业系统、社会保障系统、医疗系统和公共卫生系统等就属于并列结构。等级与并列结构是反映在一个复杂的社会系统中，既存在着等级结构，又存在着并列结构，是等级结构和并列结构的统一。对空间结构的分析重点是，研究社会系统发展过程中要素在空间中所展示的不平衡性，进而寻找新的增长点，通过增长点的发展带动社会全局的发展。

（二）社会结构功能分析方法

结构是构成社会系统各个要素之间所固有的相对稳定的组织方式或联结方式，功能是指构成社会系统的各个要素之间所发生的相互作用和影响。结构功能分析方法在强调系统中各部分所承担的社会功能的同时也注重系统作为整体内部的各个子系统间的动态均衡协调。社会结构功能分析有助于不同社会发展阶段所对应的模式与子模式设计。

第一，任何社会事物都是由一系列部分或要素构成的，这些部分或要素组成了一个社会系统，它们之间相对稳定的联系就是这一系统的结构。每一个系统要存在和发展下去，就必须满足一些基本的条件或需求，这些条件或需求是由系统的某一特定部分来满足的。换句话说，系统组成部分承担着特定的社会功能。例如，在国家这个社会大系统中，生产组织的主要功能是提供物质产品，军事组织的功能是对外保卫国家、对内维持社会的稳定，政治组织的功能是确定国家的基本目标并组织各种力量实现这些目标等。同时，每一个国家的生存和发展，也离不开它的这些组成部分所发挥的社会功能。总之，要通过考察社会系统的结构和功能来认识与分析社会大系统。

第二，系统内的各构成部分在对系统整体发挥作用时，要通过不断的分化与整合来维持系统整体的均衡秩序，由此构成事物发展变化的内因。我们研究社会系统，首先应当把它看作一个有机整体，这个有机整体有其内在的结构和组织模式。与此同时，社会系统的各个子系统也相应有其得以延存和发展的社会环境与自然环境。而各子系统内部的相对均衡与协调，既是保持其自身良性运行的前提，也是保证它们之间相互协调进而共同支撑社会大系统良性运行的基础和条件。在社会发展过程中，经济系统、政治系统、社会共同体系统和文化模式托管系统等四个子系统之间既相互区别又相互联系，它们共同构成了作为整体的、均衡的、自我调节的和相互支持的社会系统。任何一个社会，都是包括经济、政治、文化和社会生活的有机系统，是不断与自然界进行能量交换并调整其自身结构以适应环境变化的动态系统。正是经济、政治、文化和社会生活等各个从属于社会系统的子系统，共同支撑着社会大系统的正常运行和协调发展。

（三）社会结构变迁分析方法

社会的发展实质上就表现为由一种社会系统结构转变为另一种社会系统结构，也就是由一种社会工程模式切换到另一种社会工程模式。这种转变过程可以通过社会革命，以突变的方式实现；也可以通过社会改革，以渐进的方式实现。当一种社会结构正在转变为另一种社会结构时，或者说当社会主体采取某种社会行为促使某一特定的社会结构发生变化时，社会结构实际上就处在一种结构变化的状态中。社会系统结构的变化、变迁过程是社会存在的一种客观状态。我国的经济、社会、政治体制的改革，从本质上讲是社会系统结构的转变与创新，是制度化的社会关系变革。

对社会结构变迁的分析是把社会系统中心结构按时间上的延续顺序，划分为若干独立的部分，以揭示系统的进化进程和各相继延续的稳态结构之间的相互联系与相互作用。在历史上，社会存在形式总是从社会结构要素的量变过程开始，或者经过社会结构的逐渐变迁，或者经过社会结构的迅速变革，实现社会结构的变化。社会系统发展过程中，当其处于稳定状态时，只经历着量的变化；当量变达到临界点时，系统就处于失衡状态，这时量变转化为质变，系统进入一个新的稳定状态。有先后顺序的各种稳态结构，反映了系统进化的周期性或节律性，反映了系统发展的规律。按照社会系统的内部矛盾形式和外部环境因素之间所存在的辩证关系的特点，社会系统结构的演进具有自然历史的形式和跨越式演进的形式。

社会历史形态从原始社会、奴隶社会、封建社会、资本主义社会到共产主义社会就是一种自然历史的形式，而美国资产阶级革命的前身是印第安纳的农奴社会、中国社会主义革命的前身是半殖民地半封建社会、俄国无产阶级革命的社会基础是发展比较落后的资本主义社会。而反观所有的社会结构变迁，无论演进形式如何，其成功的关键都在于，通过从旧到新的转变，形成比原有社会系统结构更有发展空间和生命力的、与生产力和环境等相协调的社会新结构。

二、社会过程研究中的协调分析方法

协调分析就是通过研究社会系统内的要素间、结构间的协调关系进而对社会系统运行的协调状况或者协调程度进行分析，从而研究社会发展性质、特征和规律。协调分析方法不仅能够准确地切分并预测不同社会发展阶段，而且能够揭示社会运行状态和社会政策之间的关系，说明社会政策作用于社会系统后，社会运行方式与运行过程变化中的协调问题。从毛泽东的“弹钢琴”思想到邓小平的“两手”论，再到习近平的“全面”观，都是科学运用协调分析方法的结果。

协调分析不同于一般意义上的平衡分析。平衡分析侧重于静态分析，而协调分析则关涉动态发展。平衡的概念，从词源上分析，它是从“衡器两端承受的重量相等”引申而来的。进一步被拓展到其他领域和方面时，就被理解为两个相对的事物或属性在其量的关系上具有对等或相等的性质。机械学中的质量平衡建立在力矩相等的基础上；物理学中的动态平衡是生物在系统中的微观粒子不断运动和变化的情况下的一种宏观平衡。在社会现象的范围内使用平衡的概念，仍然如此。例如，国民经济系统分析中的物质平衡、信贷平衡、财政平衡、供需平衡等，都是以数量关系相等的形式来表示的。综上所述，可以概而言之：平衡概念所反映的是相对的事物，或一个事物若干方面的相对性质在数量上的相等。因此，与平衡现象相伴而存在的就是事物的稳定与静止，或物质分布等方面的均匀状态。

通过对平衡概念的分析，可以看出平衡分析方法的基本特点。它是以反映相对的事物或事物的相对性质在数量上的对等或相等关系为依据，进而研究平衡与失衡的现象。从经济学的观点来看，用平衡分析方法研究事物，无论是就一个总体内部各构成部分（因素）之间的平衡关系，或者就不同总体之间的平衡关系，都必须在收支两个方面保持总量上的对等关系。平衡分析中使用的平衡表所反映的矛盾的两个方面在数量上必须是相等的。例如，社会生产与社会需要之间必须相等，居民货币收入量与货币支出量之间必须相等。

协调分析方法并非完全以相等关系为依据。协调是协力、协同、调配适当等词意的概括。协有共同之意，协力乃共同努力；协同乃各方互相配合以达到或完成某一共同目标；调配适当是指各种要素在量上的比例关系合理，其中各量有多少之分，作用力度有强弱之别。所以，协调概念所表达的是这样一种客观关系：相对于系统的某一特定目标，系统的各要素之间相互合理配合，以实现系统目标。其中，合理配合是协调的基本内容。协调分析就是分析系统各要素对于系统目标来说配合的是否合理。在系统结构要素的量的各种配合关系中，既有相等的关系，也有不相等的关系。那些以相等为特征的数量关系是平衡关系，而以不相等为特征的数量关系是非平衡关系，它主要以结构要素间量的匹配为特征。所谓系统结构要素相对于系统目标配合合理，就是指其中的平衡关系与非平衡关系间的配合得当。所谓协调分析是指把对于平衡关系的分析与对非平衡关系的分析联系起来的一种综合分析。[①]因此，其有过程性意蕴，适用于对社会等对象的过程性分析。

在使用协调分析方法时必须注意以下几个问题。

第一，在社会系统基本结构基础上明确协调关系。社会系统是以社会现象作为元素的系统，包括经济、科技、文化、政治等方面，因此要明确其中包含的基本协调关系，必须以马克思主义为指导，以系统科学的理论和方法为工具，从经济学、社会学、政治文化学、科学技术学、管理决策学等各学科进行交叉研究。在研究中，必须始终将社会子系统、社会要素间的相互隶属关系置于考察与分析的前沿。在研究任何一个局部系统、任一具体要素的性质和作用时，应该注意将其他局部系统及其社会要素作为研究系统的内生变量加以综合考虑，从而建立一个能够反映协调制约关系的社会系统基本结构。

社会本质上是一个复杂巨大的系统，将其抽象出一个形式结构进行全面、具体的刻画分析是一项极其困难的工作，从某种程度上说这几乎是不可能实现的。然而，协调分析的任务并不期望解决这个几乎无法解决的困难。它只是从社会宏

---

① 参见王宏波：《工程哲学与社会工程》，中国社会科学出版社 2006 年版，第 221 页。

观管理角度出发，抽象出那些相较于社会系统运行过程中的“持续稳定、协调发展”目标来说，具有重要意义的、不可缺少的因素或变量形成基本结构。所以，探索协调关系及其规律，建立反映协调关系的社会系统基本结构是一项重要的基础性工作。只有在社会系统基本结构界定基础上，根据所抽象出的基本协调关系，才能建立协调分析的指标体系和判断协调状况的数学模型。

第二，以社会系统中的矛盾性为前提把握系统的协调关系。社会系统的存在以其矛盾性为基础。任何系统都充满着矛盾，可以说，没有矛盾也就无所谓社会系统，社会系统实质上就是由各种矛盾所构成的网络。系统的协调以系统的矛盾关系为基本内容，以矛盾的对立统一为特点。没有矛盾的对立统一，就没有协调的必要；没有以矛盾为内容的有序化，协调就失去了前提。如果不强调这个系统的矛盾性，离开了相互区别与相互约束，就失去了相互适应、相互促进的对象，也就失去了协调分析的意义。

因此，协调分析要注重寻找若干矛盾所构成系统的共同交错点、结合点，或者说是中心轴，促使各方共同发展；同时，要着力于探索满足各方发展的共同途径，把解决问题的着眼点从偏执一方转向各方相互联系的具体方式上。从中国当前实际来看，改革、发展、稳定三者既相互独立又互为条件，它们是构成我国现代化建设的三大支点，无论哪个点受力不均，都会打破“三角平衡”。习近平同志正是看到了这一点，适时提出了“四个准确把握”（准确把握改革发展稳定的平衡点、准确把握近期目标和长期发展的平衡点、准确把握改革发展的着力点、准确把握经济社会发展和改善人民生活的结合点）。

第三，分析社会过程中整体内各部分之间的相互满足的协调关系。只有社会系统内的各部分共同发展，社会系统整体才能高速、稳定、协调发展，所以必须分析社会过程中各部分之间相互满足的协调关系。具体含义有两层：一是任何一方相对于原有参照系而言都发生了前进性变化；二是任何一方的发展速度、发展规模、发展形式必须与其他方面的发展要求相适应。共同发展不等于等速度运动，各部分在速度上有所差别，其速度的规定以整体的需要为限度。只有这样才能体现相互的适应性。这种共同发展本身包含着差别和一致，体现着协调的原则。如果我们不注意协调好整体内各部分之间的关系，就会顾此失彼，导致发展失衡。因此，“十三五”期间，我们不断促进经济与社会、城乡区域、人与自然、国内国外、政治经济文化、“新四化”、政府与市场、经济建设与国防建设等重大关系的协调发展，只有这样才能确保如期全面建成小康社会。

三、社会过程研究中的社会预测方法

社会预测是社会过程研究的最终完成阶段，是“认识世界”向“改变世界”转化的中介或临界点。追寻马克思主义经典作家对社会现象科学认识过程的轨迹，我们可以清楚地看出他们都是以提出某种社会预测来完成他们的科学研究的，如马克思的《资本论》和毛泽东的《论持久战》就是典型的例子。

社会预测作为社会认识的一种高级形式，指的是主体依据对社会发展规律的把握而对未来可能发生的社会现象、事件和过程的预见，其目的在于帮助人们设置社会发展目标，选择、创造达到未来理想社会的途径与手段，从政治、经济、科学、文化、教育、法律、行政管理等方面提出改进措施（如模式），为决策者做出科学决策、制订社会未来的远景规划提供切实可靠的依据。社会预测内容十分广泛，主要集中在社会结构、社会关系、社会问题和社会生活等方面。一般来说，社会预测通过以下几个方面来实现。

（一）根据社会矛盾运动和转化进行社会预测

唯物辩证法认为事物的内部存在着矛盾，而且事物的内部矛盾是推动事物发展的源泉和根本动力。关于影响事物发展变化的内因与外因关系，毛泽东指出："外因是变化的条件，内因是变化的根据，外因通过内因而起作用。"[①]

因此，要根据社会矛盾运动和转化进行社会预测。一方面，要依据社会矛盾运动把握社会发展过程的主要趋势。对社会矛盾运动中大量的社会现象和事件的相互冲突、相互抵消的过程进行分析，通过其中产生的总结果或"合力"来把握社会发展的主要趋势，根据这一趋势去预测下一阶段历史过程的方向和大体状态，这就是关于未来社会的预测报告。马克思恩格斯就是从生产力和生产关系、经济基础和上层建筑这一社会基本矛盾运动中，揭示了人类社会发展的一般规律和资本主义发展的特殊规律，从而科学预见了未来共产主义社会的到来及其发展方向。另一方面，要依据社会基本矛盾的转化来分析社会发展过程的阶段性特征。对社会发展过程或运行状态的预测，并不像历史理论那样，站在整个人类历史发展的角度，揭示不同社会历史阶段、不同国家或民族、不同社会制度内部共有的基本矛盾，而是在社会历史发展理论的指导下，对特定历史发展阶段上、特定国家或民族的特殊社会系统的发展过程和运行状态进行预测。比如，社会预测时所依据的矛盾可以不是生产力和生产关系的矛盾，而是以这种矛盾关系为指导的生产关系的系统结构中的矛盾。1978 年，面对国民经济整体贫困的状况，邓小平提出了改革开放政策；到 2001 年，我国国内生产总值达到 95 933 亿元，经济总量已居世界第六位，人民生活总体上实现了由温饱到小康的历史性跨越，江泽民以 2020 年以前建设"全面的小康社会"为目标，科学提出到 2020 年国内生产总值比 2000 年翻两番。2011 年 12 月 19 日，国家统计局发布的《中国全面建设小康社会进程统计监测报告》指出："2010 年中国全面建设小康社会的实现程度达到 80.1%，

①《毛泽东选集》第 1 卷，人民出版社 1991 年版，第 302 页。

比 2000 年提高 20.5 个百分点，平均每年提高 2.05 个百分点。”习近平适时指出小康社会建设已经进入收官和冲刺阶段，接下来要切实树立和贯彻落实“创新、协调、绿色、开放、共享的发展理念”①。

（二）借助统计分析方法进行社会预测

借助统计分析方法进行社会预测需要掌握充分的资料和数据。社会发展过程具有趋向性，社会预测是要对这种趋向性进行预测，而这种趋向性，需要从全部被研究现象的总和之中来把握，而不是在这一系列的每一个个别现象之中。为了发现这种趋向性，必须仔细研究社会现象和事件的全部总和，进行尽可能多的观察，个别偏离规律的情况会在大量的现象中互相抵消，而总的趋向在过程的结果中一般能明确地表现出来。马克思在总结资本主义经济规律的作用时指出：“总的说来，在整个资本主义生产中，一般规律作为一种占统治地位的趋势，始终只是以一种极其错综复杂和近似的方式，作为从不断波动中得出的、但永远不能确定的平均数来发生作用。”②

20 世纪以来计算机科学和计算机技术迅速发展，尤其是大数据时代的到来更是增强了其可能性。例如，国家统计局就尝试直接利用网络搜索数据预测房价走势、利用银行卡刷卡数据检验消费数据走势、利用重工设备的开工率数据检验投资数据走势。

在对所获得的数据和信息进行分析处理的预测过程中，一般运用定性分析和定量分析两种方法。定量分析是统计学研究的重要方法之一，但社会与经济系统中存在着一些无法用具体数字度量的因素，如风俗、习惯、观念、心理等，这些难以量化的变量，在实践中却对研究对象产生着影响，是政策研究中不容忽视的因素，因此，很重要的一个方面就是把这些因素进行一定的量化，实现定量基础上的复杂的定性预测。定性的方法以逻辑判断为主，主要是通过预测者所掌握的信息和情报，并结合各种因素对事物的发展前景做出判断，并把这种判断定量化。定性分析方法比较适合用于分析缺乏历史资料或不易精确量化的问题，具体方法主要有主观概率法、专家会议法（即组织专家对面交流，通过讨论形成评价结果）、德尔菲法（即征询专家进行背靠背评价、收集、汇总、分析归纳形成一定结论）等，既可用于赋值也可用于赋权，其优点是操作简单，缺点是主观性比较强。其适用对象一般为战略层次的预测分析，如美国的兰德公司曾使用这种方法对国际战略政策进行预测。

---

① 习近平：《习近平：坚持以创新、协调、绿色、开放、共享的发展理念为引领 促进中国特色新型城镇化持续健康发展》，《人民日报》2016 年 2 月 24 日，第 1 版。

②《马克思恩格斯文集》第 7 卷，人民出版社 2009 年版，第 181 页。

（三）通过社会建模和仿真实现社会预测

在对大量的社会现象和事件的考察中获得大量数据资料,再进行初步处理后,就可以转入设计预测模型的阶段。首先，设计预测模型。运用归纳、演绎的逻辑方法和其他数学方法,建构关于预测对象各种变量、参数间相互关系的结构模型。其次，进行预测计算。把所获得的某些关键性变量的资料、数据输入预测模型，进行综合运算。最后，发布预测结果。

对预测计算的初步结果进行反复的论证和评价，并征询专家意见，以便进行多角度的审视，使预测结果尽可能完善。在实际应用中，有研究者以经济学理论为基础，建立宏观经济计量模型，设置相应的模块，对政府经济政策效应进行模拟分析研究。研究者在计算机上模拟现实经济，并应用人工适应主体技术描述现实经济中微观个体的属性，模拟现实经济中微观个体的行为，宏观经济动态是微观个体之间相互作用的自然累积。通过改变政府主体的属性和行为，就可以观察相应的模型运行结果，进而可以间接地分析宏观经济的运行动态和经济政策的政策效应。

对一些难以建立物理模型和数学模型的社会对象系统，可通过仿真模型来解决预测问题。社会现象和事件涉及大量的因素，这些因素相互之间的影响错综复杂，因此，社会预测中最困难的是建立社会预测的模型。根据社会预测的目的，在分析社会过程各要素性质及其相互关系的基础上，建立能描述社会系统结构或发展过程的，且具有一定逻辑关系或数量关系的仿真模型，据此进行试验或定量分析，以获取进行预测所需的各种信息，这就是社会仿真。社会仿真可以比较真实地对社会系统中诸如非线性关系、随机问题、长周期的社会演化等问题进行描述和预测。通过仿真模型，可以观测与模拟社会运行的微观机制，探索产生不同现象的参数界限，并且可以从时间变化的角度看待整个事物变化的一系列过程并最终实现社会预测。

无论是社会生活的各领域、各层面，还是社会整体都具有复杂性、偶然性和不可重复性的特点，同时建立社会模型和社会仿真所需的费用较高，且需要进行大量且连续的基础工作和多学科专业人才的通力协作，因此该方法的应用受到了一定的限制。

社会过程体现了社会实践活动的人的主体能动性。因此，相较于自然过程，社会过程的对象不仅具有“物性”，还具有“人性”。研究的客体对象既有不因为主体意识而改变的客观性，也有认知、情感和自由意志等主观性；既关注人的外部生存条件，也关注人的内心世界。在多种二重性的影响下，社会科学研究者很难掌握纯粹的实验条件。

因此，研究社会规律，需要把规律转换成社会模式，需要将具体个人转为抽象的、理论化的人。一方面，将社会科学的主体客体化，将其视为自然客体；另一方面，在研究方法上，体现了人文社会科学研究的范式沿袭，如将价值观与理性科学精神相结合。在客观理性精神和主观价值的结合上，要体现动态均衡。在成果的展示上，无论是实物模型、思想模型还是计算机模型，都要考虑人的这一主观因素的影响，不能简单地照搬自然科学研究方法。

第九章
社会工程视域中的社会政策研究

在社会模式的设计和实施中，有一类较为普遍的社会模式就是社会政策模式。在当代社会发展中，市场力量和政府力量是经济社会发展的两种重要力量。政府力量起作用的重要方式，就是实施社会政策。因此，有必要重点讨论社会政策，也可将其理解为一般社会模式设计的一个类型。

第一节　社会政策的基本特点及其社会工程本质

一、社会工程视域下的社会政策范畴

（一）社会政策的问题范畴

进入政府议程的社会问题和公共问题才是社会政策问题。进入政府议程，就意味着要利用一定的政策工具解决具体问题，这样的公共问题才是政策问题。所以，社会政策问题是从众多的社会问题中挑选出来的某一个具有代表性、社会性、普遍性、重要性、紧迫性的公共问题。

社会政策是政策体系中的问题，尤其是指政策法规分析与政策法规设计的问题，这是社会工程研究中的核心问题，因为人类社会活动结构是在一系列活动规则的基础上构成的，这些社会活动规则一般指政策规定和制度安排，所以社会工程研究的意义就在于通过政策法规分析与政策法规设计来推动社会进步。

政策执行过程中出现的问题及涉及社会系统运行的基本规则问题，也属于政策问题。这是因为社会的改革与进步恰恰是在新政策的推行与实施过程中实现的，要改善社会状态、重建社会秩序、促进社会改革、推动社会进步，必须将政策推行到现实社会中，进而检验其结果是否与预期效应一致。

通过以上对社会政策问题的分析，可以认为，有社会问题存在的地方，尤其是有

公共问题存在的地方，与政策框架、模式和政策的执行有紧密关系。究其原因，或者是政策框架、模式不合理，或者是某个政策规定不合适，或者是某些政策规定执行有偏差，或者是某种政策规定缺位，因此，公共政策问题是复杂的、多因的、普遍的、重要的，具有时间上、空间上的局限性和社会政策问题界定上的主观性、客观性。

（二）各种概念界定及缺陷

在政策科学从20世纪50年代至今的发展过程中，国内外学者关于政策或社会政策的各种界定有十几种之多。这些定义纷繁复杂，从不同的视角对政策的本质进行了解释或假设。我们可以大致把这些定义分为三类。

首先，一些学者认为政策是指某种行为、准则、计划、文件、法规、谋略、方案或措施等，即某种由人们来执行或遵守的“文本”，如国外学者有伍德罗·威尔逊、哈罗德·拉斯维尔等，国内学者有王福生、林德金、张金马、陈振明，以及《辞海》等词典都是这样来解释政策的，这类定义实际上是把政策理解为一个“静态”的“点”，即“文本”。其次，一些学者认为政策是有目的地进行价值分配、处理问题或实现既定目标的复杂过程，如国外学者有戴维·伊斯顿、詹姆斯·安德森等，以及国内学者如孙光等都是这样来解释政策的，这类定义实际上是把政策理解为一个“动态”的线性过程，即一条由计划到结果的直线。[①]其实，综合起来看，政策既不局限于某个特殊的文本，也不是一个简单的线性过程，而是一个既有过程又有结果的众多因素相互作用的前后相继的复杂的不断循环过程，它包括文本、文本的形成、文本的修正、实际的实施过程和结果等要素，是一个不断发展的、有机的、非线性的过程。[②]

在我国，人们对社会政策的理解更偏重前两种阐述，其主要是我国的社会主义计划经济体制所致。在计划经济体制下，公民与社会组织的所有社会活动都受到各种各样的计划与政策的指导及控制，政策执行者与社会公众不可能对政策决策施加影响，因为已经假设政策决策者是“全心全意为人民服务的”，而且“是非常正确的”，政府运用社会政策对社会价值的权威性分配的合理性是不容置疑的，公众需要做的是拥护、贯彻与执行；在计划经济体制下，所有生产资料都归国家和集体所有，重视集体利益，淡化社会群体利益与个体利益，几乎不存在不同主体利益之间的剧烈冲突，利益分配主要表现在国家与个人、社会群体之间。在计划经济体制下，公共问题基本上表现为同质性问题，要么是经济问题，要么是政治问题或文化问题，即使是复杂性问题，也往往是政治

---

① 张金马主编：《政策科学导论》，中国人民大学出版社1992年版，第17—18页。

② Taylor B, Rizvi F, Lingard B, et al., *Educational Policy and the Policy of Change*, London: Routledge, 1997, pp. 24-28、17.

目标主导其他目标，凭借政府的绝对权威使其他社会目标服从于政治目标。因此，在计划经济体制下，各类政策文本的目标确定都有单向性的特点，大多数都是以政治目标为主导，即使是经济政策也不注重经济力量的调动和经济规律的运用，而是倾向用政治力量去解决经济问题。

利益主体多元化是市场经济的基本特征，市场经济条件下的社会政策所面临的政策问题是复杂的，政策问题往往是自然、经济与文化等异质性因素的综合与渗透，政府没有权力或很难将其分离处理。社会政策的性质与运行方式也发生了微妙的变化，政策很少通过“硬性规定”进行公共利益分配，主要是通过“间接调控”进行公共利益的分配，“直接指导”逐步转变为“间接调控”；“主动引导”逐步转变为“被动协调”；“运动员”逐步转变为“裁判员”。因此，要从新的视角看待市场经济条件下的政策。

以上三种界定均分别说明了社会政策的某一个方面的特征：将政策视为“文本”，揭示了社会政策的现象学特征；将政策视为“有目的的价值分配”，说明了社会政策的本质或是本质特征；将政策定义成“复杂的圆圈”，概括了社会政策的过程特点。实际上，任何政策既有政策目的、政策文本，又有政策过程，是“三位一体”的，是社会政策的不同侧面。从更为深刻的角度来看，社会政策应是一种工程活动，任何工程都是工程目标、工程设计文本与工程实施的“三位一体”，一般的工程主要是面向自然世界的，而社会政策是面向社会关系、社会价值与公共利益的工程活动，因此可以说，社会政策是“改造社会的工程活动”。

（三）从社会工程看社会政策创新

（1）社会政策是工程活动而不是科学活动，是为了创造社会实在而不是为了发现社会规律，因此，要正确处理自然科学、社会科学与社会政策之间的关系。政策学是一门综合性的应用学科，是综合性运用自然科学与社会科学以解决社会问题的学问，可称其为社会领域中的工程学。认识到这一点既具有理论意义又具有现实意义，理论意义在于：一是可以深刻理解社会政策学的工程本质；二是政策学的研究完全可以借鉴自然工程学的理论与方法，提高政策学的研究水平。在实际的政策活动中可以提醒政策的决策者切勿将片面的科学理论作为政策方案，避免犯下严重的错误。与此同时，也要看到政策学与科学理论的内在联系，科学理论对政策具有指导作用，因为科学理论揭示了某类同质性因素的必然联系，是不以人的意志为转移的东西。因此，完全可以这样理解，认识政策的工程本质，是实现社会政策创新的认识前提。

（2）充分发扬民主，推进社会政策创新。如前文所述，政策目标要么是异质性因素的有机整合，要么就要受到多种异质性因素的影响，政策执行过程更是如此。传统的政策决策与政策执行主要是政府系统的基本职能。政策问题的正确决策主要取决于知识和信息的数量与质量，不同质的信息与知识的分布又极为分散，无限制地获取信息是不可能的，因为要付出巨额的信息成本，发扬民主，在有限的时间和政策涉及的方方面面进行充分的交流与对话，有助于较为充分地获取不同质的知识。

（3）规范元政策。工程的成败往往受到工程运作模式的影响，工程的运作模式即工程活动之前的制度安排，是关于工程问题如何提出、工程如何设计、工程如何实施、工程如何评价的基本规则，若没有这些基本规则，任何工程活动都难以进行。社会政策活动也不例外，政策活动的基本规则是所谓的元政策，元政策是指关于政策制定与政策执行的政策，元政策通过确定政策主体与政策参与者的活动范围，内在地规定了政策活动的基本过程，决定了政策活动的运行机制。元政策创新是社会政策创新的基本前提。

（4）构建完善的、广义上的社会政策运行系统。工程活动的实施效果不仅取决于工程系统本身，还会受到外在因素的制约，如工程的外在监督系统与评价系统，从狭义上说，这些系统不属于工程活动系统本身，它通过调整或信息反馈矫正工程活动的路径，而且工程活动具有强大的导向作用；从广义上说，它又属于工程活动的一部分。传统的政策监督与评价系统都在政策系统内部，往往是“只见树木，不见森林”或“不识庐山真面目，只缘身在此山中”，此时执政为民就可能变成一句空话。我国社会政策的最终目的是“为人民服务”，人民的评价与监督就是社会政策创新的关键，在政策活动过程中，政府部门要积极建立各种对话渠道，主动接受人民群众的监督与批评，切实提高社会政策的服务质量。

（5）借鉴工程设计方法，提高社会政策的制定水平。工程设计中的许多方法对社会政策的制定都具有现实意义，如工程设计中对冲突目标的协调方法，当有两种设计目标相互冲突时，就要进一步分析是不是在任何时间与空间的条件下都存在，或者两者冲突的时空特征是什么，在不影响工程目标的前提下，能否进行时空上的分离或部分进行分离，若能进行分离或部分分离，就会使原来的冲突减弱或消失，若不能进行分离，就需要设计更合理的工程方案。政策制定也是如此，出现冲突的政策目标时，先要分析冲突的时空特征，因为任何具体的冲突都出现在一定的时空条件下，在分离的基础上协调，有助于制订出科学合理的政策方案。

二、社会政策的社会工程本质

（一）社会政策设计、实施和分析的全过程是一项社会工程活动

如果把社会政策活动理解为一种社会工程活动，它包括政策设计、政策分析、政策实施和政策改善的全过程。这些环节之间是相互影响的。但是，在政策领域中，政策设计、政策分析、政策实施与政策改善过程也是需要分别加以研究的。这虽然是必要的，但对于政策研究来说显然是不充分的。

按照国内外的一般看法，政策分析有三种基本的模式：一是麦考尔-韦伯模式，美国学者麦考尔和韦伯认为政策分析就是对政策内容与政策过程的研究。政策内容包括：政策将要影响的特定目标或集合，期望的特定事件过程，选择的特定行动路线，提出的说明意图的特定的陈述，以及采取的特定行动。[①]政策过程包括：一些行动和相互影响，这些行动和相互影响对一个最好的特定政策内容作出权威的最终选择，还包括政策的事实结果及对政策的评价。[②]政策分析的基本形式是规范性分析与描述性分析，于是产生了四种不同的分析类型：政策内容的规范性和描述性分析、政策过程的规范性和描述性分析。二是沃尔夫的分析模式，沃尔夫所提出的政策分析框架，基本上是把系统分析运用于政策的研究中，侧重于政策实施前政策方案的确定过程。尽管也提到了执行分析，但其重点是在政策设计与最终实施之间所存在的巨大空白研究上[③]。沃尔夫的分析模式实际上就是关于政策方案设计的方法论。三是邓恩的分析模式，美国学者邓恩认为政策分析基本上要解决三类问题，即事实、价值、规范，由此产生了与之相关的三种方法即经验方法、评价方法、规范方法。其中，经验方法主要是描述某一政策的因果关系，评价方法主要是决定某项措施的价值，规范方法主要是对解决之问题提供引导性方向，即告诉人们应该做什么。

可以看出，政策分析与政策设计是有区别的，社会政策分析是“方法”取向的，社会政策设计是“内容与过程”取向的；社会政策分析是方法论的建构，社会政策设计是政策内容、政策过程与设计方法的统一体；社会政策分析的“方法”是“外生”于社会政策的，社会政策仅是社会政策分析的对象。以上三种模式都渗透着这样的看法，只不过沃尔夫的分析模式在内容与方法上更狭义一些。在这一认识的基础上，就会在政策与政策分析的关系上产生模糊甚至错误的认识。

政策分析虽然以“方法”取向为特征，但是这种“方法”本身也“内生”于政策本身。也就是说，社会政策分析的基本方法是社会政策及其设计特点的内在规定。人们对政策本质的理解和认识往往决定政策分析和政策解释活动的模式，也会影响政策分析的形式与结果。或者说，对政策本质的理解与政策分析和政策解释活动存在着某种内在的、必然的联系。

（二）社会政策以利益分配为核心的存在特征凸显了社会工程的本质属性

社会政策的本质形态主要是指各种形式的社会政策所共同具有的一致性的、目的性特征。如果我们把各种具体的政策目标加以归纳和概括，就会发现这些社会政策具有一个共同点，即它们都有一个一致性的、目的性的特征——在不同的

---

① 胡宁生：《现代公共政策研究》，中国社会科学出版社 2000 年版，第 38 页。

② 陈庆云：《公共政策分析》，中国经济出版社 1996 年版，第 57 页。

③ 陈庆云：《公共政策分析》，中国经济出版社 1996 年版，第 81 页。

主体之间分配公共利益或社会价值。

强调现代社会政策的价值分配或利益分配是现代政策科学理论的一个重要特征。也就是说，社会政策的功能和目的就是进行全社会范围内的价值分配。这种对政策的理解暗含这样一个政治学假设，即利益及利益关系是人类社会生活的基础，而政府的基本职能就是对利益进行社会性分配。公共政策是政府进行社会性利益分配的主要形式①。我国有学者曾对戴维·伊斯顿的“价值分配”这一概念进行分析，认为将“价值”改为“利益”更为清晰、准确，并指出社会政策的本质是社会利益的集中反映。政策的形成过程，实际上是各种利益群体把自己的利益要求投入到政策制定系统中，由政策主体依据自身的利益的需求，对复杂的利益关系进行调整的过程。②集团决策模型则更为明确和直接地把集团利益作为政策活动的基础与核心。这些理论和认识反映了社会政策进行价值或利益分配这一本体形态。

社会政策是公共领域与社会领域社会政治活动的形式及结果，社会政策活动是社会政治行为在公共领域中的集中体现。利益关系是政治关系与政治行为的基础，它对政治关系与政治行为具有根本性和决定性的影响，政治权力和政治权利关系都是建立在利益关系的基础上的。一切政治组织及其制度都是围绕着特定的利益而建立起来的，同时是为其建立的社会成员的利益所服务的。在这其中，国家是以特定的阶级利益为基础和归宿，采取了公共权力形式的政治组织和制度。③由此可以认为，公共利益与公共利益关系是公共领域政治活动与社会政策的基础及核心。国家制定和实施社会政策的根本目的是对不同主体的公共利益进行调整与分配。实际上，任何社会政策都是体现作为政策权威主体的国家和政府的权力意志，按照国家意志来分配公共利益。历史和现实的社会政策分配公共利益一般有三个层次。一是在统治阶级与被统治阶级之间分配公共利益。在阶级对抗比较激烈的社会中，国家赋予统治阶级许多特权，剥夺被统治阶级的利益；在阶级对抗相对缓和的现代社会中，则是通过社会政策保障统治阶级的利益和限制被统治阶级的利益。二是在统治阶级的各个阶层之间分配公共利益。三是在具体利益主体如组织、家庭与个人之间分配公共利益。在阶级对抗相对缓和或逐渐消失的现代社会中，第二、第三层次的利益分配是具有同构性特点的，都要体现公平正义的价值要求。总之，分配公共利益是社会工程活动的基本目的，它通过社会政策的形式表现出来，或者说它以社会政策的设计、制定和实施的形式存在。所以，社会利益分配是所有社会政策的共有特征，是社会政策的本质形态。正是这个本质形态反映了社会政策设计和实施的社会工程本质。

---

① 张国庆：《现代公共政策导论》，北京大学出版社 1997 年版，第 7 页。
② 王浦劬主编：《政治学基础》，北京大学出版社 1995 年版，第 68—72 页。
③ 王浦劬主编：《政治学基础》，北京大学出版社 1995 年版，第 82 页。

（三）社会政策以变革社会关系为目的的思维方式契合了社会工程的基本理念

社会政策的现象形态是社会政策的社会表现形态，社会政策的本体形态揭示了社会政策共同的、本质的特征。从思维模式上来讲，社会政策不同于政治学、经济学、法学等社会科学，社会政策属于社会技术与工程，其目的不是去发现社会运行中的规律，而是通过协调社会矛盾与社会冲突，重构或变革社会关系与社会结构。

人类思维模式的分类标准是多种多样的，从思维的目标来看，可将人类的思维模式分为理论思维与工程思维，理论思维的目的在于追求“本来怎样”，工程思维在于解答“应该怎样”；理论思维属于人类认识的第一个阶段或第一次飞跃，工程思维属于人类认识的第二个阶段或第二次飞跃；理论思维是“真理价值”取向，工程思维是“效用价值”取向的。理论思维以分析与综合为主，旨在得出因果性结论；工程思维以组合为主，旨在目标价值导向下进行不同规律与规则之间的协调而实现主体的目的。

从学理上来讲，人类所有知识均源于对自然与社会的研究，人类在认识与改造自然的过程中，总结出了反映自然规律的自然科学等。与此相对应，人类在认识与改造社会的过程中，出现了社会科学、社会技术与工程，其中社会科学是关于社会运行的规律，而社会技术与工程则是变革社会的方法及规则体系。科学，无论是自然科学还是社会科学，都是理论思维模式的成果；技术与工程，无论是自然的还是社会的，都是以工程思维模式为主导的。

随着人们社会实践活动的不断深入，在社会领域中，人们的主体意识与工程意识逐步觉醒，人们不但在自然界面前体现出了自身的能动性，还在社会面前凸显出自身的能动性，产生于20世纪中叶的政策学正是这一趋势的具体体现。

社会政策的社会工程特点之一是面向社会问题的，在于解答社会“应该怎样”的问题，是以蕴涵价值的政策目标为导向的。社会政策是社会工程思维的成果，是对社会科学知识的综合运用。社会工程活动的过程是社会规则体系变革的过程。规则体系的变革，重构了人们之间的公共利益关系、私人利益关系。社会政策作为社会工程的活动形式之一，其实施目的是通过改善社会结构与社会的运行方式，改变公共利益的分布格局。

（四）社会政策中动态、连续、主动的博弈特点表征出社会工程活动的多主体互动性

社会工程活动的显著特点是多主体参与和互动的过程。参与政策制定的不同社会主体，政策效果承受者的不同社会主体，都会围绕政策目标及其政策手段的选择发生社会互动，这种互动是围绕政策设计展开的博弈过程。若从宏观的角度看待社会政策，其政策活动就是一种社会博弈过程。社会政策必须解决特定的政策问

题，实现它既定的目标，只有这样才能体现政策存在的意义。而解决政策问题和实现政策目标是通过动态的、多政策方案的主动选择过程完成的。这种不同的政策相关者围绕各自展开的政策设计博弈过程是社会工程活动展开的重要特点。

第一，社会政策是一个动态的过程，它是以主体的认识与实践活动为主要内容的一个具体的过程。在政策科学理论中，人们对政策过程的阶段做了许多不同的划分。一些具有代表性的文献，一般是把政策过程（或一个政策周期）划分为政策制定、政策执行、政策评估、政策监控、政策终结五个部分。也有一些文献将政策过程划分为政策制定、政策执行、政策评估三个部分。本书在上述划分的基础上，把社会政策过程划分为四个环节，即问题界定、政策制定、政策执行、政策结果。其中，政策问题界定包括问题感知、问题辩论、问题表达。政策制定包括目标设计、方案与对策的设计、政策方案的合法化等具体方面，最终产生一个体现政策目标与政策价值的具有合法性的政策文本。政策执行就是政策目标与政策价值的实现过程，在这个过程中，实现社会政策目标，使政策目标转化为社会政策活动的客观结果，形成政策结果。

其实，在这四个环节之中，还包含着一项重要的政策过程，即政策评价。不管是在问题界定、政策制定环节，还是在政策执行、政策结果环节，都会涉及政策评价。政策评价包括政策评估和政策监控。政策评估首先是对原有的、正在执行的政策进行评价从而提出政策问题；其次是对政策结果或政策效果的评价。政策监控则是对政策全过程的评价，是对公共政策问题界定、政策制定和政策实施过程进行某种价值判断，并在此基础上进行政策修正。或者说，社会政策评价并不是独立的政策过程，它是有机地贯穿和融合于整个政策问题界定、政策制定、政策执行和政策实施过程中的政策活动。Taylor 等指出，政策的含义远远超越了政策文本，它还包括先于文本的政策过程，包括政策文本产生之后而开始的政策过程，以及对作为一种价值陈述及行动期望的政策文本的修改和实际的行动。①

第二，社会政策是一个连续的过程。一方面，从政策问题界定、政策制定、政策实施到政策结果是一个前后顺序相接的连续过程，但这个过程并不是简单的线性的，而是复杂的和多层次的，是一个复杂的“政策圆圈”，存在着多重反馈环节（图 9-1）；另一方面，一个“政策圆圈”结束以后，并不代表政策过程完全的终结，而是在政策过程与政策环境相互作用下开始对政策结果的新评价和对政策文本的修正，在此基础上开始新的政策过程。从一个政策周期到另一个政策周期，社会结构或社会利益格局也会发生相应的变化，这一过程正是社会的变迁过程。

---

① Taylor B, Rizvi F, Lingard B，*Education Policy and the Policy of Change*, London：Routledge, 1997, pp.25-28.

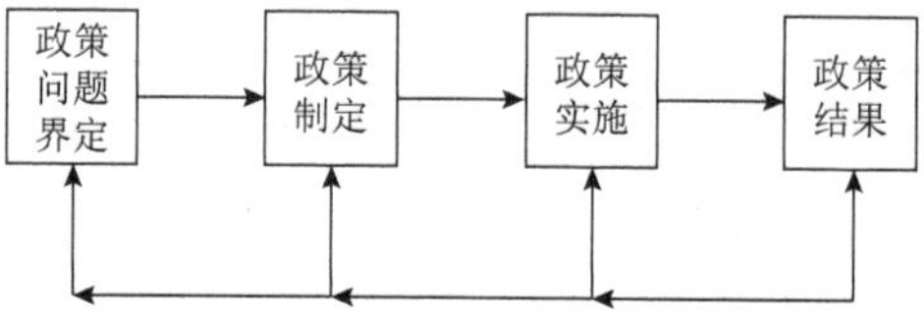

图 9-1 社会政策的“政策圆圈”

第三，社会政策是政策实践主体主动的、集体选择的过程。无论是政策问题界定、政策制定还是政策实施都是决策主体主动选择、利益主体主动参与的过程。在哲学意义上，社会政策所主张的，实际上是一个主观与客观相统一、主体与客体相适应的过程。基于这一过程中社会政策问题所涉及的动态因素较多，所以社会政策特别强调“选择性”的意义。①

从现代博弈论的角度，从政策问题界定、政策制定到政策实施都是决策主体与利益主体相互博弈的过程，政策目标是决策主体博弈的妥协，政策结果是决策主体与利益主体相互博弈的均衡状态，政策文本是其静态的表现形式。从理论上来说，在给定的条件下，社会通常自发地趋向于某个均衡状态。社会一旦达到某个均衡状态，理性的参与者将没有积极性改变已经达到的状态，因为这个状态对于他们每一个人来说，都是局部最优的，所以，均衡状态是社会活动的趋势和方向。对于均衡点的求解，也是对未来的一种预测。②

当政策主体向社会提供社会政策时，这一行为的博弈论含义是，它通过改变参与者的效用函数或参与者的行动空间来调整社会活动的均衡点，使社会的运行朝着有利于实现某个政策目标的方向发展。因为，如果效用函数发生变化，对于参与者来说，原来的选择可能不再是最优选择，此时他将理性地调整自己的策略，优化自己的效用。

三、社会政策设计的逻辑特征

（一）多重准则的合取是社会政策设计的基本逻辑特征

很多准则重合在一起，叫作多重准则。“合取”是一个逻辑学概念，就是同时成立、共同起作用的意思，同时都需要考虑而不能漏掉其中任何一个。准则乃评判的标准。例如，社会主义市场经济中有市场经济的准则（投入产出的效益准则、竞争准则、优胜劣汰准则），也有社会主义的公正原则。所以，作为一项社会政策，它所涉及的不是一个方面的准则。这就要求我们放弃“单一准则的思维”惯性。社会政策设计和分析的难点在于不同评价准则的确定和权衡。事实上，“单

① 张国庆：《现代公共政策导论》，北京大学出版社 1997 年版，第 41 页。

② 田大山、邱菀华：《基于博弈论的公共政策分析》，《中国科技论坛》2001 年第 3 期，第 3 页。

一准则的思维”是一种自我封闭的思维。

（二）多重规律的互动、干涉和共同约束是社会政策设计的客观基础

为什么要有多重准则，它是建立在什么基础上的？这是因为，社会政策所作用的对象涉及众多复杂的因素，每一个因素都有自己的运动规律。这些规律处在互动和相互干涉之中，并且共同约束着社会政策的作用对象。同一对象所存在的内部各因素和外部各因素，以及这些不同规律之间存在着相互干涉，即相互限制作用、相互放大作用、相互削弱作用、相互支持作用。这种不同因素的规律之间的相互作用统称为规律的互动状况。因此，可以将工程设计与政策设计进行类比。在工程设计中，所涉及的声、光、热、电、磁、宏观物体的作用力都有它各自的运动规律，工程设计就是要利用它们之间的干涉作用和转化作用，构造一种具体的运行机制，在此基础上设计一个技术产品。例如，曲柄连杆机构的功能就是实现圆周运动和直线运动的相互转化。在政策设计中也是如此。例如，计划生育政策设计即必须考虑生理生育规律、家庭人口需求规律、社会人口需求规律、人口与经济社会协调规律等社会经济规律之间的相互作用。所以，多因素、多规律的互动机制研究是社会政策设计的思想理论基础。

（三）多种价值目标的冲突是社会政策设计的主观状态

社会政策设计的主观状态实际上是多种价值目标冲突的过程。在政策设计过程中，价值目标是一个重要的元素，政策制定者不仅要重视这一元素，而且要全面细致地考虑各种价值目标对政策产生的影响。而多种价值目标的考虑必然会带来价值冲突，政策最后的形成也就是在多种价值目标冲突和权衡的主观状态下完成的。譬如，水资源的利用与保护政策的制定，在这个政策制定过程中，就要考虑以下几种价值目标：技术价值、经济价值、社会价值、环境价值、文化价值、政府价值等，其中经济价值与社会价值不免会有冲突之处，不可能两者完全兼得，有时可能需要舍弃某些利益，经济价值与环境价值、政府价值与社会价值之间等都可能有矛盾之处，最后的政策就是在这些价值目标的冲突取舍中形成的。而取舍的根本标准是公众和政府的评价。所以说，多种价值目标的冲突是社会政策设计的主观状态。

（四）整合性思维是社会政策设计的思维要求

由以上所述可知，社会政策设计的基本逻辑特征是多重准则的合取，另外多重规律的互动和多种价值目标的冲突是社会政策设计的客观基础与主观状态。多重准则、多重规律和多种价值目标就需要一种整合性的思维来把它们分析融合在一项具体的政策中。整合性思维是以系统论为理论基础的一种现代思维方式，是系统思维在领导实践中的具体应用。整合性思维有全面性、综合性等特点，它注意系统

内部各要素之间及系统与外部环境之间的双向交互作用的整合效应，充分凸显出现现代思维的辩证性质。在社会政策的制定过程中，要运用整合性思维来分析政策各个影响因素的关系，还要分析政策与外在环境的相互关系，更要注重政策实施前后的科学预期与科学评价，从而制定出效率与公平兼顾的科学政策。

所以，整合性思维是社会政策设计的思维要求，在制定政策过程中必不可少。

第二节　社会政策分析的基本模式

一、政策功能的分析模式

对政策进行功能分析，美国社会学家默顿提出的功能分析范式具有启发和借鉴的意义。默顿的功能概念是相较于社会系统的制度化结构而言的。

（一）政策的正功能与负功能分析

政策的功能就在于它被实施以后所起的社会作用。根据社会政策作用于社会实际后产生的实际效果和影响的性质一般可分为正功能和负功能。正功能是对社会发展的促进作用，负功能是对社会发展的阻碍作用。社会政策的实行效果也要运用正功能和负功能范畴进行分析。对政策实施后产生的使现状处于稳定状态的效果称为政策的稳定功能，对政策产生的推动进步改善现状的效果称为政策的发展功能。我们要肯定政策的稳定功能，更要挖掘和拓展政策的发展功能。同理，对于政策产生的对现实状态否定的效果，甚至产生的破坏公共事务和损害公共利益的效果则是政策的负功能。全面分析政策的正功能和负功能对正确和科学地评价一项政策的现实效用具有重要意义。

注意到政策的正功能和负功能是政策分析的前提之一。由于社会的结构是复杂多变的，它的发展程度也是不平衡的。我们不能假定，某一项政策的提出和设计，它对社会结构中的所有要素都起的是正功能效应。某一项公共制度或者社会政策，它可能既反映某一个社会层面的公共利益，同时可能影响另一个社会层面的公共利益。政策分析的要点是不仅要看到某一社会政策的正功能和负功能效应，更要分析它的正、负功能效应之间对于实现社会总目标的作用。

（二）政策的显性功能与潜性功能分析

政策规定或政策系统客观存在的功能，还可以分为显性功能和潜性功能（或称显功能和潜功能）。显性功能是政策的设计和制定者所认识到的事物对于环境的客观作用，既包括正功能，也包括负功能。政策的实施有助于社会系统的调整和适应，促进社会系统的良性运行和协调发展，或者是不利于社会系统的发展和运行，都是政策的设计者需要预测的。隐性功能是政策的设计和制定者还没能认识到，但客观存在的对于作用对象的作用，既包括正功能，也包括负功能。在社会政策领域，政策所表现的现实效果和公众反应都有一定的时间性，因此，对一项政策的显性功能和潜性功能的分析十分重要。我们在正确评价政策的显功能的同时，还必须详细分析和调查这项政策有可能产生的潜功能。这样有利于我们全面分析政策的效果，以及尽早发现有可能隐藏的没有被发现或是潜在的负功能，以便提前做出调整。

使用功能范式对政策规定或者政策系统进行功能分析，必须先建立起功能接受者的概念。一项政策的功能性质，是相对于功能接受者而言的。

二、政策时间特征的分析模式

政策的时间特征就是指政策的寿命。社会活动是处于不断发展的状态中，某项政策的提出是以相对确定的时空状态为基础，以对客观情况的主观认识为前提。当客观情况本身发生变化及认识局限性等因素会使政策的效力随时间的推移发生变化。

政策是社会模式的一个重要类型，分析政策的时间特征可以参考第七章关于社会模式功能失效的分析方法，以形成相应模型。

假设：Z 表示某一项政策规定；V 表示 Z 政策的效应；t 表示时间。

则有：V=F（t）

在 Z 政策的条件下，一般政策的时间特征具有“浴盆曲线”的形式。根据可靠性理论，在政策实施的全过程中，失效的全过程一般可分为三个阶段，即早期失效、偶然失效和耗损失效（图 9-2）。

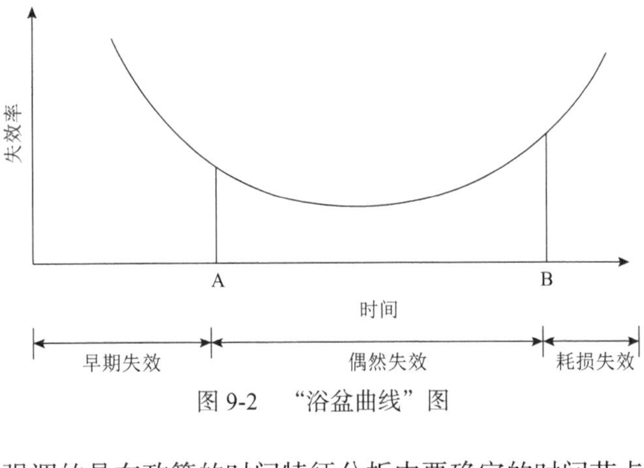

图 9-2　“浴盆曲线”图

这里所要强调的是在政策的时间特征分析中要确定的时间节点。

首先，要确定政策效率的时间转折点。图 9-2 中的 A 点和 B 点就是两个时间转折点。A 点是由早期失效向偶然失效的转折点；B 点是由偶然失效向耗损失效的转折点。要确定这两个点必须分析如下关系：①社会结构变迁的时间特征；②政策规定与社会结构要素互动的时间特征；③社会结构的稳态特征与政策失效率的数量关系。因为只要确定了这一点，就确定了早期失效率的数值水平及偶然失效率的数值水平，就可以确定 A 点的位置了。

其次，要分析相关政策的时间特征。在早期失效阶段，为了避免早期失效，必须制定和实施相关配套政策。所以，在早期失效阶段，必须研究配套政策的时间特征。从理论上讲，配套政策的时间特征也是一个“浴盆曲线”规律，包括早期失效、偶然失效、耗损失效等三个阶段，且有 A 点和 B 点两个时间转折点。当基本政策发展到 A 点时，配套政策就步入它的 B 点。这说明配套政策的辅助功能已经完成，需要退出政策体系了。

当基本政策运行到 B 点时，即进入耗损失效阶段，说明它的生命周期行将结束，这时就需要制定新的替换政策。新的基本政策又有它自己的“浴盆曲线”规律。新的替换政策自身在早期失效阶段又包含着它自己的配套政策的“浴盆规律”。

这样，我们就可以将基本政策的“浴盆曲线”规律与配套政策的“浴盆曲线”规律及替换政策的“浴盆曲线”规律综合起来，如图 9-3 所示。决策者掌握了这个规律，有利于对试点结果进行科学分析。在早期失效阶段，决策者不应为失效率一时较高的现象所迷惑，而应着重分析失效的质的原因。凡属传统习惯的阻力，必须坚决排除；凡属人们不了解而产生的消极影响，应通过宣传解释尽可能地加以消除，除非分析结果证明确系政策本身错误，否则不要轻易做出改变。在耗损失效阶段，失效的数量、反映政策老化的程序，就具有决定性的意义了。

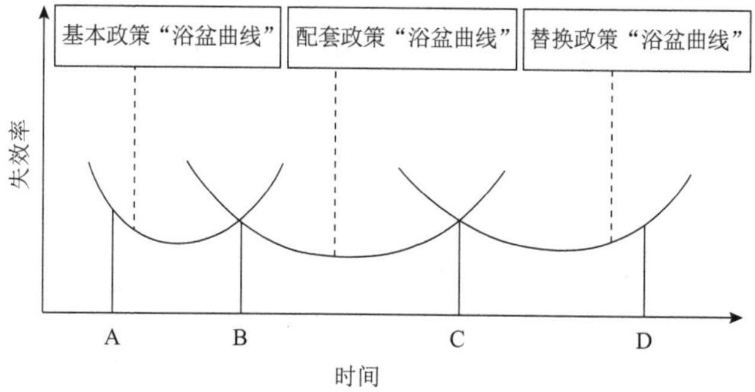

图 9-3　综合“浴盆曲线”图

三、政策空间特征的分析模式

在进行政策空间特征的分析时，要考虑公共决策和企业决策的空间关系。社会政策是企业决策的活动空间。社会政策规定了企业能够做什么、不能够做什么的行动界限。关于界限有三种理解：第一，政策功能的理想类型；第二，政策功能的一般类型；第三，政策功能的初级类型。潜在可行性空间很宽，即允许空间很大。允许空间的特征：没有一般性的规定，既不鼓励也不限制，既不肯定也不反对。这说明政策制定者心里无数。初级类型的政策的特点就是，自由空间很大（图 9-4）。一般来说，政策会规定企业和个人“能够做什么”和“不能够做什么”（图 9-5）。其中，“能够做什么”包括“必须做什么”和“允许做什么”两种情况。

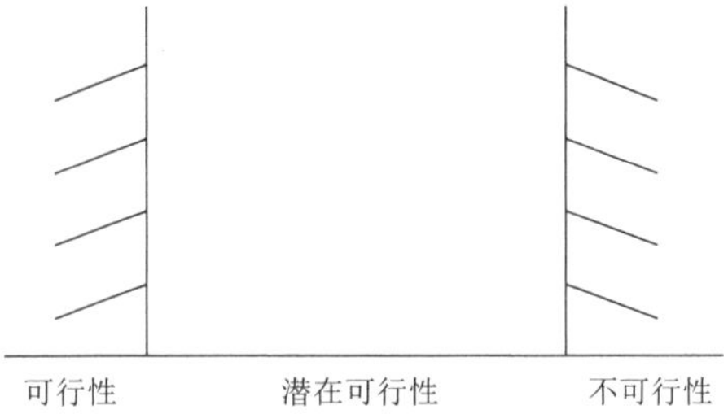

图 9-4　政策的特点

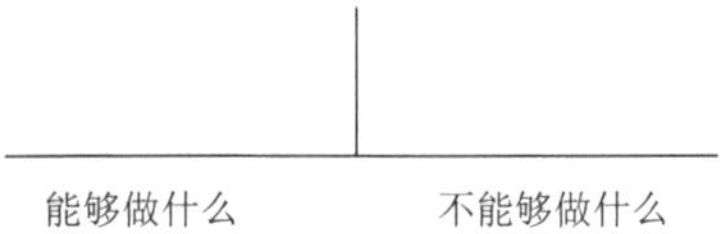

图 9-5　政策规定的内容

对于企业和个体来说，在规定“不能够做什么”的领域内行动，即在不可行的领域里采取行动，具有可观的牟利效应，但有很大的风险。一般来说，在自由空间里行动的风险较小，而且有比较大的利润空间。

社会政策的制定一般都会留有自由空间，理由在于以下几点。第一，政策不可能对环境的实际情况有充分的了解，不掌握完全信息，政策不可能制定得全面充分。第二，若对政策的作用效果的正反面效应没有充分地把握，制定政策时应留有余地，等到总结经验和教训以后再进一步调整。第三，客观系统的运动和演化超出了政策系统的规定界限，可能会产生一些新的情况。

第三节　社会政策设计的一般方法

一、综合集成方法

（一）社会政策设计的思维模式

社会政策是面向社会问题的，制定的目的在于解答社会“应该怎样”的问题；

研究社会政策设计的思维模式并不单指理论思维模式，还以技术设计的思维模式为特征。价值目的不仅在外部支配着思维活动，而且在内部也支配着思维程序。

政策设计思维与技术设计思维具有同构性特点。两者都是要创造出前所未有的新功能或新事物，政策设计与技术设计一样，既涉及政策的目标设计，也涉及政策的过程设计，目标设计与过程设计具有内在的统一性。目标设计是为了解决政策问题，而过程设计则是为了实现政策目标而进行的程序设计。由此可见，无论是政策设计还是技术设计，从思维方式上来看，两者都属于构造性或组合性的思维方式。从抽象的意义上来说，两者的思维模式与思维方式具有同构性特点。

在认识到政策设计与技术设计思维具有同构性特点的同时，切不可忽略两者之间的区别，其最重要的区别在于设计的内容与面对的系统之间具有异质性，从这一层意义上来说，工程设计与政策设计之间有显著区别，好在设计的重点在于思维结构与思维模式，而不在于思维的对象。因此，政策设计与工程设计应该有基本方法与基本原理。

（二）社会系统的复杂性与综合集成方法

按照钱学森的观点，学科类别的划分标准并不是不同学科的研究对象不同，而是研究问题与观察问题的视角不同，所有科学的研究对象只有一个，即客观世界。社会科学是从认识社会现象的角度来认识与理解客观世界的。那么，我们有理由认为所有技术都是从不同的角度为人们提供改造世界的工具和方法，自然技术为人们提供改造自然事物的工具与方法，社会技术为人们提供改造社会事物的工具与方法。社会政策属于社会技术，是权威主体调控社会系统的工程技术。虽然自然技术与社会政策改造的终极对象都是客观世界，但两者所面对的具体对象毕竟不在一个层次上，社会现象所处的层次要高于自然现象所处的层次，从某种意义上来讲，社会现象是自然事物与社会事物的综合体。

社会现象是以人为子系统主体构成的系统，这类系统的子系统还包括由人制造出来的具有智能行为的机器。对于这类系统，“开放”与“复杂”具有更深更广的含义。这里的开放是指系统与外界有能量、信息或物质的交换，更具体地说，系统与系统中的子系统分别与外界有各种信息的交换，系统中的各子系统通过学习获取知识。人的意识具有反作用，因此子系统之间的关系不仅复杂而且随时间的推移及具体情况的变化有较大的易变性。一个人本身就是一个复杂的巨系统，现在又以这种大量的复杂巨系统为子系统而组成一个更大的巨系统——社会。这里不仅以系统中子系统种类的多少来表征系统的复杂性，而且知识起着极其重要的作用。社会是一种特殊的复杂巨系统[①]，所以，面对社会系统的社会科学与社

---

① 钱学森：《创建系统学》，山西科学技术出版社 2001 年版，第 51 页。

会技术必然有着各自特有的方法论。

社会之所以是一个特殊的复杂巨系统，按照钱学森的观点，巨系统是和小系统相较而言的，巨系统是指由数量庞大的子系统平行构成的系统。复杂系统是与简单系统相较而言的，系统的复杂性主要有如下特点：①子系统之间可以有各种方式的联系；②子系统的种类多，且各有其定性模型；③各子系统中的知识表达不同，以各种方式获取知识；④子系统的结构随着系统的演变而发生变化，所以系统的结构是不断变化的。

社会系统具有系统复杂性的所有特征，社会子系统之间具有各种各样的通信方式，包括初级通信方式、高级通信方式等；社会子系统就是各种社会组织，社会组织种类繁多，性质各异；社会子系统中的知识表达、知识储存与知识获取的方式不同;社会组织的结构与性质随着社会系统整体结构的变化而不断进行调整，社会系统的结构与性质不断发生演化。除此之外，社会系统中还有人的意识与人的行为，人的意识现象是其他复杂性巨系统所没有的，所以，社会系统是一种特殊的开放的复杂巨系统。

那么，如何认识和改造社会系统这类复杂巨系统？钱学森提出了关于复杂巨系统的研究方法论，即“从定性到定量的综合集成方法”与“大成智能工程”，从而为社会科学与社会技术研究指明了方向。钱学森认为，实践已经证明，现在能用的、唯一的能有效处理开放的复杂巨系统（包括社会系统）的方法，就是定性到定量相结合的综合集成方法。[①]

那么，什么是“从定性到定量的综合集成方法”与“大成智能工程”呢？钱学森在对社会系统、人类系统、地理系统与军事系统等四个复杂系统研究实践的基础上，结合国内外研究进展情况，提炼、概括和抽象出从定性到定量的综合集成方法。在这些研究和应用中，通常是科学理论、经验知识和专家判断力相结合，形成和提出经验性假设（判断和猜想）。而这些经验性假设不能用严格的科学方法加以证明，往往是定性认识，但可以用经验性数据和资料及上千个参数的模型对其确定性进行检测。借助现代计算机和通信技术，可以基于统计数据和各种信息资料，建立起包括大量参数的模型，这些模型是建立在经验核对系统的实际理解之上的。经过计算机仿真计算出定量结果，再由专家分析、综合和判断，形成包括感性的、理性的、经验的、科学的、定性的和定量的知识综合集成。通过人机交互，反复对比逐次逼近，最后形成结论。实现从感性到理性、由定性到定量的转化。当一个方面的问题经过这种研究，有了大量的积累，然后上升到整个方面的定性认识，达到更高层次的认识，形成一次又一次的飞跃。综上所述，从定

① 钱学森、于景元、戴汝为：《一个科学新领域——开放的复杂巨系统及其方法论》，《自然杂志》1990年第1期，第3—10，64页。

性到定量的综合集成方法，就其实质而言，是将专家全体、相关的统计数据和信息资料与计算机有机结合起来，把各种学科的科学理论和人的经验知识结合起来，构成一个高度智能化的人机交互系统。

钱学森批评了那种企图用简单方法解决开放的复杂性巨系统的还原论思想。不同类型的系统，有着不同的研究方法论。对于子系统的数量比较少、相互关系比较简单的系统，可以从子系统之间的相互作用出发，直接综合成整个系统的运动机能。对于简单巨系统，因为子系统的数量非常多，直接综合的方法就行不通了，此时人们大多采用统计的方法，略去细节进行概括，如耗散结构理论和协同学等便属于此类。研究开放的复杂巨系统，采用还原论和统计的方法去处理则行不通。因为从可测的整个系统到子系统层次很多，中间层次又不完全清楚，整个系统功能不等于各个子系统功能的简单叠加。

可见，综合集成方法是认识和改造复杂性巨系统的思维方法与思维技术。值得注意的是，这种方法并非完全传统的还原论方法与统计方法，而是针对不同的系统采用不同的方法。面对复杂的社会系统，无论是社会科学还是社会政策，从定性到定量的综合集成方法便成了唯一的选择。

（三）综合集成方法对社会政策的启示

1. 为政策设计提供重要的方法论原则

综合集成方法不仅给我们的思维方式和社会科学方法论带来了重大变革，而且作为社会技术还将对社会政策设计的实践活动产生巨大的推动作用。政策科学是解决政策问题的工程技术学，政策问题的复杂性使它进行定量分析非常困难。传统的政策研究，一是靠政策分析人员不辞辛劳地去做实地调整，收集实际资料，获取社会经验；二是靠政策分析人员发挥个人的聪明才智，凭所谓的抽象力去弥补研究手段的不足；三是通过会议讨论，综合各方面对政策问题的看法及其政策建议，最后达成共识，举手表决通过。因此，传统的政策研究与政策设计长期沿袭的是一种“以经验为主”的研究方式。

社会政策所面临的社会系统具有开放性和复杂性，这使得传统的政策设计方法不能解决所有问题，综合集成方法针对社会系统的本质特征，提出将定性与定量知识结合起来。把各方面有关专家的知识及才能、各种类型的信息及数据与计算机的软硬件有机结合，构成一个系统，发挥该系统的整体优势和综合优势去研究与解决各种复杂的社会问题。这一方法不仅克服了传统社会科学方法的不足，还成为社会科学通向社会技术的桥梁，是社会科学现代化的必由之路。现代化的信息技术和计算机技术带来了研究手段的现代化，人机交互、人机互补带来了工作方式的现代化，群体集成式取代个体手工式带来了研究方式的现代化，多学科的交叉综合带来了学科体系的现代化，理论与实践相结合带来了社会科学职能的现代化。总之，综合集成方法能够为政策设计的现代化提供重要的方法论原则及相应的技术基础。

2. 改造政策系统，提高社会政策的质量

从定性到定量的综合集成方法就是要把人的思维、经验、知识、智慧，以及各种情报、资料、信息统统集成起来，视为“大成智能工程”。综合集成方法不仅是研究和解决社会系统复杂问题的方法论，更重要的是它本身就是改造社会的实践，自始至终坚持把定性研究与定量研究结合起来。从多方面的定性认识上升到定量认识，这是把形象思维和逻辑思维有机地结合起来，因此，能更准确地把握事物的现象与本质、部分与整体、微观与宏观的状态。将现代科学技术体系、有关专家体系、以信息和计算机技术为核心的工具体系三者有机结合起来，构成一个高度智能化的人机交互系统，可以避免少数人说了算，或开个会议一议就定案的局限性和片面性，有助于减少决策上的失误。“把科学理论与经验知识结合起来……不仅可以集中领导的判断、专家群体的智慧，也可以汇集千千万万零散的群众的意见，‘集腋成裘’，把零金碎玉熔铸成社会主义建设的方针、政策、发展战略。”①

根据综合集成方法的基本要求，完整的政策决策系统由三个方面组成：理论知识层面、经验知识层面、信息资料层面。理论知识层面与经验知识层面以政策研究人员为载体，信息资料以计算机的硬件为载体，政策决策系统是由硬件和软件组成的人机交互系统。政策研究人员主要为政策方案提供定性知识，信息与计算机技术主要为政策方案提供定量知识，政策方案是定性知识与定量知识相结合的产物。这实际上是将民主集中制的原则运用于现代科学技术的方法论之中，并寻求科学与经验相结合的解答。

3. 综合集成方法可以再造政策设计流程

钱学森从开放的复杂巨系统及其思维方法提炼出“从定性到定量综合集成研讨厅体系”②，其构思是把人集成于系统之中，采取人机结合，以人为主的技术路线，充分发挥人的作用，在讨论问题时成员间能够互相启发、互相激励。使集体的创见远远胜过一个人的智慧，把今天世界成百上千人的聪明智慧和古人的智慧综合集成起来，以得出相对完备的思想和结论。

根据钱学森的“从定性到定量综合集成研讨厅体系”，政策方案设计的基本流程包括如下几个步骤。

第一，问题识别阶段。这一阶段属于定性分析阶段，政策分析人员凭借有关理论知识与实践经验分析所面对的社会问题，判断问题的性质及引发该问题的可

---

① 钱学敏：《科技革命与社会革命——学习钱学森有关思想的心得》，《哲学研究》1993 年第 12 期，第 28 页。

② 钱学敏：《科技革命与社会革命——学习钱学森有关思想的心得》，《哲学研究》1993 年第 12 期，第 28 页。

能原因，确定该问题是否属于社会政策问题。

第二，问题分析阶段。这一阶段属于定性与定量分析初步结合的阶段，政策分析人员运用有关理论知识构建各种不同的政策模型，结合计算机硬件中储存的大量信息与历史数据，运用计算机模拟与仿真技术，预测政策问题的发展趋势，比较不同政策方案实施的定量结果。

第三，综合研讨阶段。这一阶段属于定性与定量深度结合的阶段，政策决策者组织科技工作者、政策分析人员及与政策问题的相关人员，结合计算机的综合计算与模拟结果，对政策问题与政策方案进行综合研讨，确定最终的政策方案。

第四，执行与调整阶段。这一阶段对政策的执行过程进行监控，利用政策监控所获得的新信息修改政策模型的有关参数，再一次运用计算机进行综合计算与模拟，对政策问题与政策方案进行综合研讨，提出更好的政策方案。

总之，从系统和整体的角度，运用钱学森所倡导的综合集成方法来研究和解决政策问题，可以避免传统的、经验式的政策决策方式简单化和片面性问题，推动我国社会主义建设的全面协调发展。

二、冲突分析与协调相统一的方法

应用社会工程的思维研究政策设计与实施，要特别注意政策设计中所涉及的不同社会群体之间的利益冲突和相互协调，因此要重点关注政策设计的冲突分析与协调方法。

（一）社会政策设计中的冲突分析

1. 社会政策设计中的冲突概念

社会政策设计过程就是具有合法性的权威主体，通过规则的制定或修改调整社会群体之间的利益关系，从而达到维护公共利益的目的。然而，社会是一个非常复杂的巨系统，政策设计很难达到两全其美。或者说，在使某一社会群体之社会净利益提高的同时，而使另一社会群体之社会净利益不致下降或下降的幅度他们能够接受。政策分析与设计人员经常面临的问题是，政策法规在使某些社会群体之社会净利益提高的同时却使另一些社会群体之社会净利益减少。所谓设计冲突即在重构社会系统之新功能时，对政策有着相反的功能要求，或是其子系统之间的社会净利益存在此消彼长的关系，或者政策目标与政策执行之间存在相互制约的关系。

政策问题中的社会冲突不同于政策设计的冲突，政策问题中的冲突是现实冲突，而政策设计中的冲突则为理论冲突或是政策设计所引发的潜在冲突。政策设计中往往存在着各种冲突，在对待政策设计的冲突问题上，传统的观点是简单折中法。本书认为，在对社会系统的分析与规划中，应像工程设计专家一样，对政策设计中的冲突进行深入细致的研究，划分冲突类型，分析冲突的生成结构，从而在最大程度上缓解冲突，实现经济社会的协调发展。

2. 政策设计中的冲突分类

社会政策设计中的冲突可分为两种类型：一是目标冲突；二是执行冲突。政策设计的目标冲突存在于政策目标设计中，是指对某一政策设计的功能提出相反或是相互矛盾的目标要求，如果政策指向趋于实现某一个目标就会导致社会系统远离另一个目标。目标冲突一般表现为两种情形：一是政策指向越倾向实现某一个政策目标，则会导致社会系统越是远离另一个政策目标；二是政策指向趋向于远离某一个政策目标时，也会导致社会系统靠近另一个政策目标。政策设计中的目标冲突潜藏着利益冲突，这里的利益冲突是指如果政策指向增加了社会系统中某一子系统或社会群体的社会净利益，就会导致另外几个子系统或社会群体之社会净利益的减少，或者说政策规定会产生有用和有害两种不同的影响。利益冲突实现就是社会系统中两个子系统之间的冲突，具体表现为如下几种情况：①在一个子系统中引入社会正利益，导致另一个子系统产生一种社会负利益或加强了已存在的社会负利益，导致社会总利益下降；②消除系统的社会负利益导致另一子系统的社会正利益减少，导致社会总利益下降；③社会子系统的社会正利益的增加或社会负利益的减少使另一子系统或系统的社会总利益变得更加不确定。政策设计的执行冲突体现在政策设计过程中，是指一项政策的目标越是明确或理想化，其执行成本或执行难度就越高。所以，政策目标与政策执行之间存在着潜在的冲突。

一般而言，目标冲突与执行冲突之间是相互制约的，如果政策目标能够兼容多种价值取向，使合理的价值取向得到充分表达，政策执行冲突就可能降低；如果政策目标的取向单一，没有充分表达不同的价值取向，就会使政策执行的阻力增加，从而使政策执行难度增加，最终加剧政策的执行冲突。

（二）协调社会政策设计冲突的一般思路与方法

1. 协调政策设计冲突的一般思路

根据工程设计中冲突问题解决的一般思路，考虑到社会系统的复杂性，社会政策设计冲突分析的思维模式如图 9-6 所示。

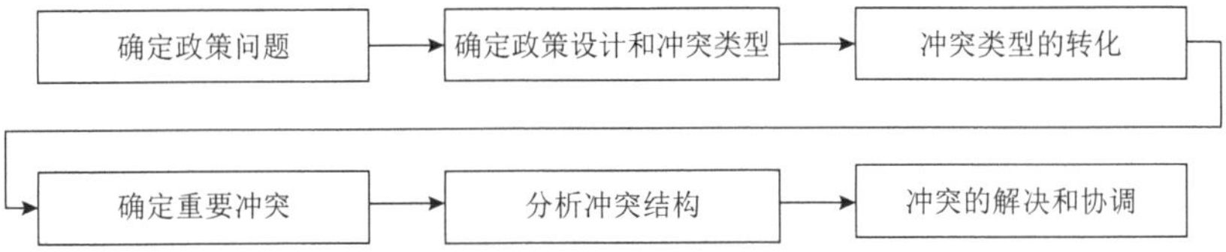

图 9-6　社会政策设计冲突分析的思维模式图

（1）确定政策问题。政策问题一般属于社会问题，但并不是所有的社会问题都会成为政策问题，政策问题是指引起政府或权威机构重视并被提上议事日程的社会问题。

（2）确定政策设计和冲突类型。政策问题本身就是社会子系统之间的冲突所造成的，政策设计的目的在于化解冲突，协调系统运行，使社会系统呈现新功能，新功能的设计过程必然又会碰到政策设计冲突，确定政策设计中的冲突类型包括三个步骤：首先，确定政策问题与政策执行所涉及的所有的社会子系统；其次，确定社会子系统及其与政策执行系统之间的冲突所涉及的社会变量，将社会子系统之间的政策冲突表述为社会变量之间的此消彼长；最后，确定政策冲突类型，将社会子系统之间政策设计冲突表述为利益冲突。

（3）冲突类型的转化。对政策设计中的冲突问题进行进一步剖析，具体分析政策设计中社会子系统发生冲突的基本形式，将复杂的政策问题分解为成对的利益冲突，政策设计冲突可以视为成对利益冲突的叠加与组合。

（4）确定重要冲突。一般地说，社会系统中各个层面的主要矛盾及其表现就是社会领域内的重要冲突。从理论上讲，社会系统中的某一子系统若发生变化，这一变化会对其他子系统的运行产生影响。社会冲突也具有该特点，一般表现为社会群体之间的利益冲突，政策设计中要重点关注这种利益冲突。但政策设计中所处理的利益冲突有主次之分，在许多情况下主要冲突解决之后就可以基本实现政策所规定的新功能，可以先将某些次要冲突暂时忽略或者进行适当的控制。实际上，这里的次要冲突就是对政策设计目标影响不大或影响基本可以控制的政策冲突，任何一个具体政策不可能解决所有的社会冲突问题。

（5）分析冲突结构。具体分析所面临的政策问题中目标冲突与执行冲突之间的关系，这包括不同利益群体的不同政策要求，不同利益群体与政策目标间的不同关系，如有些利益群体阻碍政策目标的实现，有些利益群体推动政策目标的实现，因此需要在政策目标与政策执行成本之间进行必要的权衡。

（6）冲突的解决和协调。运用政策设计的有关工具与方法，协调政策设计冲突，提出完整的政策设计方案，实现可行的政策目标。

2. 协调政策设计冲突的一般方法

协调政策设计冲突有三种基本方法，即分离法、平衡法、补偿法。

1）分离法

抽象地讲，政策设计中的利益冲突是难以协调的。具体的利益冲突总是在一定时空条件下发生在政策设计过程中的，利益冲突具有一定的时空特征，具有时空特征的利益冲突必然具有一定程度上的可分离性。因此，可以采用如下分离原理协调设计冲突：时间分离原理、空间分离原理、整体与部分分离原理。

第一，时间分离原理。时间分离原理是指将冲突双方在不同时间段分离，以降低解决问题的难度，当关键子系统冲突双方在某一时间段只出现一方时，时间分离是可能的。应用此原理时，需要思考如下问题：是否是冲突双方在整个时间段内“正向”或“负向”变化？在时段中冲突的一方是否可不按一个方向变化？如果冲突的一方可不按一个方向变化，那么利用时间分离原理是可能的。例如，公交系统中红绿灯政策设计，就是将两个不同方向的行人与车辆进行时间分离，从而解决了两者之间的冲突。

第二，空间分离原理。空间分离原理是指将冲突双方在不同空间分离，以降低解决问题的难度，当关键子系统冲突双方在某一空间可出现一方时，空间分离是可能的。应用该原理时，需要思考如下问题：冲突双方是否必然存在于同一空间？冲突一方是否可能在另一空间出现并附带额外的难以支付的成本？比如，城市规划中让不同收入的人群分区居住的政策。

第三，整体与部分分离原理。整体与部分分离原理是指将冲突双方在不同层次分离，以降低解决问题的难度，当冲突双方在关键子系统层次只出现一方，而该方在超系统层次内不出现时，整体与部分分离是可能的。比如，城市发展中的高新技术开发区的建设就是运用了整体与部分分离原理，作为部分的高新区实行新的管理体制以区别于作为整体的整个城市，既有利于城市发展又消除了新体制与旧体制之间的直接冲突。

2）平衡法

在应用分离法协调政策设计中的各种冲突问题时，往往会陷入如下困境。

首先，基于社会系统的有机复杂性，有些政策设计中的冲突根本就无法分离，无论是目标冲突还是执行冲突，冲突双方在时间、空间总是同时出现，无法进行时间或空间的分离。其次，任何社会子系统都有人的参与，基于理论方面与可操作性方面的考虑，有些政策设计的冲突从理论上可以进行分离，但实际操作的成本高昂，即所谓的理论上可为而实践中不可为。最后，在进行社会政策设计时，政策设计者往往面临着网状或星形的冲突结构，常常会出现主要的设计冲突可以通过分离的方法得到协调，但次要冲突根本无法分离，或者是主要的政策设计冲突只能部分分离，通过分离的方法无法完全协调政策设计中的冲突问题。

当政策设计者面临上述问题时，可以运用解决设计冲突的第二种方法即平衡法。所谓平衡法，也可称为折中兼容法，当政策设计中的冲突再也无法通过分离的方法协调时，设计者应根据冲突双方在政策设计目标中所处的地位，对冲突双方的利益与成本进行适当分离或对相互冲突的目标进行折中，从而使政策设计冲突得以解决。运用平衡法一般按照如下步骤：第一，确定无法分离的设计冲突。第二，确定冲突的主要方面和次要方面，若是利益冲突，要确定其主要方面与次要方面；若是执行冲突，要权衡目标收益与执行成本。第三，满足主要方面的最基本的要求，将主要方面的基本要求作为政策平衡的约束条件。第四，在主要方面最基本要求得到满足的条件下，使次要方面收益最大化。

3）补偿法

在社会政策设计中，运用分离法和平衡法所设计的政策的功能，虽然基本上达到了政策目的，但可能会存在如下问题：第一，运用平衡法进行政策设计时，可能会损害某一方的切身利益，有可能导致利益受损方采取其他可预见的有损公共利益的行为；第二，在运用分离法和平衡法进行政策设计时，可能会导致可预见的其他社会成本增加。

为了使政策设计中的主要冲突在真正意义上得到解决，还可以运用冲突解决的第三种方法即补偿法。所谓补偿法是指通过其他社会子系统的利益调整去影响或补偿政策设计所涉及的社会子系统的社会利益之损失，从而使政策所涉及的社会子系统之间的关系更加协调的一种政策设计方法。运用补偿法时一般按照如下步骤：第一，重新确定通过分离法之后，政策目标所涉及的子系统存在的冲突类型，且这些冲突是无法通过分离法协调解决的。第二，界定冲突类型和冲突结构，即分析政策目标所涉及的子系统之间所剩余的冲突类型和冲突结构，并画图表示。第三，引入政策目标之外的另一社会子系统，但这一子系统的引入并非随意的，所引入的子系统应与政策目标子系统有着某种正向或负向相关性，若这一子系统运行方向或利益函数发生变化，将会对政策目标子系统产生相应的影响，如果在政策设计的平衡过程中对某一社会子系统的社会利益有重大影响，这时就应该通过调整其他与之相关的某社会子系统的社会行为，从而达到对政策目标子系统的社会利益补偿的目的。第四，协调整体政策方案，通过分离法、平衡法和补偿法的综合运用，提出一套完整的政策方案。综上所述，分离法、平衡法、补偿法既是解决政策设计冲突的三种方法，也可能成为解决大型社会政策设计冲突的三个步骤或三个环节，是解决政策设计冲突的一般方法，对政策设计中的冲突的分析及协调具有重要的现实意义。

三、多主体统筹方法

当社会政策的决策者鉴定“适宜”可择方案时，对各种预期效果的重要性需要进行综合考虑，并在最后评价中权衡各种可择方案，这就是多主体统筹方法。下面我们先介绍多主体统筹方法在公共决策中的组成要素与分析过程。图 9-7 是社会政策决策过程的流程示意图。

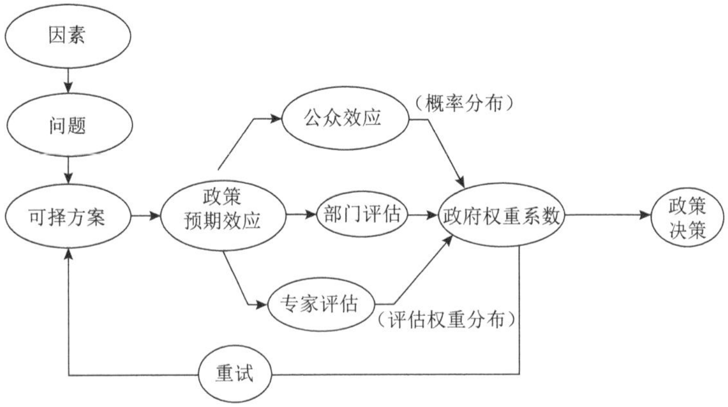

图 9-7 社会政策决策流程示意图

公众反应概率是指预期某项政策实施前后公众对其可能的反应态度的发生概率。譬如，公众对某项政策的认可接受的反应概率为 65%，而反对、不满的反应概率为 35%，多主体统筹方法就可根据这样的反应概率并结合其他指标进行决策权衡。在社会政策决策中需要首先引入公众反应概率这一指标，主要是为了符合社会政策的基本准则——符合公众利益，为公众提供服务，因而公众反应概率能够反映一项政策公众基础的强弱。其次，对于某一项所设计的政策还要引入专家的评估。再次，需要引入各类相关的政府管理部门对将要实施的政策进行评估。政府权重系数是指政府——政策的决策者——对一项政策在整个决策权衡体系中的重要程度的认定，它是建立在公众反应、专家评估和管理部门评估基础上的一种综合统筹权衡。它表示政府对某项可选政策的投入与重视程度，以及对政策可能产生的效应或效果的预期估计。政府权重系数可以由专家学者通过德尔菲法确定或采用科学的多因素统计方法计算得出，使得政策决策过程更具有科学性。

图 9-7 反映了相对于一个政策设计方案所考虑的多主体价值统筹方法的逻辑模式。如果相对于一个所要解决的问题，一般会形成几个不同的政策方案，这种情况下就会对一个问题的几个不同方案产生几个多主体价值统筹的逻辑过程，最后决策者会对不同方案的统筹估量结果再进行统筹权衡，形成过程中的政策决策，如图 9-8 所示。

图 9-8 形似一棵决策树，基本符号即决策节点 D，称为树根。决策节点 D 表示按决策者的意愿来选定方案的环节。从决策点 D 出发引出的多条直线称为树枝，以 A_i 表示。A_i（i=1,2,⋯）表示不同的策略（方案）。图 9-8 中 A_i 表示了 $i(i=3)$ 种方案的决策树。每一个 A_i 对应一个 B_i（i=1,2,⋯），B_i 表示政府权重系数，是对公众反应结果、专家评估结果和管理部门评估结果的综合权重。B_i 可分为三个分支，分别对应公众反应结果（P_k）、专家评估结果（V_k）和管理部门评估结果

（H_K）。其中，公众分为不同的群体，由于群体的社会地位、阶层属性、价值观念不尽相同，每一个群体对同一政策结果有不同的反应 P_k（如图 9-8 中的 P_1，P_2，P_3）,不同群体对同一政策效果反应综合表示为 B_{ij}（如图 9-8 中的 B_{11}）。不同专家受研究领域、学术背景、意识形态的影响，对同一种政策结果进行评估也会有不同的结论（V_k）（如图 9-8 中的 V_1，V_2，V_3），不同专家的综合评估结论为 B_{ij}（如图 9-8 中的 B_{12}）。政府不同管理部门因部门功能、绩效取向的区别对同一种政策结果进行评估也会有不同的结论（H_k）（如图 9-8 中的 H_1，H_2，H_3），其综合结论为 B_{ij}（如图 9-8 中的 B_{13}）。

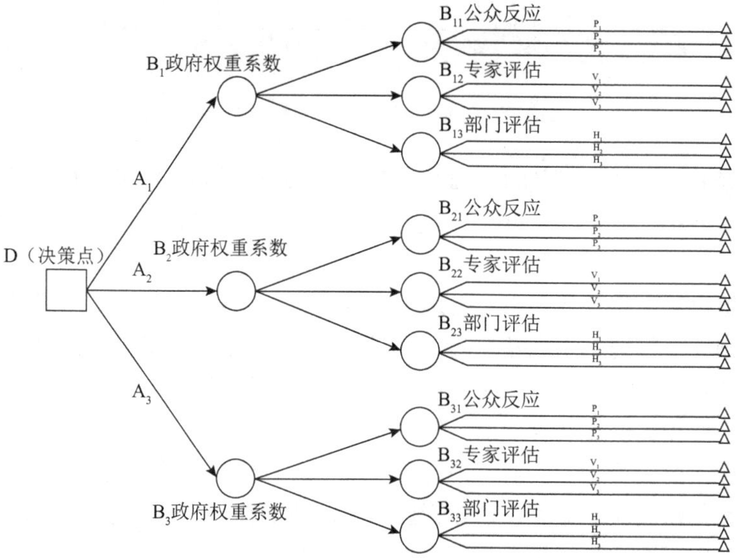

图 9-8　不同方案的多主体统筹方法示意图

以上三个层次可以用以下三个计算公式表示

$$B_{ij}=f（P_k），k=1,2,\cdots,k \quad （9-1）$$

$$B_i=F（B_{ij}），i=1,2,\cdots,i; j=1,2,\cdots, j \quad （9-2）$$

$$D=F（B_i），i=1,2,\cdots,i \quad （9-3）$$

这三个公式表现为层层嵌套的关系。在这三个基本公式的基础上，可以通过构造数量模型计算出总体权衡结果，供政府机关决策时作为重要参考。

显然，社会政策的决策者并不是毫不含糊地通过图 9-8 所示的流程来做出一切决策的。许多例行的或非程序化的情况，则常常按照图 9-8 所示的流程（或某些类似的过程）展开。这样的图解是决策过程的简化。

对决策过程中的一个特定阶段，可以拟订得更加详细些。例如，在拟订可择方案时便会产生复杂的创造性问题。描述性的研究认为大多数决策是增量的，这就是说，它们只是从以前使用过程的方法稍微向前移动一点，或者增加一点，特别是当所用过的方法是成功的时候，从某种意义上来说，这是令人满意的行为——接受一个可行的可择方案，而不必过于关心它是不是“最好的”。

第十章
社会工程研究中的社会技术

社会工程是社会技术的动态系统，是各种技术的综合应用，是理论、技术和实践结合的综合体。社会工程中的技术是融合性技术，是硬技术、软技术与社会技术的融合。社会系统工程是以应用一般系统论、系统工程及行为科学为基础，通过广泛地应用各类科学和基础知识的原理与概念去创造、设计、运行管理及改善复杂的社会系统，以达到总体较优、较满意的预期效果目标。社会系统工程方法主要有霍尔的三维结构方法、切克兰德的调查学习方法、定性与定量的综合集成方法、社会系统动力学方法等四种。

第一节　社会技术概论

一、社会技术的内涵

人类的创造活动离不开技术，创造人工自然的活动过程也就是技术活动的过程。现在的生活实践和社会发展，要求我们对技术的理解不能局限于传统的自然技术领域，应当突破传统技术定义强调的自然本性的局限，对技术做广义的理解，即要求对已有的技术观念和技术概念进行发展。

虽然目前关于技术的不同定义有数百种之多，但是对技术的众多不同理解之间却存在着相似性，大致可以概括为狭义与广义两类技术定义，进而衍生出狭义与广义的技术视野及其研究范式。一般而言，工程主义者多持狭义技术定义，认为人外在于技术，可以创造、操纵和掌握技术，而不受技术活动之束缚；人文主义者更倾向广义技术定义，认为技术活动就是人的目的性活动，人总是被纳入种种技术系统之中，转化为技术系统难以分离的构成要素，并受外在的技术模式或运行节奏的约束。

狭义技术论者把技术仅限于人与自然关系的维度，因而排斥和否定社会领域的技术形态。广义技术论者则认为，技术就是一切有效用的手段和方法之和，是人们后天不断创造和应用的目的性活动序列或方式。技术广泛存在于人类目的性活动的各个领域，是一种具有横断性与贯通性的人类活动的基本模式。在广义技术意义上，自然技术只是技术的一种典型形式，但并不是技术的唯一形态。这样定义除肯定了以自然界为研究对象的自然技术之外，也认为社会关系和人的思维领域有技术活动存在。据此，我们可以对技术进行次级划分，即自然技术、社会技术和人的思维技术。自然技术就是通常与科学相并用的，依靠自然规律及自然界的物质、能量和信息，来创造、控制和改造自然界的方法、手段，其适用对象和领域是自然界，也可以称为工程技术，如炼钢技术、电子技术、核技术等。而社会技术和人的思维技术则是指在社会关系领域和人的思维领域所应用的手段与方法，如管理技术、立法技术、公关技术、政策技术等。

钱学森于 1980 年提出了"社会技术"这一概念，他特别强调技术是用来改造世界的学问。他认为社会技术必须以整个人类的知识体系，特别是以社会现象和社会规律的理论及知识为依据与背景。潘天群给社会技术做了如下定义：社会技术是形成、调整和重组社会（或社会中某个组织）的社会关系，以达到某个社会目的的方法和手段。[①]潘天群的社会技术定义中给出的社会技术的研究范围也是人类社会，只不过与钱学森的定义相比，他把社会技术的研究对象抽象为各类社会关系，而不是具体的社会问题和社会事物，在本质上两个概念是一致的。文兴吾认为社会技术是指调整人际（含组织关系）技术关系、经济关系及其他社会关系，是促进社会全面进步和可持续发展的方式方法体系，即社会领域中的实践性知识体系 。[②]综上所述，社会技术可以从以下几个方面来界定。第一，和自然技术一样，社会技术在性质上首先表现为方法、手段、技能、技巧及其相关的知识体系。第二，社会技术的研究范围是整个社会，研究对象主要是人类社会中政治、经济、法律、管理、军事等各领域的人与人、人与组织、组织与组织间所形成的各种社会关系，大到可以调整整个国家社会，小到可以规定单位、个人间的关系。第三，社会技术的目的和功能表现为通过对各领域社会关系的调整与重组以达到处理社会事务、解决社会问题、促进社会发展的目的。

二、社会技术的类型

关于技术类型的划分，美国技术哲学家卡尔米·切姆把技术划分为意志的技术、对象的技术、过程的技术、知识的技术等四类。这些划分对我们分析社会技术的类型无疑是有启发的。社会技术与社会技术载体既有区别，也有联系。但是，从

① 潘天群：《存在社会技术吗？》，《自然辩证法研究》1996 年第 10 期，第 16—19，29 页。

② 文兴吾：《社会科学技术与意识形态》，《社会科学研究》2001 年第 1 期，第 151—155 页。

技术载体的角度去分析社会技术无疑是一种较好的方法。

根据社会技术的作用方式、程度不同，我们可以把社会技术分为作为意志的社会技术和作为制度的社会技术。前者主要指一定社会的道德规范、宗教教条、哲学理念、民俗习惯等。这个类型的社会技术一般是哲学、宗教学、伦理学、民俗学等最原始的社会科学在人类社会生活领域的转化形式，其改造社会的作用一般是凭借内省、慎独来实现的，主要表现为自律。后者主要指一定社会的法律、政策、制度、章程等。这个类型的社会技术一般是政治学、国家学、法学等改造型社会科学在社会生活领域中的一种转化形式，它既包括政治制度、经济制度、文化制度，也包括各种法律、法规、行政规章，还包括党和政府的方针、政策、指令及社会经济、政治等组织的具体管理办法等。它是社会主体人或集团对象性活动创造的精神产物，其改造社会的作用一般是通过外在强制实现的，以法律和制度为主，主要表现为他律。①

根据社会技术的层次不同，我们可以把社会技术分为原生的社会技术、次生的社会技术和再生的社会技术（如具体的方针政策、法律法规、规则、程序等）。所谓原生的社会技术，从纵向考察就是最早产生并发挥改造社会功能的社会技术，如风俗习惯、道德规范等；从横向考察就是在一定社会中发挥最根本功能，其他社会技术都必须在它指导下，或至少不能与之相抵触的社会技术，如国家的宪法等。所谓次生的社会技术，就是在原生社会技术下对全社会在相当长时期内均发生作用的基本的社会技术，如国家的治国方略、基本路线、基本纲领、基本方针，在我国主要是指科教兴国、可持续发展、对外开放等。所谓再生的社会技术，就是根据原生和次生的社会技术调整、改造人类社会各个不同领域、不同部门、不同地区的政治经济文化关系的社会技术，如社会保障制度、企业管理制度等。

三、社会技术的特征

作为技术的一个分支，社会技术除有技术的共性之外，还有以下一些独有的特点。

（一）规范性

与社会科学命题的那种描述性相对应，社会技术的特征是规范性的，社会技术的宗旨和目的就是通过形成一系列的规章、制度、准则来规制和调整社会关系与社会行为，以确保社会的良性运行。显然，在社会技术的制定和实施过程中，存在着实践主体对各种社会理论按特定的目的、方向进行选择、重组，不同阶级或利益集团是按照不同的目的、方向制定和运用社会技术处理、调整、变革人与人

---

① 田鹏颖：《社会技术概论》，《社会科学辑刊》2002 年第 2 期，第 9—14 页。

之间的相互关系与利益的。可见，社会技术调整作用的对象，具有广泛性和不特定性，为了达到预期的技术目的，社会技术从目的、外在形态和结果上都体现着规范性的特点。从某种意义上讲，社会技术就是在为人们开展社会活动提供各种范式。现代社会尽管社会技术的范围和表现形式大大扩展，但在根本理念上是为人们在各种社会交往中合理有效地处理社会关系而生成的，其表现也不外乎是一系列的制度、规则、程序等规范化的形态。社会技术的规范化特点也是由技术的可操作性引申而来的，只有规范化的技术才能适用于不特定的对象，否则就会失去一切技术所追求的应用性的本意。

（二）主体间性

任何技术的要素中都有作为智能性要素的人的存在，但在社会技术体系中人的特点表现得更为突出和鲜明。社会技术调整的是人与社会的关系及人与人的社会交往，大到宏观社会整体，小到单位和个人。社会技术的特点是社会群体（主体）共同参与的，每个参与者都是有着共同人性的社会关系的主体，都是社会交往网络上的节点，不同之处只是每个人在节点上所处的位置或者是在社会关系中的地位不同，如果将某些人作为主体或中心，而将其他人作为被操纵的、被控制的对象显然是违背人性的。也就是说，社会技术在调整、重组社会关系时，人与人之间应体现为一种主体间性关系（互主体），而不是以往的主客关系。这也是社会技术不同于自然技术的人性化表现。社会技术的主体间性特征在技术实践中体现着公正，只有做到公正才可能实现平等。一个理想的社会技术应当是合理的、体现人性的，或者说既是有效的又是公正的。

（三）科学性

社会技术的科学性首先体现在对各种科学规律、技术规律、社会规律、经济规律甚至文化规律等客观规律的运用上。规律作为事物内部本质的必然的联系，是通过人类的科学活动与认知活动发现的，并经过验证或者确证的各种知识，其本身就是科学的。其次，社会技术的科学性体现在交叉学科的规律运用上。一个学科的规律一般反映客观事物的一个方面的规律性，它具有一定程度的抽象性和片面性。学科意义上的规律都是具有假定性前提的，它将事物本身和作为研究对象的因果关系的环境条件及其他方面的联系忽略不计,或作为不变因素加以处理。作为某一个学科规律的其他假定性的条件和因素可能是另一个学科研究的对象与内容。所以，运用交叉学科规律能够规避单一学科规律的片面性，凸显社会技术的科学性。最后，社会技术的科学性体现在两个以上规律之间矛盾的整合。社会技术在运用技术规律、社会规律、经济规律等多个规律时，不同规律间会因为规律内在规定性的不同而产生冲突，但社会技术的综合性指向可以整合不同规律间的矛盾冲突，使其服务于社会技术的运用场域。

四、社会技术与社会科学

从性质和功能上来分析，社会科学旨在对人类社会现象做出说明和解释，反映的是客观存在的社会本体特征及规律，是对客观存在的社会本体和社会现象的一种认识、研究与再现。其命题当然也是描述性的，因此，社会科学研究具有较强的客观性。而社会技术则是规范性的，有一个先在的目的，社会技术就是根据这个目的的引导，利用社会资源和社会科学的成果对社会关系与社会行为进行规制，以适合和满足人的需求，因此，社会技术有较强的主观性。

就其评价标准和其追求的价值而言，社会科学追求的是“真”，即对客观社会现象做出“真理性”解释，能够真实、准确地描述和反映社会存在。其反映社会的真实和准确的程度决定着社会科学研究成果的科学性程度。社会科学的成果也因其客观真实而有了巨大的应用价值。社会技术则追求有效和公正，是从技术的实效性上来评判技术的好坏。因此，社会技术往往与实施者的价值观和意识形态相联系。

从要解决的问题来看，社会科学解决的是社会领域的认识问题，即“是什么，为什么”的问题；而社会技术解决的是社会领域的实践问题，即“做什么，怎么做”的问题。社会科学通过科学研究来认识社会现象、解释社会现象、揭示社会现象的本来面目和形成原因，帮助人们观察和理解社会自身，因此是“是什么，为什么”的问题。社会技术则属于社会科学的实际应用，在了解和掌握社会的本质与社会运行规律的基础上，分析社会冲突和社会矛盾，利用社会科学的成果和原理进行政策制定、制度设计来整合、规范社会主体的行为模式，更好地协调社会关系，因此是“做什么，怎么做”的问题。

从研究过程和方法来看，社会科学的研究过程主要是从个别到一般、从具体领域到社会关系的整体、从社会现象到社会关系的本质，主要采用抽象分析、概括归纳和总结的方法揭示社会现象的本质与社会的运行规律。社会技术的过程和方法却与社会科学有较大的不同。其主要根据社会主体的需要，采用社会调查、心理分析、模拟实验的方法来调整和重组社会关系，规范社会过程。社会技术的形成过程是从一般原理到个别领域，从普遍规律到特殊问题，从理论总结到实践应用的过程。社会技术仅关心其调整和规范的社会关系的方法、手段、程序是否合理有效，而不去解释为什么，社会技术大多是经验化、直觉化的技巧，有些是从生活实践中感悟到的。

从实现目标和结果来看，社会科学研究的目标是相对不确定的，难以预见何时会有何种发现、会遇到什么困难、需要多少投入等，因此，要求社会科学研究一定成功、必出成果或指日可待是不切实际的。社会科学研究自由度大，而社会技术的研究目标比较明确具体，以先在的成熟理论为指导（社会科学原理）、有明确的步骤程序和经费预算等，因此，操作性更强，结果也更确定。

五、社会工程中的技术

社会工程中的技术是融合性技术。作为解决某一单一且具体问题的方法、手段的社会技术，是构成社会工程的必不可少的要素和环节。一项社会工程从立项、规划、设计再到实施，不仅涉及自然科学、社会科学还涉及自然技术和社会技术，是人、财、物、理论和实践围绕着一个中心目标的大协调和大整合，更是硬科学技术、软科学技术与社会技术的融合。社会工程中的技术具有三类技术的融合性，如果没有硬技术与软技术的支撑，就不是现代的社会工程。

（1）硬科学技术。硬科学技术是自然科学技术和工程科学技术的总称。自然科学技术和工程科学技术的调整对象是自然界，体现的是人对自然界的干预，这种干预因为是对立体有形的物质世界的干预，其技术方法一定要有具体的物质形态，主要体现在物质技术手段上。例如，计算机技术一定要有计算机载体，因此是硬技术。硬科学技术以自然科学为基础，以工程技术方法为载体，表现为解决人与自然的矛盾、变革物质客体的物质手段和方法。根据生产行业的不同，硬技术可分为农业技术、工业技术、通信技术、交通运输技术等。根据生产内容的不同，硬技术可分为电子信息技术、生物技术、医药技术、材料技术、先进制造与自动化技术、能源与节能技术、环境保护技术、农业技术等。这些硬科学技术也是社会工程活动过程中的必要因素。例如，新建一个综合功能开发区或者试验区，既需要考虑新区域的社会功能模式设计，同时需要考虑这个新区域中的技术结构与工程结构。在设计交通规划时，要考虑交通工具及其技术，在安排和引进高新技术企业时，要考虑区域的科技产品的供需产业链。在安排设计经济结构时，要考虑环境要求及其相应的环境技术等。现当代的社会生活已经高度技术化和工程化，所以在考虑社会模式与社会过程设计时，需要同时考虑与其相关的科学技术需求与工程技术设计约束。因此，在社会工程活动过程中，硬科学技术是一个不能忽略的基本要素。

（2）软科学技术。软科学一词是借用电子计算机软件的名称而来的。在计算机技术中有硬件和软件之分，硬件是指计算机的物理构成，即显示屏、存储器、中央处理器等；软件是指编码系统、运算程序等。所以，与此相比较，将那些不依赖物理化学等物质器件为基础的技术称为软技术，具体是指对科技、经济、社会发展战略和宏观控制及决策过程进行研究，综合运用系统理论、系统方法、决策科学及数据分析技术等手段，针对各种复杂社会问题和自然现象，研究它们的客观规律，寻求解决问题的途径和方案，为有关发展战略、目标规划、政策制定及组织管理等提供科学的决策依据的技术。一般来说，软科学技术是一门新的综合性科学技术，它以决策问题为指向，综合应用信息科学、行为科学、系统工程等与决策科学化相关的各领域的理论或方法所形成的技术类型。社会工程本身需要利用相关软科学技术实现对社会问题的分析和解决，特别是利用计算机技术、大数据平台、人工智能技术等，建构解决社会问题的模型，进行社会仿真、社会模拟和社会实验。

（3）社会技术。社会技术是应用社会科学和非自然科学的知识，解决各种社会问题的操作方法，本质上是通过设置议程、规则、机构等调整人们的社会关系形式。社会技术通过明确的规则体系来限定操作者之间、操作者与工具之间的相互作用关系，通过事先设定的规则体系对操作者之间、操作者与工具之间的相互作用方式进行规制，以达到某一个事先设定的目的。社会技术是一种规则，也是一种手段，它的作用对象就是社会行动者，通过规则体系来规范行动者的行为，以实现某种社会目的。社会技术的作用对象是社会行动者，因此，社会技术的作用方式就是通过规则体系来限定行动者之间及行动者与工具之间的动作方式。具体地说，社会技术就是要规范社会行动者的行动方向、方式、顺序、时间、流程等要素，也就是通过明确的规则体系来规制社会行动者的社会行为模式。

社会工程中的技术，是以社会模式与社会过程建构为指向的社会技术与硬科学技术、软科学技术相融合的技术。现代社会是科学、技术、经济、社会、政治、生态高度融合的社会，一些重大的社会问题都包含着复杂的科学、技术与工程等因素。因此，社会工程问题的解决不能仅仅依靠社会技术，因为人们的社会关系是具有科学技术工程因素基础的。比如，城市生活系统，人们的生活方式是与交通、电力、通信、地下管网、电视网络等工程科技紧密融合在一起的。这些工程科技的因素既构成人们交往方式和社会关系的重要内容，也构成了社会运行模式的基础条件。

运用社会技术时往往会受到硬科学技术的约束。人们的社会生活深度融入了科学技术与工程因素，人们的社会关系和生活方式本身就建构在一定的工程技术提供的生活设施的基础上。人们的社会关系变动和社会运行模式建构必须考虑工程技术条件的供需结构。例如，在推行国有企事业单位退休职工交由社会管理的过程中，不仅要考虑人员的移交问题，还要考虑生活基础设施系统的技术衔接问题。原先由企业管理的退休职工交由街道社区管理，还必须考虑物业的移交，如在移交物业的过程中就涉及管网系统的技术状况与社区管网系统的衔接问题。由于历史的原因，很有可能某一个企业的物业系统所配置的管网技术规格是自行设计的、自成系统的，与社区管网系统的技术规格并不一致，因此在考虑人员衔接的同时还要考虑管网系统的技术衔接问题。

社会技术的调整对象是社会关系，其本质是对无形的利益结构的调整，还附加对社会主体的非理性因素（如情感、心理等）的调适。社会技术的载体则是各种社会组织和社会系统，如政治组织、经济组织、军事组织和文化组织等，通过这些组织提供的平台，社会技术本身主要是对各种不同的社会组织的运行程序和运行方式进行调整。社会技术在运用的过程中，可以引入硬技术和软技术，并将三者融合起来。在整个社会大系统中，如果硬技术是对物和物的集合所进行的操作，而硬技术的操作者是特定的人员构成的社会群体，这个社会群体中的人际关系，就具有硬技术运用的特点，如自动化车间的人际关系与非自动化车间的人际关系就具有不同的特点。如果社会技术是对人和对人的组织模式的操作，那么调整人际关系时，就需要关注社会成员所处的技术位置和所掌握的技术及其之间的联系。如果只注意调整人员之间的关系，不注意人员所承载的技术之间的关系，这种社会技术的运用一定是不成功的。社会工程有显著的综合性特征，它要解决特定的、实际的社会问题，而社会问题往往涉及多方面、多领域的内容，在整个社会过程中会形成大大小小的人与人、人与事、人与物乃至人、社会、自然之间的交互能动关系。社会技术的运用一定要与硬科学技术、软科学技术的运用融合起来，单纯使用社会技术，在现当代科学、技术、工程、社会一体化的时代是不现实的，往往会导致失败的结果。

社会工程中的技术运用，还要使社会技术与软科学技术相融合。社会技术的特征是以社会模式与社会过程设计及实施为特点。当设计新的社会模式与社会过程时，要评估已有的社会模式与社会过程运行的特点、问题与前景，要对新设计的社会模式与社会过程进行决策分析，这时就必须运用软科学技术，就需要进行社会预测、社会模拟与社会实验。如果没有软科学技术的运用，社会工程就只能停留在经验水平上和猜想与直观判断的基础上。

第二节　社会系统工程方法

一、社会系统工程及其特点

（一）系统

将系统作为一个重要的科学概念加以研究，是贝塔朗菲于1937年首次提出的，他认为系统是相互作用的诸要素的综合体。我国著名科学家钱学森认为系统是由相互作用和相互依赖的若干组成部分结合成的具有特定功能的有机整体。不同的专家学者根据不同科学领域中的不同研究对象，对系统概念给出了不同的解释。

（1）系统是相互作用的诸元素的整体化总和，其使命在于以协作方式来完成预定的功能（R. 吉布松）。

（2）系统是相互联系着并形成某种整体性统一体的诸元素按一定方式有秩序

地排列在一起的集合（B. H. 萨多夫斯基）。

（3）系统是由相互联系的诸元素组成的整体性复合体；它与环境组成特殊的统一体；任何被研究的系统通常都是更高一级系统的元素，任何被研究的系统的元素通常又都作为更低一级的系统（N. B. 布拉乌别尔格）。

（4）有组织的或被组织化的整体，结合构成整体所形成的各种概念和原理的综合，以有规则的相互作用和相互依存的形式结合起来的诸要素的集合等（《韦氏大词典》）。

（5）许多组成要素保持有机的秩序，向同一目标行动的事物（日本工业标准）。

从上述解释来看，系统必须具备三个条件：第一，系统必须由两个以上的要素（部分、元素）所组成，要素是构成系统的基本单位，因而也是系统存在的基础和实际载体，系统离开了要素就不称其为系统；第二，要素与要素之间存在着一定的有机联系，从而在系统的内部和外部形成一定的结构或秩序，任一系统又是它所从属的一个更大系统的组成部分（要素），这样系统整体与要素、要素与要素、整体与环境之间存在着相互作用和相互联系的机制；第三，任何系统都有特定的功能，这是整体具有不同于各个组成要素的新功能，这种新功能是由系统内部的有机联系和结构决定的。综上所述，系统是由相互联系、相互作用（描述这种相互作用的方程是非线性方程）的若干要素（子系统）有机结合成的特定结构，从而成为具有新功能的整体。①

（二）社会系统工程的定义

社会系统工程（social systems engineering，SSE），是系统工程的一个应用类型。一般来说，社会系统工程以一般系统论、系统工程及行为科学为基础，广泛地应用各类科学和基础知识的原理与概念去创造、设计、运行管理及改善复杂的社会系统，以达到总体较优、较满意的预期效果目标的系统工程方法。社会系统运行的预期效果目标一般用多维的社会、经济、技术及生态环境等指标来衡量。具体地说，它较适宜应用于既具有复杂系统特征，又具有既定政治权力结构与主导价值观的国家建设和管理，也可应用于大型企业的建设和管理。

在我国，社会系统工程是20世纪80年代初以社会控制论为基础发展起来的。社会系统工程的研究对象是涉及人、自然界和社会的综合大系统。在社会系统里存在着社会、经济、科技、生态、文化、心理等因素相互关联的动态过程。中国系统科学家钱学森把社会系统工程理解为组织管理社会主义建设的技术。钱学森先生致力于将社会系统工程应用于国家总体设计。

社会系统工程是对由个人、不同社会单元或群体（诸如家庭、企业、学校、

① 杨博文主编：《社会系统工程概论》，石油工业出版社2008年版，第26页。

协会等）以某种固定关系相联系（那些固定关系能复制为具有某种功能的结构），并由某种价值观所指导社会系统的设计、建构、运行指导与改进。该社会系统存在于某种物质环境（具有边界）或非物质环境中，在边界内的群体与个人彼此相互间或与边界外的群体与个人相互间，以满足目标优化而发生彼此间的行为作用。

（三）社会系统工程的特点

社会系统工程是社会科学与技术的综合，具有整体性、综合性、有序相关性、动态性等特点。

1）整体性

整体性要求把被研究的系统当作一个整体来看待，全面地、辩证地看问题，把全局或整体观点贯穿于问题的各个方面、各个部分和各个阶段。社会系统的整体功能是不等于各部分功能之和的，因此要由整体的功能目标决定局部功能目标，按整体优化规定各部分的性能指标。这就要求人们在处理问题时，要从整体出发组织局部的活动，同时协调好局部间的关系。

2）综合性

任何系统都可以被看作多元素的有机综合体，具有多种属性。因此，在确定社会系统的目标时，要进行多目标的综合。另外，对任何系统的研究，都应采用多学科高度综合的方法，从系统的要素、结构、功能、联系方式、历史发展、外部环境等多方面进行综合考察。任何一项措施、一个方案，对自然、经济和社会都会有不同程度的影响，因此还应进行多方案的比较和多种效益的综合。量的综合推动了质的飞跃，现代科学技术发展的趋势是向“系统综合型”发展，社会系统工程本身也正是综合了许多学科而建立起来的。

3）有序相关性

在社会系统层次上表现出来的整体特征，是由要素或子系统层次上的相互关联、相互制约而形成的。由同类要素或子系统组成的系统，由于内部组织管理方式的不同，即结构方式、有序程度不同，系统的整体功能可能会表现出极大的差异。各部分之间的相互关系越有序，系统整体功能就越优良。因此，为获得预期的功能，应注意做好内部的组织管理，处理好系统内部要素之间的相互关联问题。

4）动态性

社会系统工程研究的对象往往是大型复杂的实践过程，其内部复杂的相互作用和环境的多变性，使得对象呈现出动态特征。因此，应把整个社会系统工程实施任务看作一个动态过程，密切关注系统内外的各种变化，掌握变化的性质、方向、趋势、程度和速度，采取相应的措施，调整工程的方案、计划，改进工作方法，在变化中求得系统优化。

二、社会系统工程方法的综合性——霍尔三维结构[①]

系统工程对目标的分析是一种跨学科的三维结构分析，形成了系统工程独特的工作程序体系。美国贝尔电话公司的工程师霍尔于 1969 年最先提出了系统工程方法的“三维结构体系”，又称霍尔三维结构，该结构是已提出的系统方法结构中最受欢迎的一种，被视为各种具体系统工程的方法论基础。霍尔三维结构将系统的整个管理过程分为前后紧密相连的 6 个阶段和 7 个步骤，并同时考虑为完成这些阶段和步骤的工作所需的各种专业管理技术知识。霍尔三维结构由时间维、逻辑维和知识维组成（图 10-1）。

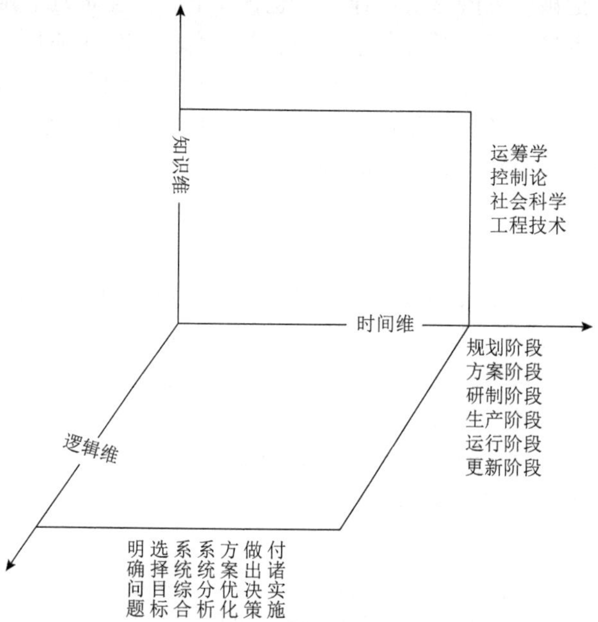

图 10-1　霍尔三维结构图

（一）时间维

霍尔三维结构中，时间维表示从规划到更新，按时间顺序排列的系统工程全过程，共包括六个阶段。

（1）规划阶段：对将要开展研究的系统进行调查，明确研究目标，在此基础上，提出自己的设计思想和初步方案，制定出系统工程活动的方针、政策和规划。

（2）方案阶段：根据规划阶段所提出的若干设计思想和初步方案，从社会、经济、技术可行性等方面进行综合分析，提出具体计划方案并选择一个最优方案。

① 杨博文主编：《社会系统工程概论》，石油工业出版社 2008 年版，第 153—154 页。

（3）研制阶段：以计划为行动指南，把人、财、物组成一个有机的整体，使各个环节、各个部门围绕总目标，提出系统的研制方案，并制订生产计划。

（4）生产阶段：生产或研制开发出系统的零部件（软硬件）及整个系统。

（5）运行阶段：把系统安装好，完成系统的运行计划，使系统按预定目标运行服务。

（6）更新阶段：完成系统的评价，在现有系统运行的基础上，改进和更新系统，使系统更有效地工作，同时为系统进入下一个研制周期准备条件。

（二）逻辑维

霍尔三维结构中，逻辑维是指每个阶段所要进行的七个工作步骤，这是运用系统工程方法进行思考、分析和解决问题时应遵循的一般程序。

（1）明确问题：尽可能全面地收集资料、了解问题，包括实地考察和测量、调研、需求分析和市场预测等。

（2）选择目标：对所要解决的问题，提出应达到的目标，并制定出衡量是否达标的准则。

（3）系统综合：收集并综合达到预期目标的方案，对每一种方案进行必要的说明。

（4）系统分析：应用系统工程方法技术，将综合得到的各种方案系统地进行比较、分析，必要时建立数学模型进行仿真实验或理论计算。

（5）方案优化：对数学模型给出的结果加以评价，筛选出满足目标要求的最佳方案。

（6）做出决策：确定最佳方案。

（7）付诸实施：执行方案，完成各个阶段的管理工作。

（三）知识维

霍尔三维结构中，知识维是指完成上述各种阶段步骤所需要的专业知识和管理知识，包括运筹学、控制论、社会科学、工程技术等方面的知识。

霍尔三维结构把整个工程看作一个过程系统，阶段前后衔接，反映出工程任务固有的过程结构；把整个工程看作具有多重层次结构的过程系统，按通用程序来处理；整个工程中的每一个过程都有若干衔接的工作步骤，七个逻辑步骤的每一个步骤又是更深层级的子系统，这充分体现了系统思想。

运用系统工程知识，把六个时间阶段和七个逻辑步骤结合起来，便形成霍尔管理矩阵。矩阵中时间维的每一阶段与逻辑维的每一步骤所对应的点（$i=1,2,\cdots,6; j=1,2,\cdots,7$）代表着一项具体的管理活动。矩阵中各项活动相互影响、紧密相关，要想从整体上达到最优效果，必须使各阶段、各步骤的活动反复进行。

反复性是霍尔管理矩阵的一个重要特点,反映出了从规划到更新的过程需要控制、调节和决策。

因此，社会系统工程过程系统充分体现了计划、组织和控制的职能。管理矩阵中不同的管理活动对知识的需求和侧重也不同。在逻辑维的七个步骤中，体现了系统工程解决问题的研究方法：定性与定量相结合、理论与实践相结合、具体问题具体分析。

总之，系统工程过程系统的每一阶段都有自己的管理内容和管理目标，每一步骤都有自己的管理手段和管理方法，彼此相互联系，再加上具体的管理对象，组成了一个有机整体。把系统工程过程系统运用于大型工程项目，尤其是探索性强、技术复杂、投资大、周期长的“大科学”研究项目，可以减少决策上的失误和计划实施过程中的困难。

三、社会系统工程方法的探索性——切克兰德的调查学习模式①

系统工程常常把所研究的系统分为良结构系统与不良结构系统两类。所谓良结构系统是指偏重工程、机理明显的物理型的硬系统，它可以用较明显的数学模型描述，有较现成的定量方法可以计算出系统的行为和最佳结果。霍尔三维结构主要适用于解决良结构的硬系统。所谓不良结构系统是指偏重社会、机理尚不清楚的生物型的软系统，它较难用数学模型来描述，往往只能用半定量、半定性或者只能用定性的方法来处理问题。解决这类社会系统工程问题通常需要加入人的判断和直觉。因此，解决问题时不像硬方法那样可以求出最佳的定量结果，而是所求出的结果一般是可行的满意解。这就需要运用切克兰德的调查学习模式方法。

到目前为止，解决不良结构的软系统方法已提出了一些，如专家调查法（德尔菲法）、情境分析法、冲突分析法等，但从系统工程方法论角度来看，切克兰德的调查学习模式方法具有更高的概括性。

切克兰德的调查学习模式方法的核心不是寻求“最优化”，而是“调查、比较”或者说是“学习”，从模型和现状的比较中，学习改善现存系统的途径。它的方法步骤如下。

（1）不良结构系统现状说明：通过调查分析，对现存的不良结构系统的现状进行说明。

（2）弄清关联因素：初步弄清与现状有关的各种因素及其相互关系。

（3）建立概念模型：在不能建立数学模型的情况下，用结构模型或语言模型来描述系统。

（4）改善概念模型：随着分析的不断深入和学习的加深，进一步用更合适的

① 杨博文主编：《社会系统工程概论》，石油工业出版社 2008 年版，第 154—155 页。

模型或方法改善上述概念模型的现状。

（5）比较：将概念模型与现状进行比较，找出符合决策者意图且可行的改革途径或方案。

（6）实施：实施提出的改革方案。

四、社会系统工程方法的集成性——从定性到定量的综合集成方法[①]

在管理系统中，人们面临的大多是各种不同性质的事物交织在一起的集合体，因此处理的问题也往往难以轻易区分其性质。要解决这种不同性质问题交融的状况，显然单靠某一类方法是无法实现的。从优势互补、相关集成的思路出发推断出，应该将定性分析和定量分析有机地结合起来，并实现内在的沟通协调，以有效处理复合式大系统问题。

定性、定量方法交织在一起互相补充，发挥各自优势，实现“1+1>2”的功效。我国科学家钱学森等针对开放复杂巨系统问题，于20世纪90年代初提出了从定性到定量的综合集成方法。该方法以对社会系统、人体系统、地理系统三类复杂巨系统的研究实践为基础，形成一个整体，其主要特点如下。①根据开放的复杂巨系统的复杂机制和变量众多的特点，把定性研究与定量研究有机地结合起来，从多方面的定性认识上升到定量认识。②按照人-机结合的特点，将专家群体（各类有关专家）、数据和各种信息与计算机技术有机结合起来。③由于系统的复杂性，把科学理论与经验知识结合起来，把人对客观事物零星的知识综合集中起来，力求问题的有效解决。④根据系统思想，把多种学科结合起来进行研究。⑤根据复杂巨系统的层次结构，把宏观研究与微观研究统一起来。⑥强调对知识工程及数据挖掘技术等的应用。

总体而言，该分析方法的特点主要表现在以下三个方面。

（1）定性与定量相结合。在管理中，涉及的问题往往都是极其复杂的巨系统问题，其中多种要素相互交织，难以精确区分出哪些是结构化问题、哪些是非结构化问题。也就是说，管理面临的情形常常是“你中有我、我中有你”，很难“一刀切”，要分清楚问题的具体性质和内涵。这种问题本身的复杂性加之人的认识能力的有限性，使得依赖单一定量方法或者单一定性分析方法都无法有效地处理问题。

（2）前馈与反馈相结合。管理系统在很大程度上是一个信息系统。尤其在集成管理的分析过程中，涉及的信息种类、数量都非常多，信息的作用方向也不同。其中最主要的特点之一，就是在系统总体机制中，前馈机制和反馈机制是相互交替运作的。也就是说，控制信息流是以前向和后向结合在一起的形式发生流动的。前馈、反馈的相互结合，使得系统分析方法能更好地适应经营管

---

① 杨博文主编：《社会系统工程概论》，石油工业出版社2008年版，第155—157页。

理的动态变化。

（3）规范与灵活相结合。系统分析方法是解决企业实践有关问题的有目的的行动，而最基本的问题就是从揭示各子系统之间相互依赖、相互制约的关系入手，寻求实现系统整体优化的路径。

企业管理从本质上包括科学性与社会性两个方面，两者相互影响、不可分割。科学性方面的内容要求我们采用规范性的分析方法，以做到事半功倍、心中有数；社会性方面的内容则难以运用规范、标准的方法解决，而必须依靠人的知识、经验、能力并结合问题的实际状况灵活加以处理。

系统分析方法强调规范和灵活的结合，就是要求在处理问题时：既要注重运用完善的科学理论知识，又要充分发挥人的创造性和自主性；既要注重运用规范的程序、标准处理各类既定的管理问题，又要根据实际情况灵活调整，不断"比较、试错"，"从错误中吸取载训"，"从成功中学习经验"，选择那些虽然可能出错，但错误可迅速发现、及时纠正且所花代价又不大的启发性决策。

系统分析方法的逻辑程序主要包括如下几个相互关联的组成部分，如图 10-2 所示。

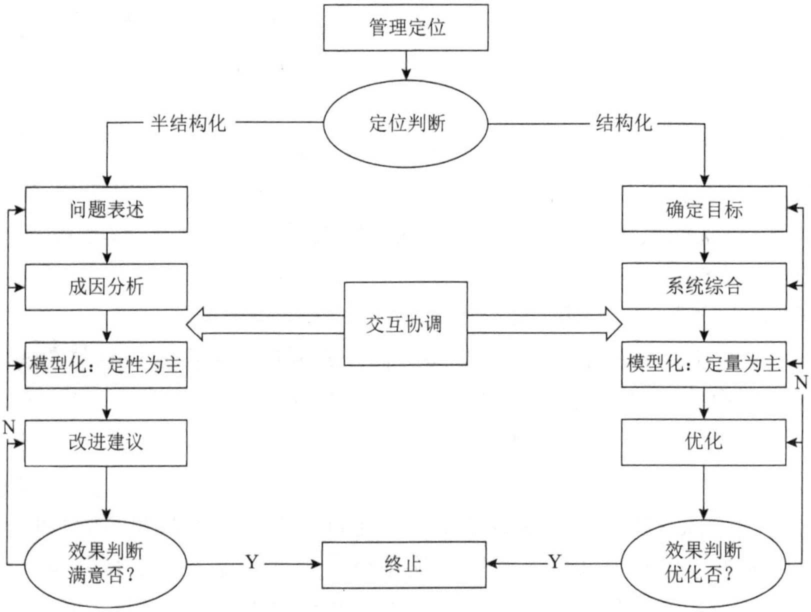

图 10-2 韧系统分析方法——全局导向战略思考过程

（1）管理定位（理念、思路）。管理定位是理性思维和系统思维的综合运用。它要求管理决策者从一开始就要树立全局导向，对管理实践进行全方位、长远性的战略思考，强化自组织、自适应的管理决策过程的理性设计。在对问题进行初步感知、分析的基础上，明确问题的内涵，确定问题的范围，为下一步的具体性质定位判断做好准备。

（2）对以半结构化和结构化等管理问题进行处理的过程。这一过程从对问题进行详细表述开始，深入探究问题成因、条件及相关环境，并通过以定性为主的概念模型，演绎、归纳出解决问题的若干建议方案。这部分的工作内容是建立在问题导向之上的，它是一个不断调整、更新、自我学习的过程，注重对问题理解的深化，并不断改进建议方案，获取满意效果。

（3）对以良好的结构化为主的管理问题的解决过程。在明确问题的基础上，确定相应的管理目标，并通过以定量为主的模型分析确定各类解决办法，实施动态调整并加以完善，使问题解决效果趋于最优。

第三节　社会系统动力学方法

一、社会系统动力学的基本原理①

系统动力学认为，系统的基本结构单元是反馈回路——即耦合系统的状态、速率（或称决策）与信息的一条回路。回路是组成系统的基本结构单元，通过整理分析，社会经济系统的结构可以抽象成“回路”、“积累”、“信息”、“延迟”和“决策”，这些因素之间的运动规律类似于流体在回路中流动所呈现的规律。流体在回路中流动必然会产生“积累”现象，堆积的物质也会产生压力，这种压力通过“信息”的传递作用于决策者，迫使决策者利用接收到的信息，根据控制策略做出必要的“决策”去改变流速，从而改变积累的物质。由于物质和信息在传递过程中是需要时间的，于是产生了“延迟”问题，而正是延迟的存在使得系统状态产生波动，增加了系统控制的准确性和处理难度。这就是系统动力学的基本原理。这种思想将系统状态与决策紧密联系起来，使社会经济系统的模型化过程真正体现了人机共存的特点。

系统动力学从系统的微观结构出发建立系统的结构模型，用回路描述系统结构框架，用因果关系图和流图描述系统要素之间的逻辑关系，用方程描述系统要素之间的数量关系，用专门的仿真软件进行模拟分析。整个分析过程从定性到定量，最后又把定量的数学模型简单地转换成计算机程序，利用计算机进行最终仿真分析。因此，人们普遍感到这种方法既有一定的理论性，又简单实用，实践中无论是专家、学者还是实际管理者都能使用，并能解决复杂的、非线性的和带有

① 李旭：《社会系统动力学：政策研究的原理、方法和应用》，复旦大学出版社 2009 年版，第 19 页。

延迟现象的系统性问题。因此，自系统动力学创建以来，在许多领域都受到欢迎和被广泛使用。

系统动力学的基本方法包括因果关系图、流图、方程和仿真平台。因果关系图主要描述系统要素之间的逻辑关系。其中，变量之间相互影响作用的性质用因果关系链来表示，因果关系链中的正负极性，分别表示正负两种不同的影响作用。流图主要描述系统要素的性质和整体框架。因果关系图虽然能够描述系统反馈结构的基本方面，但不能反映变量的性质，而不同性质的变量对系统行为的影响完全不同。譬如，状态变量是系统动力学中最重要的变量，它具有积累效应。正是状态变量的积累效应，使系统行为产生惯性和反直观性。为了进一步揭示系统变量的区别，流图用不同的符号表示不同的变量，并把表示不同变量的各类符号用带箭头的线连接起来，便形成了反映系统结构的流图。方程主要是将系统要素之间的局部关系量化。在系统动力学模型中，主要有三种方程，即水平方程、速率方程、辅助方程。它们分别描述状态变量、速率变量和辅助变量的变化规律。仿真平台主要是将系统动力学模型输入计算机进行仿真和调试的环境。利用仿真平台，研究者可以根据研究的目的，设计不同的政策方案，对系统进行仿真。Vensim 仿真平台是目前应用较为广泛的软件之一，本书的仿真分析都是基于 Vensim 仿真平台进行的。

二、因果关系图①

因果关系是系统动力学的基本工具之一，如果事件 AC（原因）引起事件 BC（结果），AB 之间便形成因果关系。若 A 增加引起 B 增加，则 AB 构成正因果关系；若 A 增加引起 B 减少，则 AB 构成负因果关系。两个以上因果关系链首尾相连构成因果回路，其可分为正因果回路和负因果回路。当回路中某个要素发生变化，通过回路的作用使这种变化加强，称其为正因果回路；反之，当回路中某个要素发生变化，通过回路的作用使这种变化减弱，则称其为负因果回路。由若干正负因果回路构成的关系图称为因果关系图。

社会系统是一个以因果为基础的系统。因果关系图或因果回路图是一种定性描述系统中变量之间因果关系的图示模型，即用图的形式描述系统变量之间相互影响和相互作用的关系。这种因果关系是系统动力学模型的基础，因此因果关系图主要是在绘制流图和建立系统数学仿真模型之前使用。

（一）因果链

在系统中，所有变量之间的关系可以具体到两两变量之间的关系。两个变量

---

① 李旭：《社会系统动力学：政策研究的原理、方法和应用》，复旦大学出版社 2009 年版，第 26—37 页。

之间的关系是最简单的因果关系。在因果关系图中，这种最简单的因果关系如图 10-3 所示，从原因到结果的箭头线称为因果链。

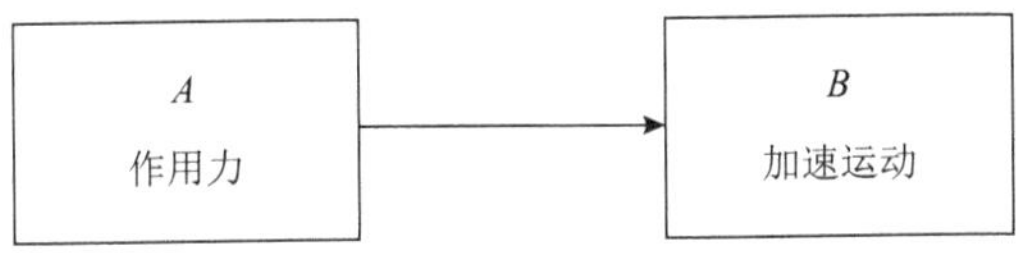

图 10-3　因果链

系统中的两个变量 *A* 和 *B*，变量 *B* 的行为受变量 *A* 的影响，即当变量 *A* 发生变化时，变量 *B* 也会随之变化。在此种情况下，两个变量之间存在的关系则是一种最简单的因果关系。

如果 *A* 增加引起 *B* 增加或 *A* 减少引起 *B* 减少，则称 *A* 和 *B* 之间为正因果链，即 *A* 和 *B* 两个变量的变化方向相同，如图 10-4 所示。其中，箭头起始端的变量 *A* 是原因变量，箭头末端的变量 *B* 是结果变量。图 10-4 所示的因果链就描述了 *A* 和 *B* 两个变量之间的因果关系，即变量 *A* 作用于变量 *B* 的方向。需要注意的是，它没有表示出在变量 *A* 影响变量 *B* 的情况下，变量 *A* 和变量 *B* 本身的变化方向。

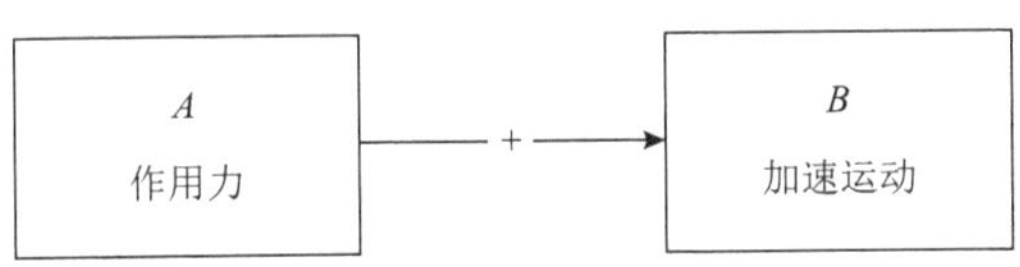

图 10-4　正因果链

如果 *A* 增加引起 *B* 减少或 *A* 减少引起 *B* 增加，则称 *A* 和 *B* 之间为负因果链，即 *A* 和 *B* 两个变量的变化方向相反，如图 10-5 所示。

图 10-5　负因果链

实际中的问题往往很复杂，在确定两者之间的因果关系时，需要假定其他因素不变。根据这一原则就可以画出系统中所有变量之间的因果链。例如，人口系统，要画出人口出生和总人口之间的因果链，需假定其他因素（死亡）不变。在这种情况下，人口出生数上升，则总人口数会上升。如果不做上述假定，人口出生数上升，总人口数并不一定上升，因为人口死亡数对总人口数也有影响，因此影响的方向无法确定。实践中，只有遵循上述原则才有可能正确地画出整个系统的因果链。另外，这里所说的上升或下降并不是指绝对量的上升或下降，而是相对于没有变化时的上升或下降。

因果链定性地说明系统中两个变量之间影响关系的变化方向，但不能反映两个变量变化量的大小和它们之间变化的时间延迟。从这个意义上说，两个变量的变化量的大小和两个变量之间的变化延迟都不能影响它们之间因果链的存在。

因果链在概念和处理方法上都非常简单，并且近乎是常识性的，但它可以简洁而系统地描述现实系统。借助因果链，建模者可以逐步地将复杂的系统问题用简明易懂的结构表示出来，这对实际管理人员是十分有效和可行的。在这个结构的基础上，建模者可以相互沟通、相互启发，从而更深入地了解问题的本质，为继续构建系统动力学的流图和方程打好基础。

因果链定性地描述了两两变量之间的因果关系，当系统中所有两两变量之间的因果关系确定之后，从整体上看就形成了描述系统中变量之间因果关系的“关系网”。在这个网中会有闭合的回路，我们称其为因果回路。在这里，因果关系回路是指由一系列的因果链相互连接而成的闭合回路。

（二）因果关系回路

因果关系回路是由两个或两个以上的因果链组成的闭合回路，具体形式如图 10-6 所示。

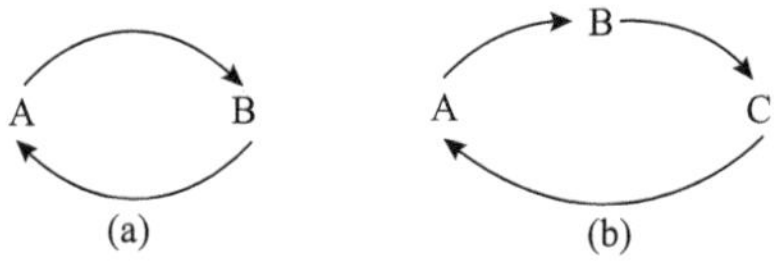

图 10-6 因果回路图

系统中有 A 和 B 两个变量。当变量 A 发生变化时，变量 B 受其影响也会发生变化，这种变化是由 A 引起 B 因果链描述的。另外，B 变化的同时又会进一步使 A 发生变化，这种变化是由 B 引起 A 因果链描述的。上述的两个因果链形成了一个闭合的回路，这个闭合回路描述了两个变量之间的互为因果关系，称其为因果链。在这种情况下，原因产生结果，同时结果又在一定条件下转化为原因。就整个因果关系而言，我们无法确定回路的起点和终点，也无法具体判定哪一个变量是原因，哪一个变量是结果。这就是因果关系回路的基本特性。

因果链有正负之分，因此由因果链组成的因果关系回路也有正负之分。正因果关系回路是指自身具有加强其变化效果能力的闭合回路。也就是说，在正因果关系回路中，当某一变量发生变化时，经过回路的作用会使这种变化进一步加强，使这个变量的变化幅度不断增大，如图 10-7 所示。

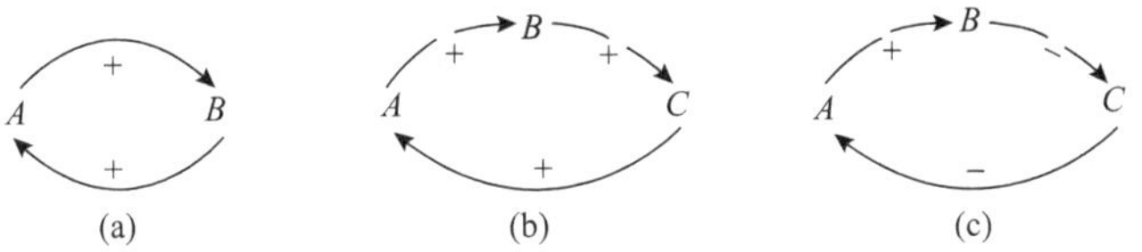

图 10-7　正因果回路图

负因果关系回路是指自身具有抑制变量变化和进行调节能力的闭合回路。在负因果关系回路中，当某一变量发生变化时，通过回路的调节作用会抑制这一变量的变化，使其变化幅度减小，如图 10-8 所示。

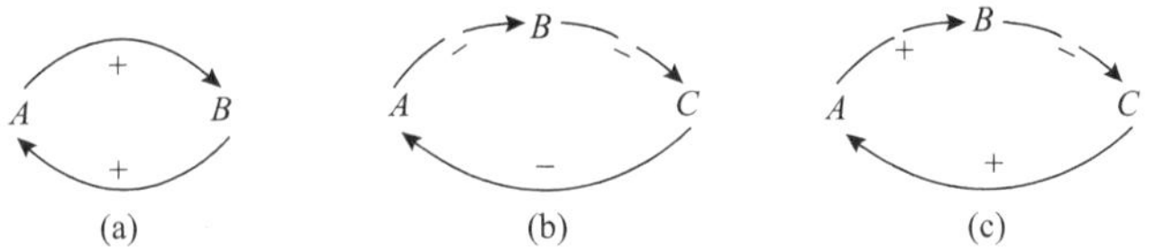

图 10-8　负因果回路图

（三）因果关系图的画法

在因果关系图的建立过程中，先要明确建模的目的与任务，弄清楚所要解决的问题，重视模型的应用与所得出的政策实施的可行性。建立因果关系图时可以参考以下三个步骤。

首先，找出系统的关键要素。系统的要素是人们对系统进行研究的着眼点，也是对系统进行控制的关键所在。因此，准确确定系统中的要素，即那些对系统行为产生关键性影响的组成部分，是对系统进行研究的前提条件。如果把那些次要因素，甚至是不相关因素考虑进来，则可能会对系统分析造成干扰，影响结果的准确性。

其次，从系统中的任何一个要素出发，画因果链或回路。在第一步的基础上，从所找因素中任意选取一个当作起点，看它的变化对与之相连的其他部分的影响，由此一步步地扩展，直到将所有的要素都纳入因果关系图中。

最后，在绘制因果关系图的过程中应该注意两个问题：一是在确定两个要素的关系时，要假定其他要素不变；二是要注意互为因果、一因多果、多因一果等情况。

另外，建立因果关系图时，在细节上需要注意以下三个问题。

第一，在明确变量增减含义的基础上，把因果关系图中的变量设想为可以升降、增减的量。因果关系图中的变量，尽量采用名词或名词短语，而不宜用动词，同时避免使用令人费解的语句。否则，确定因果链和回路的极性时会遇到一定的困难。

第二，尽可能确定变量的量纲，这样有助于突出因果关系图中文字叙述的含义。同时，尽可能定义变量本身为正值，这样有助于理解和分析问题。

第三，反馈结构应形成闭合回路。如果系统中没有回路，则说明系统的范围选择得不合适或系统要素提炼得不到位，此时应该重新认识。

三、流图[①]

流图是在因果关系图的基础上进一步区分变量的性质，用更加直观的符号反映系统要素之间的逻辑关系，明确系统的反馈形式和控制规律，是为深入研究系统的结构和过程所运用的图形表示方法。因果关系图描述了反馈结构的基本方面，而流图则是在此基础上表示不同性质的变量的区别。在因果关系图中，只能说明变量的增加或减少，而对变量之间的这些不同是不加以区分的。因果关系图只能描述反馈结构的基本方面，而不能表示不同性质的变量的区别，这是它的不足之处。

（一）流图中的基本要素及其描述符号

1. 存量

存量，也称状态变量（level variable），是描述系统的积累效应的变量。状态变量反映物质、能量、信息等对时间的积累。状态变量的取值是系统从初始时刻到特定时刻的物质流动或信息流动积累的结果。因此，在系统中其值可以在任何瞬间观测（时点数）。

库存量是一种积累，它是产品的生产速度与产品销售速度的差与时间间隔的乘积；工厂的设备也可以是积累，它是新购入设备速度与淘汰设备速度的差与时间间隔的乘积；就业人员数也是一种积累，它是就业速度与离职速度的差与时间间隔的乘积；某物种的数量也是一种积累，它可以通过出生速度与死亡速度的差乘以时间间隔来求得。可见，在系统中存在的累积现象，可以用一种固定的计算模式来求得。

在流图中，状态变量是用矩形符号表示的，如图 10-9 所示。在矩形内写上变量的名称，如库存量、人口量等。指向状态变量的实线箭头，表示状态变量的输入流；自状态变量向外的实线箭头，表示状态变量的输出流。

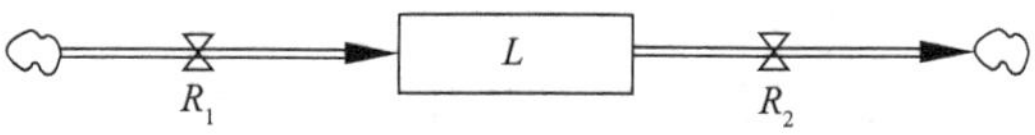

图 10-9 流图的一般形式

状态变量有比较固定的计算方法，即现在的积累值等于前次的积累值加上输入流与输出流的差与观测时间间隔的乘积。为了进一步说明状态变量的计算模式，假定观测时间间隔为 DT，在 t 时刻的输入流速为 $R_1(t)$，输出流速为 $R_2(t)$，前次观测值为 $L(t-1)$，则在 DT 时间内的增量为

① 李旭：《社会系统动力学：政策研究的原理、方法和应用》，复旦大学出版社 2009 年版，第 39—52 页。

$$\Delta L = [R_1(t) - R_2(t)] \times \mathrm{DT} \tag{10-1}$$

本次状态变量的观测值为

$$L(t) = L(t-1) + \Delta L = L(t-1) + [R_1(t) - R_2(t)] \times \mathrm{DT} \tag{10-2}$$

2. 流量

流量，也称速率变量（rate variable），它是描述系统中积累效应变化快慢的变量，还可称为决策变量。速率变量描述了状态变量的时间变化，反映了系统状态的变化速度或决策幅度的大小，是数学意义上的导数。因此，在系统中其值不能在瞬间观测，而可以观测它在一段时间内的取值（区间数）。在流图中，速率变量的描述符号如图 10-10 所示。

图 10-10　人口系统基本流图

图 10-10 是人口系统的基本流图，其中，出生速率与死亡速率是指观测时间内的出生人口数和死亡人口数，即单位时间内的出生人口和死亡人口。它们符合速率变量的定义，因此是速率变量。

3. 辅助变量

系统中的决策是根据状态变量的信息决定速率变量的过程，有时从状态变量到速率变量需要中间变量来过渡。辅助变量是状态变量和速率变量之间信息传递与转换过程的中间变量，表达如何根据状态变量计算速率变量的决策过程。辅助变量又称为转换器（auxiliary variable），是分析反馈结构的有效手段，是系统模型化的重要内容。

辅助变量是设置在状态变量和速率变量之间的信息通道中的变量。当速率变量的表达式很复杂时，可以用辅助变量描述其中的一部分，使速率变量的表达式得以简化。所以，辅助变量既不反映积累也不具有导数意义，它描述的是从状态变量到速率变量之间的局部结构，这种局部结构和相关常量构成了系统的控制策略。在流图中，辅助变量的描述符号为一个圆圈“O”，圈中可以注明变量名称和它的意义。

4. 常量

在研究期内，变化甚微或相对不变的量称为常量，也可称为外生变（constant）。常量一般为系统中的局部目标或标准。在流图中，常量的描述符号为“O”。常数可以直接输入给速率变量，或通过辅助变量输入给速率变量。

（二）绘制流图

绘制流图是建立在对所要研究系统的充分认识和理解基础上的。只有对实际系统有了足够的认识和理解，才能从逻辑上对该系统进行分解和再构造。只有这样，才能再通过自己的逻辑组织用流图的构件来描述系统。

流图是在因果关系图的基础上绘制的，明确反映出系统的物质流、信息流和反馈作用的全貌。在绘制流图之前，要先收集整理有关系统诸要素及其相互关系的资料，弄清楚各个环节中存量的意义，进一步分析因果关系图，并进行必要的补充和完善，使之既能完整地显示出系统应有的因果关系和各模块的正确衔接结构，又能正确反映系统中诸因素的数学意义和数量关系。

1）确定系统的边界

系统边界以内诸要素，构成我们所要研究的对象。系统的行为取决它的内部因素。系统边界内部的变化因素称为系统的内生变量，系统边界外部的变化因素称为外生变量。

2）确定回路

回路即反馈环，这个问题的重要性是显而易见的。因为系统控制的决策过程是在系统内部的一个或多个反馈环中进行的，而且反馈外生变量环数量的多少是系统复杂程度的重要标志。多重系统的多重反馈环的相互作用使系统变得非常复杂。因此，在明确系统的边界之后，构造系统的模型要从发现反馈环开始。如前文所述，系统的反馈环就是系统要素之间的因果关系回路，如果因果回路中的某个要素发生变化，经过回路的作用使得这种变化加强，则该反馈回路为正反馈回路。反之，为负反馈回路。正反馈回路使系统表现为无限增长的行为，负反馈回路使系统具有收敛的行为。如果系统由多个正负反馈回路组成，而且这些反馈回路之间存在着复杂的动态作用，就会使系统的整体行为表现出复杂的非线性关系。

3）区分回路中不同性质的变量

建模流图的第三个问题是确定各反馈回路中不同性质的变量。我们知道，系统动力学中描述系统的重要概念之一就是存量和流量，也称为状态变量和速率变量。

存量是在一定时间内对流量的积累，积累是系统的状态变量。某个时刻系统中流的积累，就是系统在这个时刻的状态。系统动力学就是根据这个状态变量的变化来描述系统的行为特性。因此，必须明确每个反馈回路中有几个状态变量，以及每个状态变量的定义。

流量是控制存量的变量，而我们所研究的系统状态总是受控变量。因此，在同一回路中，状态变量与速率变量总是同时存在的。速率变量是决策函数，这里所说的“决策”的概念有更广泛的意义。它不局限于人的决策行为，还包括人在内的决策机构的决策行为。因此，在考虑速率变量时，总要与决策机构相联系。当我们定义了状态变量和速率变量之后，就为进一步研究它们的函数关系打下了基础。

4）用流图符号描述和连接系统的各个变量

在因果关系图的基础上，经过前面三个步骤，就可以使用相应的流图描述符号、绘制流图了。在绘制流图的过程中，除了要掌握基本方法外，还需要灵活加以运用。有时多添加一个变量，反而会比较容易表达和理解。

综上所述，可以得出绘制流图应遵循的一般原则。①一定要有守恒流线流经（流入、流出、同时流入流出）状态变量，状态变量反映了这些守恒流线对时间的积累。②只有速率变量能够改变状态变量。在同一回路中，状态变量与速率变量应该相间存在，而不应该出现状态变量连接状态变量和速率变量连接速率变量的情况。③经守恒流线与状态变量相连的变量只能是速率变量。④一般情况下，在状态变量上要有信息取出线、在速率变量上要有信息流入线，表示根据系统状态进行决策，并对系统实施加以控制。⑤辅助变量只能有信息流线经过。⑥常量只能有信息取出线。

在绘制过程中，这些原则不仅可以帮助我们顺利开展工作，也能帮助我们检查所绘制的流图的正确性。

（三）流图的应用举例——传染病传播系统

假设在一个封闭的区域内发生了某种传染病，这种传染病的治疗周期较长，因此不考虑治愈问题。这样，该系统的基本要素可以概括为：感染速率、患病人数、未患病人数、地区总人口。这些要素之间的关系可用因果关系图描述，如图 10-11 所示。

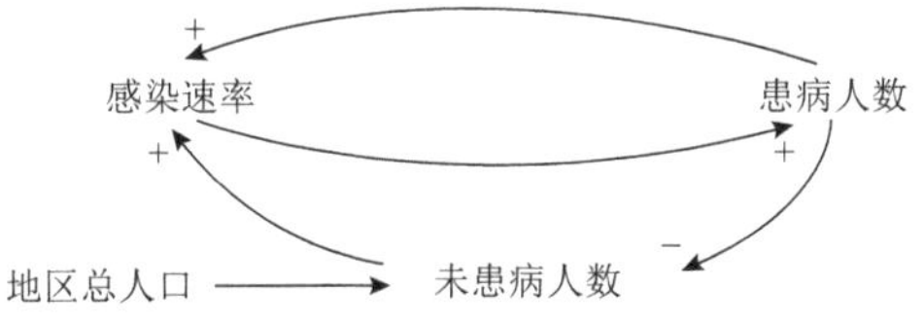

图 10-11　基本传染病系统因果关系图

为了绘制流图，需要在因果关系图的基础上进一步区分变量的性质。患病人数和未患病人数都具有存量的性质，两者都是存量。但是，由于没有流动人口，所以有“患病人数+未患病人数=地区总人口”，即这两个存量之间不是相互独立的，所以只能有一个定义为状态变量，另一个定义为辅助变量。这里将患病人数视为状态变量，将未患病人数视为辅助变量，可得出相应的流图，如图 10-12

所示。

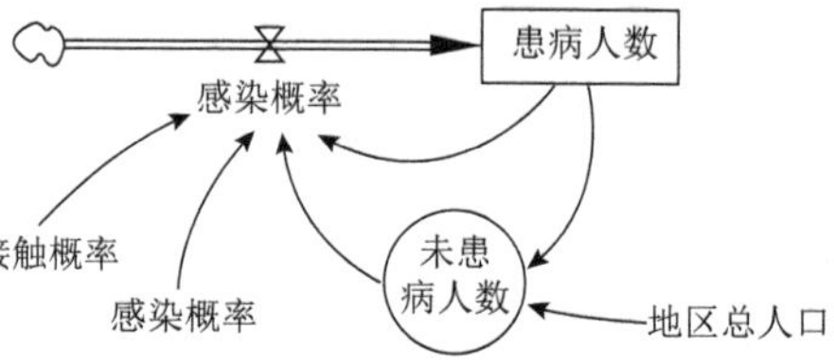

图 10-12 基本传染病系统流图

分析到这里，我们还忽略了一个因素，即传染病的潜伏期。考虑潜伏期后，就会有处于潜伏期患者，这就相当于在感染速率与患病人数之间增加了一个延迟，相当于库存系统的订货提前期。加入潜伏期后的因果关系图，如图 10-13 所示。

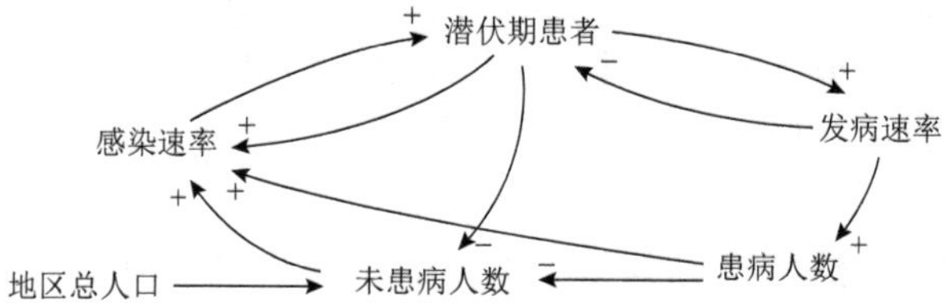

图 10-13 考虑潜伏期基本传染病系统因果关系图

在因果关系图的基础上，进一步区分变量的性质，可得出相应的流图，如图 10-14 所示。

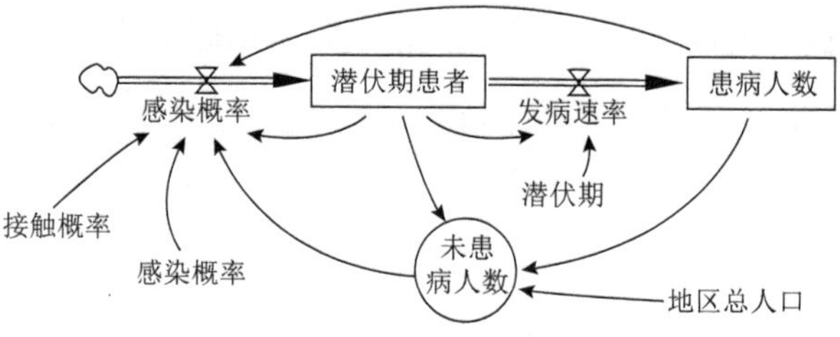

图 10-14 考虑潜伏期基本传染病系统流图

对于传染病系统而言，考虑潜伏期同不考虑潜伏期相比，从最终结果即从系统的平衡状态来看，两者是一致的。不同的是，从初始状态向平衡状态运行的过渡过程不同，到达平衡状态的时间不同。

第四节 社会系统工程方法案例

一、基于霍尔三维结构的海绵城市建设PPP模式[①]

海绵城市，即城市能够像海绵一样，在丰水期吸水、蓄水、渗水和净水，在枯水期则将储存的水释放并加以利用。因此，海绵城市建设PPP（public-private-partnership，政府和社会资本合作）可以有效地解决我国水环境、水资源、水生态、水安全等城市水系统问题。为了使海绵城市建设更好地落地实施，国家和地方政府也制定了一系列相关政策。在国家层面，《国务院办公厅关于推进海绵城市建设的指导意见》指出："通过海绵城市建设，综合采取'渗、滞、蓄、净、用、排'等措施，最大限度地减少城市开发建设对生态环境的影响，将70%的降雨就地消纳和利用。到2020年，城市建成区20%以上的面积达到目标要求；到2030年，城市建成区80%以上的面积达到目标要求。"在地方层面，各级地方政府也相应出台了一系列政策法规。截至2018年，全国共有30个城市入选海绵城市建设试点城市。总的来说，海绵城市建设正逐渐成为我国城市可持续发展的趋势。

海绵城市建设与城市基础设施建设相类似，从理念到落地，均面临着多头管理、巨额投资、复杂的系统性关联及回报机制不明等诸多挑战。在此过程中，单凭政府一己之力难以实施，这就意味着需要通过市场化的方式，使广泛的社会资本参与进来。因此，国家开始大力推广海绵城市建设模式。在该模式下，引入社会资本参与项目投资、建设和运营，实现风险分担和利益共享，从而发挥项目的整体效益。然而，由于海绵城市自身的复杂性及受国内行业发展所处阶段的限制，如何高质高效地推行海绵城市建设PPP模式尚属新的研究课题。目前，已有专家学者聚焦于海绵城市建设PPP模式的融资问题、风险管控问题、法律关系问题等方面。此外，还有部分专家学者对实际典型案例进行经验总结，在结合我国具体国情的基础上，为进一步推进海绵城市建设PPP模式提出了针对性的建议。通过对现有文献的系统梳理不难发现，尽管在海绵城市建设PPP模式方面取得了一定的研究成果，但多偏向于宏观层面的探讨，缺乏微观层面的系统性分析，并且鲜有研究聚焦于海绵城市建设PPP模式下的管理方法和思路。

基于此，本书结合海绵城市建设PPP模式的具体特点，在霍尔三维结构的基

① 喻博、李政道、白杰，等：《基于霍尔三维结构的海绵城市建设PPP模式》，《财会月刊》2019年第23期，第139—144页。

础上，构建了海绵城市建设 PPP 模式四维结构模型，即分别从时间维、逻辑维、知识维和空间维等四个维度对海绵城市建设 PPP 模式展开系统性研究，旨在较为全面、系统地管理海绵城市项目的全过程。

（一）海绵城市建设 PPP 模式的特点

（1）资金需求量大，回报机制不稳定。海绵城市从实施阶段到运维阶段都面临着巨额的资金投入，致使地方政府存在较大的资金压力。因此，地方政府不得不筹集社会资金，持续稳定地投入海绵城市建设。此外，海绵城市建设属于公共服务建设范畴，很难在短时间内收回投资并获得相应利润。

（2）项目类型多，系统性和公益性强。海绵城市建设是一个复杂的系统工程，不仅涉及市政、交通、给排水、燃气管道等多个领域，还涵盖了绿色屋顶、透水铺装、下沉式绿地、雨水花园、生物滞留带、生态树池、雨水湿地、生态河道等多个子系统。此外，海绵城市建设具有较强的公益性，大多数项目设施不会产生经营收益。

（3）生命周期长，全过程管理难度大。海绵城市建设 PPP 模式从前期的可行性分析，到中期的融资建设，再到后期的运营移交，持续时间长，来自项目自身和外界环境的不可控因素较多，存在诸多潜在风险，导致项目全过程管理难度较大。

（4）利益相关者多，协调关系复杂。海绵城市建设不同于其他领域的 PPP 项目，其在建设和运营阶段同时涉及政府、社会投资者、PPP 项目公司、金融机构等利益相关者。各利益相关者之间关系复杂，如从政府的角度来看，具体工作会涉及水利、市政、环保、城建、园林、财税等众多部门，这在很大程度上加大了各利益相关者之间的协调难度。

由此可见，海绵城市建设 PPP 模式下项目全过程、全要素和全方位管理难度大，需通过切实可行的方法对其进行有效管理。

（二）四维结构模型的构建与分析

霍尔三维结构是霍尔为解决大型复杂项目的管理问题而提出的一种系统工程方法论，它由时间维、逻辑维及知识维等三个维度组成。从现代项目管理理论的角度来看，项目建设过程中所涉及的利益相关者不容忽视，因为他们的需求和期望在很大程度上会影响项目的实施。同时，海绵城市建设相对于其他基础设施项目而言，其利益相关者数量更多、关系更为复杂。因此，在霍尔三维结构的基础上，将利益相关者作为空间维引入，从而构建海绵城市建设 PPP 模式四维结构模型，如图 10-15 所示。

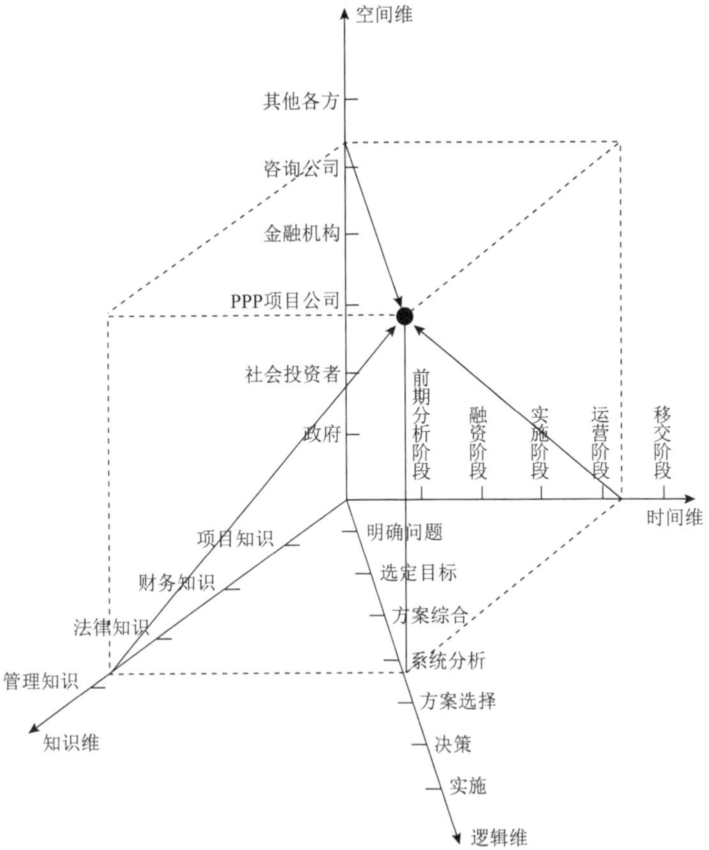

图 10-15　海绵城市建设 PPP 模式四维结构模型

1）时间维

时间维是指系统工程活动的全过程，即海绵城市项目的全生命周期。海绵城市项目按 PPP 建设模式的时间顺序依次可分为前期分析、融资、实施、运营和移交等五个主要阶段，各阶段相互关联、相互依赖。

（1）前期分析阶段。前期分析阶段主要包括项目选择和可行性研究两个部分。政府部门按照海绵城市建设相关的专项规划筛选出适宜 PPP 模式的项目，并对项目进行经济、技术、市场等方面的评价，最后对社会资本参与项目的可行性进行评估。

（2）融资阶段。融资阶段主要包括招标、投标、初选、谈判、签约等环节。政府部门应综合经营业绩、资金实力、服务价格、技术和管理水平、信誉等因素选择适合的社会投资者。

（3）实施阶段。实施阶段即海绵城市的具体建设过程，政府部门应对项目建设过程进行实时监督，如发现不符合合同约定的情况或者质量问题，应及时与 PPP 项目公司联系，并确定责任主体，及时纠偏和改进。

（4）运营阶段。运营阶段是指海绵城市项目验收之后，持续到特许权协议期满的时间段。在该时间段，PPP 项目公司将收回投资并获取一定的利润，同时需要归还贷款、缴纳政府税收并进行股东分红。

（5）移交阶段。移交阶段是 PPP 项目运作的最后一个阶段，主要包括移交项目的经营权或所有权从而解散 PPP 项目公司。对于海绵城市项目而言，运营期外项目设施的维护管理交由政府或物业。

2）逻辑维

逻辑维是指时间维中每一特定阶段所要进行的工作内容都应遵循的思维程序，即解决海绵城市项目 PPP 建设模式下每一具体问题的思维过程。海绵城市项目是一个大型且复杂的项目，因此，可按照系统工程方法分析大型复杂项目时的七个步骤，即明确问题、选定目标、方案综合、系统分析、方案选择、决策及实施。

（1）明确问题，即在时间维的每一阶段都需要解决的问题。例如，在项目前期分析阶段，对适宜 PPP 模式的项目进行可行性评估就是该阶段需要明确并解决的问题之一。

（2）选定目标，即进一步细化明确的问题，制定切实可行的具体目标。例如，在项目融资阶段，确定政府和 PPP 项目公司共同认同的 PPP 特许经营权与经营期限是该阶段的目标之一。

（3）方案综合，即对选定的目标进行多方案组合和优化，从而形成一组可供选择的系统方案。例如，基于不同的计算方法、思路和假设条件形成多种项目经营期限的计算方案。

（4）系统分析，即对各待选方案进行优劣排序。例如，根据项目的自身情况及项目所在地的政治、经济等外界环境因素对各项目经营期限的计算方案进行排序。

（5）方案选择，即从各备选方案中挑选出最优方案。例如，在综合考虑各因素的前提下，挑选出最优的项目经营期限计算方案。

（6）决策，即在综合分析、评价的基础上，选择解决该问题的最佳方案。

（7）实施，即将最终选择的方案付诸实践。

3）知识维

知识维是指与海绵城市项目及 PPP 建设模式相关的专业知识和技术。海绵城市项目 PPP 建设模式具有投资规模大、技术环境复杂、经营周期长等特点，因此会涉及工程学、景观学、管理学、经济学、法学等诸多领域，每一特定阶段都需要根据不同的实际问题运用相应的知识来解决。本节将这些知识分为项目、财务、法律及管理四大类。

（1）项目知识。为更好地实现海绵城市项目 PPP 建设模式的全过程、全要素和全方位管理，在熟练掌握低影响开发、水敏性城市设计等专业知识的基础上，还需要控制好项目的质量、进度和成本，定期对项目的安全、风险和合同进行评估与管理，并协调好各利益相关者之间的关系，切实做好项目的“三控三管一协调”。

（2）财务知识。根据国家政策和相关法律法规的规定，可从宏观和微观两个角度研究元管理海绵城市项目 PPP 建设模式的财务。以项目融资为例，合理的融资方案是项目成功的基础，需根据市场信息和项目的自身特点制订最佳的融资计划，并确定合理的融资结构。

（3）法律知识。法律知识贯穿于海绵城市项目 PPP 建设模式的始终，即前期分析、融资、实施、运营和移交的全过程。各利益相关者都应按照合同的要求约束自己的行为，并通过法律的手段来解决项目实施过程中产生的纠纷，从而确保各利益相关者参与项目的公平性和公正性。

（4）管理知识。海绵城市项目 PPP 建设模式涉及的利益相关者众多，项目建设运营周期长、外界环境复杂，因此项目管理人员只有具备较高的组织、沟通和协调能力，才能推动项目朝着有序的方向发展。

4）空间维

空间维是指海绵城市项目 PPP 建设模式的主要参与主体，即所涉及的主要利益相关者。PPP 模式运作中涉及的利益相关者主要包括政府、社会投资者、PPP 项目公司、金融机构、咨询公司等，各利益相关者之间通过法律、合同等形式相互作用、相互约束，如图 10-16 所示。

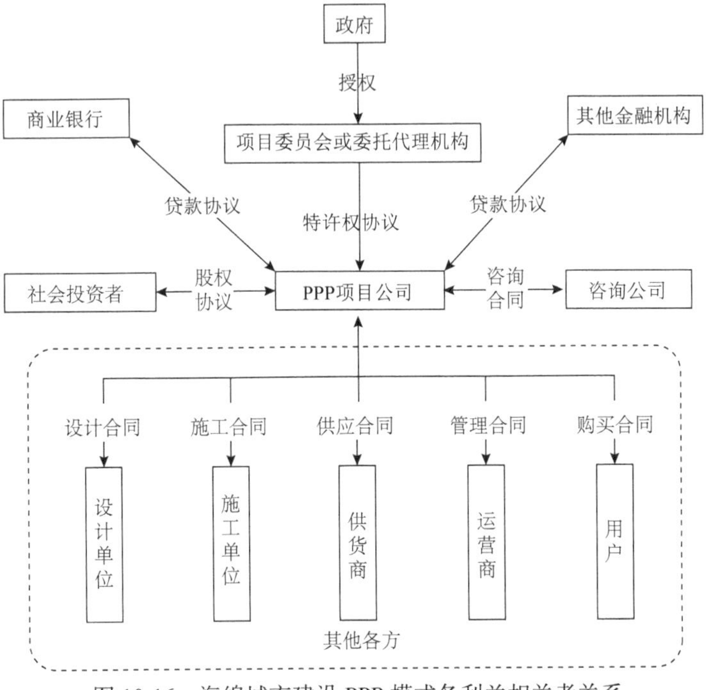

图 10-16 海绵城市建设 PPP 模式各利益相关者关系

（1）政府。作为PPP项目的发起人，政府是项目履约管理的责任主体。在海绵城市建设过程中，政府需要对项目进行可行性分析并组织项目招标，通过综合权衡各参与投标的社会资本，确定最终的项目开发主体。政府通过给予项目PPP特许经营权或贷款担保为项目开发、融资、建设等环节提供支持。

（2）社会投资者。PPP项目资金规模巨大，因此社会投资者需具备良好的信誉和雄厚的资金实力。一个PPP项目可拥有多个社会投资者，各投资者在投标以前应以合同的形式确定各自的出资方式和出资比例，并推选出项目领导小组。

（3）PPP项目公司。PPP项目公司是PPP项目的实施者，负责项目从融资、实施、运营直至移交全过程的运作，其主要由政府和社会投资者组成。在移交海绵城市项目经营权或所有权后，PPP项目公司才得以解散。

（4）金融机构。在PPP项目资金组成中，社会资本和政府直接投资所占比例较小，大部分资金都源于金融机构。目前，向海绵城市项目提供贷款的金融机构主要包括商业银行、国际金融机构、信托投资机构等。

（5）咨询公司。PPP项目具有一次性、长期性、不完备契约性等特点，导致PPP项目公司面临着更多、更复杂的风险，因此咨询公司在其中发挥着重要的作用。咨询公司主要为PPP项目公司提供政策咨询、协助确定融资方案、协助制订风险管理方案、协助选择合作伙伴、协助项目开发运营等服务。

（6）其他各方。与其他建设项目一样，海绵城市项目在设计、建设和运营过程中也涉及设计单位、施工单位、供货商、运营商、用户等其他各方，他们通过合同的形式与PPP项目公司建立合作关系。

（三）基于四维结构的海绵城市建设PPP模式运行框架

在项目的具体实施过程中，时间维中的每一阶段又可以细分为多个子阶段，如项目融资阶段又可以分为招标、投标、初选、谈判和签约等五个子阶段。如果某一子阶段仍较为复杂，还可对其进行下一步分解，实现目标的不断细化，从而更加全面地掌握每一活动内容，确保整个项目的顺利实施。由表10-1可知，在项目融资阶段的每一子阶段中，又可运用逻辑维中的七个逻辑步骤全面地分析和呈现该阶段的具体工作内容，便于各利益相关者更好地开展相关工作。

表10-1 海绵城市建设PPP模式融资阶段活动矩阵

逻辑维	时间维				
	招标	投标	初选	谈判	签约
明确问题	邀请有意向的投标企业	参与投标	初步选出暂定中标者	挑选最终中标者	成立PPP项目公司
选定目标	企业资金实力雄厚、信誉好	具有较强的竞争性	投标文件切实可行	权责问题达成共识	顺利完成公司注册

续表

逻辑维	时间维				
	招标	投标	初选	谈判	签约
方案综合	分析潜在的投标企业	分析项目的详细资料	分析投标文件	确定谈判内容	认识申请程序
系统分析	对各企业进行可行性研究	对项目进行可行性研究	对投标文件进行评估	对谈判结果进行评估	准备各程序所需材料
方案选择	确定拟邀请的投标企业	确定投标方案	确定暂定中标者	确定最终中标者	确定申请方案
决策	制定招标文件	制定投标文件	通知暂定中标者	宣布中标结果	注册 PPP 项目公司
实施	向社会公布信息	完成投标	完成初选	完成谈判	完成签约

为了进一步全面、系统地管理海绵城市项目的全过程，本书在现有海绵城市建设 PPP 模式的基础上，将时间维、逻辑维、知识维和空间维中的各要素有机地结合起来，从而构建了基于四维结构的海绵城市建设 PPP 模式运行框架，如图 10-17 所示。

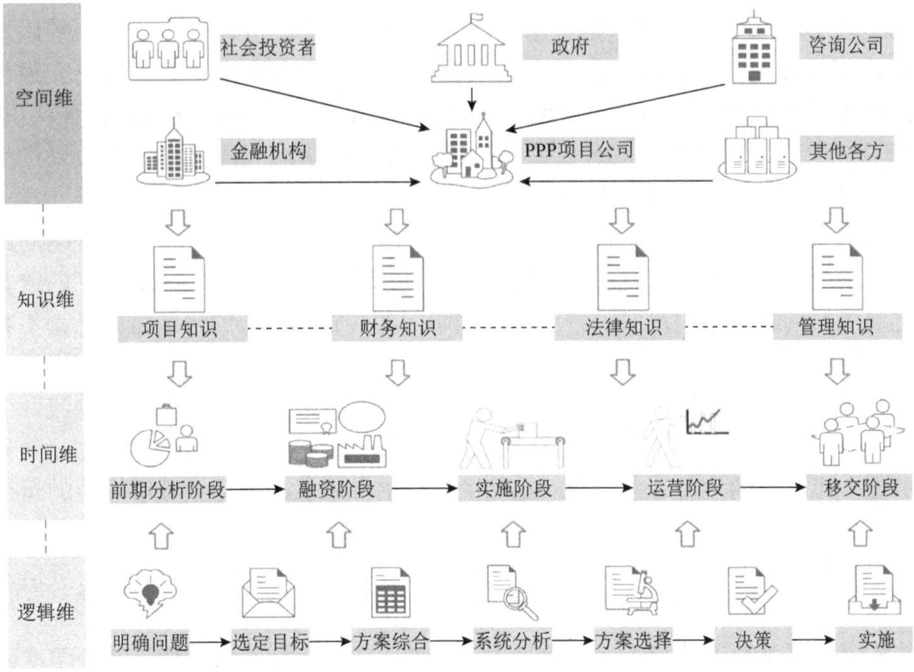

图 10-17　海绵城市建设 PPP 模式运行框架

由图 10-17 可知，在海绵城市建设 PPP 模式下，PPP 项目公司与政府、社会投资者、金融机构、咨询公司及其他各方通过合同、协议等形式建立合作关系，各利益相关者运用项目知识、财务知识、法律知识及管理知识，并基于逻辑维中的七个逻辑步骤解决海绵城市建设全生命周期中遇到的各种实际问题，从而确保整个项目的顺利进行。

二、基于系统动力学的城市交通拥堵治理问题研究①

作为城市生活正常运转必不可少的重要条件，城市交通能够改善城市居民的生活和出行条件，带动整个城市经济的发展和功能布局的改善。我国的城市化进程在经济建设迅速发展的背景下不断加快，随着人口及各种不同的经济要素在城市空间内加速聚集和转移，城市原来的交通体系已经越来越跟不上城市发展的需要。一方面，随着我国城市化进程的加快，城市机动车保有量快速增长，而且在电子商务技术和网上购物模式日益普及的背景下，具有配送频率高、停靠站点多、配送批量小等特点的城市配送物流发展迅速。另一方面，我国相对落后的交通管理水平、缓慢的城市交通基础设施建设难以跟上我国城市化进程的步伐。我国城市交通供给和需求的矛盾在这两个方面因素的作用下日益突出，其中最为突出和普遍的是城市交通拥堵问题，如北京、上海、广州等大城市的交通拥堵现象已经越来越严重，而成为整个城市经济社会发展的制约因素的城市交通拥堵问题的治理是一个系统工程，尽管很多专家学者在解决交通拥堵问题上已经做出了很多努力。但是，目前仍缺乏对交通拥堵规律的客观认识，忽视对交通拥堵成因的客观分析，往往导致交通拥堵治理情况与预期效果产生偏差，甚至部分地区出现了越治越堵的现象。

城市交通是城市正常运转不可或缺的重要物质条件之一，城市交通拥堵问题的解决情况，直接与城市现代化建设、城市经济发展及城市居民生活水平的改善与提高等密切相关，因此研究城市交通拥堵问题，找到有效的治堵措施已刻不容缓。为了缓解城市交通的拥堵状况，改善人们生活生产环境各国和地区都采取了一些治堵的措施并取得了一定的成效。城市交通系统由居民出行和城市物流两个部分组成，其中居民出行部分包括城市私人交通和城市公共交通。城市物流部分指的是城市内部的货物专业运输。这两个部分的发展状况都会给城市交通的运行带来巨大的影响。目前我国的治堵措施是多种多样的，居民出行方面的措施主要有提倡公共交通、限行政策及车辆限购政策；城市物流方面的措施主要有货运通行政策、建立物流园区及发展城市公共货车利用系统。

本书从城市交通拥堵这一现象入手，从城市居民出行和城市物流两个角度分

---

① 杨浩雄、李金丹、张浩，等：《基于系统动力学的城市交通拥堵治理问题研究》，《系统工程理论与实践》2014 年第 8 期，第 2135—2143 页。

析城市交通内部结构，运用系统动力学理论和研究方法，通过分析与归纳总结相结合、系统分析与比较分析相结合的方法进行理论探索和实证分析，核心是建立治理城市交通拥堵的系统动力学模型。以北京为例，通过改变限行政策、限购政策、货运通行政策等各因素，仿真与模拟各政策对于治理交通拥堵的有效性，并提出解决城市交通拥堵问题的有效建议，以期为城市的可持续发展提供必要的支持，为国内其他城市交通拥堵问题的解决提供有价值的参考。

（一）治理城市交通拥堵的系统动力学模型

1. 确定系统边界

系统动力学研究问题的第一步是确定系统边界，也就是确定系统的结构，城市交通系统包括城市居民出行和城市物流两部分，居民出行包括以自用车为交通工具的私人交通出行和以公共交通（包括公交车、地铁、出租车、城市有轨电车、城市无轨电车等）为工具的公共交通出行。城市物流部分是指城市内部货物专业运输。因此，这里最终确定所研究系统的范围，如表 10-2 所示。需要指出的是，公交车和其他机动车保有量较小且增长率不大，因此模型不考虑公交车和其他机动车的增长率。

表 10-2　系统边界的确定

系统大类	具体变量
居民出行方面	私家车保有量 私家车增长率 私家车报废率 私家车出行量 公交车保有量 公共交通出行率 其他机动车保有量 其他机动车出行量 城市机动车总量 城市机动车出行量 与居民出行有关的治堵政策
城市物流方面	城市物流量 城市货运车保有量 城市货运车出行量 城市物流增长率 城市物流增长量 与城市物流有关的治堵政策

续表

系统大类	具体变量
其他	城市地区生产总值
	地区生产总值增长率
	城市环境
	机动车均年 NO_2 排放量
	机动车对环境污染的贡献率

2. 因果关系分析

确定系统研究边界后，经过对边界内要素之间关系的分析，可以得到系统因果关系图。城市交通系统是多因素综合作用下的复杂动态发展系统。经过对系统边界的确定，这里仅考虑与城市居民出行和城市物流相关的各类车辆的保有量和出行量对城市交通状况的影响，得出系统内各因素之间的因果关系（图 10-18），图中箭头表示变量之间的因果关系，正号和负号分别表示正效应和负效应。

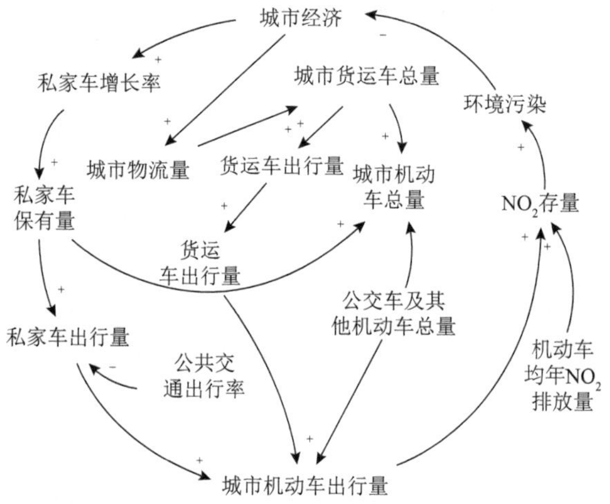

图 10-18　城市交通系统因果关系图

3. 系统模型的建立

根据以上对各个因素的因果关系分析，用系统动力学专用软件 Vensim 建立城市交通系统的存量流量图，如图 10-19 所示。

为了缓解城市交通拥堵，各个国家和地区都制定了相关的治堵政策，政策的实施会改变城市私家车的出行量，从而影响城市机动车的出行量、城市机动车总量、私家车保有量及空气质量等；货运车出行的政策又会影响城市物流增长量，从而影响城市机动车总量；公共交通出行政策会影响公交车的出行率和保有量，而公交车对私家车构成替代，也会影响城市机动车总量。治堵政策在对城市交通系统的运行产生影响的同时，也对城市的 GDP 有影响。为了对不同治堵政策进行分析，仿真出其实施效果对城市交通运行状况的影响，本节将一些典型的措施如限行政策、限购政策、提倡公共交通、货运通行政策、公务车改革、公共货车利用系统、拥堵收费政策、物流园区的建立等因素纳入原有的系统动力学模型，得到了改进后的模型，即治理城市交通拥堵的系统动力学模型，如图 10-20 所示。

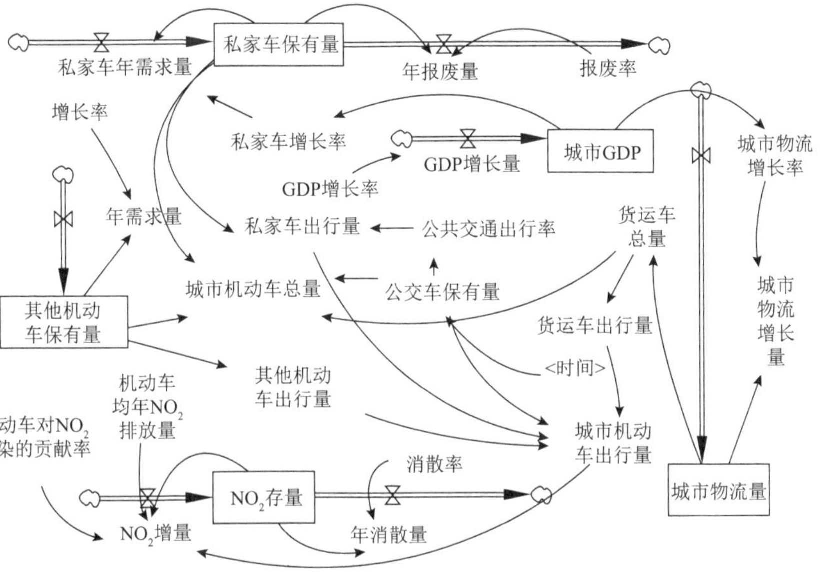

图 10-19 城市交通系统存量流量图

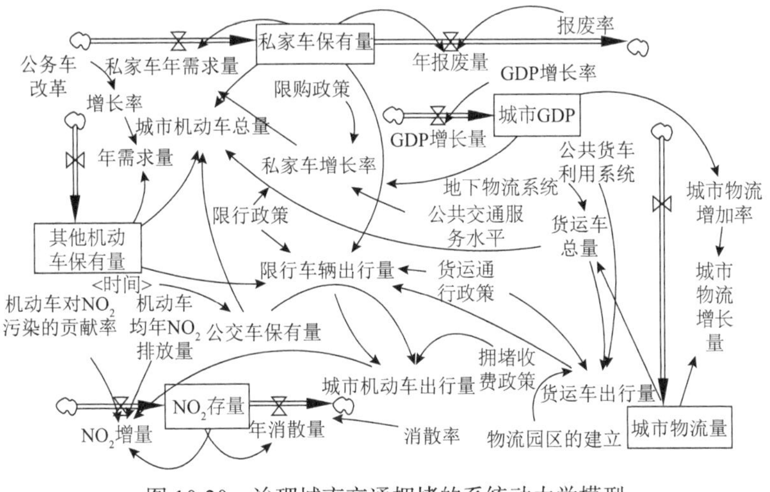

图 10-20 治理城市交通拥堵的系统动力学模型

（二）模型仿真和实证分析——以北京市为例

近年来，北京市城市化及机动化进程不断加快，在城市中心区域和高峰时段，北京市道路交通拥堵严重，亟须采取措施缓解日益严重的交通拥堵问题。作为我国的首都，北京市对于交通拥堵问题的治理会成为其他城市效仿和借鉴的榜样，因此研究北京市治理交通拥堵的政策意义重大。为了对不同治堵政策进行分析，本节将北京市现行的治堵措施纳入原有的系统动力学模型，并考虑了公共交通服务水平和购买第二辆私家车的比例，得到北京市治理城市交通拥堵的系统动力学模型。与此同时，仿真出不同治堵政策的实施效果对城市交通运行状况的影响，从而为城市交通结构优化提出合理的目标和可行的政策建议。北京市现行的相关治堵措施包括限行政策、限购政策摇号购车、公务车改革、提倡公共交通、货运通行政策、建立城市物流园区、建立公共货车利用系统等。其中，限行政策是指，北京市在 2008 年举办奥运会时采取的机动车尾号限行措施，城市机动车按车牌尾号实行单号车单日出行、双号车双日出行。奥运会结束后，为了巩固政策效果，缓解城市交通拥堵，北京市继续实施限行政策；摇号购车政策是指北京市于 2010 年底推出的城市机动车限购政策，政策规定相关部门每年将发放 24 万个购车号，消费者采用摇号的方式获得，每月 2 万个，每月 25 日准时摇取，购车者须持号购车，购车号码禁止转让给他人。

1）基于北京数据的模型参数估计

在对系统动力学模型进行仿真运行之前，首先必须对模型中的常数、状态变量的初始值及表函数赋值，查阅《北京市统计年鉴 2004》和北京市公安局公安交通管理局统计的数据及其他相关资料，设定模型部分参数和初始值见表 10-3。

表 10-3　城市交通系统部分模型参数和初始值（2004 年）

参数或初始值	取值	单位
私家车保有量	129.8	万辆
公交车保有量	20819	辆
货运车总量	17.7	万辆
城市机动车总量	229.6	万辆
城市货运总量	31 700.0	万吨
机动车对 NO_2 贡献率	0.5	—
NO_2 消散率	0.2	—
报废率	0.67	—
城市地区生产总值	6033.2	亿元

2）基于北京数据的模型检验

以 2004—2009 年的统计数据为基础，对北京市的城市交通运行状况进行仿真模拟，选取 2010 年部分变量的模拟结果和实际的历史数据统计值进行比较可知，各个预测值的相对误差均在 5%以内。因此，模型描述的行为和系统实际状态基本相符，模型真实有效，可以使用该模型对城市交通系统运行状况进行预测和分析。

3）模型仿真运行：政策优化

本节采用系统动力学软件对所构建的模型进行仿真运行和政策优化，数据取自北京市，北京市是我国的首都，因此，研究北京市的城市交通拥堵问题及其治理具有重要价值。本节利用系统动力学政策优化的功能，分析模型中政策变量的改变对北京市城市交通状况的影响，即北京市现行的治堵措施的实施对北京市交通拥堵情况治理的作用。

近年来，城市交通拥堵问题越来越严重，除影响城市居民正常出行、导致环境污染加重外，还严重影响了城市物流的正常运行。城市交通拥堵问题的治理是一个系统工程，目前各国或地区治理城市交通拥堵的措施也是多角度、多方面、多样化的，本节从城市交通拥堵这一现象入手，分析了交通拥堵的现状、原因、影响及其根源，从城市居民出行和城市物流两个角度总结了现有解决交通拥堵问题的对策。在此基础上，结合我国的实际情况用系统动力学的方法建立了治理城市交通拥堵的系统动力学模型，并以北京市为例，对北京市典型的治堵措施的实施效果进行了仿真分析。城市交通拥堵问题是一个非常复杂的系统问题，对其进行研究有很大的学术价值和现实意义。我国的城市交通拥堵问题越来越严重，亟待用多种学科从多个视角对这一问题进行研究和分析，为缓解城市交通拥堵问题提供参考。

第十一章 社会协调分析方法

社会是一个具有复杂结构的有机系统，每一个子系统都有它特殊的功能与结构，不同结构之间的依赖与不同功能之间的协作就构成了社会系统内部的协调问题。社会系统的协调是相对于社会结构中的功能冲突而存在的，因此社会系统中的协调分析和评价就更加具有特殊的意义。

第一节　协调发展的内涵与理论基础

协调发展内涵丰富，在各学科具有广泛的应用，在此过程中形成了很多新的理论成果。辩证地、科学地理解和认识系统协调发展的基本特征，研究它的科学含义，不仅具有一定的理论意义，而且对正确理解和深入探索社会系统协调发展的客观规律也具有一定的现实意义。

一、协调的词义辨析

在汉语中，“协调”一词主要包括三种含义：①通过调节、调和达到和睦、和谐；②密切合作、同心协力、互相配合（与“协同”一词同义）；③通过调整或调配而与新的情况和要求相一致。[①]在英文中，“协调”一般用“coordinate”表示，作动词是指“to make （people or things）work together，so as to increase effectiveness”；作形容词是指“equal in importance or rank”。[②]由此可以看出，英文中“协调”的含义以动作的相互关联和过程的互相配合为特征，其基本含义

① 王宏波、李国平：《社会协调分析新论》，西安交通大学出版社 1994 年版，第 30 页。

② Bullon S, Longman Dictionary of Contemporary English, Longman, Cleveland:World Publishing Corporation ,1987, p. 227.

包括：①处于同一等级或次序，有同样重要或平等之意；②调整并结合成和谐动作，互相合作而增加效率。

在各个领域的实际应用中，“协调”的含义得到了进一步的拓展。例如，战争论中所讲的“协调作战”是指军队通信合理、互相配合地实现战略目标；管理科学中的“协调”主要内含“和谐秩序”“达到平衡”之意，是指各种职能的社会组织机构和物资设备机构之间保持一定比例，这种比例关系有利于保证每个机构高效地、经济地完成自己的任务；企业管理中的“协调”是指一切工作都要有机地配合，使企业经营顺利进行，并有利于企业获得成功；药物学中所讲的“协调作用”是指两种以上药物共同应用时所发生的作用等于或大于各种药物单独应用所产生的作用总和；数学逻辑中的“协调性”是指不矛盾性。

二、协调发展的理论基础

随着现代科学技术和经济管理的日益综合化和复杂化，从20世纪开始，系统科学得到了充分发展，已经发展成为一门新兴的学科。1928年，奥地利理论生物学家贝塔朗菲提出生物学有机概念，认为要把有机体当作一个整体或系统来考察，把“协调”、“秩序”和“目的性”等概念用于研究有机体，提出系统观点、动态观点、等级观点，并发展成一般系统论思想。在此基础上，信息论、控制论等系统学科蓬勃发展，又产生了一系列新的理论成果。

（一）耗散结构理论

20世纪60年代，比利时物理化学家伊利亚·普里高津提出耗散结构理论，指出系统结构转换的逻辑是从某种有序到无序，再达到新的有序的过程。根据耗散结构理论，一个远离平衡态的开放系统在外界条件达到某一特定值时，量变引起质变，从无序到有序，产生新的有序结构。这种系统演进包括熵增和熵减两个相互依存的过程。因此，在开放的系统中，输入系统的熵流可正可负，正熵流可以与系统熵增过程叠加，促使系统结构解体；负熵流可以抵消系统的熵增过程，维持系统生命。当熵增过程大于熵减过程时，系统原有结构趋于解体，系统趋于无序；当熵减过程大于熵增过程时，系统维持其原有结构不变，表现为有序。所谓无序，就是体现新结构因素的熵值与体现旧结构因素的熵值在质上不能彼此适应，而且必然导致在量上不相互补充，表现出结构内部诸要素之间关系的不相互适应与混乱状态。这时如果改变外部环境，使维持新结构发育的熵流加强，将使系统内新结构因素不断加强，旧结构的因素也随之纳入新结构框架，从而使系统内的要素发生协调效应。由此可见，无序状态并不是绝对的混乱状态，而是一种特殊的组织状态，其特征就是无序状态下的协调作用，通过这种作用达到新的结构，实现社会系统结构的重组。

（二）协同学理论

德国物理学家赫尔曼·哈肯于1969年创立了协同学理论。哈肯指出，一个由大量子系统构成的复杂系统，各子系统之间既存在着相互作用和相互影响，又存在着相互制约和协作的协同关系。所谓协同是指复杂系统中各组成要素之间、各子系统之间在变化过程中的合作、协作和同步。如果一个系统内的子系统之间不存在协同，就不可能形成系统整体性的运动行为和规律，系统只能处于无序状态或走向解体。因此可以说，协同作用是系统从无序走向有序的一种自组织能力。然而，任何事物都包含对立统一的两个方面，系统中的协同作用往往也含有不协同，不协同的一个重要表现方式就是竞争，协同和竞争是一个系统中既相互依存又相互排斥的两个方面。协同学认为，协同和竞争是系统有序化的基本原因，也是系统有序化的内在机制。若只有竞争而无协同，则系统的各要素或子系统都将处于独立运动而无关联的状态；若只有协同而无竞争，则系统结构不会转变，新的结构无法产生，协同也就失去了作用的对象。

（三）社会有机体理论

马克思指出："在有生命的有机体中，各种元素作为元素本身的任何痕迹全都消失。在这里，差别已经不在于各种元素的彼此分离的存在，而在于受同一生命推动的不同职能的活生生的运动。"[①]这是马克思较早论述社会有机体的思想。后来，马克思在对资产阶级社会有机体理论进行批判、继承和发展的基础上，从人类社会的整体性生成视角提出了唯物史观的社会有机体思想。马克思指出："一定的生产决定一定的消费、分配、交换和这些不同要素相互间的一定关系。"[②]社会是一个基于生产关系基础上的有机整体，并且这种关系是不以人的意志为转移的客观存在。后来的马克思主义者对这一思想进行了丰富和发展，如布哈林根据社会有机体理论提出了经济社会平衡发展的思想，这种平衡不仅包括社会有机体与自然界的平衡，也包括社会内部各要素之间的平衡。

三、社会系统协调发展中体现的辩证关系

（一）组织性与无序性

从一般系统演进的过程来分析，系统结构的演化总是经历"有序—无序—有序"的结构转换过程。对于无序状态，应该以辩证的方法来分析，无序并不是无组织的过程，而是一种特殊的组织过程，是社会结构转换的一种过渡特征。社会

---

①《马克思恩格斯全集》第1卷，人民出版社1995年版，第332页。

②《马克思恩格斯选集》第2卷，人民出版社2012年版，第699页。

改革和社会运行结构转变并不是倡导无序性，而是强调组织性、重视组织性的作用。因此，无序性始终与组织性紧密相关，社会改革过程中的无序程度是组织性程度的反面表现，两者互相表征。假若把系统的理想组织性定义为各结构要素间的相互适合、相互促进、协同竞争、共同发展的协调状态，且令其值为 1，那么就有无序性程度=1-组织性程度，或者组织性程度=1-无序性程度。

任何社会都是有特定秩序的社会，当旧秩序难以适应社会进一步发展时，会出现旧秩序破缺和混乱的无序状态，但这种无序只是新旧秩序之间的一种过渡形式。从社会学的意义上分析，社会无序就是指旧秩序正在破坏、新秩序尚未形成而出现的秩序真空。在秩序真空的社会状态里，各种社会力量都有可能起作用，各种社会冲突都有可能出现，各种社会发展前景在概率意义上都存在。从经济学的意义上分析，经济状态的无序通常表现为供需失衡、价格飞涨、通货膨胀等，最终社会生产遭到破坏。而社会改革应该强调有组织性，组织性是有序之源，有组织性并不绝对地排斥无序性，而是有目的地推动社会经济运行结构从一种状态向另一种状态的转变，并且尽可能地减少无序性，降低改革的震荡性。

（二）整体性与个体性

从历史唯物主义的观点来看，社会系统结构中各要素之间形成矛盾关系，整个社会系统就是矛盾关系所构成的网络，而且社会结构中的某一矛盾关系不是独立存在的，也不是单独起作用，而是在各种矛盾关系所结成的整体网络中存在和起作用，能够反映社会系统的整体性，这种整体性规范和影响着具体矛盾的特点与性质。另外，系统整体是由系统内部相对独立的不同个体组成的。系统的整体性反映了个体之间的相互依赖性和一致性,而个体性体现不同要素之间的差异性，社会系统就是这种整体性和个体差异性的矛盾统一。例如，在企业所构成的系统中，组织成员一方面具有个体文化的差异性，另一方面在共同的企业生产经营环境中，成员之间彼此相互学习、相互适应，从而形成共有的企业文化，这种企业文化，对外是企业的旗帜，对内是企业的灵魂，具有显著的整体性特征。

（三）平衡性与非平衡性

平衡关系是指两种相互限制的趋势、力量或性质在数量关系上所达到的一种均衡势，一般用数量关系的相等概念来表示平衡关系，而非平衡关系则表示数量关系的不相等。其中，平衡关系是以二元关系为特征的，而非平衡关系则更加复杂。因为系统是一个复杂的关系结构，一个系统内存在多种因素和多重关系，任何一个要素作为某种结构之网的一个结点，同时发生着几种不同质的二元关系。例如，在社会产业结构中的某一产业，既有与先行产业的关系，也有与带动产业的关系，还有与相关产业的关系。这些关系分别称为前向联系、后向联系及相关联系。每一种关系都是二元的，即一个元素分别与其他元素发生着二元关系。如果从平衡的观点来看，只能着眼于其中的某一种关系。在一个系统内，很难做到使相互关联的几个二元关系分别都能够维持平衡。经常发生的情况是，某种二元关系是平衡的，但它引起了其他二元关系的不平衡，因而才有“平衡是相对的，不平衡是绝对的”的观点。要想反映系统整体状态就不仅要反映系统内的平衡关系，而且必须反映不平衡关系，还必须将系统内平衡关系与不平衡关系之间的联系也揭示出来。

（四）结构、功能及人的需求

社会系统环境是不断变化的，在这些变化过渡中，由于系统结构的复杂性和矛盾的多重性，结构中各种要素的功能相互叠加或相互抵消，它们之间既有冲突又有合作、既有竞争又有协同。那么，当系统环境发生变化时，系统的结构、功能如何变化才能适应环境？系统结构如何变化才能导致新功能产生？当系统结构由一种类型向另一种类型转变时，怎样才能实现既迅速又稳定的过渡？在这些多重因素、复杂关系的处理中，要能够使冲突消解于合作之中，最终使各种不同的要素和力量都服务于系统功能的发挥，推动系统结构的演化，这就是协调研究的基本任务。

总体来说，社会系统的协调范畴涉及系统结构、系统功能和人的需求目标等三个环节。结构与功能的矛盾关系是协调研究的客观基础。结构决定功能，有什么样的结构就有什么样的功能；结构是要素间的联系方式，相同的要素若其联系方式不同，则功能也会有所不同。结构和功能是两种不同的质的规定性，协调就是使这两种不同的规定性相互适应和满足。因此，协调的最初级含义就是对系统结构-功能关系的一种反映。另外，协调范畴还反映了人的规定性。从系统结构与功能关系来分析，满足系统功能需求的结构具有协调性质，但是如果这个功能与人的需求关系不大，或者说人根本不需要这种功能，那么讨论结构性质就没有意义，甚至会得出相反的结论。因此，对结构性质的判断，不仅依赖于功能的优劣，而且依赖于人的主观期望（目标、动机、需求）。所以，协调与否的另一参照即人的需求状况和社会发展的目标水平。就系统结构-功能关系来说，它是系统自身的一种关系，属于客体的一种状态。人的需求是外在于系统的，属于主体的一种状态。由此看来，协调范畴所反映的内容存在于主客体相互作用的过程中，表现在系统结构-功能-人的需求三者的关系上。

从主、客体相关意义上分析，协调范畴具有二重规定性：一方面是系统结构-功能关系的客体规定性；另一方面是人的社会发展目标的主体规定性。从主客体双重规定性统一的角度，可以把协调理解为一种控制状态。任何一种控制状态，既要反映系统的客观性质，也要反映控制者的主观期望（目标、动机、需求）。

在社会实践的领域内，当控制者按照一定的主观期望，根据客观系统的内部联系和矛盾规律，造成一种控制状态的时候，这种控制状态的变化规律就是主客体相互作用的规律。这种主客体相互作用的各种关系，如果有利于主体期望的实现和促进客体系统的发展，那么，这些关系的集合便是协调的；如果不利于主体期望的实现和客体系统的发展，那么，这些关系的集合便是不协调的。同样，人的期望符合客观规律是协调的，人的期望不符合客观规律是不协调的。从这种意义上讲，协调是相对于人与社会的需求，是关于系统结构演进的一种控制状态，它既表现为主体对客体系统的操作规定，又表现为客体系统结构转换的发展规定。

第二节　社会系统协调分析的数学模型

社会系统协调分析方法包括定性描述和定量研究，其中定量研究就是通过构建系统协调发展的数学模型，将变量和数据代入模型，对系统协调情况进行预测、模拟和计算,这种方法有利于我们加深对系统内部各因素之间关系的理解和认识，有助于更有效地解决实际问题。

一、数学模型

模型是相对于原型而言的，是人们为了实现一定的目的对原型所做的抽象。在社会活动和生产实践中，原型是指人们所关心和研究的实际对象，在科技领域和社会科学领域，通常用系统或过程等术语来描述这些原型，如电力系统、地理信息系统、生态系统、社会经济系统、经济发展过程、污染扩散过程等。而模型则是将不重要因素忽略后形成的对原型的抽象概括，如飞机模型就是真实飞机的一种抽象，城市交通图就是对城市实际交通进行抽象后形成的模型，在这个模型中将人口、建筑、车辆、植被等不重要的因素忽略掉，仅按一定比例展示城市交通干道及主要场所。对抽象模型的分析和研究，有利于我们加深对原型的理解和认识。

数学模型是针对所要研究的实际现象，经过抽象和简化，对现实现象的信息进行加工、提炼、分析、归纳，用数学语言对现实系统进行的近似刻画和模拟。数学模型通过数学上的演绎推理和分析求解，使用简洁的数学语言精确表达研究对象的内在特征，使研究者和学习者深化对实际问题的认识。

二、数学模型分类

根据研究目的、研究需要的不同及问题本身性质的不同，我们所建立的数学模型也有不同的种类和性质。对协调发展的研究，要根据所研究的具体问题选择不同功能和形式的模型。从大的分类来讲，数学模型主要有以下几种。

1）时间序列模型

所谓时间序列模型是指以时间为自变量所建立的模型，为了研究事物的发展趋势，变量观测值是依据时间的顺序排列起来的，具体形式为

$$Y_{(t)}=f(t, u) \tag{11-1}$$

其中，$Y_{(t)}$表示t时期Y变量的观测值；t表示时间变量；u表示误差项；f表示Y与t及误差项之间的具体函数形式。

时间序列分析常用在国民经济宏观控制、区域综合发展规划、企业经营管理、市场潜量预测、气象预报、水文预报、地震前兆预报、农作物病虫灾害预报、环境污染控制、生态平衡、天文学和海洋学等问题的模拟和预测中。这类模型在社会系统协调分析中，往往用于研究系统变量随时间变化的趋势，并通过相关变量变化趋势的对比，研究变量之间的协调过程和相互关系，找出不协调因素。同时，这一模型也可用于对变量未来变化趋势的预测。

2）因果关系模型

在实际问题中，变量之间往往存在一定的因果关系，因果关系模型可以定量地描述变量之间的因果联系，模型表示为

$$Y_t=f(X_{1t},X_{2t},\cdots,u_t) \tag{11-2}$$

其中，Y_t表示结果变量，即被解释变量；X_{it}表示第i个原因变量，即解释变量；t表示时间变量；u表示误差项；f表示Y与t及误差项之间的具体函数形式。

探索两个或两个以上因素之间的因果关系是所有科学研究的基本目标，因为可以通过因果关系预测未来，为政策干预提供科学依据，还可以验证和创新理论。运用因果关系模型，可以判别系统内部相互关联的因素之间的因果关系，找出被解释变量的关键影响因素，计量解释变量对被解释变量的影响方向和影响程度。

3）联立方程组模型

上述的单一方程模型都是假定经济变量之间的关系是简单的单向关系，但在实际经济社会系统中，诸多变量之间的关系是错综复杂的多向关系，这时往往需要建立联立方程组模型，这是在协调发展分析中比较常用的模型。在一个复杂系统中，变量之间相互联系、相互制约形成比较复杂的多重关系，需要建立由多个模型构成的模型体系，这种模型体系称为联立方程组。这类模型可以更全面地描述复杂系统的运行机制。

假设有一组变量$X_1,X_2,\cdots,X_n$；$Z_1,Z_2,\cdots,Z_p$，下面$n+p$个方程之间具有如下关系

$$
\left.\begin{array}{c}
f_1 x_1, x_2, \cdots, x_n;\ z_1, z_2, \cdots, z_p = 0 \\
f_2 x_1, x_2, \cdots, x_n;\ z_1, z_2, \cdots, z_p = 0 \\
\vdots \\
f_n x_1, x_2, \cdots, x_n;\ z_1, z_2, \cdots, z_p = 0 \\
g_1 z_1, z_2, \cdots, z_p = 0 \\
\vdots \\
g_p z_1, z_2, \cdots, z_p = 0
\end{array}\right\} \tag{11-3}
$$

在这个系统中，$x_1, x_2, \cdots, x_n$ 的值由 $z_1, z_2, \cdots, z_p$ 的值决定，而且 $z_1, z_2, \cdots, z_p$ 的值不由 $x_1, x_2, \cdots, x_n$ 的值决定，则 $x_1, x_2, \cdots, x_n$ 称为方程组的内生变量，$z_1, z_2, \cdots, z_p$ 称为方程组的外生变量。

4）投入产出模型

投入产出分析是美国经济学家瓦西里·列昂惕夫提出的一种经济定量分析方法，也称为部门联系平衡分析，用于综合分析经济活动中投入与产出之间的数量依存关系，特别是分析和考察国民经济各部门在产品生成与消耗之间的数量依存关系。这种方法通过投入产出表（表 11-1），反映国民经济部门间的技术经济联系，表中横行表示各部门产品的实物运动过程，纵列表示部门产品的价值运动过程。该模型用于各个部门之间的直接与间接的经济联系，以及各个部门之间的综合平衡问题。目前已经将该模型拓展应用到研究各个地区、各个企业内部及各个企业之间的各种经济联系。

表 11-1　投入产出价值型投入产出表

项目	中间产品					最终产品	总产品
	部门 1	部门 2	…	部门 n	小计		
部门 1	X_{11}	X_{12}	…	X_{1n}	u_1	Y_1	X_1
部门 2	X_{21}	X_{22}	…	X_{2n}	u_2	Y_2	X_2
⋮	⋮	⋮	⋮	⋮	⋮	⋮	
部门 n	X_{n1}	X_{n2}	…	X_{nn}	u_n	Y_n	X_n
小计	C_1	C_2	…	C_n	C	Y	X
劳动报酬 V_i	V_1	V_2	…	V_n	V		
社会纯收入 M_i	M_1	M_2	…	M_n	M		
小计 N_i	N_1	N_2	…	N_n	N		
总产出 X_i	X_1	X_2	…	X_n	X		

5）系统动力学模型

系统动力学（system dynamics，SD），也是一种比较常用的分析复杂系统的定量模型，20 世纪 50 年代由麻省理工学院的福雷斯特创立。系统动力学模型本质上是由一组考虑时滞问题的一阶微分方程组构成的。在具体建模的过程中，借助流图将变量之间的物理或经济意义表达出来，形成一种专用的 Dynamo 语言。这种方法适用于对长期、动态和具有战略性的问题进行定量研究，是协调发展定量分析的重要方法。

三、社会系统协调分析的数学建模

运用数学模型进行社会系统协调发展分析，第一个关键的因素就是如何构建数学模型。数学建模的过程，就是根据所要研究的实际问题，识别问题中相关变量之间的关系，将其进行演绎、推理、归纳和提炼，将复杂的问题进行抽象并用数学语言表达出来。数学模型的组建过程可以用以下流程图（图 11-1）来表示。

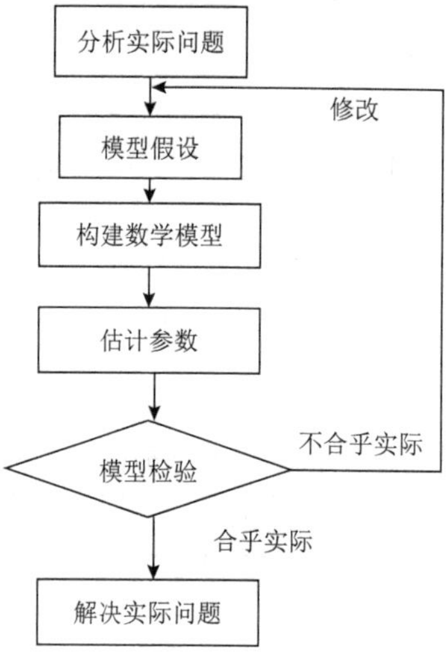

图 11-1　数学建模过程流程图

（1）分析实际问题。通过对实际问题的分析，了解有关背景知识，明确研究的对象和研究的目的，判断所依据的事实和数据资料是否真实可靠，明确所研究问题的类型。

（2）模型假设。辨识并列出关键因素，设置假设条件对问题进行抽象和简化，确定各项因素在问题中的作用，以变量或参数的形式表达出来。在组建模型之初，尽可能简化问题，在最简单的情形下构建模型，然后通过进一步深入研究逐步调整假设条件，使模型更接近实际。

（3）构建数学模型。采用数学语言描述变量之间的关系，通常可以用比例关系、线性方程、非线性方程、经验关系、微分或差分方程等数学表达式来描述问题，从而形成数学模型。

（4）估计参数。根据已有的背景知识、问题的实际情况或可观测的数据，对模型中的参数进行估计。

（5）模型检验。运行模型，把获得的结果与实际观测值或现实情况进行对比，如果模型结果与实际相吻合，表明构建的模型是合理的，可以将其用于解决实际问题。否则，就需要返回开始阶段，检查假设条件和模型构建过程，修正假设条件、关键变量及其数学表达，重复建模过程，直到形成符合实际的模型为止。

四、常用的社会系统协调度测算模型

协调度指的是系统之间或系统要素之间在发展过程中彼此和谐一致的程度，反映系统由无序走向有序的趋势。由协同论可知，系统走向有序的机理不在于系统现状的平衡或不平衡，也不在于系统距平衡态有多远，关键在于系统内部各子系统间相互关联的“协同作用”，它影响着系统相变的特征和规律。协调度正是这种协同作用的量度。常用的协调度测算模型主要有以下几种。

1）熵权灰色关联模型

模型构建的起点是确定参考序列与比较序列，然后需计算关联系数，得出关联系数后，引入熵权 w_j 对参考序列和比较序列的加权关联度 r_i 进行计算，r_i 越大，趋近度越高。如果对不同评价对象设定相同的最优值标准，可依据 r_i 值的大小对评价对象进行优劣比较。该模型用熵权计算权重，并嵌入灰色关联模型，既避免了传统模型对变量之间精确关系的要求，同时熵值的引入使权重具有较强的客观性，能大大提高协调分析的准确度。

2）关系拟合与趋势预测法

该方法采用单指标或综合指标，借助经济学的统计方法，通过单方根检验、格兰杰因果关系检验、脉冲反应等，分析序列之间的拟合及趋势状况。这种方法通过经济学的检验、响应等，判断序列之间的线条状的互动变化。

3）复合系统协调度模型

按照协同理论的役使原理，决定系统状态的内部参量，由于衰减的速率不同，可以分为慢弛豫变量和快弛豫变量，其中慢弛豫变量（序参量）是决定系统演变的根本性变量。通过对慢弛豫变量间的相互作用进行表征，测算出复合系统的有序度。可以基于时间序列的动态分析过程，判定子系统间的协调度，从子系统有序度的变化中分析复合系统的协同状态。

复合系统协调度模型包括系统有序度和系统协调度的测算，通过简化系统的复杂关系，可以科学有效地计算出系统的协同一致程度。

4）耦合协调度模型

耦合协调度模型是协调度常用的测算方法，该方法借助物理学的耦合度，可以判断若干系统之间的耦合协调状况。该模型首先借助熵权法或其他综合评价法计算各个子系统的综合发展水平，然后借助物理学中的耦合容量系数模型，找出子系统之间的耦合关系，在此基础上通过耦合协调度公式计算整体的协调状况。第三节将结合算例具体介绍这种模型的应用。

第三节　耦合协调度模型的应用与算例

一、耦合协调度模型解析及应用

根据哈肯的协同学理论，在一个由众多子系统相互作用所构成的开放的大系统中，各子系统之间在互相反馈的过程中发生一系列有利的或破坏性的相互作用，形成自组织的时间、空间、功能结构，引起系统的发展或变化。在外界输入物质、能量、信息的作用下，各子系统间的协同作用产生序参量，序参量之间的协同与合作又形成自组织结构，各种不同的系统结构使系统之间相互合作、共同努力而形成一种宏观的集体效应，最终实现“$1+1>2$”的效果。运用多维度的耦合协调度模型，可以测算出多个子系统两两之间及多方面综合的耦合协调度，以下是 n 个系统耦合协调的测度模型，由三个部分构成。

1）系统发展模型

用 μ_i 表示第 i 个子系统的发展有序度（$i=1,2,\cdots,n$），$\mu_i(x)=\sum a_k x_k$，其中，x_k 表示子系统中的各项指标值；a_k 表示子系统各项指标的权重。同样的方法分别得到其他子系统的发展有序度。

用 T 表示由 i 个子系统构成的系统总体发展水平，即系统的发展有序度，具体公式为

$$T=\sum_{i=1}^{n}\theta_i\mu_i(x) \tag{11-4}$$

其中，θ_i 表示待定参数，即第 i 个子系统对总系统的贡献度，也称各子系统权重。权重的大小取决于各个子系统在耦合协调过程中的相互作用关系和作用大小。

2）耦合度模型

借鉴物理学中的容量耦合系数模型，得到多个系统相互作用的耦合度模型，即

$$C_n = \left\{(\mu_1, \mu_2, \cdots, \mu_n,) / \left[\prod(u_i + u_j)\right]\right\}^{\frac{1}{n}} \quad (11\text{-}5)$$

其中，μ_i（$i, j = 1, 2, \cdots, n$），该式是各子系统的综合评价函数，可以计算两个或两个以上系统的耦合度。

3）耦合协调度模型总公式

由于耦合度只代表子系统之间相互作用的强弱，并不能反映协调发展水平的高低。衡量系统耦合必须综合考量系统的“发展”与“协调”两个维度，因此耦合度协调度计算公式可以表示为

$$D = \sqrt{C \times T} \quad (11\text{-}6)$$

其中，D 表示耦合协调度，D 值为[0, 1]，越接近 1 表示耦合度越优。为了便于分析，可以将耦合协调度 D 划分为表 11-2 所示的 10 个等级。

表 11-2　耦合协调度等级划分表

D 的取值区间	0～0.1	0.1～0.2	0.2～0.3	0.3～0.4	0.4～0.5	0.5～0.6	0.6～0.7	0.7～0.8	0.8～0.9	0.9～1.0
耦合协调度	极度失调	严重失调	中度失调	轻度失调	濒临失调	勉强协调	初级协调	中级协调	良好协调	优质协调

要利用模型计算某一系统的耦合协调度，首先要根据研究对象和研究目的，选择能反映各子系统特征的评价指标，构建评价指标体系；其次收集和整理数据，对数据进行标准化处理，计算各指标的权重；最后根据模型公式得到系统的耦合协调度，下面将分别介绍每一步的具体方法。

二、指标体系构建

（一）指标体系分类

衡量系统协调发展有两类基本指标：一类是反映整体状态的协调分析指标。系统的整体状态，是系统各种因素相互作用、共同努力的综合结果。它反映系统规模达到何种程度，以及效益、成就达到何种水平。系统的整体规模和水平是通过它所具有的多方面的属性表现出来的，所以要根据我们所关心的问题和要达到的目的，选择一些主要的属性来建立指标，进而研究它们之间的协调关系。另一类是反映系统内部结构的协调分析指标。对于系统的整体状态指标来说，它着眼于系统运行的结果状态的测量和衡量，是对系统运行后果的量度。这种指标虽然反映系统运行的整体性后果，但它并不能解释为什么会产生这种整体性后果的内

部结构上的问题。要揭示系统内各构成要素是如何相互作用的，必须建立反映结构联系的协调指标去揭示各部分间、各要素间的相互关系和协调状况。

（二）指标选取的具体要求

根据以上分析，要想充分有效地研究复杂系统的协调问题，先应该结合具体实际，根据协调性质建立一个合理的分类体系，对指标的设计具有以下基本要求。

（1）科学性要求。科学性要求是指协调分析指标必须反映协调关系。它要求指标的设计必须以各子系统间的相关性、互动性、结构联系性为理论基础，目标是对由子系统所构成的大系统的整体优化，着眼于子系统之间的协调发展。为了达到这个要求，在选择指标前必须对由各个子系统所构成的大系统的基本结构进行研究，分析子系统之间相互作用过程的联系环节，抽象出一个基本的协调关系，再据此设计协调指标体系的内容。这实际上是要求系统指标体系必须立足于我国实际，使系统指标能够客观、全面地反映我国社会各方面的协调状况，系统准确地评价它们之间的协调关系。

（2）实用性要求。协调分析指标体系必须能够反映实际系统的运行，并及时预警实际系统中运行不协调的状态，根据这种预警及时地提出控制系统向协调状态转化的决策意见。因此，所设计的具体指标应突出重点，抓住那些具有制约全局的、普遍的、一般的协调关系，通过对这些指标的调整可以起到抓点带面的作用。此外，整套指标体系应当便于实际的运用，要具有简明性和直观易读性。

（3）可操作性。设计的指标应满足统计的可操作性。如果设计的指标理论上可行，实际统计中却难以得到，这样的指标是无法应用的。在考虑一个具体指标的设计时应注意三点：第一，通过现有的国家或相关部门的统计数据可以获取或经过换算以后可以得到的；第二，虽然从一般的统计报告中无法得到，但通过抽样统计分析能够获得；第三，要注意指标的国际可比性。

（4）指标的相关性和灵敏度要求。协调的基本含义是反映相互作用关系，因此指标的选择与设计，要满足系统之间、重要因素与变量之间的相关性。只有满足了相关性要求，才能根据一个系统、一个因素或一个变量的变化去分析另一系统、另一因素或另一变量可能发生或应该发生的变化，才能建立起反映相互制约与相互促进的协调关系。在确定相关关系的基础上，要注意其灵敏度的要求，如果灵敏度低，则很难及时反映实际系统的协调状态。因此，应尽量提高指标的灵敏度要求，以便根据指标的变化，及时、灵敏地发现协调程度的变化，为有关部门的预见和决策提供可靠的信息。

三、数据标准化处理

为了满足上述要求，协调指标体系在形式上必须具备如下两个特点：第一，这些指标并不是绝对指标，而是相对指标，它们不反映某因素发展到什么程度和水平，而是两个以上的因素发展水平和程度的比值，这种比值表达了它们之间的关系；第二，协调分析指标不仅是相对指标，而且是无量纲的相对指标。在综合评价中，选取的指标往往具有多重属性，为了消除不同指标间的量纲差异，通常需要对评价对象的指标值做标准化处理。将不同量纲的指标通过适当的变换，化为无量纲的标准化指标，称为指标的标准化。指标标准化的处理方法的选择很重要，对相同的待评价对象采用不同的标准化方法处理后，得到的标准化数据不同，所做出的评价结论也会不同。指标标准化方法有很多，常用的方法包括极差变换法、线性比例变换法、向量归一化法、标准样本变换法、归一化法、取倒数法。

这些方法各有优缺点，我们这里介绍一种改进的归一化法，这种方法克服了上述其他方法不能客观反映原始指标值间相互关系、改变了指标值原有分布形式和对比关系等弊端。改进的归一化法主要有三个优点：一是经这一方法处理的标准值考虑了指标值之间的差异性，能够较真实地反映原始值之间的相互关系；二是正逆向指标均化为正向指标；三是该方法适用于决策矩阵中的所有指标。

决策指标根据指标变化方向和指标特性大致可分为两类：一类是越大越好的正向指标，如效益型指标、产出型指标等；另一类是越小越好的逆向指标，如成本型指标、投入型指标。在对指标进行这种分类后，改进的归一化法按如下步骤进行标准化处理。

（1）如有逆向指标，先把这些指标转化为正向指标。转化公式为 $x_{ij}^{'} = \max\limits_{1\leqslant i\leqslant m} x_{ij} - x_{ij} + \min\limits_{0\leqslant i\leqslant m} x_{ij}$，通过这种变换，不仅把逆向指标转变为正向指标，而且通过坐标平移，使这些指标值恢复到原先水平。为方便起见，将变换后的值仍然记为 x_{ij}。

（2）如果存在第 i 项指标的第 j 个值 $x_{ij}<0$，可通过公式 $x_{ij}^{'} = x_{ij} - \min\limits_{0\leqslant i\leqslant m} x_{ij}$ 进行坐标平移，使所有指标值都非负，避免了某些不适用小于零的条件限制。如果所有指标值均非负，不必进行此步，直接进入下一步。为方便起见，将变换后的值仍然记为 x_{ij}。

（3）利用列和等于 1 的归一化进行标准化处理，令

$$x_{ij}^{'} = \frac{x_{ij}}{\sum_{i=1}^{m} x_{ij}}, (1 \leqslant i \leqslant m, 1 \leqslant j \leqslant n) \qquad (11\text{-}7)$$

（4）为了避免待评价对象数目过多（即 m 较大）造成得到的 $x_{ij}^{'}$ 很小，可以将 $x_{ij}^{'}$ 乘以 m，这样如果多数值都接近平均值时，得到的值就接近 1，使得到的值

大体分布在 1 左右。因此，最终得到的标准化值 $x_{ij} = x_{ij}^{'} \times m$ 。

四、指标权重确定方法

如何确定权重系数，是多指标综合评价中的核心问题，也是实际操作中的难点问题。总体来讲，权重系数的确定方法包括两大类，即主观赋权法和客观赋权法。主观赋权法，如德尔菲法、层次分析法、专家直接评分法、对比排序法等，是基于决策者的经验或偏好，通过对各指标重要性进行比较而赋权的方法。客观赋权法，如熵权法、标准离差法、CRITIC 法等，是从实际数据出发，利用各指标值所反映的客观信息确定权重的一种方法。两类方法各有其优缺点，其中主观赋权法由于决策者的经验或偏好而带有一定的主观随意性，客观赋权法由于基于客观数据而克服了主观随意性，却忽视了专家的经验信息。在实际操作中，应根据数据特征、评估需要，选择合适的赋权方法。

（一）主观赋权法

（1）德尔菲法。其也称专家调查法，是一种反馈匿名函询法，该方法针对所要预测的问题背对背地征询专家的意见或判断，然后进行整理、归纳、统计，再匿名反馈给各专家，再次征求意见，再集中，再反馈，直至得到一致的意见。这种方法本质上是利用函询形式进行集体匿名思想交流，其特点主要有三个：一是匿名性，即参与预测的专家彼此互不见面和交流，且是在完全匿名的情况下提出意见或交流看法；二是反馈性，该方法一般要经过 3～4 轮信息反馈，在反馈中可以使调查组与专家组进行更深入的研究，最终得出基本一致、客观、可信的意见；三是统计性，针对每一项调查结果进行统计，将每种观点都包括在统计中，避免专家会议法只反映多数人观点的缺点。

（2）层次分析法。一般来说，用该方法计算指标权重，包括四个步骤：第一步，构建层次结构模型，建立评价指标体系；第二步，建立判断矩阵，计算各指标相对权重，并进行归一化；第三步，进行一致性检验，根据评价指标判断矩阵，进行层次排序，计算单个判断矩阵的权重，计算随机一致性比例 CR（小于 0.1 表示一致性较好）；第四步，采用“连乘”得到各指标的初始权重，进行归一化得到层次分析法的指标权重。

（3）专家直接评分法。选择若干名相关专业专家，由参评专家根据各个评价指标的相对重要性给出一个评价分数，采用 0～10 分制，分值越高权重越大。收集专家打分后，统计每项指标的平均得分，以确定各指标的权重。

（4）对比排序法。由参评专家对评价指标的相对重要性进行排序，然后按照专家的排序给指标计分，由不重要到逐渐重要依次计 1 到 n 分（n 为指标数量），最后计算各指标的权重，具体公式为

$$w_j = \frac{\sum_{i=1}^{m} \log_n k_i}{m} \tag{11-8}$$

其中，w_j 表示第 j 项指标的权重；m 表示专家数；n 表示指标数；k_i 表示第 m 个专家对该项指标排序的计分值。

（二）客观赋权法

1）熵权法

熵原本是一个热力学概念，后来在信息、工程技术、社会经济等领域被广泛应用。熵值法是根据各指标所含信息的有序程度来确定权重，某个指标的信息熵越小，表明其指标值的变异程度越大，提供的信息量越大，因此在综合评价中所起的作用也越大，则其权重也应越大；反之，如果某个指标的信息熵越大，就表明该指标值的变异程度越小，提供的信息量就越小，在综合评价中的作用也会越小，则其权重也应越小。要分别计算指标信息熵值 e 和信息效用值 d。第 j 项指标的信息熵值表示为

$$e_j = -\frac{1}{\ln m}\sum_{i=1}^{m} y_{ij} \ln y_{ij} \tag{11-9}$$

其中，m 表示样本数量。信息熵效用值为

$$d_j = 1 - e_j \tag{11-10}$$

最后可以得到第 j 项指标的权重为

$$w_j = \frac{d_j}{\sum_{j=1}^{n} d_j} \tag{11-11}$$

综合评价

$$F = \sum w_j y_{ij} \tag{11-12}$$

2）标准离差法

该方法的计算原理与熵权法相似，一般来讲，某个指标的标准差越大，表明该指标值的变异程度越大，提供的信息量越大，在综合评价中所起的作用就越大，其权重也应该越大；反之亦然。利用标准离差计算各指标的权重，具体公式为

$$w_j = \frac{\sigma_j}{\sum_{j=1}^{n} \sigma_j} \tag{11-13}$$

其中，σ_j 表示各指标的标准差。

3）CRITIC 法

CRITIC（criteria importance through intercriteria correlaiton）是由 Diakoulaki 提出的一种客观权重赋权方法，该方法的基本思路是以两个基本概念为基础确定指标的权重：一是对比强度，表示同一指标在各个评价方案之间取值差距的大小，以标准差的形式表示，标准差越大，表明在同一指标内各方案取值差距也越大；二是评价指标间的冲突性，该冲突性以指标间的相关性为基础，如果两个指标具有较强的正相关性，则这两个指标冲突性低，第 j 个指标与其他指标的冲突性可以表示为

$$\sum_{t=1}^{n}\left(1-r_{tj}\right) \tag{11-14}$$

其中，r_{tj} 表示指标 t 和指标 j 之间的相关系数。各个指标的客观权重确定就是以对比强度和冲突性来综合衡量的。第 j 个评价指标所包含的信息量为

$$c_j=\sigma_j\sum_{t=1}^{n}\left(1-r_{tj}\right),\ j=1,2,\cdots,n \tag{11-15}$$

其中，c_j 越大表示第 j 项评价指标所包含的信息量越大，则该指标的相对重要性也就越大，最终第 j 项指标的客观权重表示为

$$w_j=\frac{c_j}{\sum_{j=1}^{n}c_j} \tag{11-16}$$

比较上述三种客观权重计算方法，熵权法和标准离差法的思路基本相似，都是通过指标变异性的大小来确定客观权重，两种方法计算的结果也较为接近。这两种方法的优点是计算过程比较简单。与这两种方法相比，CRITIC 法不仅考虑了指标变异大小对权重的影响，还考虑了各指标之间的冲突性，虽然计算较前两种方法复杂，但是一种更合理的客观赋权法。也有学者提出，综合运用上述主客观方法确定评价指标的权重，即选取集中主观和客观赋权法分别得到权重值，然后取算数平均值，并进行归一化。用这种方法得到的综合权重体现的信息量比较全面，既反映专家和决策者的经验信息，又反映实际数据的信息，综合评分结果更科学、更符合实际情况，但缺点是计算工作量非常大。

在实践中，要视具体的计量工作选择合适的方法。在一般性的评价工作中，为减少计算工作量而选择上述某一种单一方法，如熵权法、标准离差法，也是可以的。

五、耦合协调度模型应用案例

本节结合“五位一体”的发展新理念，研究经济、政治、文化、社会、生态

等五个方面协调发展度量。从系统整体思路分析，可以将经济、政治、文化、社会、生态等五个方面理解为五个相互联系又相互制约的子系统，这五个子系统又构成了一个大系统。利用上述耦合协调度模型，考察五个子系统的耦合协调关系。

（一）“五位一体”协调发展的评价指标体系

为了计算经济建设、政治建设、文化建设、社会建设、生态建设五方面的协调水平，首先具体分析上述五个方面的内涵，构建指标体系。指标体系按照“五位一体”的五个子系统进行分类，指标的设置注重五个子系统之间的融合和相互呼应，特别是将生态理念融入其他各项建设，如生态经济子系统除了设置经济发展能力指标来表示经济发展水平外，还设置了经济结构优化和经济集约化指标反映经济发展的质量与节能降耗的程度；生态社会子系统中，除了反映社会物质水平的指标之外，还加入反映居民生活环境质量和公平等的指标；生态环境指标更注重与居民生存环境相关的指标；生态文化指标除了体现社会文化投入产出等的指标外，还包括了居民环保教育和生态文化活动等的指标；生态政治指标除了社会治理和安全指标外，还设置了政府环境规制的指标。对有关年份的数据进行运算和加工整理，得到表 11-3 的“五位”评价指标体系，包括五大类 40 个指标。其中原始数据主要来源于历年的《中国统计年鉴》《中国环境统计年鉴》《中国能源统计年鉴》《中国文化文物年鉴》《中国民政年鉴》《中国社会年鉴》《中国法律年鉴》等。

收集 1995—2014 年这些指标的原始数据，依据本节介绍的归一化方法对数据进行标准化处理，然后采用熵权法计算各指标在子系统中的权重 a_k（表 11-3）。

表 11-3　“五位”评价指标体系

分类	评价指标	指标内涵及说明	子系统指标权重 $a_k a_k$	全系统综合权重	权重
生态经济（Ec）	人均 GDP+	经济增长水平	0.2295	0.0371	0.1615
	GDP 增长率+	经济增长水平	0.1011	0.0163	
	第三产业增长率+	经济增长水平	0.0948	0.0153	
	第三产业占比+	经济结构优化	0.0940	0.0152	
	高科技产业占比+	经济结构优化	0.1279	0.0207	
	单位 GDP 能耗−	经济绿色发展	0.1148	0.0185	
	单位 GDP 电耗−	经济绿色发展	0.0971	0.0157	
	单位 GDP 水耗−	经济绿色发展	0.1408	0.0227	

续表

分类	评价指标	指标内涵及说明	子系统指标权重 $a_k a_k$	全系统综合权重	权重
	城镇化率+	城镇发展水平	0.0656	0.0164	
	城镇人均可支配收入+	居民生活水平	0.1258	0.0314	
	农村居民人均消费支出+	居民生活水平	0.1132	0.0282	
生态社会（S）	城镇居民人均居住面积+	居民生活质量	0.0837	0.0209	0.2495
	每百人拥有汽车+	居民生活质量	0.3337	0.0833	
	城市道路拥挤–	居民生活质量	0.1324	0.0330	
	贫困人口比例–	社会公平	0.0861	0.0215	
	基尼系数–	社会公平	0.0595	0.0148	
	文化事业经费占财政支出比+	文化发展水平	0.0781	0.0152	
	教育占财政支出比+	文化发展水平	0.0814	0.0159	
	群众文化活动惠及人口比例+	文化消费水平	0.0772	0.0150	
生态文化（C）	图书出版种类+	文化生活质量	0.1273	0.0248	0.2101
	互联网普及率+	文化生活质量	0.3525	0.0687	
	环境宣教活动人口比例+	环保教育	0.1628	0.0317	
	每百万人博物馆机构数+	传统文化	0.1098	0.0214	
	城市人均园林绿化+	生态文化活动	0.0109	0.0174	
	森林覆盖率+	环境资源	0.1132	0.0158	
生态环境（En）	建成区绿地覆盖率+	环境资源	0.1220	0.0170	
	人均水资源+	环境资源	0.1088	0.0152	0.1396
	二氧化硫排放–	环境污染排放	0.1762	0.0246	
	污水人均排放量–	环境污染排放	0.1161	0.0162	
	每公顷耕地化肥使用量–	环境污染排放	0.1137	0.0159	
	三废综合利用产值占比+	环境治理	0.1227	0.0171	0.2101
	城市生活垃圾无害化处理率+	环境治理	0.1273	0.0178	
	每万人治安案件–	政治安全	0.0976	0.0234	
	犯罪率–	政治安全	0.0664	0.0159	
	社会服务支出占财政支出比+	政府服务	0.0797	0.0191	
生态政治（P）	民政事业基本建设投资+	政府服务	0.4083	0.0851	
	工会组织覆盖率	基层自治	0.1186	0.0284	0.2393
	政府环境法规总数+	环境管制	0.0510	0.0207	
	排污费征收+	环境管制	0.1039	0.0289	
	环保系统机构数+	环境管制	0.0745	0.0178	

注：“+”和“–”分别表示正效应和负效应

（二）耦合协调度评价结果

依据上述耦合协调模型，其中发展有序度（T）反映由五个子系统构成的系统总体发展水平，耦合度（C）代表五个子系统之间相互作用的强弱，耦合协调度（D）综合考量系统的“发展”与“协调”水平（表 11-4）。

表 11-4 1995—2014 年中国“五位一体”耦合协调度评价结果

年份	“五位”综合协调水平			环境系统与其他各系统两两协调水平			
	发展有序度	耦合度	耦合协调度	环境-经济耦合协调度	环境-社会耦合协调度	环境-文化耦合协调度	环境-政治耦合协调度
1995	0.5366	0.1968	0.3249	0.5482	0.5358	0.5427	0.5204
1996	0.5447	0.1955	0.3263	0.5611	0.5513	0.5436	0.5165
1997	0.5750	0.1956	0.3354	0.5814	0.5623	0.5498	0.5266
1998	0.5950	0.1952	0.3408	0.5924	0.5741	0.5662	0.5331
1999	0.6196	0.1960	0.3485	0.5994	0.5813	0.5764	0.5462
2000	0.6428	0.1963	0.3553	0.6068	0.5901	0.5893	0.5628
2001	0.6887	0.1971	0.3684	0.6226	0.6001	0.6117	0.5881
2002	0.7258	0.1974	0.3785	0.6362	0.6189	0.6227	0.5982
2003	0.7398	0.1969	0.3817	0.6422	0.6289	0.6362	0.5840
2004	0.7810	0.1971	0.3923	0.6529	0.6450	0.6554	0.5912
2005	0.8384	0.1971	0.4065	0.6746	0.6698	0.6731	0.6083
2006	0.8967	0.1974	0.4207	0.6922	0.6915	0.6922	0.6268
2007	1.0069	0.1977	0.4462	0.7196	0.7260	0.7410	0.6584
2008	1.1116	0.1988	0.4700	0.7251	0.7541	0.7834	0.7033
2009	1.2777	0.1993	0.5046	0.7357	0.7810	0.8211	0.7773
2010	1.4015	0.1988	0.5279	0.7486	0.8103	0.8524	0.8146
2011	1.4810	0.1978	0.5412	0.7588	0.8404	0.8799	0.8030
2012	1.6257	0.1967	0.5655	0.7632	0.8658	0.9024	0.8438
2013	2.1000	0.1884	0.6291	0.7739	0.8957	0.9224	1.0471
2014	2.1399	0.1872	0.6329	0.7551	0.9053	0.9154	1.0126

计算结果显示，1995—2014 年全国的耦合协调度整体呈上升的趋势，从 1995 年的 0.3249 逐步提高到 2014 年达到 0.6329。虽然从时间上看呈逐渐向好的趋势，但是耦合协调度的绝对水平比较低，大致经历了四个阶段：1995—2004 年处于轻度失调期，2005—2008 年处于濒临失调期，2009—2012 年处于勉强协调期，2013 年开始进入初级协调期。可见，1995 年以来，我国在工业化、城镇化建设的过程中，经济总体发展水平、公共基础设施建设、人民生活水平都得到了较快的发展，

虽然对资源环境系统造成了一定程度的负面影响，在经济社会发展中通过加强环境治理、环境技术创新、增强环境保护意识等方式对环境进行一定的补偿与治理，这些成果是值得肯定的；但是，系统总体耦合协调度还未达到较高的水平，仍有较大的提升空间。

第十二章
社会计算及其应用

社会计算（social computing）是什么？虽然目前学术界的认识还不统一，但是社会计算已经得到广泛应用并受到学术界的普遍重视。厘清社会计算与大数据等相关概念的关系，了解社会计算研究的演进历程、相关理论方法及其在社会问题研究中的应用，进而结合当前社会科学研究发展，有助于更全面地把握社会计算发展的趋势。

第一节　社会计算基本概念及主要思想

社会计算作为一种计算技术与社会科学理论相互融合的科学，可以从理论、方法和应用等不同侧面探讨社会问题中的个体行为与集群行为。社会计算关注信息技术在社会活动中的应用，同时将社会与人文知识在计算机或信息技术中嵌入使用，进而使得社会科学与自然科学知识相互补充。由于学科交叉的共同特征，社会计算与复杂性科学在研究内容、方法和范式等方面具有共通之处，计算实验则是在该思想指导下产生的，用以分析复杂性系统与复杂网络的重要方法；两者的不同之处在于复杂性科学侧重理论与方法创新，社会计算侧重技术应用，但两者与认知科学等新兴学科一样具有巨大的发展潜力，因此，对社会科学的复杂问题进行深入研究和探讨显得日益重要。

社会计算是一个社会科学和自然科学互动发展的平台，王飞跃教授认为，可以从两个方面或角度看待社会计算，其定义一般从两个角度来考虑：一个是将计算机或更广义的信息技术应用到社会活动中的微观、技术层面，在人机交互等相关研究领域，研究用以改善人使用计算机和信息技术的手段，这一角度多限于技术层面且有很长的历史；另一个是社会知识，或更具体的人文知识在计算机或信息技术中的嵌入使用，反过来提高社会活动的效益和水平，这方面的工作目前刚刚兴起，涉及较多的社会人文科学的理论和内容。[①]国外一些学者认为，可以从面向社会还是基于社会两种方式，或从科学与技术两个维度来认识社会计算的研究内容。计算社会科学和社会计算应用都是面向社会的，前者属于科学层面，后者属于技术层面，群体智慧不是面向社会的，而是基于社会的，它是一种全新的基于人脑互联的计算模式。社会计算将为人类认清社会的本质规律提供革命性的研究工具，它的巨大价值将会逐步显现出来，目前的研究只是个开始。[②]我们认为，微观层面的社会计算与社会网络、数据获取直接相关，而宏观层面的社会计算则集中在计算实验的理论和方法。

随着计算机与网络技术的快速发展，各类别数据在当今社会中呈现出了指数型的增长趋势。Lazer 等在 *Science* 期刊上发表了《计算社会科学》一文，标志着大数据计算的研究已从正式意义上纳入社会科学领域的研究之中。大数据计算得益于当前足够丰富的大数据及处理这些数据的新方法与新技术。具体来讲，大数据由于体量过大，已然超出了传统技术与方法的处理能力范畴，必须依托于新的平台与技术进行处理。对于大数据的处理，主要包括云计算、人工智能、物联网等支撑性技术和一系列数据采集、存储、分析与结果可视化等数据处理技术，进而可以从海量的异构性与动态性数据中快速提取有价值的信息。[③]在社会问题研究中，有许多数据具有重要的价值，它们背后隐藏了丰富的社会学、心理学、政治学、经济学等深层次的含义，可以帮助研究者从更深层次把握社会运行机制。这一类可应用于社会问题研究的大数据，可进一步具体做更细化的分类，包括由人机互动生成的互联网大数据，如微博、论坛、邮件等互联网社交互动数据；依靠传感器采集的物联网数据，如地理信息、射频识别信息等；对非数字性资料进行数据化处理及对传统数据进行整合而形成的数据，如政府数据、论文数据等。[④]从这个意义上说，大数据与社会计算都是受新技术驱动的新的研究领域，两者在数据获取、处理和应用等方面有很多相似之处。

第二节　社会计算研究的演进历程

1994 年霍兰教授正式系统地提出了复杂适应系统（complex adaptive dystems，

① 王飞跃：《社会计算：科学 · 技术 · 人文》，《中国科学院院刊》2005 年第 5 期，第 370—376 页。

② 杜海峰、张楠、蔡萌：《社会计算及其在公共安全集群行为研究中的应用：进展与展望》，《现代财经（天津财经大学学报）》2014 年第 5 期，第 84—92 页。

③ Lazer D, Pentland A, Adamic L, et al. , “Computational Social Science” , *Science*, No. 323, 2009, pp.721-723.

④ 郝龙、李凤翔：《社会科学大数据计算——大数据时代计算社会科学的核心议题》，《图书馆学研究》2017 年 22 期，第 20—29，35 页。

CAS）理论，强调“适应性造就复杂性”。[①]该理论自提出以来，推动着不同领域对复杂系统演化过程及其规律的深度探索，“涌现”是在该理论指导下发展而来的典型的复杂系统的重要特征和分析方法之一，可以分析和解释复杂系统中子系统非线性的动态交互，利用计算机多主体建模技术模拟复杂系统中个体的行为，让主体在计算机构造的虚拟环境下进行交互演化，使整个系统的复杂性行为自下而上地“涌现”出来。有学者认为，社会科学计算实验是基于“涌现”方法发展而来的。[②]

计算实验方法是基于复杂系统思想指导社会科学问题研究新策略，使用自然科学的方法对社会问题进行科学化的系统分析和研究；核心思想基于复杂科学和复杂系统的基础理论；核心方法则是在数学方法建模的基础上，融合计算机科学中诸如人工社会、元胞自动机等相关方法，借鉴生物（态）学中关于遗传、突变和选择等相关内容，并集合社会心理学等方法进行实验性的科学化计算。自组织理论和进化理论等研究复杂系统多层次、非线性、动态演化的理论和方法，是构成社会计算实验研究方法最重要的基础。社会计算实验之所以借鉴众多其他学科的理论和方法，是由于从复杂系统与复杂性科学角度看，社会系统与其他可借鉴的系统之间存在相同或相似的抽象结构及动力机制。[③]

社会系统存在各种复杂因素和不可控因素，常常无法进行真实的实验。基于复杂系统理论的计算实验把“科学实验”引入社会科学研究中，开辟了一条认识和理解现实社会问题的新思路。利用计算实验方法研究各种可能的社会系统演化路径，还能用实验来验证已有的假设和理论，寻找或发现新的、可能的假设、理论和管理方法，了解可能遇到的新困难，设计和分析解决实际问题的方案。计算实验使得社会研究工作不再局限于演绎推理、数理分析和计量检验，而是拓展到计算机模拟大规模实验等方面。通过对社会模型的计算实验，探索社会演化的规律和解决问题的方法。[④]社会计算实验研究方法的关键技术是构造一个具有人类社会系统结构、特性、功能和动力机制的人工系统，具体包括：开放的环境，一群异质的、具备独立决策能力的人工主体和与之相关的有限资源，以及一套各要素间相互作用的系统规则。运用计算实验方法构建模拟系统时，需要将模拟系统不断地与现实系统交互验证，总结影响系统演化过程的关键因素，从而改善系统运作。总的来说，计算实验方法采用“自下而上”的建模方法，结合人工智能、

---

①〔美〕约翰·H. 霍兰：《隐秩序——适应性造就复杂性》，周晓牧、韩晖，等译，上海科技教育出版社2000年版。

② 盛昭瀚、张军、杜建国，等：《社会科学计算实验理论与应用》，上海三联书店2009年版，第7页。

③ 盛昭瀚、张军、杜建国，等：《社会科学计算实验理论与应用》，上海三联书店2009年版，第7页。

④ 孙明贺、郦全民：《论社会科学研究的计算机实验方法》，《东华大学学报（社会科学版）》2006年第2期，第20—24页。

Multi-Agent 技术、演化理论等来研究社会经济系统演化规律、社会系统与环境的交互原理及系统中要素的动力学特征。

社会计算的定义是从“改善人使用计算机和信息技术的手段”和“在计算机或信息技术中嵌入使用人文社会知识”两个角度来考虑的：第一个角度是指将计算机或更广义的信息技术应用到社会活动中的微观对象和技术层面，在人机交互等相关研究领域，研究用以改善人使用计算机和信息技术的手段；第二个角度是指社会知识，或更具体的人文知识在计算机或信息技术中的嵌入使用，反过来提高社会活动的效益和水平。社会计算的定义表明它是一个社会科学和自然科学互动发展的平台，可以为复杂问题的解决提供新的思路和手段。

在微观和技术层面，社会计算同社会软件和社会网络密切相关。在网络出现之后，计算机不单单是一种计算工具，而成为一种新兴的通信工具。社会计算的一项重要功能就在于实现社会性的交互和通信，使得人类可以更方便地利用计算机构建一个人与人之间沟通的虚拟空间。[①]近年来，蓬勃兴起的博客、维基等应用软件更加强调借助网络工具对用户群体的智慧进行有效利用。在社会计算平台的支持下，以社会化网络服务为代表的研究取得了长足的进展，尤其是社会数据的互用方面正逐步走向成熟。

在宏观层面，社会计算更加关注应用传统社会科学研究的理论，结合计算技术这一工具，研究现实社会的诸多问题。在这一层面上，计算实验是社会计算方法的完全表征。社会计算在该领域的研究焦点是情报与安全信息学，一方面研究信息的传播与计算技术对社会系统的影响，另一方面将社会计算应用于社会系统模型。这些方面的研究从 2003 年起得到了美国国家科学基金会的专门资助。2005 年开始，美国电气和电子工程师协会与美国国家科学基金会开始联合举办情报与安全信息学的年会，旨在推动这一领域研究的发展。

社会计算概念的兴起及计算实验的应用，印证了奥古斯特·孔德最初定义社会学时的宏大愿景：社会学希望使用一种类似于物理学这样的自然科学的方法与理论，从而建立一门经得起科学规则考验的新的人文学科。社会科学继承了这一理念框架，而计算实验方法使其成为可能，其建立了一整套以计算科学方法为重要研究工具，以传统人文社会科学理论为指导，帮助解决经济、政治等诸多领域问题的理论和方法学体系。

从社会计算与计算实验的发展来看，20 世纪 70 年代，随着计算机科学技术的发展，人们开始关注使用计算机来分析经济与社会系统中的这种复杂现象。以圣塔菲研究所（Santa Fe Institute）为代表的一些研究机构，开创了复杂性科学这一新的领域，提出了复杂自适应系统的理论，用计算机作为从事复杂性研究的基

① 郑越：《我国 Web2.0 发展现状与趋势研究》，北京邮电大学 2006 年硕士学位论文。

本工具，用计算机模拟相互关联的繁杂网络，观察复杂适应系统的涌现行为。相关的研究引发了“人工社会”和“人工科学”等诸多相关的领域，形成了一系列研究复杂性的科学方法。进入 21 世纪，恐怖主义袭击、流行病暴发等非对称威胁引发了关于社会公共安全研究的新需求，客观上推动了社会计算的宏观层面的研究。由于文化和社会结构的差异，目前的质性研究手段不能满足所有研究需求，迫切需要开发新的信息处理方法，更有效地分析海量的情报内容，保障社会公共安全。因此，使用计算机模拟手段测试和验证社会经济政策的效果，成了一个公共政策领域的新的研究方向。

从社会计算和计算实验方法的联系来看，社会计算与复杂性科学联系比较紧密，其强调通过学科交叉弥补社会科学与自然科学之间的割裂，从整体而非还原的视角来认识问题。因此，复杂性科学研究与社会计算和计算实验的研究之间是等价的。虽然复杂性科学强调理论和方法的研究，而社会计算更侧重技术应用，但这并不影响到两者在研究上的联系。复杂性科学的研究成果已经引起了学者的广泛关注，相关成果也被应用到社会系统当中，因而将复杂性科学的相关研究内容用于社会计算将有效促进这一研究的发展。

从社会计算和计算实验的研究方法来看，社会系统是一个复杂的动态系统，抽象或简单的数学公式往往难以描述其内在的特性和结构，因而传统的自然科学的理论在研究社会科学的相关问题时只适用于某些特定的社会现象。社会计算和计算实验方法的研究与应用使得社会科学采用一种实验的方法进行研究，在复杂科学研究方法的框架下，对社会系统进行模拟、对社会过程进行实验跟踪、对社会行为进行监控干扰、对社会后果进行计算评估。随着纳入计算实验框架的技术方法不断增加，社会计算所发挥的社会模拟作用正使得模拟研究和现实研究的互动性不断增强，而其在未来的发展正朝着模拟与现实相互影响、相互解释的方向发展。

从社会计算和计算实验的应用领域来看，随着互联网的快速变革及用户需求的日益增多，用户之间通过在线交互与协作共享，逐渐形成了一个崭新而又极具有研究意义的虚拟社会形态组织：在线社会网络。在线社会网络研究使得社会计算的应用得以蓬勃发展，产生了关于在线社会网络的信任计算和兴趣计算等诸多新的研究方向。[①]此外，社会计算在经济、工程和军事领域都有研究成果形成。[②]

在社会问题方面，社会计算研究进展却显得相对缓慢。近年来，我国学者虽

---

① 张宇：《在线社会网络信任计算与挖掘分析中若干模型与算法研究》，浙江大学 2009 年博士学位论文。

② 王飞跃、曾大军、毛文吉：《社会计算的意义、发展与研究状况》，《科研信息化技术与应用》2010 年第 2 期，第 3—14 页。

然在该领域进行了一些有益的探索，如王飞跃等利用社会计算对动态网民群体进行研究，进而实现对国家和公共安全进行有效的分析、预测与控制。[①]但是，这些研究方法和技术的应用主要集中在虚拟网络社会的研究，较多地关注国家情报与信息安全等新兴领域，而将社会计算应用于传统社会的互动关系及相应社会问题的研究则相对较少。复杂社会系统实验构建的特殊性与复杂性是其对于传统社会研究不足的主要原因。[②]因此，如何解决复杂社会系统研究中的实验（试验）问题，将社会计算应用于现实社会互动关系的分析解释中是推进这一领域研究工作的关键问题之一。

目前微观层面的社会计算研究及应用正逐步走向成熟，而宏观层面的社会计算研究则刚刚起步。尽管在一些领域已经获得了一些研究成果，但在理论和应用方面仍然存在许多难以解决的问题，但它与认知科学等新兴学科一样具有巨大的发展潜力。[③]对于社会计算和计算实验的研究，在研究理论上需将社会科学理论知识与计算技术结合做进一步的研究，提倡多学科间的融合而非简单拼凑。在研究内容上，实现人际交互方式、社会群体网络的形态及其演化规律三个问题的统一研究分析。在研究对象上，在已有虚拟世界研究基础上，扩展通过虚拟世界间接研究现实世界的研究内容，进而实现将现实世界作为直接的研究对象。在研究方法上，采用构造与现实世界对应的人工组织或人工社会的方法，建立相关研究的社会实验室，利用实验设计理论和各种社会统计方法，通过计算模拟进行分析、评估或预测各类策略和事件的互动、反馈等关系，进而实现对特定事件的产生、演化及影响的观察、预测和估计。

第三节　社会计算在公共管理问题研究中的应用

以公共事务为研究对象的公共管理是一个涉及众多学科的理论与实践领域。公共管理的研究对象（如政府组织、政府与企业的关系、政府与市场的互动、政策的制定与执行等）一般比较复杂，这种复杂性不仅表现在行政概念、政治关系等不易定量描述，其解析数学模型建立难于一般的管理学科；公共管理的目标往往不是单一的、线性的，而是追求多目标协调的统筹最优效应。此外，公共管理问题特别容易受到环境的影响，而其相关环境一般多样且易变。由此可见，公共

① 王飞跃、曾大军、曹志冬：《网络虚拟社会中非常规安全问题与社会计算方法》，《科技导报》2011 年第 12 期，第 15—22 页。

② 王飞跃：《人工社会、计算实验、平行系统——关于复杂社会经济系统计算研究的讨论》，《复杂系统与复杂性科学》2004 年第 4 期，第 25—35 页。

③ 王飞跃：《人工社会、计算实验、平行系统——关于复杂社会经济系统计算研究的讨论》，《复杂系统与复杂性科学》2004 年第 4 期，第 6 页。

管理的理论和方法研究都应该适应问题复杂性的需要。

虽然社会计算这一概念目前很少出现在公共管理应用中，但是公共管理领域中已经有学者开始注意如混沌非线性等系统复杂性的研究，系统仿真等计算技术已经逐渐被应用。社会计算的研究与应用目前在国内外均处于起步阶段，相关研究多集中在自然科学领域。在微观方面，互联网络人际互动，特别是社会软件等成为研究和应用的重点；在宏观方面，人工系统的有关理论和方法受到重视，如王飞跃基于人工系统、计算实验和平行系统等方法建立了社会计算的理论框架。[①]总体来看，社会学者尚缺乏对社会计算的系统认识和研究，经济学、社会学和政治学上的重要期刊都很少关注这一领域。自然科学和社会科学对社会计算研究的不平衡，或者说自然科学和人文科学之间仍然存在隔阂，这是目前社会计算面临的根本问题。从社会问题和公共管理的视角切入社会计算的数据、方法、理论及应用问题研究，不仅是对已提出的社会计算理论框架的实践，也是对丰富社会计算研究范式、拓展其研究领域的有益尝试。

社会计算的核心内容——“复杂网络”是目前不同学科领域的研究热点，特别是与生物体的新陈代谢系统、大脑神经网络相结合形成了大量的研究成果，与生物传染病相结合、在流行病传播与免疫控制方面也取得了有意义的进展。此外，复杂网络上的博弈、复杂网络在交通网络与社会经济中的应用、通信网络中的应用、计算机网与互联网中的应用、传感器网络中的应用、语言词汇网络与社会意见传播等方面都有许多令人鼓舞的成果。[②]各类重大安全事件中出现的大量的关键科学问题都需要依靠多学科的交叉和融合，从复杂系统的角度加以解决，而复杂网络作为复杂系统的重要研究工具之一，为深入研究各类公共安全事件的各种特性及动力学过程与拓展结构间的相互作用等问题奠定了理论基础。复杂网络被引入公共安全领域研究，如基于复杂网络的传染病传播及谣言在社会中的扩散等。社会问题，尤其是社会管理问题，归根结底是人的问题。以研究互动关系为主的社会网络和复杂网络是社会计算在该问题上的主要研究手段。从社会计算的视角出发，随着计算技术的发展，出现了一些特定的社会建模方法，其中最有代表性的是基于复杂网络的社会网络建模。这种方法用网络结构图的方式对社会组织结构和个体社会关系进行描述，采用自下而上的方式（而非还原方式）通过行为主体之间复杂的互动方式和相关行为，涌现出宏观状态，然后再进行总结，分析复杂系统的行为及其各种外界环境因素，即对系统行为和各种外界环境因素进行量化

---

① 王飞跃：《人工社会、计算实验、平行系统——关于复杂社会经济系统计算研究的讨论》，《复杂系统与复杂性科学》2004 年第 4 期，第 24 页。

② 汪小帆、李翔、陈关荣：《复杂网络理论及其应用》，清华大学出版社 2006 年版，第 4 页。

评估。在诸多公共安全事件中，尤其是在群体性事件的发生、发展、激化与平息的整个过程中，群体信息传播行为有着非常重要的作用，传播行为一旦失控，很容易引发大范围的社会混乱，有的甚至可能引发社会危机，造成不必要的社会恐慌和经济损失。

以集群行为为代表的社会系统是典型的复杂巨系统，具有无法拆分还原、随机因素多等复杂性特征，因此传统的建模方法无法有效应对。尤其对于集群行为的建模、分析及评估等，一直缺少合适的研究方法。传统的数学方法很难构造精确的模型表示社会现象所固有的复杂性，其只适用于描述极其简单的社会系统；统计建模则只能对社会系统的普遍现象进行静态描述，很难刻画个体差异引起的社会系统动态变化；社会网络、演化博弈则局限于静态描述的层面；离散事件仿真等方法虽然取得了一定的进展，但其方法随着问题复杂性的增加，传统仿真面临的计算量和执行时间的指数级增加成为制约其实际应用的最大障碍。在群体性事件中，信息的传播通常情况下并不具有一定的规则，这正是复杂网络关注的问题。因此，在社会计算的思想下，将复杂网络的方法与传统社会学及计算机科学的相关方法融合起来，对于解决公共安全问题，尤其是对群体性事件的分析、控制和管理是十分必要的。

第四节　基于社会计算的集群行为研究思路

中国正处在经济社会转型的攻坚期，以群体性事件为代表的多数公共安全问题是受复杂的政治、经济和社会环境影响的多主体互动的动态演化过程，需要在社会计算视野下进行多学科交叉融合的研究，特别需要引入计算机、信息等自然科学领域的最新成果，形成“社会问题→理论构建→分析方法→问题分析→政策干预”的系统研究路径。针对典型人群的典型集群行为，以社会计算为理论和方法基础，构建群体事件中集群行为的分析框架，如图 12-1 所示。采用计算实验和复杂社会网络分析方法，提出集群行为的数据采集策略，建立用于分析集群行为的复杂社会网络模型和指标，定量研究公共安全群体事件中集群行为的动态过程、规模和特点（包括群体行为个体间和群体间的互动和影响），以及复杂社会网络结构对集群行为中个体观念和行为演化的影响，并在此基础上探讨相应干预策略，为集群行为的防控提供解决思路。①

① 杜海峰、张楠、牛静坤，等：《群体性事件中的集群行为——一个基于社会计算的研究框架》，《中国人民公安大学学报（社会科学版）》2014 年第 6 期，第 81—90 页。

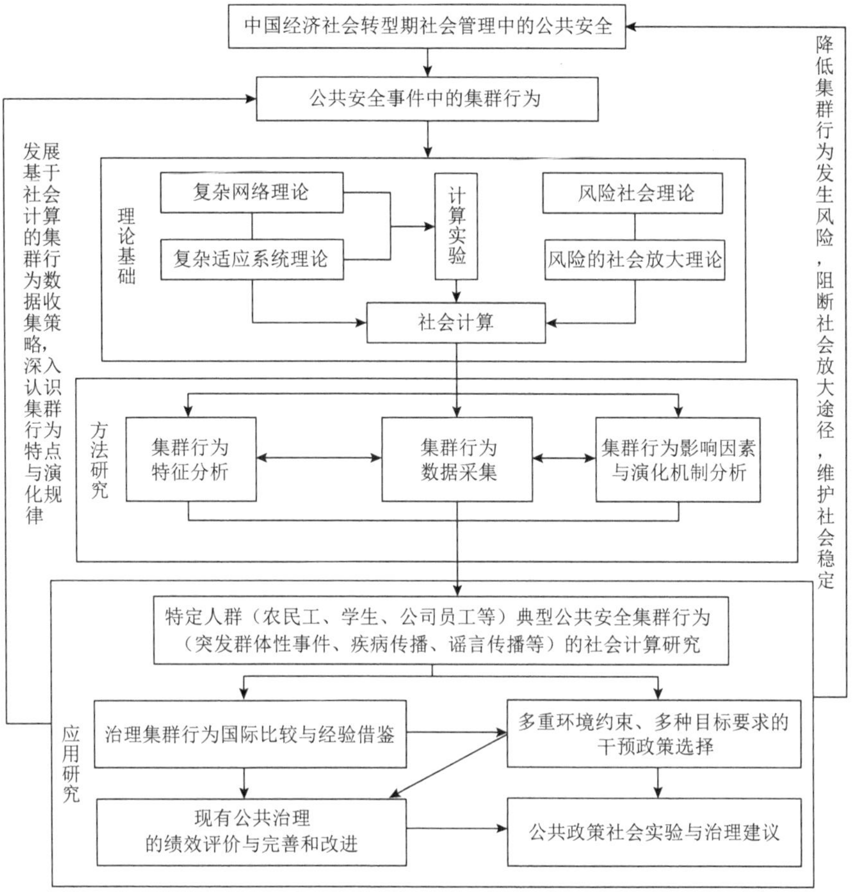

图 12-1　基于社会计算的集群行为研究框架

第一，理论基础。群体性事件等社会问题中的集群行为是一个受外部风险刺激，并在个体互动过程中风险逐渐放大，进而由个体行为发展为群体行为的动态演化过程。因此，基础理论研究应该将风险社会理论、风险的社会放大理论、复杂网络理论、复杂适应系统理论、计算实验、社会计算等统一纳入集群行为研究的社会计算框架，形成认识、分析和理解集群行为的理论基础。其中，人际互动形成的社会网络不仅是社会风险放大的重要载体，还是微观个体行为发展为宏观集群行为的桥梁，因此复杂社会网络理论和模型研究是重点，同时对社会实验、复杂社会网络理论的深入探讨也可为数据收集提供理论依据。

第二，方法研究。方法研究主要集中在集群行为数据采集、集群行为特征分析、集群行为影响因素与演化机制分析三个方面。数据与实验是作为交叉学科的社会计算准确刻画社会问题的基础和搭建技术平台的必要条件。为了解决社会科学实验长期局限于社会调查的问题，需要整合传统社会学的抽样调查与自然科学数据采集策略，利用社会调查获得样本的属性特征，利用特殊传感器构成的网络数据采集系统获得样本的行为数据。由于传感器不干扰样本的正常活动，既能不失真地获得信息，又能根据需要随时获得研究者需要的数据，从技术上解决了目前社会计算数据收集的信度、效度、隐私保护及可能存在的制度障碍等问题。同时，基于传感器网络的研究对象试验平台，进行个体行为，特别是集群行为形成与演化的试验。集群行为特征分析在传统的社会学方法和心理学方法基础上，特别强调集群行为中个体互动关系的特征分析。在传统社会网络分析的基础上，引入复杂网络的最新成果，从微观、中观和宏观三个层级揭示集群行为的互动特征。微观层次在网络节点度、中心性、桥等指标及方法的研究基础上，引入网络“流”的概念，并设计更具有解释意义的微观指标。中观层次主要考察网络中存在的社群结构现象，通过对社群结构模块性指标及其相关方法的研究，对集群行为中存在的“小群体”现象进行识别和分析；加入个体多样性的概念补充完善社群结构指标对于网络个体同质性的假设，多角度解释社群结构对于社会互动关系及集群行为的影响。宏观层次主要通过对网络密度、中心势、平均路径长度、聚类系数等指标的分析研究，对整体网络的结构属性及社会特征进行分析与解释；同时，在分析中引入熵的指标概念，将网络整体无序性的特征纳入研究当中，以进一步揭示集群行为的宏观特征。

集群行为影响和演化研究方法可分为三个层次。第一个层次是基于传统的统计属性分析，探讨个体人口学特征、社会经济地位等属性如何影响个体的行为特征，进而影响集群行为。第二个层次主要探讨集群行为互动结构的形成因素，以集群行为社会互动关系为结构分析对象，对网络结构进行指标分析来获得集群行为的基本属性。第三个层次在网络结构分析的基础上，将经典信息传播模型与网络结构相结合，通过数学分析的方法揭示网络结构对集群行为个体观念、行为等传播过程的作用，并对集群行为动力学特征进行解释。在社会计算的框架下，也将探讨与集群行为有关的网络信息传播影响最大化等问题，特别是针对特定社会情境的目标函数、约束条件和先验知识获取进行研究，并探讨有效可用的优化策略。

第三，应用研究。针对具体典型群体性事件（如突发群体性事件、谣言传播、疾病传播等）中的集群行为进行分析与研究。首先，提取相关事件个体行为和集群行为特征；其次，构建实验环境，在特定人群中进行实验并获取数据；再次，利用实验平台对相关问题进行部分还原与仿真，并对比典型真实事件对实验过程进行校正；最后，在此研究基础上构造与实际问题相联系的预测模型、提出预警指数，并综合考虑多种影响，从系统优化的角度，探讨相关的干预措施和应急预案的选择。具体而言，可在国内外有关公共安全治理政策研究的基础上，进行公共安全背景下的社会实验设计；在此社会实验中进行实验结果应用研究和政策预测；针对结果进行分析，形成公共安全治理的机制优化和政策建议。公共安全事件中集群行为的社会实验与干预的研究框架，如图 12-2 所示。

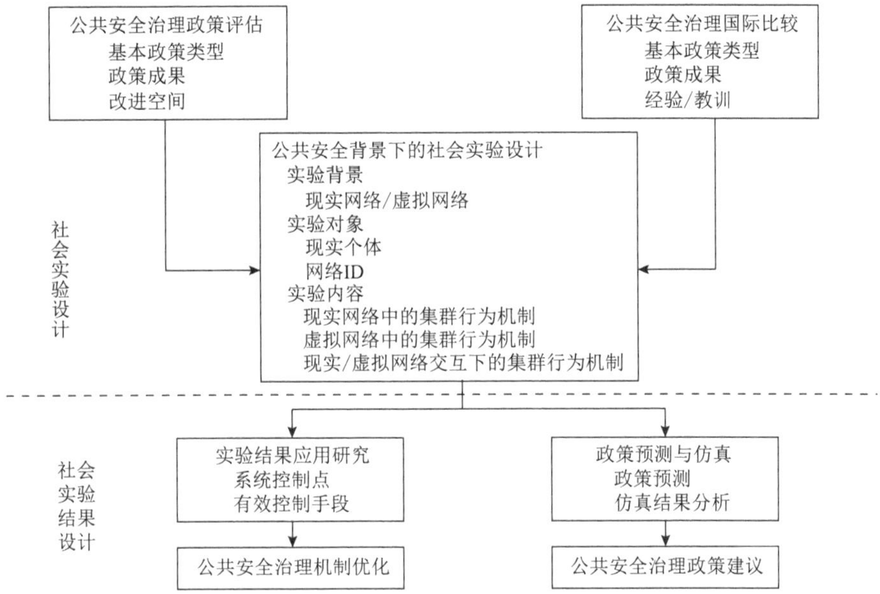

图 12-2　公共安全事件中集群行为的社会实验与干预的研究框架

（1）现有公共安全治理政策评估及国际比较。在中国经济社会转型期的特定环境下，新旧社会矛盾相互交织，一些非常规突发群体性事件、公共卫生事件等公共安全问题时有出现，直接影响社会稳定和谐，成为中国社会可持续发展面临的重大问题，受到政府和学界高度的关注。国外对危害公共安全事件的治理方面也有一些可供借鉴的政策，对比分析这些历史上成功或失败的政策，总结其经验教训为今后的实验设计和政策预测奠定基础。

（2）公共安全背景下的社会实验设计。在公共安全的集群行为动态演化过程中，涉及的利益相关主体，特别是具有主观能动性的个体，一方面通过各自独立的个体行为对事件产生影响；另一方面，这些个体行为通过互动关系形成的集群行为是事件发展趋势最终决定因素。同时，目前集群行为发生的社会环境日益复杂，特别是在目前基于互联网络的虚拟人际中，互动社会与现实的人际关系互动相互作用，形成了“虚实结合”“在线-离线”互动的集群行为演化环境，给深入研究集群行为特征，进而探讨群体性事件的规律和解决方案带来了新的挑战。

社会实验设计是在结构演化模型和行为影响模型建立的基础上，就公共安全中集群行为进行实验设计，旨在构建一套能够模拟公共安全集群行为并实现与实验相联动的实验方案。社会实验并不会对现实世界产生任何影响，政策模拟和实验计算均在传感器上的分析模块进行，与数据采集同步完成。

（3）实验结果应用研究。整个实验在实验系统平台上予以实施，在实验过程中除了要完成设计实验流程外，还需要对结构演化模型和行为影响模型的理论分析进行对照研究，在以上实验基础上进行进一步的分析与评价，并就所得研究成果的应用进行深入的应用性研究，具体包括在典型集群行为中的控制点分析、不同阶段的有效控制手段分析，旨在建立一套适用于公共安全中集群行为的风险预警机制和行为控制策略。

（4）政策预测与仿真。在实验结果应用研究的同时，从国内外已有的公共安全治理机制析取与实验相关的部分进行参照，和对我国公共安全管理政策进行评价的基础上，对以往研究提出的政策改进在实验平台上进行模拟，对其过程和结果加以预测、干预与控制，得到相应的政策结果预测，提出较为有效的政策和措施，并以此指导政策改进的修正。

（5）提出相关政策建议。探讨利益相关者针对集群行为事件风险评估、风险感知和决策行为及其后果，在实验结果的应用分析的基础上，得出公共安全事件的运行机制，并结合宏观背景，提出公共安全治理的机制优化途径和手段；在政策预测研究的基础上，结合国内外政策优劣势和改进空间的研究，对公共安全治理政策提出建议。

具体的技术路线如图 12-3 所示。首先，对国内外现有政策进行政策研究和结果分析，得出相应的政策改进空间和政策经验教训；其次，在政策分析、集群行为研究及数据采集和实验平台的基础上，进行基于现实和虚拟网络背景下的社会实验设计；再次，利用实验平台对相关问题进行部分还原与仿真，并对比典型真实事件对实验过程进行校正；最后，在此研究基础上构造与实际问题相联系的预测模型、提出预警指数，并综合考虑多种影响因素，从系统优化的角度，探讨多目标、有约束条件下相关的干预措施和应急预案的选择。

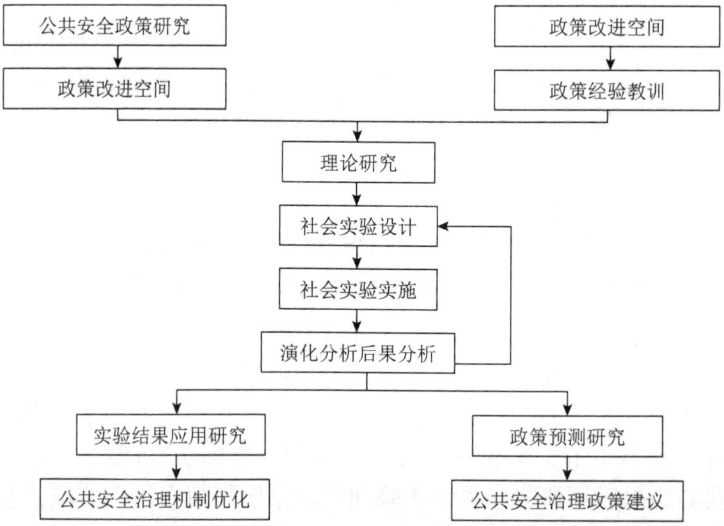

图 12-3 公共安全中集群行为的社会实验与干预的技术路线

第五节　用于社会问题研究的社会计算发展展望

社会计算作为一种计算技术与社会科学理论相互融合的科学,将过程与状态、演化与存在、定性与定量有机结合，从理论、方法和应用领域的不同侧面满足社会管理创新问题研究的需要，特别是针对那些具有自相似、自适应、自组织等非线性特征的复杂社会问题具有很强的适用性。

就已有研究来讲，我国在社会科学领域多采用定性研究路径，这一方面是受当前数据分析方法的限制，另一方面是社会科学的高质量数据通常较难获得，因而目前的研究缺乏利用实际数据对某一理论所阐述的发生机制进行验证，难以捕捉普遍认可的规律。随着实证科学的发展，目前已有一部分学者开始关注社会问题的定量研究，但这些研究主要集中于对问题的宏观表征进行描述，或基于某一微观机制讨论该研究问题的特征与影响因素，较少关注该问题的内在演化机理及该问题所涉及的中观或宏观因素。例如，目前针对集群行为的实证研究多集中于集群行为发生的人群特征及基于微观心理机制所探讨的个体参与集群行为的影响因素。[①]对于这一类定量研究，在传统数据分析过程当中主要存在两个方面的缺陷。第一，受分析方法的限制，基于传统社会科学的实证分析要求样本独立，而事实上样本数据的获取很难做到相互独立；同时，有一些研究需要考量样本之间的关系，如集群行为产生的关键就在于个体之间的人际互动关系，在这样的条件下，要求样本之间相互独立的假设并不合理，急需找到更科学有效的理论工具和研究方法，以期对社会科学的量化研究实现创新或突破。第二，传统实证分析并不能将个体行为与整体环境进行有效整合，原因在于缺乏一套结合微观个体数据与宏观整体数据的计算环境。而结合复杂网络理论构成的社会计算框架，可以弥补上述两类缺陷。首先，该框架不仅可以打破个体之间相互独立的假设，而且可以充分利用个体与个体之间的互动关系数据。社会计算可为关系数据的获得与处理提供技术支持，而复杂网络可为基于关系的计算提供理论模型。其次，与传统单一学科的分析方法不同，社会计算可以将传统方法割裂出来的个体属性数据与宏观整体数据整合在一起，结合个体间的关系数据形成微观、中观和宏观统一结合的元素数据库。王飞跃等指出，基于社会计算的并行复杂系统要求先建立基本元素库，据此构造人工社会环境，而这样的环境正是可以将各类数据有机整合在一起。[②]因此，在数据的处理上，针对具体某一社会问题的研究应包含多种类别

---

① 杜海峰、张楠、牛静坤，等：《群体性事件中的集群行为——一个基于社会计算的研究框架》，《中国人民公安大学学报（社会科学版）》2014 年第 6 期，第 81—90 页。

② 王飞跃、曾大军、毛文吉：《社会计算的意义、发展与研究状况》，《科研信息化技术与应用》2010 年第 2 期，第 3—14 页。

的数据，特别是人际互动的关系数据，这些新的数据形式将成为分析的重点，也有助于将社会问题分析得更为全面与透彻。同时，未来在基于社会计算的社会问题研究中也将会通过这些新类型的数据反映到问题机制的探讨上，由探讨某一微观因素的研究逐渐转变到某一结构机制或演化机制的研究。①

在定量社会问题研究上，传统社会实证科学往往采用统计分析的方法对所提出的假设进行验证，然而该类方法主要针对个体属性数据上的验证，如验证农民工的组织参与对集群行为是否产生正向影响。②而对于包含有关系数据的集群行为社会计算框架，需要引入更广义的统计分析模型，如指数随机图模型。社会计算不仅可以通过数理统计模型的形式对真实数据或真实环境进行客观分析，还可以通过建模与仿真等计算实验的方法对集群行为进行分析。这类方法可多次重复，并且不受任何时空条件的限制，对于规律性差、瞬时性强、环境多变的集群行为研究具有较强的借鉴意义。在复杂网络理论的计算应用中，结合涌现分析的计算实验方法可以有效解释复杂系统中子系统非线性的动态交互，即利用多主体建模技术模拟复杂环境中个体的行为，让主体在计算机构造的虚拟环境下进行交互演化，进而达到研究的目的。图 12-4 汇总了传统社会科学与社会计算在集群行为研究过程中的比对情况。

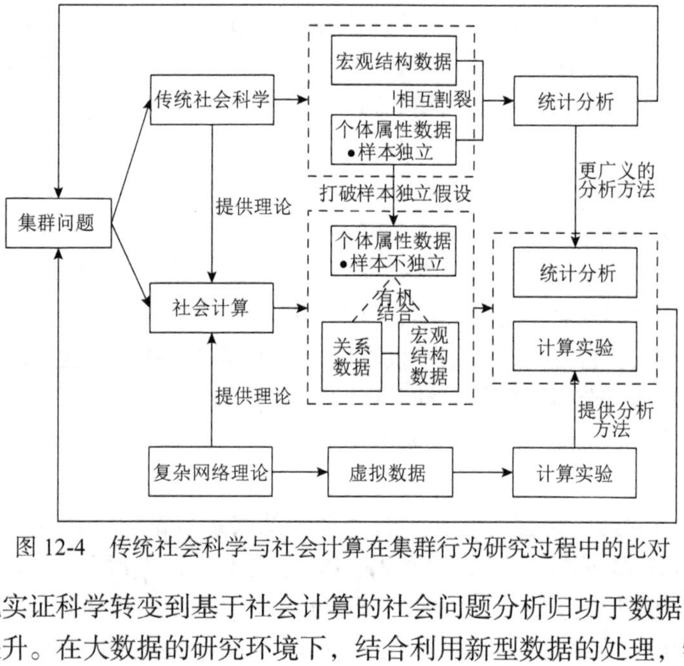

图 12-4　传统社会科学与社会计算在集群行为研究过程中的比对

从传统实证科学转变到基于社会计算的社会问题分析归功于数据的获取与处理技术的提升。在大数据的研究环境下，结合利用新型数据的处理，特别是结合

① 杜海峰、张楠、牛静坤，等：《群体性事件中的集群行为——一个基于社会计算的研究框架》，《中国人民公安大学学报（社会科学版）》2014 年第 6 期，第 81—90 页。

② 杜海峰、张楠、牛静坤，等：《群体性事件中的集群行为——一个基于社会计算的研究框架》，《中国人民公安大学学报（社会科学版）》2014 年第 6 期，第 81—90 页。

互联网平台，结构性研究与动态性的社会机制研究将会得到更大推进。微博、微信、各类论坛等社交平台上的信息成了数字化生活的重要面向。在这些平台上，大量的个体属性数据及其匹配的关系数据在这些平台中存储下来，为社会问题的研究提供了大量素材。传统社会问题研究中对于这一类数据采用最多的分析方法是社会网络分析，而在结合社会计算的研究方法后，社会网络分析将逐渐从个体中心网络、整体网络分析，转向度值分布特殊、关系更加复杂、关系模糊、动态更新的复杂网络分析。依据社会计算的特有范式，结合复杂网络理论提出社会计算研究的不同维度及各维度下的研究内容，其整体框架如图 12-5 所示。复杂网络通常由节点及其相互之间的边组成，在社会系统中，这些节点表示具有一定属性的个体或组织，边表示个体之间的社会关系。因此，在社会计算的基本元素库中，应包括个体属性、关系属性这类基本的元素数据。同时，复杂网络不仅提供微观个体属性与关系属性的信息，也提供由个体之间的相互作用所凸显出来的整体性结构，而这种结构性的元素往往可以从中观或宏观层面反映某一社会问题的全局性特征。依据这三类不同的网络元素，复杂系统环境中的社会问题研究将形成三类不同的维度：个体维度、关系维度与结构维度。

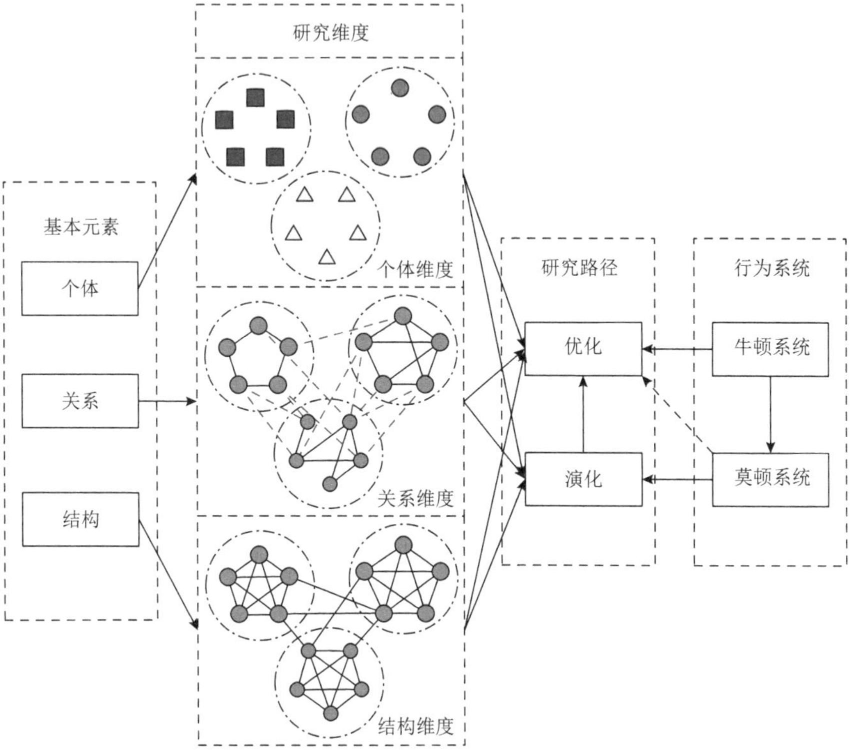

图 12-5　社会问题研究的不同维度

首先，个体维度上的研究是指针对个体某种特定属性所进行的机制分析。Schelling认为社会隔离模型是个体聚类的典型模型，通过设定群体中的两种对立属性，以及个体依据自身属性与周边个体属性对居住环境选择的决策策略，来解释社会系统中由于个体异质性而产生的社会隔离现象。[①]演化博弈模型也是一种个体聚类的模型，虽然该模型同样设置了两类不同行为的属性——合作者与背叛者，但两者并非完全对立的，合作者倾向与背叛者疏远，而背叛者倾向与合作者建立关系，这种博弈行为的演化将产生与社会隔离模型完全不同的结果。[②]此外，McPherson等指出具有同种属性的个体具有聚集成团的同质性倾向，也是个体聚类产生的重要原因。[③]事实上，许多社会团体的构成都是基于这种同质性的准则，如老乡会、俱乐部的组建。Dellaposta等针对个体的同质性问题进行了研究，认为实证研究中的样本普遍存在同质性及由同质性构成的社会影响，通过结合多个体仿真模型的实验，证明了传统实证研究统计上的偏误性。[④]

其次，关系研究是针对特定关系属性所进行的机制讨论。现实中的人际关系通常较为复杂，两人之间的关系不是通过仅仅考察关系的有无来判断，关系有其自身特殊的属性。依据这种不同的关系属性，个体向与自身具有正向关系的个体聚集，同时与自身具有负向关系的个体疏远，从而也可以实现个体向群体的聚集。相关的解释模型如结构平衡模型，即利用三方关系分析个体间的互动关系在社会心理学机制的影响下使得网络关系聚敛。Du等给出了结构平衡的定义：当一个网络达到平衡时，该网络将被划分为两个子社群，子社群内部均为正向关系，子社群之间均为负向关系；这一结构事实上与集群行为的发生状态具有一致性，通过结构平衡模型分析网络个体行为与关系的演化，是社会问题演化探索的另一路径。[⑤]

再次，结构层面的研究主要集中于结构功能论的探讨，在这一层面上，许多学者探讨了社群结构对社会问题研究的意义。社群结构从空间层面反映出了个体向群体聚集的网络结构，其特征在于一个网络可划分为多个社群，而且社群内节

---

① Schelling T C, "Dynamic Models of Segregation", *Journal of Mathematical Sociology,* Vol. 1, No. 2, 1971, pp. 143-186.

② Santos F C, Pacheco J M, Lenaerts T, "Cooperation Prevails When Individuals Adjust Their Social Ties", *Plo S Computational Biology* , Vol. 2, No. 10, 2006, pp. 1284-1291.

③ McPherson M, Smith-Lovin L, Cook J M, "Birds of a Feather Homophily in Social Networks", *Annual Review of Sociology*, Vol. 27, No. 1, 2001, pp. 415-444.

④ Dellaposta D , Shi Y , Macy M, "Why Do Liberals Drink Lattes?", *American Journal of Sociology*, Vol. 120, No. 5, 2015, pp. 1473-1511.

⑤ Du H, He X, Feldman M W, "Structural Balance in Fully Signed Networks", *Complexity,* Vol. 21, No. S1, 2016, pp. 497-511.

点关系稠密、社群间节点关系稀疏。[①]这种关系结构所呈现出的小团体现象既可以看作个体向群体聚集的结果，也可以看作形成聚集的原因。以集群行为研究为例，一方面，社群结构是集群行为的表征现象，尤其类似于群体冲突的事件必然会产生结构上的社群分割；另一方面，社群结构使个体局限于“圈子”之内，进一步阻碍群际交往，固化群体内部聚集。[②]现实中的社会问题往往是基于以上三种维度构成的混合模式，因而在研究的路径设计上应综合考虑个体、关系、结构三层属性在机制探索中的作用规律。王飞跃等指出，仿真与建模的计算实验方法可突破传统社会实验对一些社会问题不可复现或要求实验人员水平或应变能力高等的限制。[③]针对社会计算中的具体建模有两类路径，第一类是优化的路径，即针对某一特定目的，找出实现该目的的最优方案或满意方案。无论是探求社会问题的演化机制还是探求社会治理的控制策略，系统优化的思想一直伴随其中，如通过计算不平衡（不聚集）结构形成平衡（聚集）结构的系统最低成本策略来预测系统的变化轨迹。[④]第二类是演化的路径，即对社会主体设定特殊演化规则，从而探寻其演化规律。以集群行为为例，在集群行为演化的研究中，大多研究是基于传染病模型进行建模。[⑤]通过结合传染病模型与复杂网络结构，可以有效分析出网络对个体行为传播过程的作用机制及给出集群行为传播的动力学解释。[⑥]此外，演化博弈模型是解释个体行为向群体行为演化传播的另一路径，Pinheiro等在自适应的网络中讨论了演化博弈机制，并针对个体向集群行为的演化过程给出了物理学解释。[⑦]王飞跃等指出，社会控制的建模系统可分为牛顿系统与莫顿系统，牛顿系统是牛顿定律控制行为的系统，其特征在于系统的行为可通过求解方程精确测算出来；莫顿系统是莫顿定律控制行为的系统，其行为由于包含“自由意志”，本质上难以被精确计算。[⑧]事实上，大部分基于优化策略构建的模型

① Girvan M, Newman M E J, “Community Structure in Social and Biological Networks”, *Proceedings of the National Academy of Sciences*, Vol. 99, No. 12, 2002, pp. 7821-7826.

② 王春光：《农村流动人口的“半城市化”问题研究》，《社会学研究》2006 年第 5 期，第 107—122，244 页。

③ 王飞跃、曾大军、毛文吉：《社会计算的意义、发展与研究状况》，《科研信息化技术与应用》2010 年第 2 期，第 3—14 页。

④ Du H, He X, Wang S, et al., “Optimizing Transformations of Structural Balance in Signed Networks with Potential Relationships”, *Physica A: Statistical Mechanics & Its Applications*, Vol. 465, 2017, pp. 414-424.

⑤ 李根强、方从慧：《复杂网络视角下网络集群行为主体的观点演化研究》，《情报科学》2017 年第 5 期，第 125—131 页。

⑥ 李根强、方从慧：《复杂网络视角下网络集群行为主体的观点演化研究》，《情报科学》2017 年第 5 期，第 31 页。

⑦ Pinheiro F L, Santos F C, Pacheco J M, “Linking Individual and Collective Behavior in Adaptive Social Networks”, *Physical Review Letters*, Vol. 116, No. 12, 2016,pp.128-702.

⑧ 王飞跃、王晓、袁勇，等：《社会计算与计算社会：智慧社会的基础与必然》，《科学通报》2015 年第 Z1 期，第 460—469 页。

属于牛顿系统，而大部分基于演化策略构建的模型属于莫顿系统，由于社会系统的复杂性，在莫顿系统中建立演化模型与优化模型应是未来关注的主要方向，即给定行为主体“复杂性意志”，探索系统演化动力机制，并通过间接干预中间环节，来实现指定目标的优化。

最后，社会问题的研究与探讨最终要回归于社会问题的解决，即社会治理，而社会计算本身与社会治理就具有较强的契合性。随着大数据与计算方法的不断丰富，将社会计算纳入社会治理框架中已成为不可阻挡的趋势。社会计算充分满足了社会治理高度复杂性的计算需求，结合大数据、云计算、物联网、区块链等新兴技术，将社会机制探索嵌入在“智慧治理”模式中，为全体社会成员提供信息反馈渠道与参与治理窗口，形成全民参与的治理格局，最终得以构建出多元社会主体参与的协同创新治理结构,这也是当前社会治理效能有效提升的必然路径。

后　记

这次由科学出版社出版的《社会工程学导论》一书，是我40多年来一直坚持不懈地研究社会工程问题的新成果。我对社会工程问题的思考最初是从工程哲学问题的研究导入的。1984年，我在《哲学研究》发表题为《论工程设计中思想模型方法的应用》的文章，是思考这个问题的起点。随着研究的逐步深入，我发表了一些关于工程哲学与社会工程的学术论文，也相应地做了一些实证性课题。2004年，我开始对这些初步研究成果进行逻辑整理，并于2006年3月以《工程哲学与社会工程》为书名，由中国社会科学出版社正式出版。随着研究的进一步深入，我感到有必要专门以社会工程为主题撰写一本书，便在2007年6月由中国社会科学出版社出版了《社会工程研究引论》一书。该书分为上下两篇，上篇为社会工程的理论研究，下篇为应用研究。2007年以后，我开始引入马克思主义理论的视角来研究社会工程问题，进一步剖析马克思主义理论与社会工程的关系，并对社会工程的研究范式有了新的界定和更深入的研究，之后于2017年4月在科学出版社出版了《社会工程研究引论》的第二版。为了从社会工程的基本概念、哲学基础、研究范式、方法论特征上较系统地阐述社会工程学的内容和方法，形成一部带有教科书性质的学术著作，我们的学术团队对以往研究成果进行了系统梳理，对有些相关概念和基本命题进行了深入挖掘，从2018年6月确定编写计划和研究进程后进行了为期近两年的准备工作，最终于2020年4月完成了《社会工程学导论》的撰写和修订工作。

在西安交通大学开展社会工程研究，具有良好的学术条件和学术氛围。西安交通大学倡导交叉学科研究，把社会工程研究纳入了“211 工程”项目和“985工程”项目，从学术团队的组织到研究经费的安排都给予了充分的支持，西安交通大学人文社会科学学院和马克思主义学院，也把“工程哲学概论”“社会工程研究概论”纳入学生的选修课程。所以，这个研究成果是以我为主导的集体劳动的成果，先后参与这个项目研究的有我的不少同事，以及我指导的很多硕士生、博士生。其中，不少博士生的博士论文选题也都选择了社会工程研究的方向。在这里，我诚挚感谢这些曾经与我进行过学术合作的学人，感谢西安交通大学的学术体制与学术文化。正是体制与人才的有机融合，给社会工程研究提供了一个学术探索与发展的良好空间，创造了一个合适的文化条件与成长平台。科学出版社刘英红和王丽豪编辑为本书付梓付出了辛劳，在此一并表示感谢。

《社会工程学导论》一书的出版，也得益于我们新的学术团队的共同努力。在我确定了章节纲要之后邀请同仁参与执笔，最后由我统稿。特别要感谢杜海峰教授受邀专门撰写第十二章，即“社会计算及其应用”一章。其他各章具体分工如下。

第一章：第一节、第二节王宏波负责，第三节陶惠敏负责。第二章：杨建科负责。第三章：第一节杨建科负责，第二节刘占虎负责，第三、第四节王宏波负责。第四章：李娟负责。第五章：王哲负责。第六章：李天姿负责。第七章：李天姿负责。第八章：第一节王宏波负责， 第二节、第三节、第四节王哲负责。第九章：李天姿负责。第十章：张振负责。第十一章：范玉仙负责。第十二章：杜海峰和何晓晨负责。

这本书的撰写工作从 2018 年 6 月开始，但最后集中完成阶段是 2020 年 1 月到 4 月中旬，这恰好是中国新冠肺炎疫情防控的重要时段。当国内新冠肺炎疫情防控取得重大成功之际，我们的书稿也基本完成。全国人民疫情防控的奋斗精神激励着各位作者，我们也以书稿的成功告罄向成功的疫情防控献礼！

王宏波

2020 年 4 月 25 日